DUMONT

WANDERZEIT IN RHEINGAU & TAUNUS

Herrlich entspannte Touren zum Abschalten & Genießen

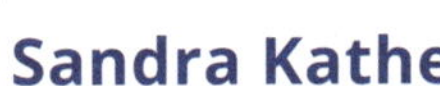

Sandra Kathe

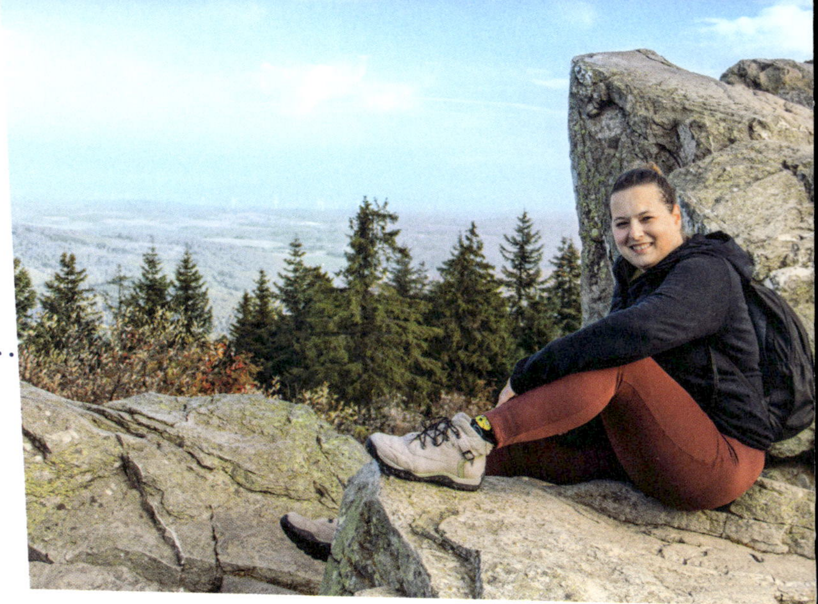

SANDRA KATHE

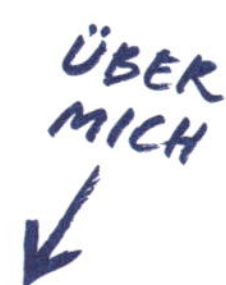

Dass meine Großeltern mich schon als Knirps zum Wandern im Pfälzerwald im Schlepptau hatten, prägte mich auf zweierlei Arten: Erstens lernte ich früh, wie faszinierend es ist, Welt, Natur und Wildnis zu entdecken, und zweitens, dass es dafür nicht mehr braucht als eine große Portion Neugier und bequeme Wanderschuhe. Heute habe ich als Wahl-Frankfurterin diese Erkenntnis zum Beruf gemacht, schreibe Bücher und Artikel übers Reisen und Draußensein, blogge auf www.kofferstiftpapier.com und lege unterwegs die Kamera nie außer Griffweite ab.

Meine persönliche Wanderweisheit:

» Immer einen Schritt vor den anderen, die Nase Richtung Sonne – und dem perfekten Tag steht nichts im Weg!

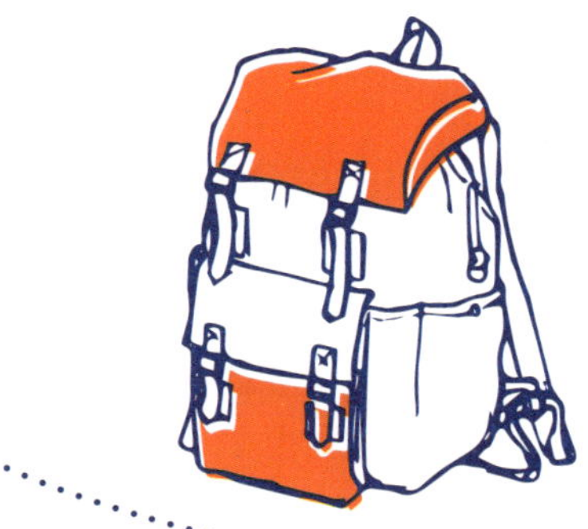

LIEBE LESERIN, LIEBER LESER,

Zwischen dicht bewaldeten Hügeln und steilen, sonnenverwöhnten Hängen liegen in Rheingau und Taunus zwei der schönsten Wanderregionen Hessens, die neben vielseitigen Naturlandschaften auch einige kulturelle Überraschungen zu bieten haben.

Das beginnt bei den jahrtausendealten Römerspuren und mittelalterlichen Märchenburgen, führt über Fachwerkstädtchen und Kurparks, Obstgärten und traumhafte Ausblickspunkte – und immer wieder rein in die Weinberge und Waldflächen, die der Mittelgebirgsregion im Nordwesten der Großstädte Frankfurt und Wiesbaden ihr unverkennbares Gesicht geben. Und die sich so herrlich zu Fuß entdecken lassen wie kein anderer Teil der Rhein-Main-Region.

Eine herrlich entspannte Wanderzeit wünscht

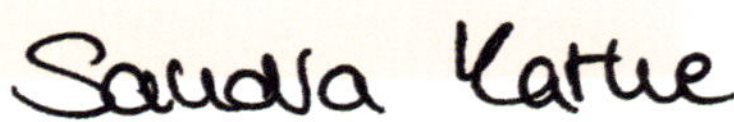

INHALT

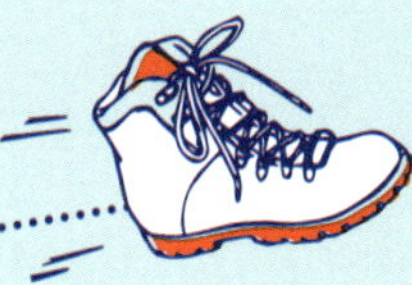

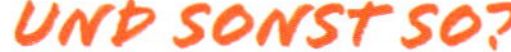
UND SONST SO?

UNTERWEGS AUF DEN SCHÖNSTEN STRECKEN ...

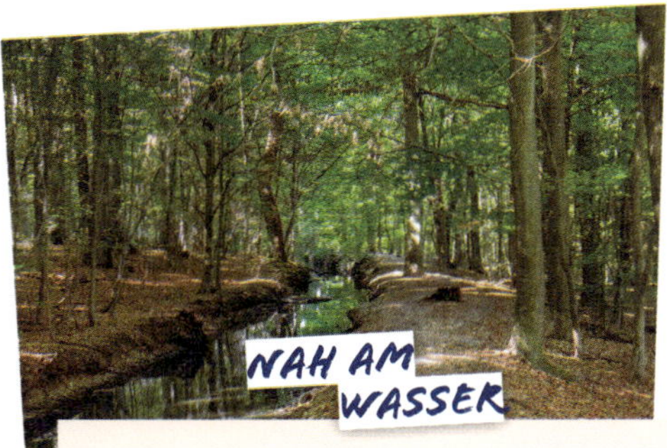

» Während Bäume mit hervorstehenden Wurzeln auf dem schmalen Pfad am Urselbach zum Drüberhüpfen und Slalomlaufen animieren, spiegeln sich ihre Kronen im ruhigen Wasser. Tour 16, zwischen Schillerturm und Oberursel/ Hohemark, Seite 164

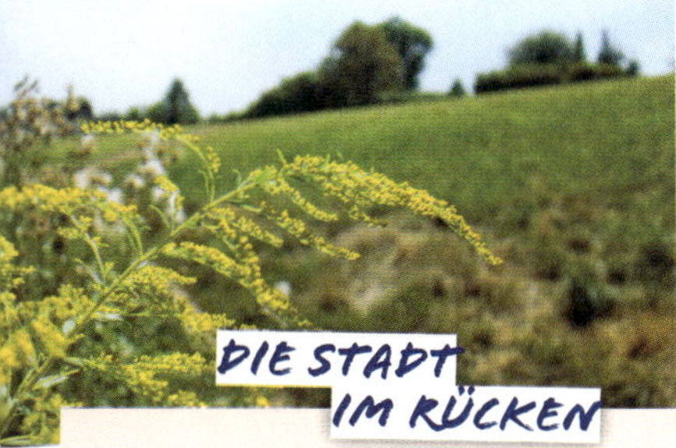

» Dass man seit Stunden in Hessens Hauptstadt unterwegs ist, hat man spätestens auf Höhe des traumhaft stillen Wiesenplateaus, zwischen bunten Gärten und Waldrand, glatt vergessen. Tour 9, zwischen Feldkapelle und Dambachweiher, Seite 94

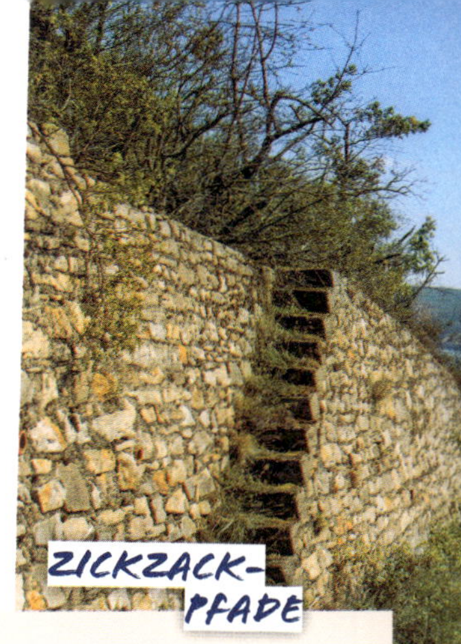

» Die Wege unterhalb steiler Weinhänge runter ins Tal sorgen durch ihre vielen engen Kurven immer wieder für Perspektivwechsel. Die große Konstante: der blau schimmernde Rhein ... Tour 1, zwischen Rhein-Wisper-Blick und Wispermündung, Seite 14

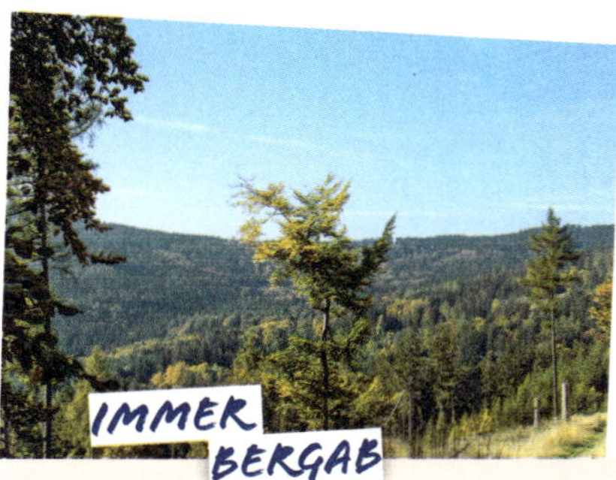

» Da man sich den Aufstieg gespart hat und einfach auf dem Großen Feldberg mit Traumausblick vor der Nase gestartet ist, könnten einem die schwer atmenden Menschen, die einem auf dem Weg nach unten entgegenkommen, fast ein schlechtes Gewissen machen. Tour 17, zwischen Römerkastell und Skylineblick, Seite 174

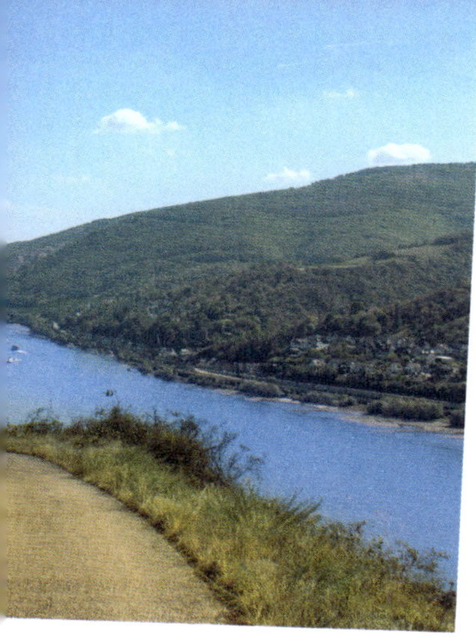

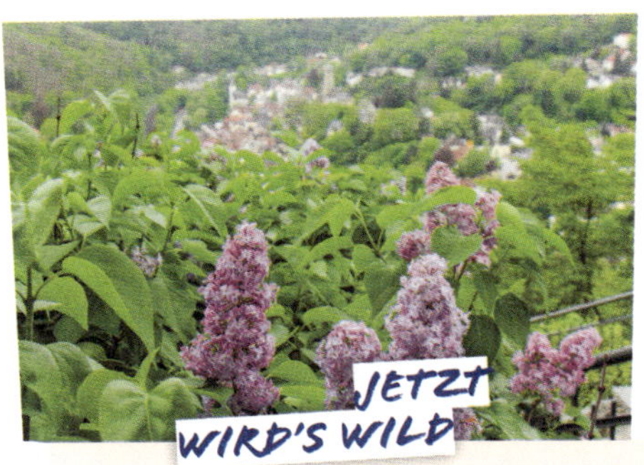

JETZT WIRD'S WILD

» Vom Waldrand zur Wildnis geht's am Ortsrand von Kelkheim in nur wenigen Sekunden. Ein paar Schritte bergauf und schon sorgen Farne und Moose, dichte Bäume und Kräuter für hundert Grüntöne. Tour 13, zwischen Kelkheim-Bahnhof und Kleiner Mannstein, Seite 134

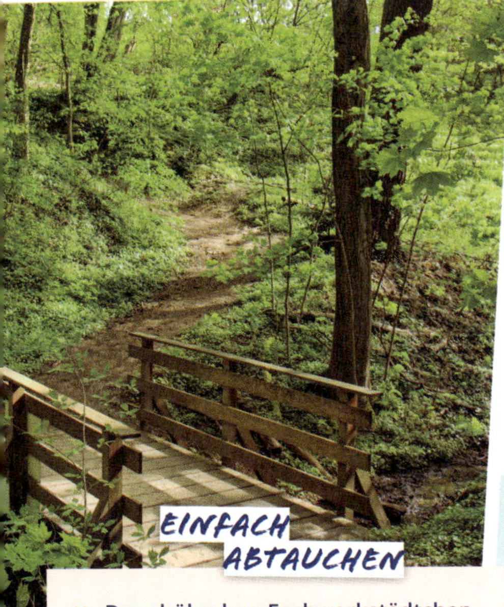

EINFACH ABTAUCHEN

» Dem hübschen Fachwerkstädtchen Idstein schon so schnell den Rücken zu kehren, macht wehmütig. Ein Glück, dass Vogelstimmen und verschlungene Waldpfade für die perfekte Ablenkung sorgen. Tour 12, zwischen Hexenturm und Naturdenkmal, Seite 124

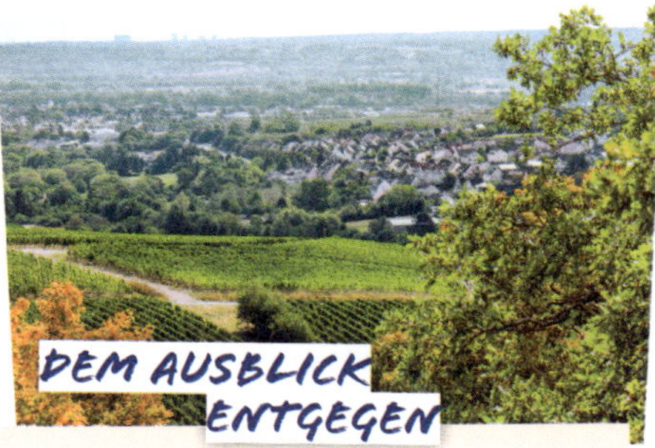

DEM AUSBLICK ENTGEGEN

» Gibt's etwas Schöneres, als direkt zu Beginn einer Wanderung auf einen Blick sehen, was einen erwartet? Schier endlose Weinberge, ein stolzer Bergfried und die beste Aussicht auf Kiedrich machen Lust auf die nächsten Stunden. Tour 6, zwischen Burg Eltville und Ruine Scharfenstein, Seite 64

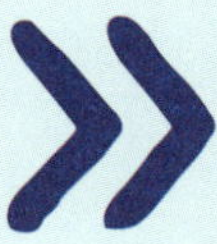

ALLE TOUREN IM ÜBERBLICK

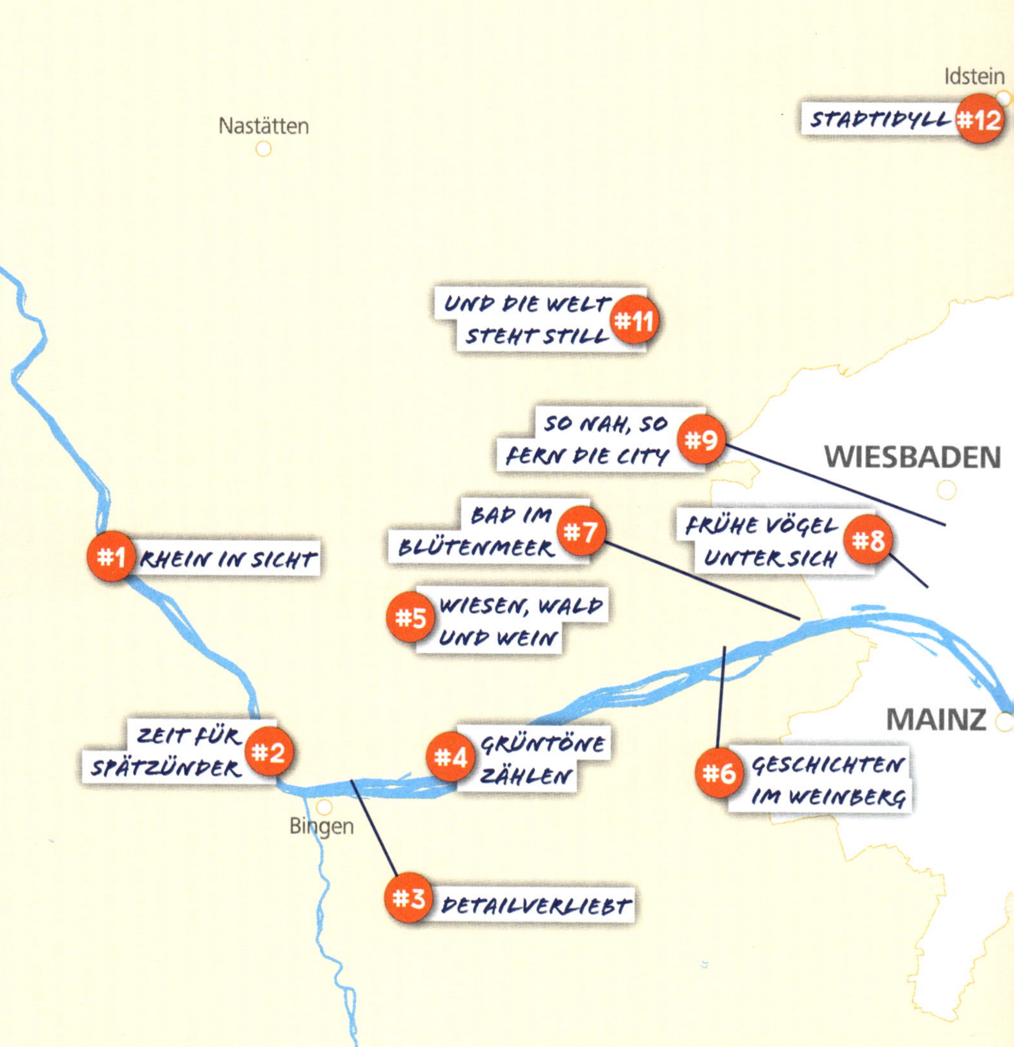

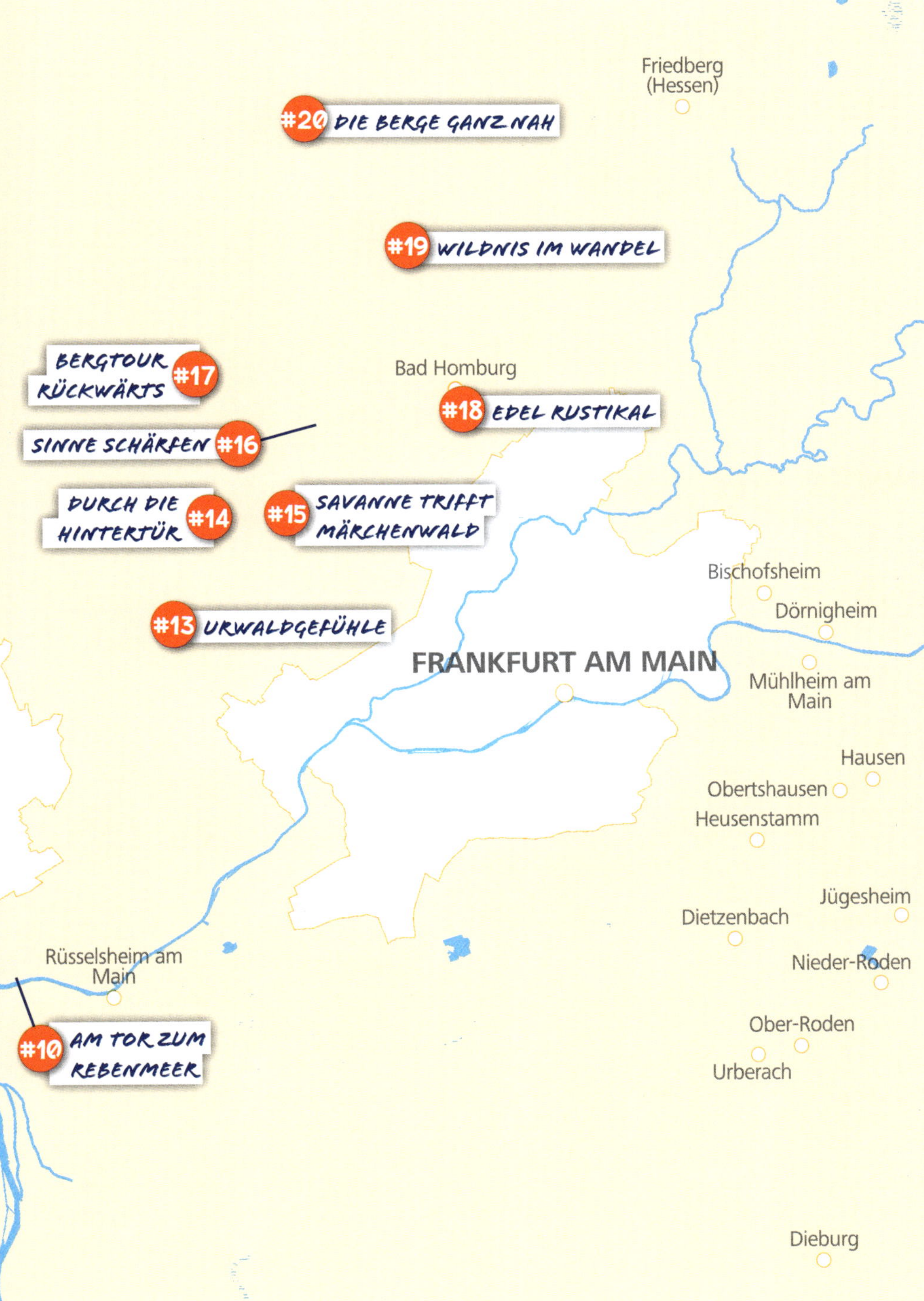
Friedberg (Hessen)
#20 DIE BERGE GANZ NAH
#19 WILDNIS IM WANDEL
BERGTOUR RÜCKWÄRTS #17
Bad Homburg
#18 EDEL RUSTIKAL
SINNE SCHÄRFEN #16
DURCH DIE HINTERTÜR #14
#15 SAVANNE TRIFFT MÄRCHENWALD
Bischofsheim
Dörnigheim
#13 URWALDGEFÜHLE
FRANKFURT AM MAIN
Mühlheim am Main
Hausen
Obertshausen
Heusenstamm
Jügesheim
Dietzenbach
Rüsselsheim am Main
Nieder-Roden
#10 AM TOR ZUM REBENMEER
Ober-Roden
Urberach
Dieburg

... UND AUCH PAUSE MACHEN NICHT VERGESSEN

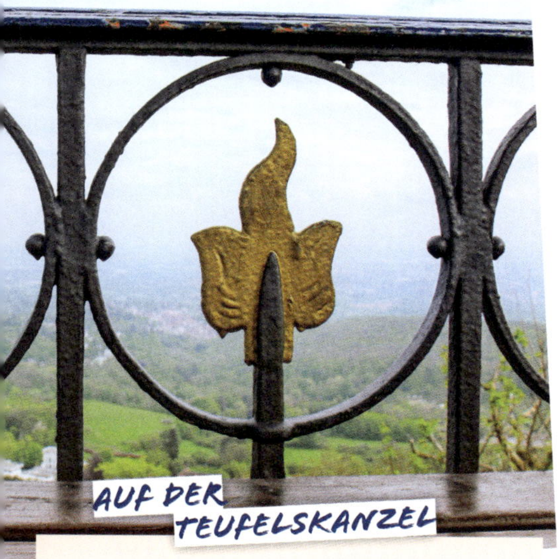

AUF DER TEUFELSKANZEL

» Wunderbar gerahmt vom 1896 oberhalb von Falkenstein aufgestellten eisernen Dettweiler-Tempel, liegt einem die Skyline von Frankfurt und ein Stück weit die Welt zu Füßen. Tour 14, Stopp 4, Dettweiler-Tempel, Seite 150

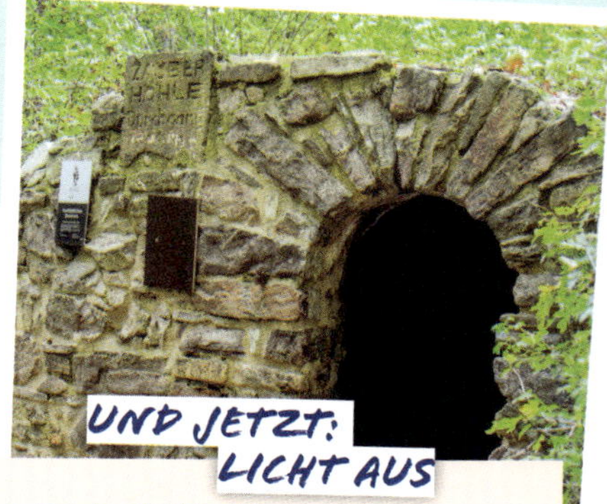

UND JETZT: LICHT AUS

» Die Zauberhöhle klingt nicht nur geheimnisvoll, sondern entführt auch für einen Moment in eine Welt, in der Hör- und Tastsinn die Orientierung übernehmen müssen. Tour 3, Stopp 4, Zauberhöhle, Seite 40

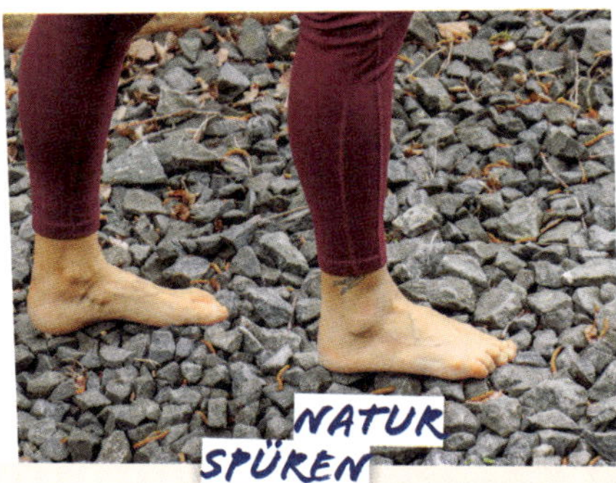

NATUR SPÜREN

» Auf feuchtem Gras, spitzen Steinen, glattem Holz und tuffigem Rindenboden geht es auf dem Barfußpfad in Bad Schwalbach für die Füße auf Entdeckungstour. Tour 11, Stopp 5, Barfußpfad, Seite 121

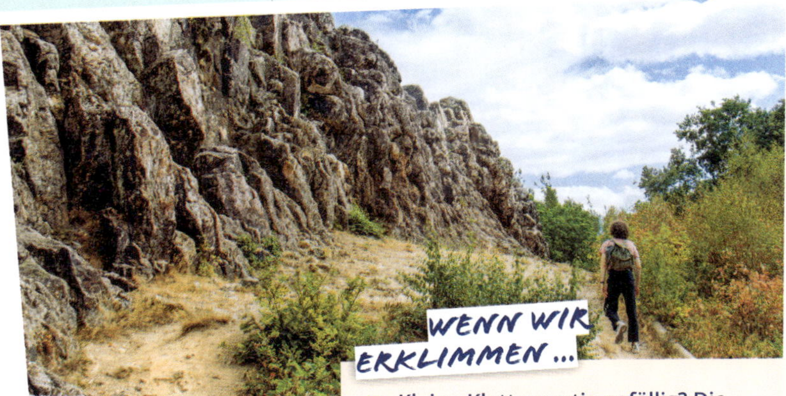

WENN WIR ERKLIMMEN …

» Kleine Kletterpartie gefällig? Die Eschbacher Klippen versorgen den Taunus mit Bergidyll und Steilwänden. An einer Stelle bezwingt man sie auch ohne Seil. Tour 20, Stopp 3, Eschbacher Klippen, Seite 209

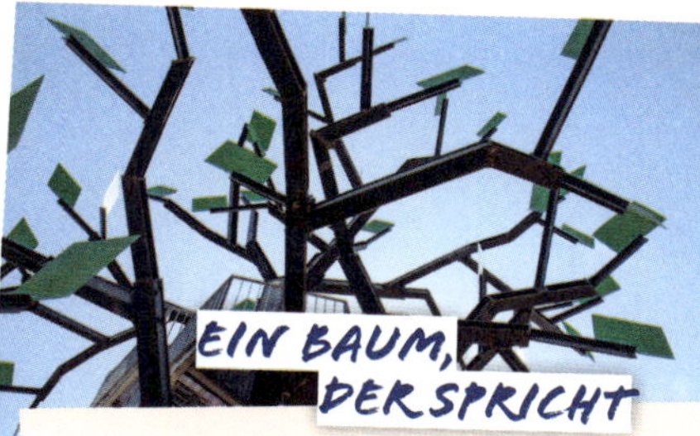

EIN BAUM, DER SPRICHT

» Kunst, viele Informationen zur Landschaft und eine traumhafte Aussicht: Der Eisenbaum zwischen Hochheim und Flörsheim offenbart so einige Talente. Tour 10, Stopp 4, Eisenbaum, Seite 110

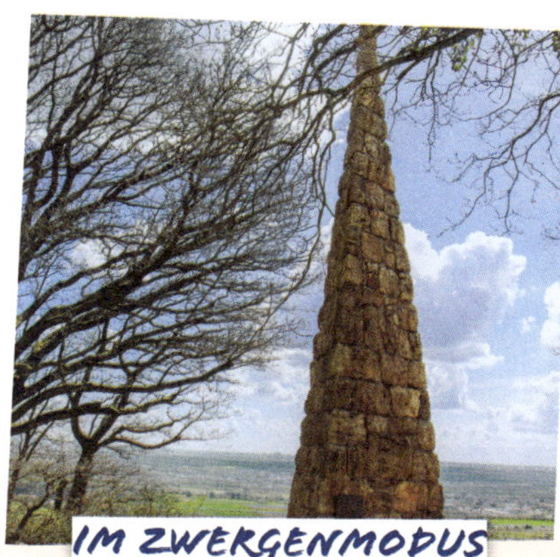

IM ZWERGENMODUS

» Schon von Weitem ragt der Goethestein als Wahrzeichen in die Landschaft und schafft es doch noch, irgendwie größer zu wirken, wenn man dann direkt davorsteht. Tour 7, Stopp 4, Goethestein, Seite 80

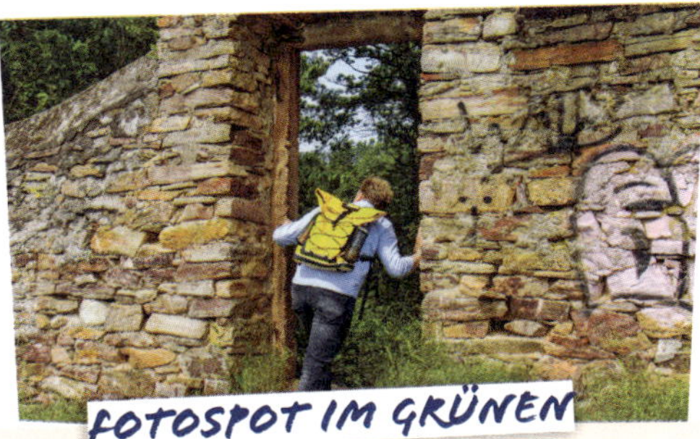

FOTOSPOT IM GRÜNEN

» Durch die Mauerreste, die oberhalb von Oestrich-Winkel einen Weg vom Weinberg trennen, fotografiert sich die Landschaft gleich noch mal so schön. Tour 5, Stopp 2, Portal zum Weinberg, Seite 59

EINFACH LOSWANDERN

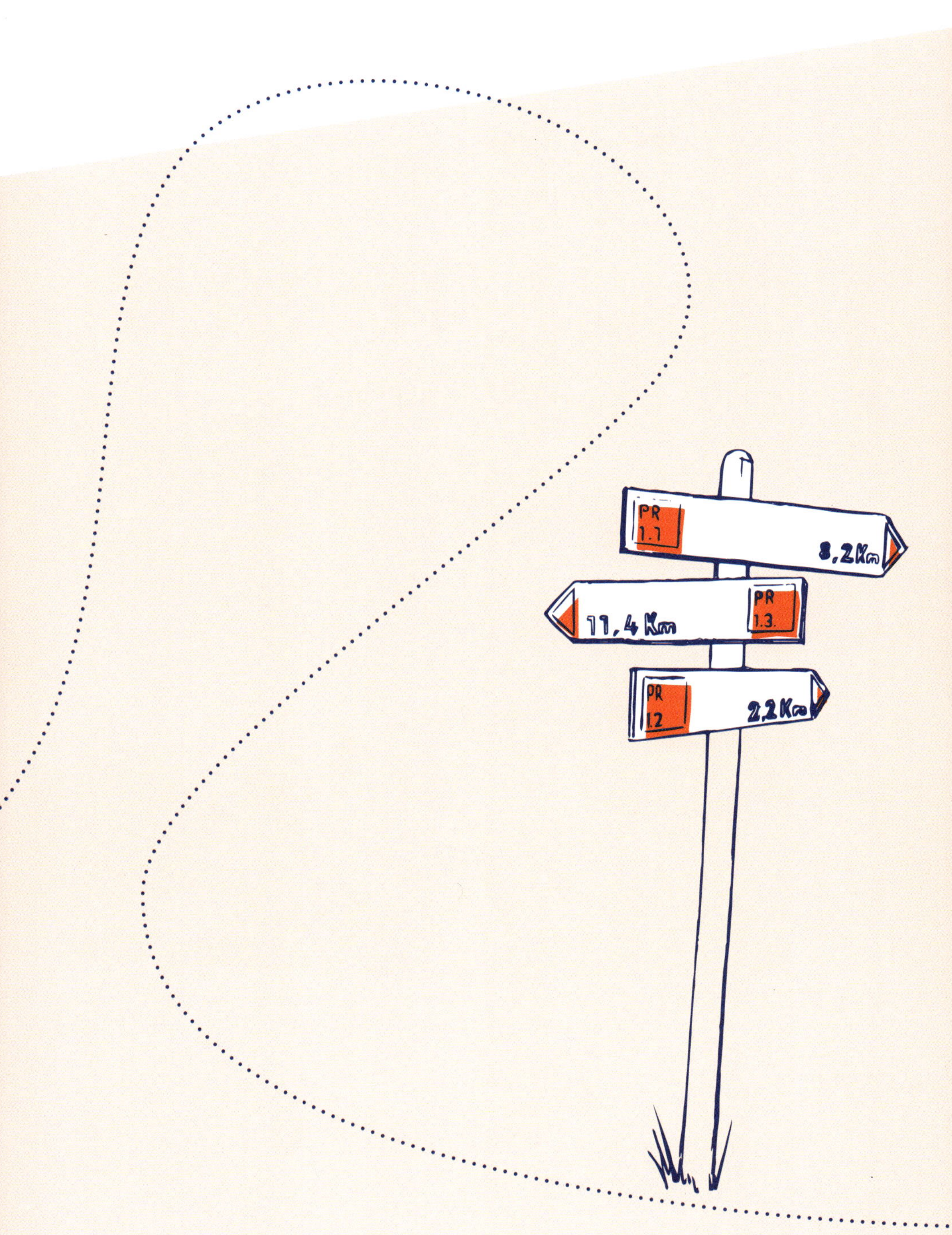
PR
1.1
8,2Km
PR
1.3.
11,4Km
PR
1.2
2,2Km

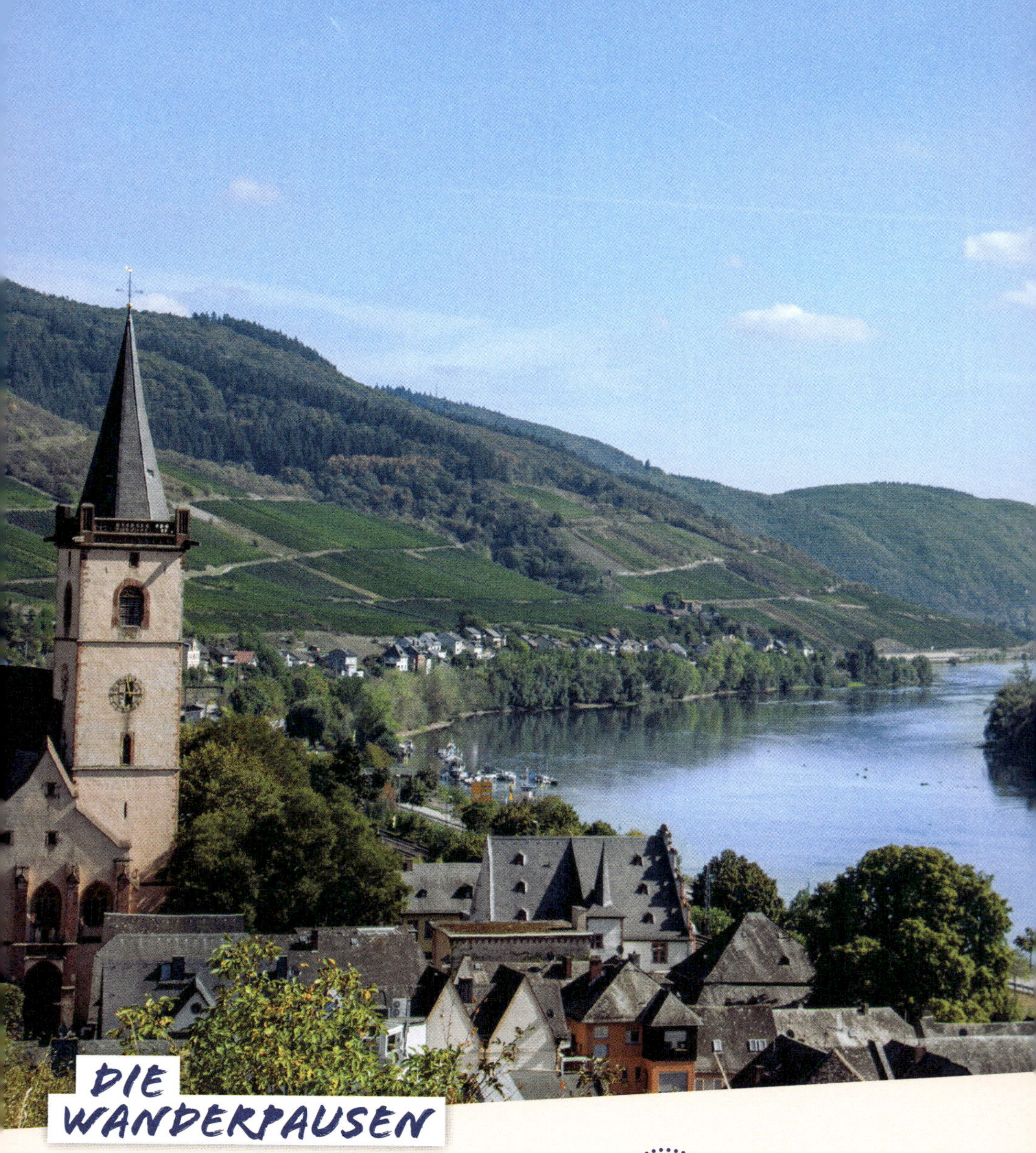

DIE WANDERPAUSEN

» START
Bahnhof Lorchhausen

KM 1

1 Ausblick Zur Clemenskapelle
Auf Eidechsensuche

KM 3

2 Lehnhardt-Blick
Mit dem Strom wegträumen

KM 5

3 Picknickplatz über Lorchhausen
Halbzeit genießen

1 RHEIN IN SICHT

Rund um Lorch und Lorchhausen

Kurz bevor – in Weinbaugebieten gesprochen – der Rheingau endet und der Mittelrhein beginnt, sorgen hoch überm Rheintal gelegene, steile Weinberge und besonders malerische Winkel zwischen Rhein und Wisper für einige der schönsten Ausblicke Hessens.

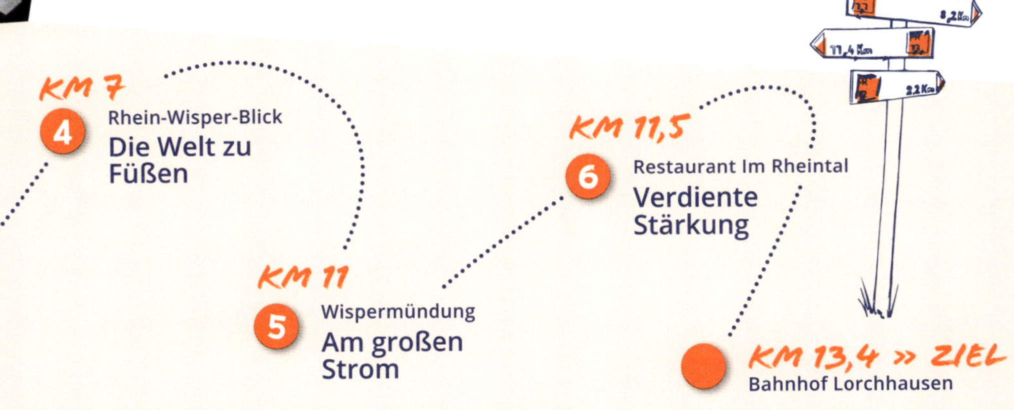

SCHON WENN DER ZUG UM DIE KURVE BIEGT, ...

... die Felswände auf der einen Seite immer steiler wirken und der Rhein auf der anderen glitzert, merkt man, dass einem an diesem Tag Großes bevorsteht. Eine Tour, die nicht ganz ohne Steigung ablaufen kann, aber ohne Grund hat die Natur diese Steilhänge hier ja sicher nicht hingestellt. Und so geht es nach dem Verlassen des Bahnsteigs und den ersten Schritten durch die schmalen Straßen des Weinörtchens Lorchhausen auch erst mal zielstrebig einige Höhenmeter bergauf.

Damit man trotzdem maximal wegen der Ausblicke außer Atem gerät, lässt man es zu Beginn einfach langsam angehen, setzt immer in kleinen Schritten einen Fuß vor den anderen und vergisst ja nicht, alle paar Meter über die Schulter zu blicken. Der Weg wird mit der Zeit etwas schmaler, dafür kommen neben der hübschen **Clemenskapelle** auf dem Hügel gegenüber langsam auch der blau schimmernde Rhein in der Ferne und die erste Sitzbank des Tages ganz in der Nähe zum Vorschein. Und mit Glück auch sonnenanbetende Eidechsen, die perfekt getarnt vorm Gestein hin- und herflitzen.

GLÜCKSMOMENTE UNTERWEGS: JEDER EINZELNE AUSBLICK INS TAL

Einer von zahlreichen Orten, wo man gar nicht anders kann, als den Wow-Moment überm Rheintal zu verlängern, ist die Aussicht am **Lehnhardt-Blick,** fast die nördlichste Stelle der Tour. Von hier geht es über schattige Waldpfade und sonnige Hügelkuppen zu einem **Picknickplatz,** der ganz nonchalant daran erinnert, was man heute schon alles geschafft hat. Vorbei an Felswänden und alten Steinmauern geht es im Schatten der Ruine Nollig zum **Rhein-Wisper-Blick** noch mal die letzten Höhenmeter flach bergauf und dann durch die Weinberge ins Örtchen Lorch.

Damit vom knapp 30 Kilometer langen Taunusflüsschen Wisper an diesem Tag nicht immer nur auf Wanderschildern die Rede ist, liegt der nächste Abstecher direkt am Wasser, wo die **Wisper** plätschernd in den Rhein mündet. Nicht weit von hier kann man sich in der Gaststätte **Im Rheintal** ruhig noch Wein, Nachtisch oder verspätetes Mittagessen gönnen: Das Ziel der Runde liegt nur noch einen kleinen Rheinspaziergang entfernt.

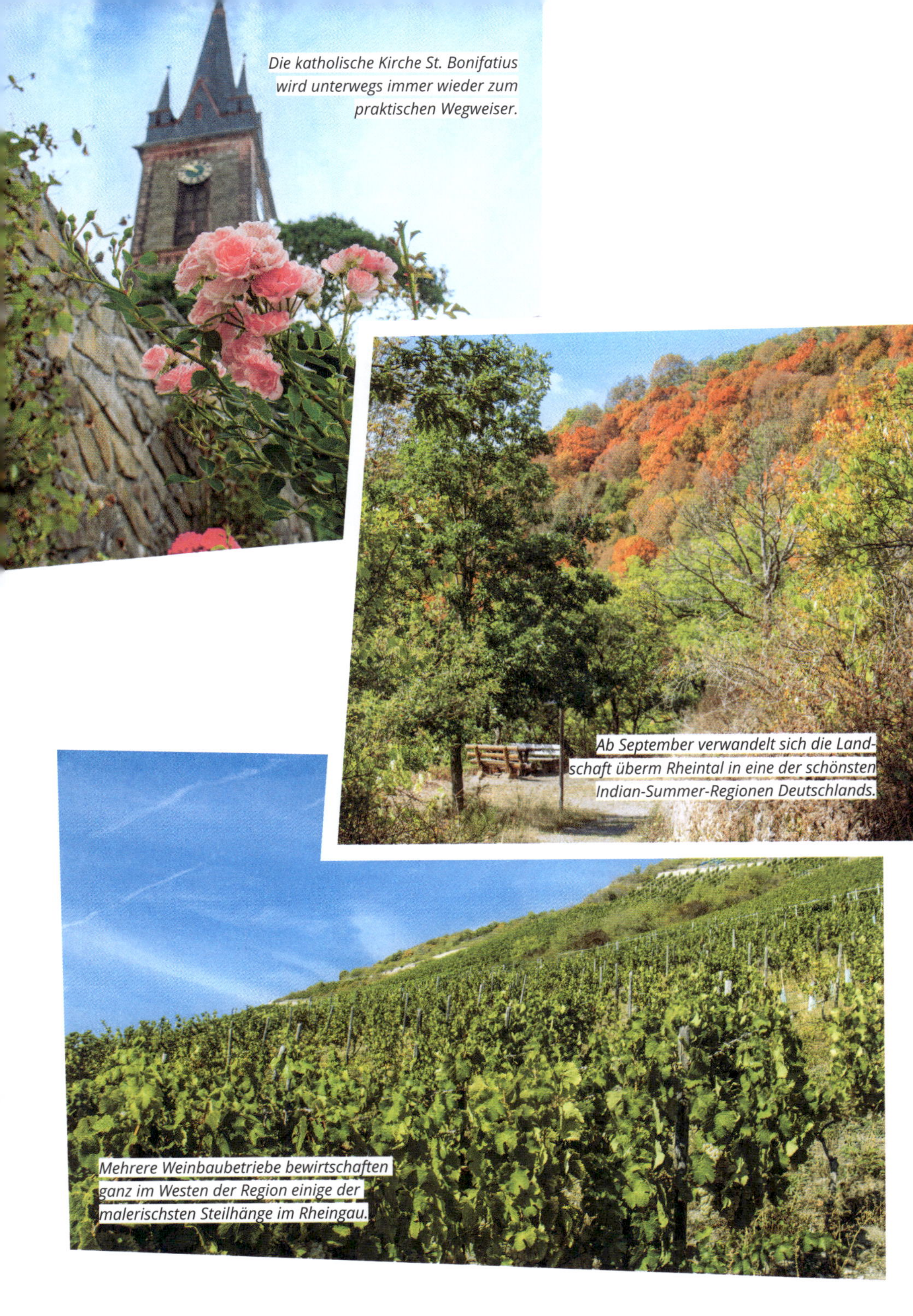

Die katholische Kirche St. Bonifatius wird unterwegs immer wieder zum praktischen Wegweiser.

Ab September verwandelt sich die Landschaft überm Rheintal in eine der schönsten Indian-Summer-Regionen Deutschlands.

Mehrere Weinbaubetriebe bewirtschaften ganz im Westen der Region einige der malerischsten Steilhänge im Rheingau.

WANDERN & GENIESSEN

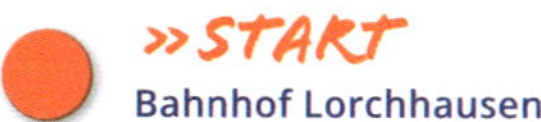

Bahnhof Lorchhausen

Nördlich der Bahngleise Richtung Kirche laufen und links auf Oberflecken/Talweg abbiegen. Nach einigen Hundert Metern biegt nach links ein Wanderweg ab.

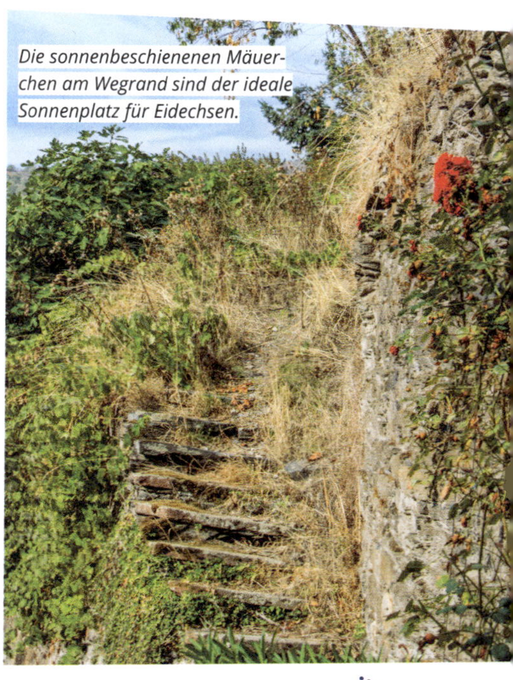
Die sonnenbeschienenen Mäuerchen am Wegrand sind der ideale Sonnenplatz für Eidechsen.

KM 1

1 **Ausblick Zur Clemenskapelle**

Auf Eidechsensuche

Man muss schon sehr genau hinschauen, um die ersten der kleinen Tiere zu Gesicht zu bekommen, die sich wendig und flink über Mäuerchen und Wegesränder, Steine und Wurzeln bewegen. Wenn man sie dann aber im Blick hat, das Auge sich auf den kaum wahrnehmbaren Kontrast zwischen braun und grau und verschiedenen Grüntönen eingestellt hat, ist die Faszination umso größer. Zu den Eidechsenarten, die sich hier im Rheingau heimisch fühlen, zählen vor allem Mauer-, Zaun- und Waldeidechsen. Wer neugierig ist, mit welcher Art man es gerade zu tun hat, zückt das Smartphone und vergleicht mit etwas Schnelligkeit die Suchergebnisse mit dem Original.

Weiter auf der Wanderroute Rhein-Wisper-Glück.

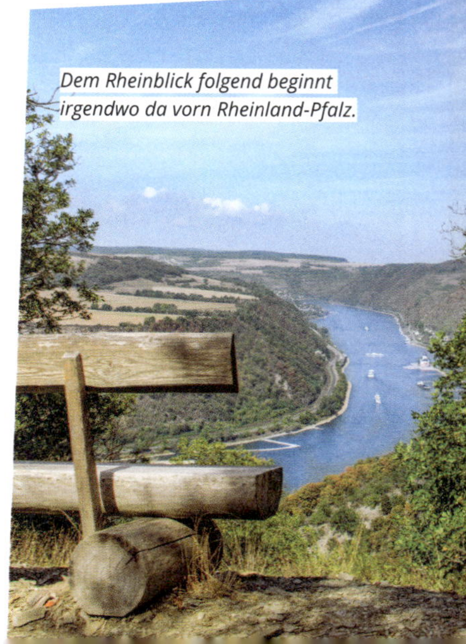
Dem Rheinblick folgend beginnt irgendwo da vorn Rheinland-Pfalz.

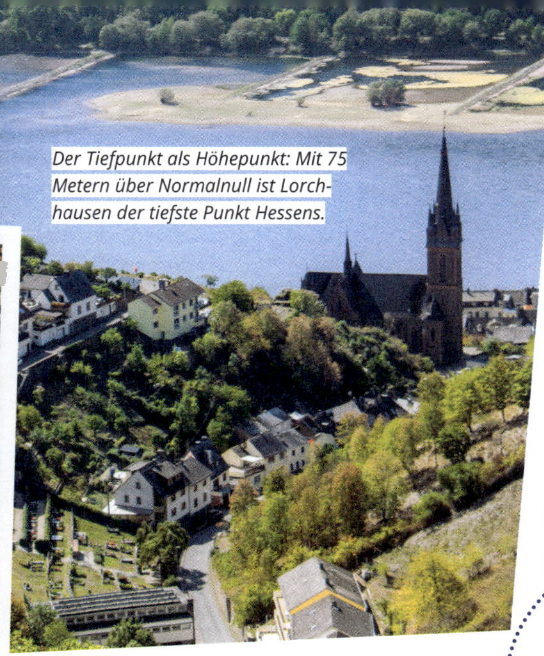

Der Tiefpunkt als Höhepunkt: Mit 75 Metern über Normalnull ist Lorchhausen der tiefste Punkt Hessens.

← MEDITATIVES GLITZERGUCKEN

Lehnhardt-Blick

Inspirieren lassen

Eine Prise Fernweh gefällig? Dann ist die Bank, die hier oben quasi ganz im Norden der Runde als Logenplatz überm Unesco-Welterbe liegt, der perfekte Ort, sich wegzuträumen und inspirieren zu lassen. Weit in die Ferne schweifen muss man dafür nicht, schließlich liegt einem mit dem Mittelrheintal eine der schönsten Landschaften Deutschlands praktisch zu Füßen. Von Schleife zu Schleife, Windung zu Windung reist man von hier in seiner Fantasie immer am tiefblauen Rhein entlang. Die Burgen und Weinberge, die auf den nächsten rund 65 Kilometern dabei an einem vorüberziehen, materialisieren sich bei der Kulisse fast von selbst. Wer ganz kreativ sein will, bringt Skizzenblock und Stifte mit, ins Hier und Jetzt zurück geht's am besten mit der Kamera in der Hand.

Wanderschildern Rhein-Wisper-Glück weiter folgen.

KM 5

3 Picknickplatz über Lorchhausen

Halbzeit genießen

Gibt es einen schöneren Platz für eine verdiente Stärkung als einer mit Aussicht über all das, was man am Tag schon geschafft hat? Am Picknicktisch über Lorchhausen, der in der Nähe auch noch von einigen hübschen Bänken flankiert wird, liegt einem der bisherige Weg besonders hübsch zu Füßen: die ersten Höhenmeter durch den Ort, die steileren Pfade am Hang, der Blick über den Rhein nach Rheinhessen – hach, traumhaft! Fast könnte man die Wandergruppe im Ameisenformat da unten drum beneiden, dass sie alles noch vor sich hat, während man selbst schon die Halbzeit genießt. Aber die Erinnerungen im Gepäck, die kann einem ja auch keiner mehr nehmen.

Beschilderung weiter folgen.

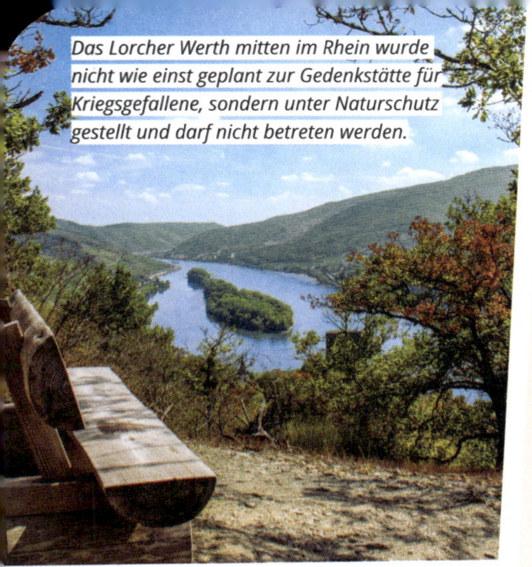

Das Lorcher Werth mitten im Rhein wurde nicht wie einst geplant zur Gedenkstätte für Kriegsgefallene, sondern unter Naturschutz gestellt und darf nicht betreten werden.

KM 7

4

Rhein-Wisper-Blick

Die Welt zu Füßen

Von nun an liegt der Fokus auf allem, was noch kommt. Den Blick immer auf die grüne Binneninsel Lorcher Werth mitten im Rhein gerichtet, die die Aufmerksamkeit wie automatisch auf sich lenkt, ein zickzackförmiges Wegesystem durch die steil abfallenden Weinberge und die eindrucksvolle Ruine der spätmittelalterlichen Burg Nollig direkt vor der Nase. Etwas weiter entfernt verraten die Dächer der Gemeinde Lorch das nächste Etappenziel, irgendwo da unten mündet das Taunusflüsschen Wisper in den Rhein. Um das Postkartenidyll stilecht zu genießen, hat man hier oben zwei Möglichkeiten: Entweder man schnappt sich die Bank im Schatten des ausladenden Baums auf der kleinen, von Wurzeln und Gestein bedeckten Anhöhe oder man folgt dem Pfad bergab einige Schritte weiter bis zum Mini-Pavillon.

Einige Hundert Meter weiter der Rhein-Wisper-Glück-Wanderroute folgen. An der Gabelung nicht rechts Richtung Clemenskapelle halten, sondern links bergab Richtung Tal, immer im Zickzack durch die Weinbergwege. Durch den Ortskern geht es dann runter zum Rhein.

KM 11

5

Wispermündung

Am großen Strom

Wie viel Macht Sprache besitzt, erkennt man ganz mühelos an den Erwartungen, die man bewusst oder unbewusst an all jene Landschaften hat, die in irgendeiner Form mit dem Namen des Taunusflüsschens Wisper zu tun haben. Geheimnisvoll soll es sein und still, gemütlich und harmonisch. Und bezeichnenderweise bekommt der Mündungsbereich am Rheinufer das fast ebenso schön hin wie das Gebiet unweit der Quelle im Wispertaunus und der einige Kilometer südwestlich liegende Wispersee. Hier plätschert der schmale Fluss gemächlich, umgeben von Grün, in den Rhein, reflektiert noch mal jeden Sonnenstrahl besonders schön und demonstriert den Wert von Momenten, in denen man sich richtig viel Zeit lassen kann. Ganz nah ran an den großen Strom geht's auf den benachbarten Kiesbänken, auf die hin und wieder Treppen führen.

Dem Weg am Rhein entlang flussabwärts folgen und über Treppe und Brücke auf die andere Straßenseite wechseln.

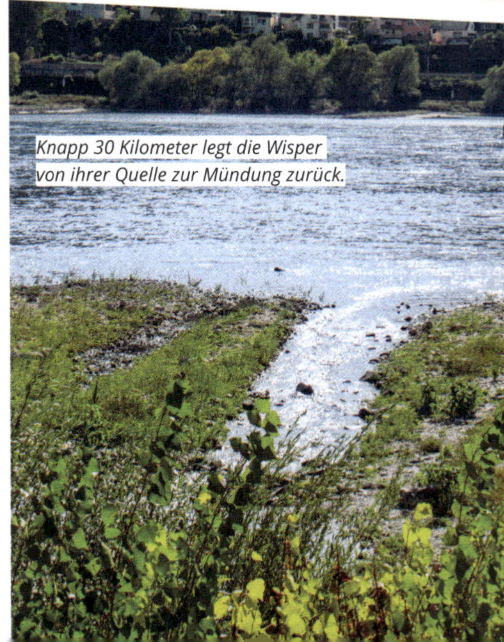

Knapp 30 Kilometer legt die Wisper von ihrer Quelle zur Mündung zurück.

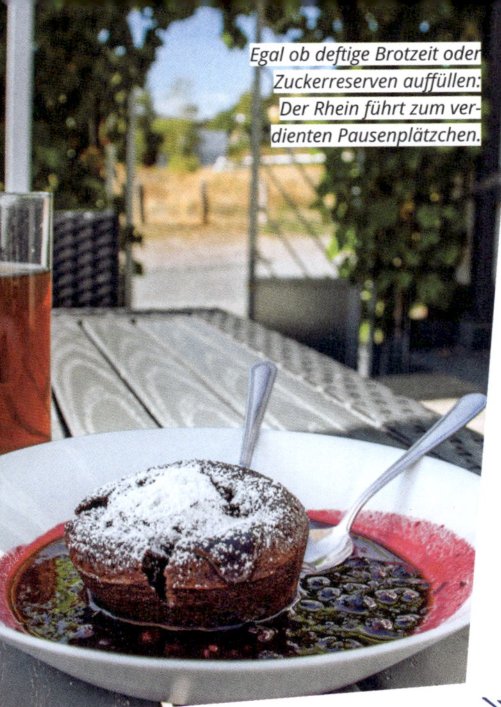

Egal ob deftige Brotzeit oder Zuckerreserven auffüllen: Der Rhein führt zum verdienten Pausenplätzchen.

EXTRA INFOS:

Klassisches Beispiel einer Wanderung, die man (kaum am Ziel angekommen) am liebsten noch mal laufen würde ... Warum nicht gleich ein Wochenende daraus machen? Schön übernachten lässt sich im ● **Hotel im Schulhaus** in Lorch, wo mit der digital geführten Erlebniswanderung »Walk like a Local« für ein wenig Abwechslung direkt ein zweites Abenteuer wartet. (www.hotel-im-schulhaus.com)

ENDE DER DURSTSTRECKE

KM 11,5

6 Restaurant Im Rheintal

Verdiente Stärkung

KM 13,4 » ZIEL

Bahnhof Lorchhausen

Manchmal braucht es gar keine großen Worte, um die Aufmerksamkeit gezielt auf sich zu lenken. Ein Schild mit der Aufschrift »Ende der Durststrecke« ... damit ist doch alles gesagt. Kaum zehn Schritte später finden sich Erfrischungssuchende dann auch schon auf der gemütlichen Terrasse des Restaurants Im Rheintal wieder, wo ein bisschen Schatten und Stärkung nun wirklich mehr als gelegen kommen. Für den größeren Hunger stehen Klassiker der Hausmannskost auf der Karte, für kleinere Pausen kombiniert man Dessert mit Wein oder Softdrink. (www.restaurant-imrheintal.de)

Immer weiter am Rhein entlang zurück zum Bahnhof Lorchhausen.

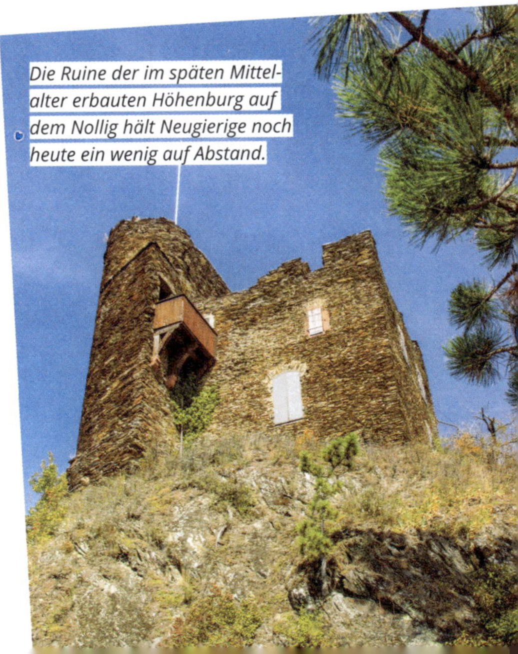

Die Ruine der im späten Mittelalter erbauten Höhenburg auf dem Nollig hält Neugierige noch heute ein wenig auf Abstand.

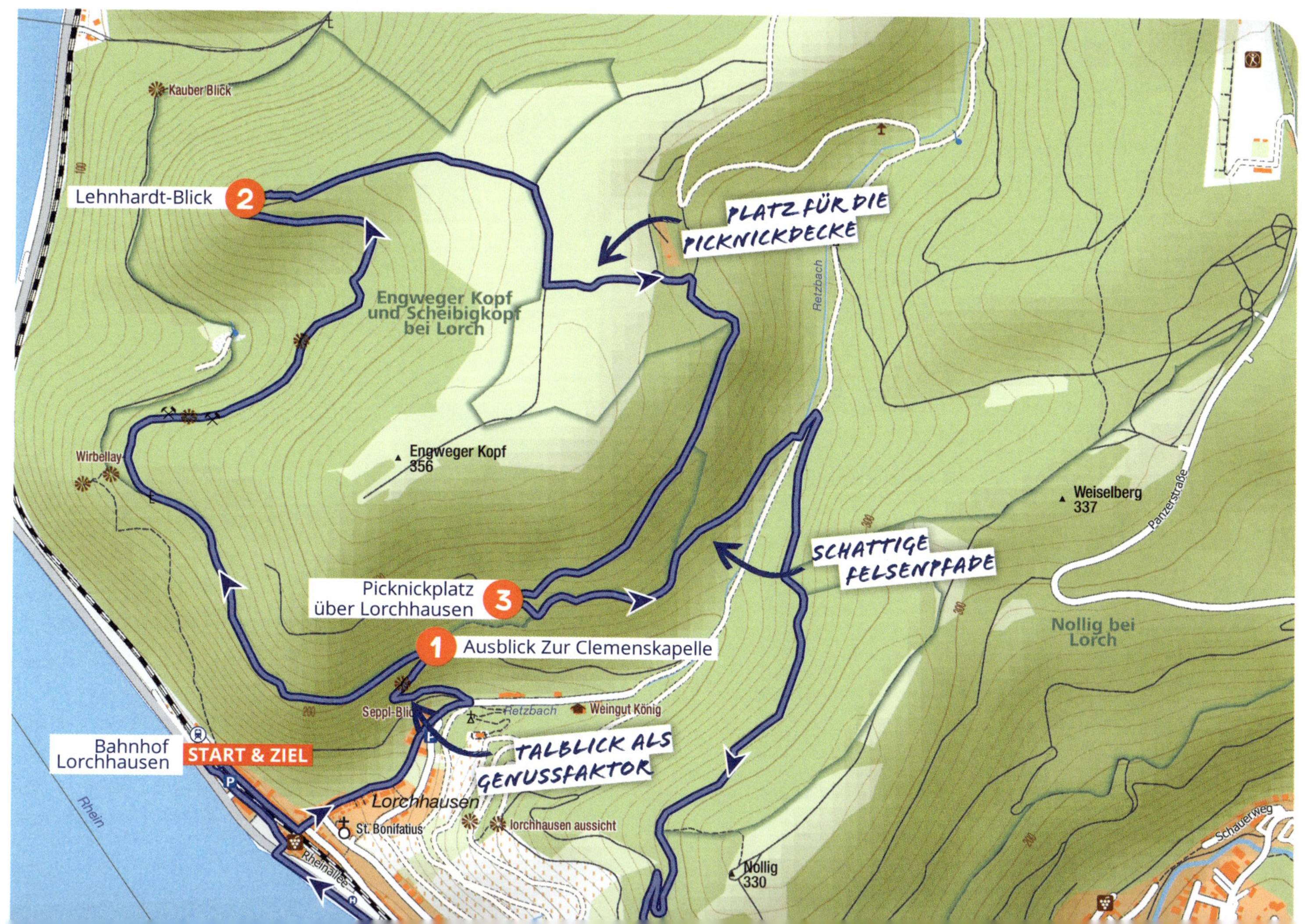

Kauber Blick
Lehnhardt-Blick
2
PLATZ FÜR DIE
PICKNICKDECKE
Retzbach
Engweger Kopf
und Scheibigkopf
bei Lorch
Wirbellay
Engweger Kopf
356
Weiselberg
337
Panzerstraße
SCHATTIGE
FELSENPFADE
Picknickplatz
über Lorchhausen
3
Nollig bei
Lorch
1
Ausblick Zur Clemenskapelle
Seppl-Blick
Retzbach
Weingut König
Bahnhof
Lorchhausen
START & ZIEL
TALBLICK ALS
GENUSSFAKTOR
Lorchhausen
St. Bonifatius
lorchhausen aussicht
Rhein
Rheinallee
Nollig
330
Schauerweg

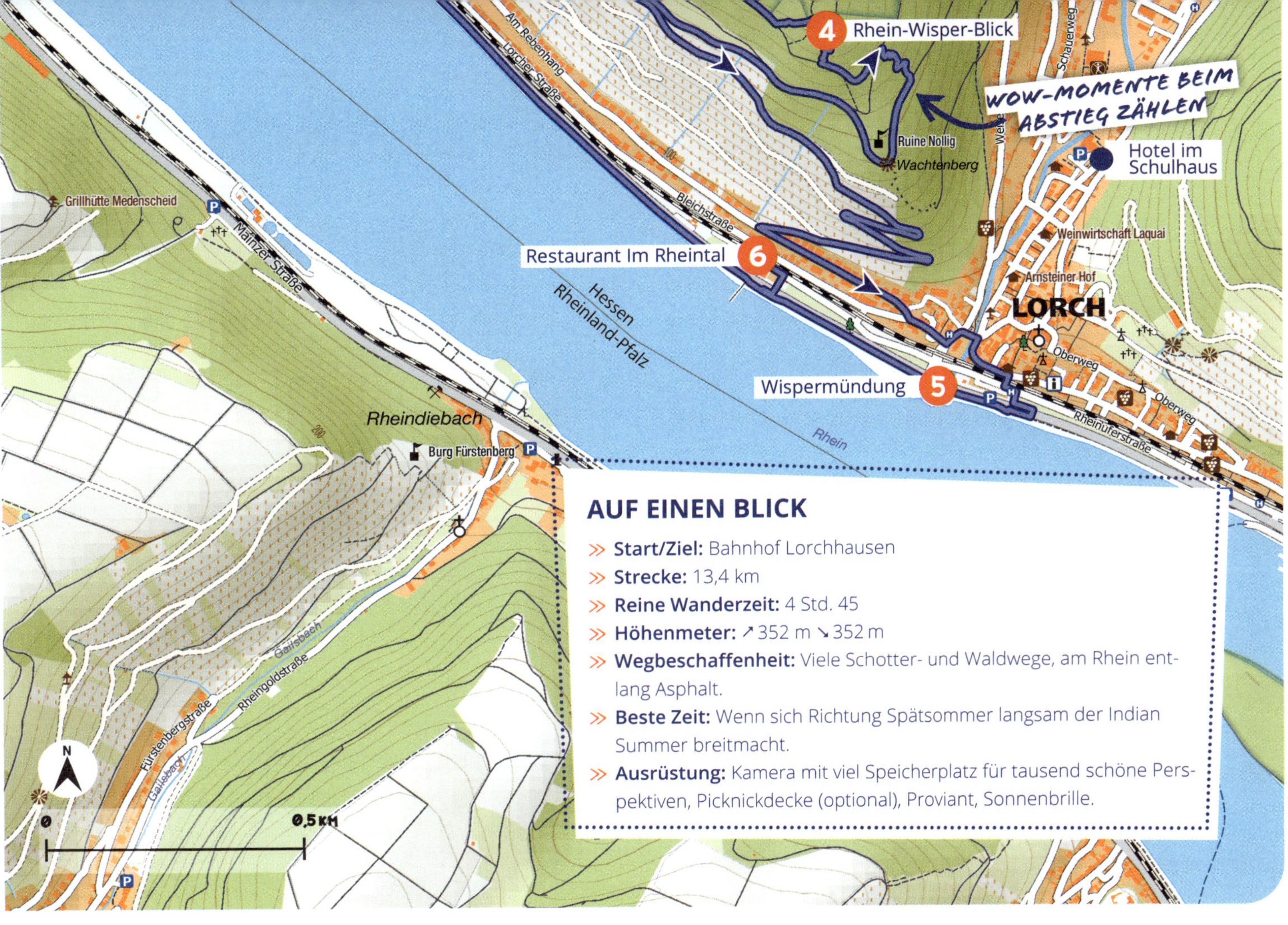

AUF EINEN BLICK

- **Start/Ziel:** Bahnhof Lorchhausen
- **Strecke:** 13,4 km
- **Reine Wanderzeit:** 4 Std. 45
- **Höhenmeter:** ↗352 m ↘352 m
- **Wegbeschaffenheit:** Viele Schotter- und Waldwege, am Rhein entlang Asphalt.
- **Beste Zeit:** Wenn sich Richtung Spätsommer langsam der Indian Summer breitmacht.
- **Ausrüstung:** Kamera mit viel Speicherplatz für tausend schöne Perspektiven, Picknickdecke (optional), Proviant, Sonnenbrille.

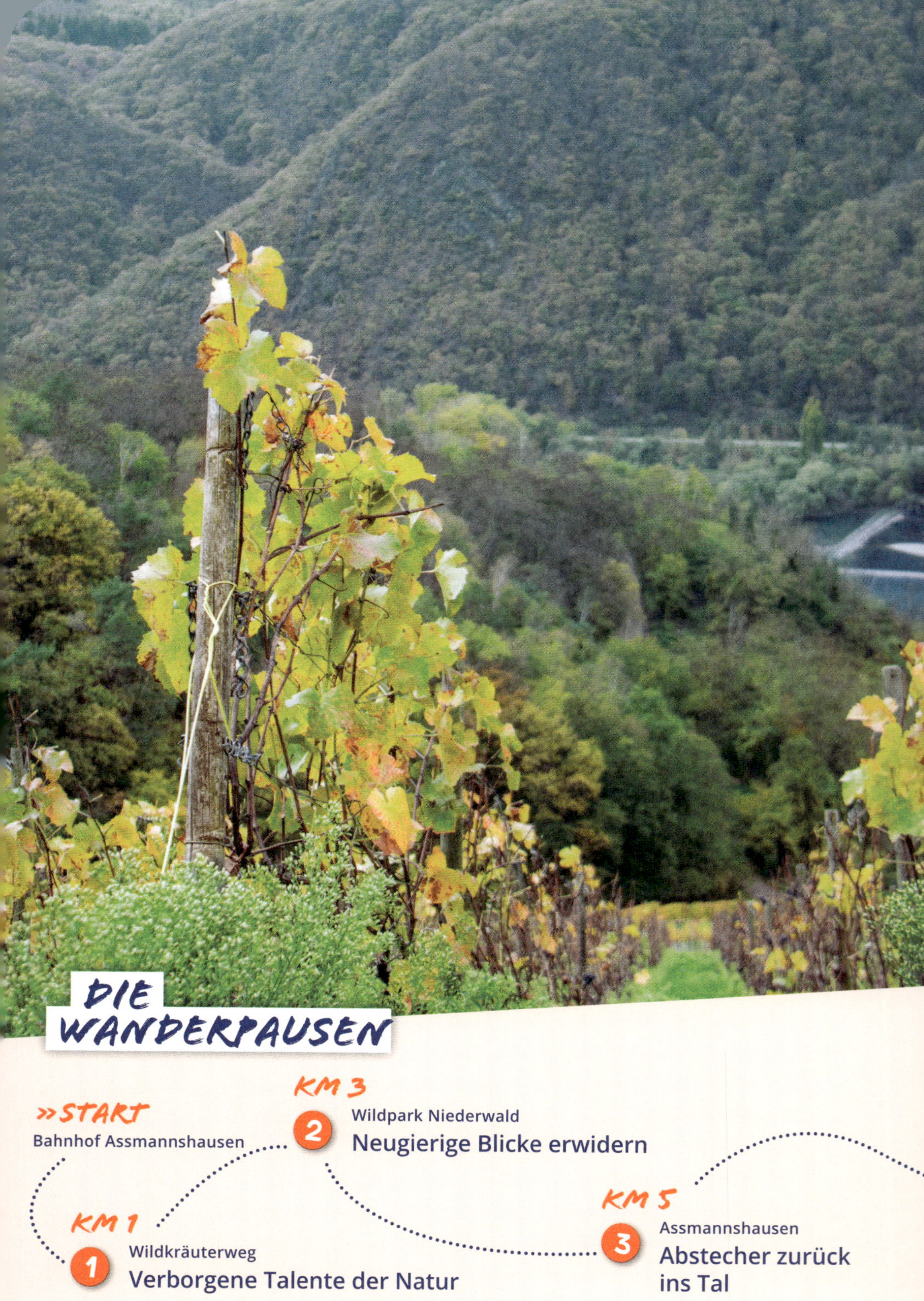

DIE WANDERPAUSEN

» START
Bahnhof Assmannshausen

KM 1
1 Wildkräuterweg
Verborgene Talente der Natur

KM 3
2 Wildpark Niederwald
Neugierige Blicke erwidern

KM 5
3 Assmannshausen
Abstecher zurück ins Tal

2

ZEIT FÜR SPÄTZÜNDER

Auf dem Rotweinweg in Assmannshausen

Während der Winter es langsam eilig hat, dem Herbst die Zügel aus der Hand zu nehmen, lässt der Rotwein sich so richtig schön Zeit und statuiert damit – bunt und unerschrocken – eine Art Exempel. Wer sich spät im Jahr aufmacht, um den Rotweinweg zu erwandern, hat die spektakuläre Route nicht nur stellenweise für sich allein, man sieht überhaupt so manches mit anderen Augen.

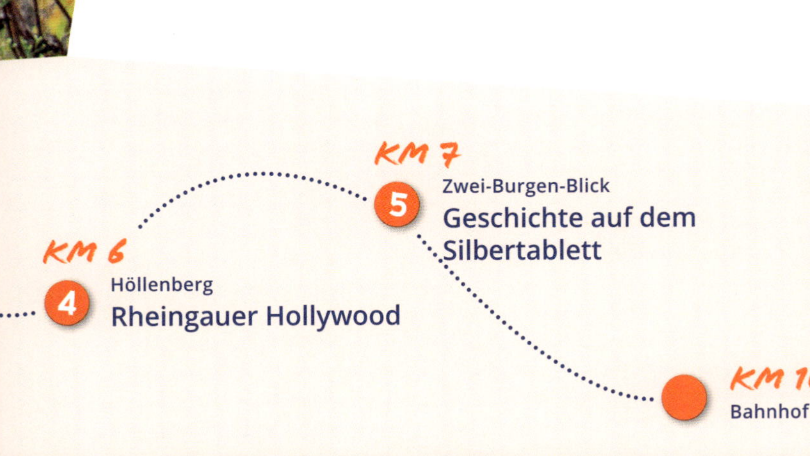

EINHUNDERTSECHSUNDSIEBZIG, EINHUNDERTSIEBENUNDSIEBZIG ...

Der Tag auf dem Rotweinweg beginnt sportlich beim Treppensteigen, so viel steht schon mal fest. Da ist es ganz egal, ob man den beliebten Weg an Tagen im Sommer ansteuert, wenn hier etliche Wanderfreudige auf den Spuren von Rotwein und Wildkräutern unterwegs sind, oder an einem eher gräulichen Wintertag, wenn das bunte Weinlaub der perfekte Überbringer von Farbe im Leben ist.

VORAUSSCHAUEND: ZWISCHEN WEINLAUB UND NIEDERWALD BUNTTÖNE AUFSAUGEN, UM SICH FÜR GRAUERE TAGE ZU RÜSTEN

Es geht also erst mal ein Stückchen bergauf. Jedenfalls sobald man den leicht zu übersehenden Durchgang zwischen zwei Häusern ausgemacht hat, hinter dem der rund 200 Stufen umfassende Anstieg beginnt. Sich in der charmanten Altstadt des Örtchens zu verlaufen und dabei Zeit und Ziel zu vergessen, ist an dieser Stelle kein Drama, doch der Weg führt später ohnehin noch mal ins Tal, sodass man den Altstadtbummel auch nachholen kann.

Über die Treppen geht es mittenrein in die Weinberge und relativ flott Traumausblicken entgegen – auf Rhein und Ortschaft. Hier schiebt sich schnell der Turm der Ortskirche Heilig Kreuz vor die Rheintalpanoramen und schafft so eine gewisse Orientierung, wie viel man schon an Höhe gewonnen hat, ehe die ersten Hinweisschilder des **Wildkräuterwegs** auftauchen. Immer oberhalb von neuen, aussichtsreichen Terrassen mit immer neuen Selfiespots geht es für einen kurzen Abstecher in den Niederwald zum kleinen **Wildpark** unweit der Seilbahnstation.

Dass mit dem Weg hinunter nun nicht der letzte Abstieg der Tour startet, ist schon von hier oben offensichtlich. Der gegenüberliegende Weinberg scheint quasi zum Greifen nah – läge nicht das Tal mittendrin, das einem immerhin die Chance gibt, noch ein wenig mehr von den hübschen Fachwerkhäusern in **Assmannshausen** zu sehen. Dass sich auch die Höhenmeter auf der anderen Seite lohnen, dafür sorgen der **Höllenberg** und seine Ausblicke ins Rheintal. Ein Stück weiter, kurz vorm zickzackförmigen Abstieg zurück Richtung Bahnhof, bietet der **Zwei-Burgen-Blick** eine besonders gemütliche Gelegenheit für ein bisschen Sightseeing aus der Ferne. «

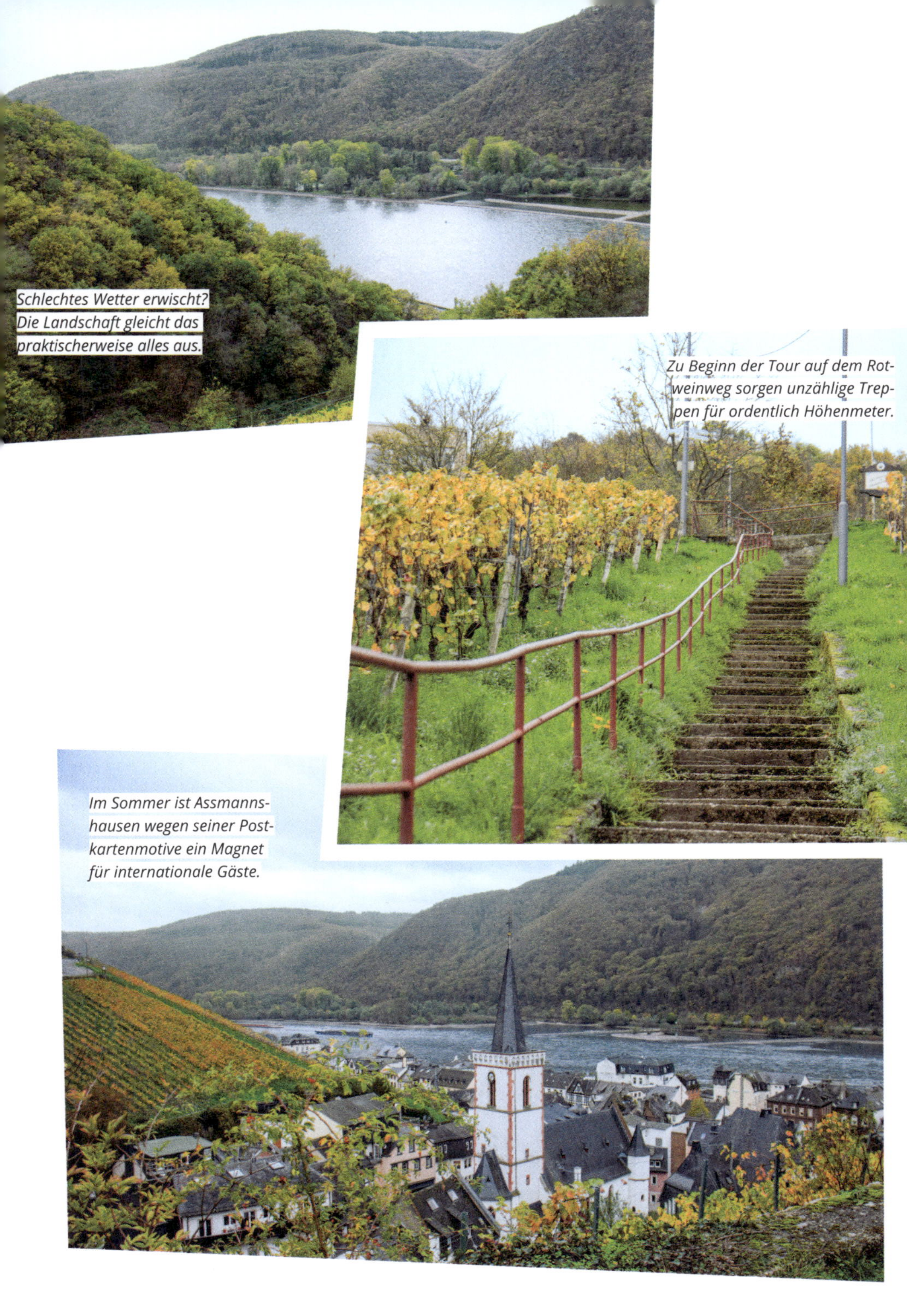

Schlechtes Wetter erwischt? Die Landschaft gleicht das praktischerweise alles aus.

Zu Beginn der Tour auf dem Rotweinweg sorgen unzählige Treppen für ordentlich Höhenmeter.

Im Sommer ist Assmannshausen wegen seiner Postkartenmotive ein Magnet für internationale Gäste.

WANDERN & GENIESSEN

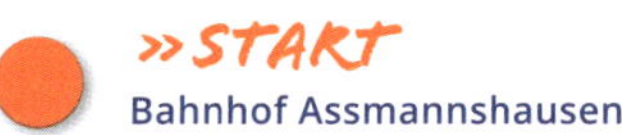

Bahnhof Assmannshausen

Über Frankenthalstraße in den Ortskern laufen. Gegenüber der Kirche führt ein schmaler Durchgang zwischen Niederwaldstraße 10 und 12 in die Weinberge. Wanderschildern des Rotweinwegs folgen.

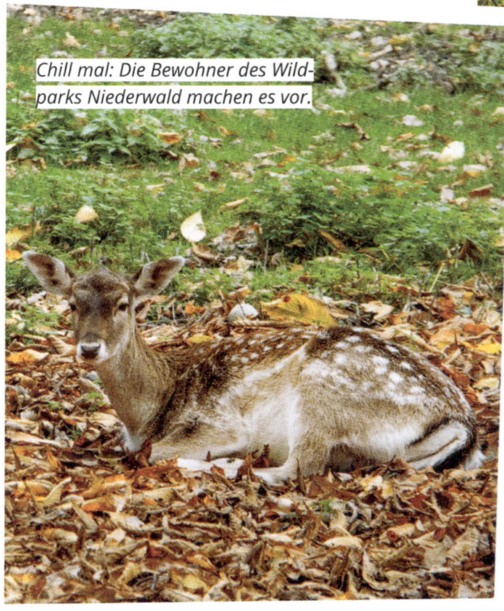

Chill mal: Die Bewohner des Wildparks Niederwald machen es vor.

KM 1

1 Wildkräuterweg

Verborgene Talente der Natur

Was vor lauter Wein in der Gegend gern mal in Vergessenheit gerät: dass entlang der Hänge und Wälder auch etliche spannende Wildkräuter wachsen. Die haben teils heilsame, teils erfrischende und so gut wie immer intensiv aromatische Wirkung und liegen als Duft auch gern unterwegs schon mal in der Luft, wenn man nur ausgiebig danach schnuppert. Praktischerweise begleitet der eigens ausgewiesene, acht Kilometer lange Wildkräuterweg auch zum Teil die heutige Route durch die Weinhänge und verbindet herrliche Ausblicke mit allerlei lehrreichen Informationen am Wegesrand, die die Kräuter und Wildpflanzen erklären. Wie wär's mit ein wenig Brennesseltee für zu Hause?

Weiter geht's auf dem Rotweinweg.

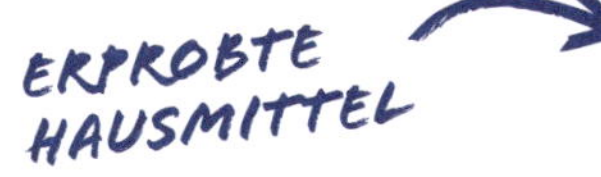

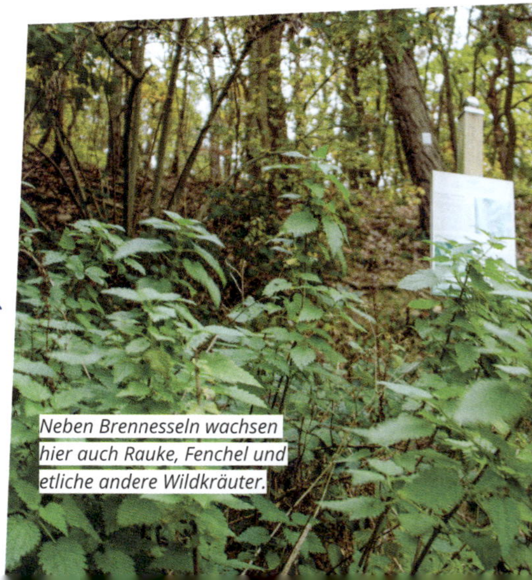

Neben Brennesseln wachsen hier auch Rauke, Fenchel und etliche andere Wildkräuter.

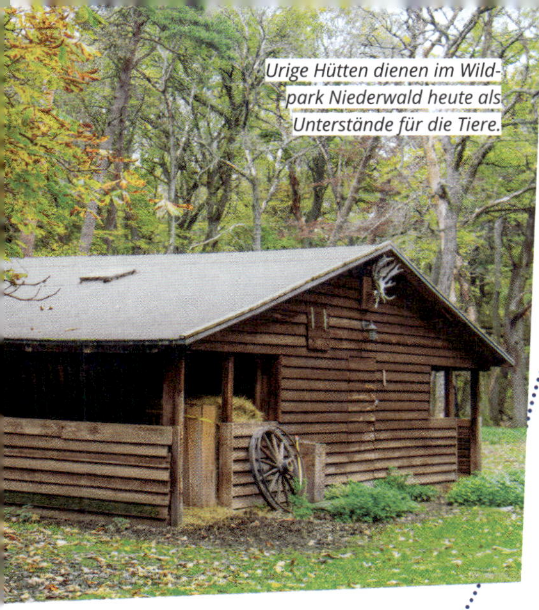

Urige Hütten dienen im Wildpark Niederwald heute als Unterstände für die Tiere.

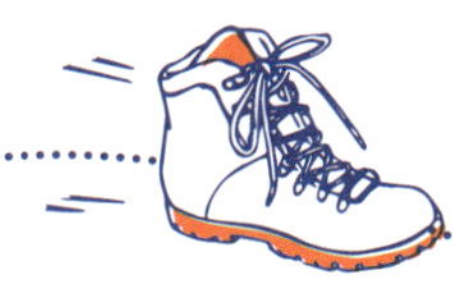

KM 5

3 Assmannshausen

Abstecher zurück ins Tal

Der schönste Nebeneffekt, dass man für den Weg rüber Richtung Höllenberg noch mal zum Ausgangspunkt der Tour zurück muss? Die perfekte Gelegenheit für den Streifzug zwischen den hübschen Altstadthäusern natürlich. Viele der hübsch gepflegten Fachwerkhäuser wie das Historische Alte Haus (Lorcher Str. 8) stammen noch aus dem 15. und 16. Jahrhundert und geben alles, den Besucher auf Zeitreise zu schicken, bevor es wieder bergauf geht. Auch einen Abstecher wert: Die kleine katholische Pfarrkirche Heilig-Kreuz, die ebenso wie die Landschaften und Burgen zum Unesco-Welterbe Oberes Mittelrheintal gehört.

Rechts neben der Kirche über Höllenbergstraße Richtung Weinberge gehen. Nach wenigen Metern führt der Rotweinweg über einen schmalen Weg weiter bergauf.

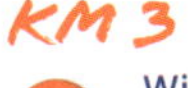

KM 3

2 Wildpark Niederwald

Neugierige Blicke erwidern

Gejagt wird am Jagdschloss Niederwald schon lange nicht mehr, dafür umso standesgemäßer in modern eingerichteten Hotelzimmern residiert. Beruhigend ist das vor allem für die tierischen Bewohner des Gebiets, das sich zwischen Rüdesheim und seinem Stadtteil Assmannshausen auf einer Anhöhe erstreckt und über etliche traumhafte Wanderpfade verfügt. Einige der Tiere leben auch heute noch im frei zugänglichen Wildgehege unweit des Jagdschlosses und halten neugierig nach spannenden Besuchern Ausschau, in der Hoffnung, dass ein zusätzlicher Snack vom Futterautomaten abfällt. So lassen sich die faszinierenden Tiere dann nicht nur aus der Ferne, sondern auch hautnah bewundern.

Das Wildparkgelände umrunden und vor der Seilbahn-Bergstation rechts zurück auf den Rotweinweg.

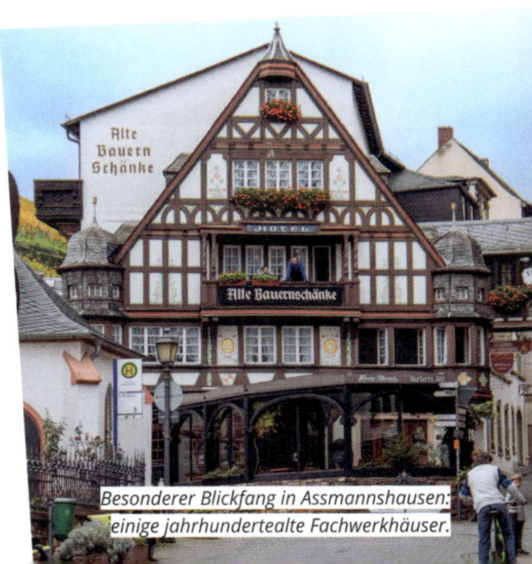

Besonderer Blickfang in Assmannshausen: einige jahrhundertealte Fachwerkhäuser.

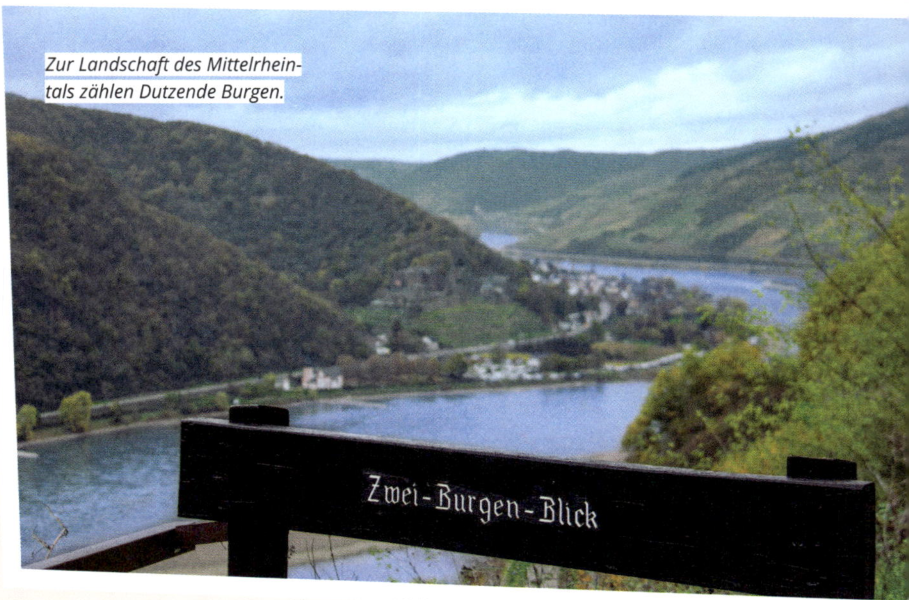

Zur Landschaft des Mittelrheintals zählen Dutzende Burgen.

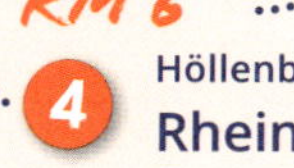

4 Höllenberg

Rheingauer Hollywood

Schon gut, schon gut. Im Vergleich zu den 14 Meter hohen Buchstaben in den Hollywood Hills stecken die Riesenlettern in den Rüdesheimer Weinlagen noch in den Kinderschuhen – aber ihren Zweck erfüllen sie eben doch. Von Weitem weisen sie darauf hin, dass hier ein Top-Produkt entsteht, was man selbst von so manchem Hollywood-Streifen heute nicht mehr behaupten mag. Besonders auffallend: In den steilen Hängen wächst statt des typischen Rheingauer Rieslings hier Spätburgunder. Und zwar einer, der sich über die Zeit einen internationalen Ruf erarbeitet hat. Unterwegs durch den Weinberg kommt man den bereits aus der Ferne gesichteten Buchstaben dann sogar ganz nah.

Dem Wegverlauf durch den Weinberg folgen.

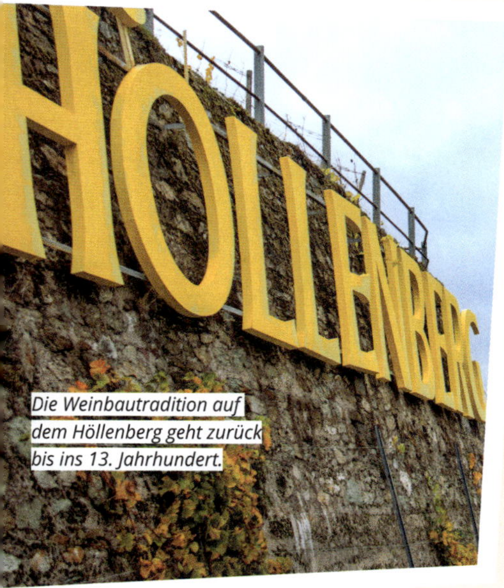

Die Weinbautradition auf dem Höllenberg geht zurück bis ins 13. Jahrhundert.

KM 7

5 Zwei-Burgen-Blick

Geschichte auf dem Silbertablett

Böse Zungen mögen behaupten, das schönste am Rheingau sei der Blick rüber auf die andere, rheinland-pfälzische Rheinseite. Das ist einer der wenigen Momente, in denen man ihnen recht geben könnte, so groß ist die Versuchung, jetzt einfach über den Rhein zu hüpfen und in den stolzen Burgen Rheinstein und Reichenstein auf Geschichtserkundung zu gehen. Links die schmale Ruine Rheinstein, die in den steilen Fels hineingebaut ist, weiter rechts die langgezogene Höhenburg Reichenstein, die ihre Ursprünge schon im 11. Jahrhundert haben soll. Erstere liegt hier gefühlt ganz nah, nur auf der anderen Rheinseite, die andere ein Stück weiter flussaufwärts. Dazwischen – unsichtbar – der 50. Breitengrad, der lange Zeit als nördlichste Grenze des Weinbaus galt.

Dem Weg folgen, bis links der Pfad durch die Terrassen ins Tal beginnt. An der Bahnstrecke links, später die Gleise kreuzen und am Rheinufer flussaufwärts zum Bahnhof.

EXTRA INFOS:

Die Landschaft am Rhein sorgt einfach immer wieder dafür, dass man Schwierigkeiten hat, sich zu verabschieden. Was helfen kann: einfach eine Nacht dranhängen, z. B. im familiengeführten ● **Gasthof Schuster,** in dessen Restaurant der Chef übrigens mit besonders vielen Kräutern aus der Region kocht. (www.gasthof-schuster.com, www.kräuter-wirte.de)

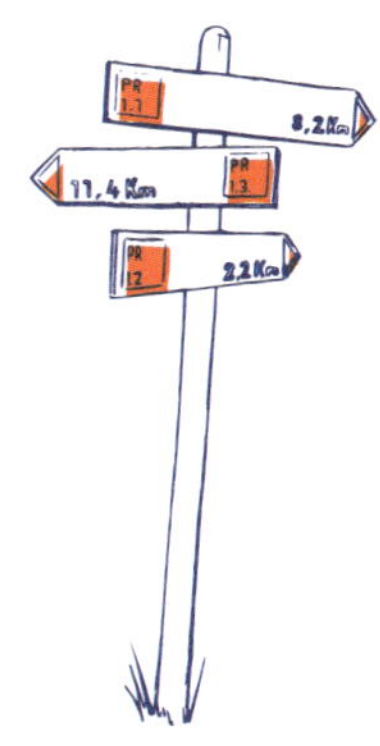

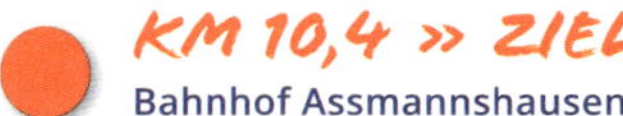

Bahnhof Assmannshausen

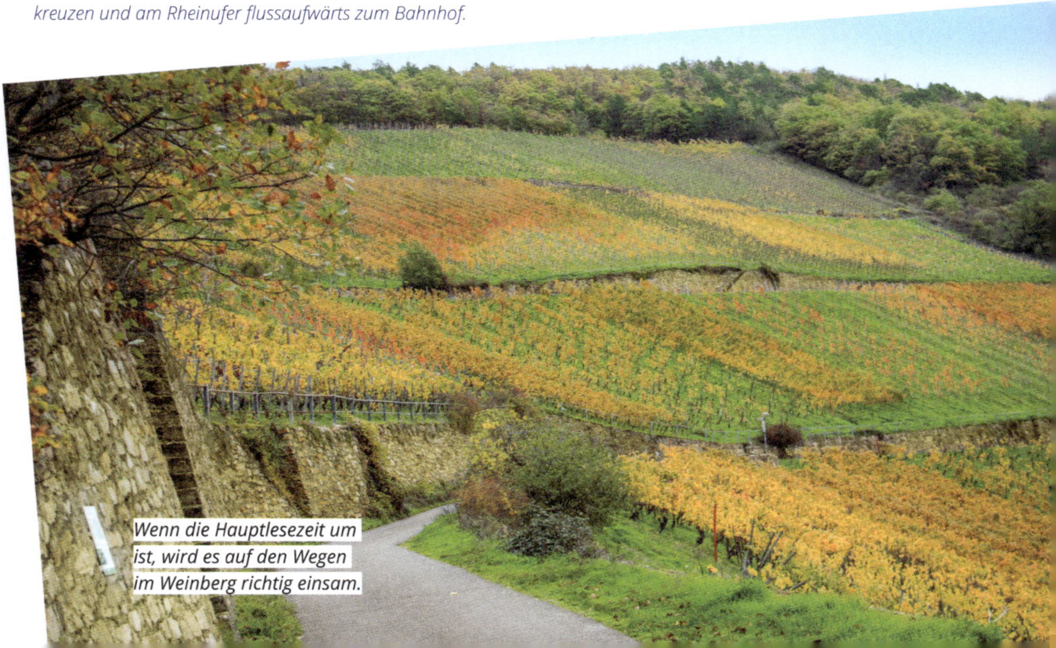

Wenn die Hauptlesezeit um ist, wird es auf den Wegen im Weinberg richtig einsam.

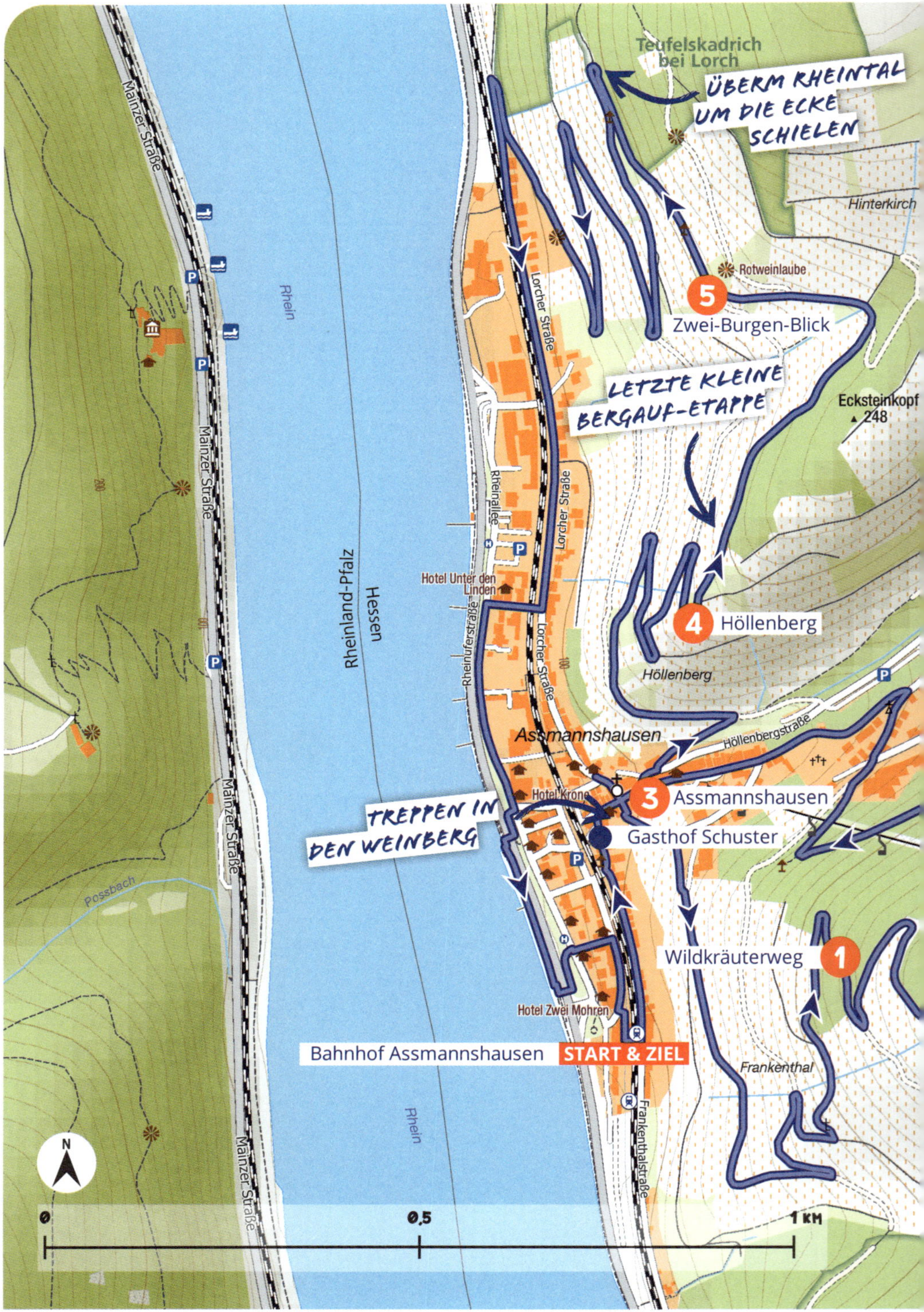

Teufelskadrich bei Lorch
ÜBERM RHEINTAL UM DIE ECKE SCHIELEN
Hinterkirch
Rotweinlaube
5 Zwei-Burgen-Blick
LETZTE KLEINE BERGAUF-ETAPPE
Ecksteinkopf
248
4 Höllenberg
Höllenberg
Assmannshausen
Höllenbergstraße
3 Assmannshausen
Gasthof Schuster
Hotel Krone
TREPPEN IN DEN WEINBERG
Wildkräuterweg 1
Frankenthal
Hotel Zwei Mohren
Bahnhof Assmannshausen START & ZIEL
Frankenthalstraße
Lorcher Straße
Rheinallee
Rheinuferstraße
Hotel Unter den Linden
Rheinland-Pfalz
Hessen
Rhein
Mainzer Straße
Possbach
N
0
0,5
1 KM

AUF EINEN BLICK

- **Start/Ziel:** Bahnhof Assmannshausen
- **Strecke:** 10,4 km (Rundtour)
- **Reine Wanderzeit:** 3 Std. 45
- **Höhenmeter:** ↗ 403 m ↘ 403 m
- **Wegbeschaffenheit:** Weinbergpfade und Betriebswege. Wenig Schatten.
- **Beste Zeit:** Wenn inmitten von buntem Laub im Spätherbst noch die letzten Trauben auf die Lese warten. Aber eigentlich ganzjährig.
- **Ausrüstung:** Proviant für unterwegs, eventuell Campinggläser und eine kleine Flasche Wein zum Anstoßen. Kamera zum Einfangen der Herbstfarben.

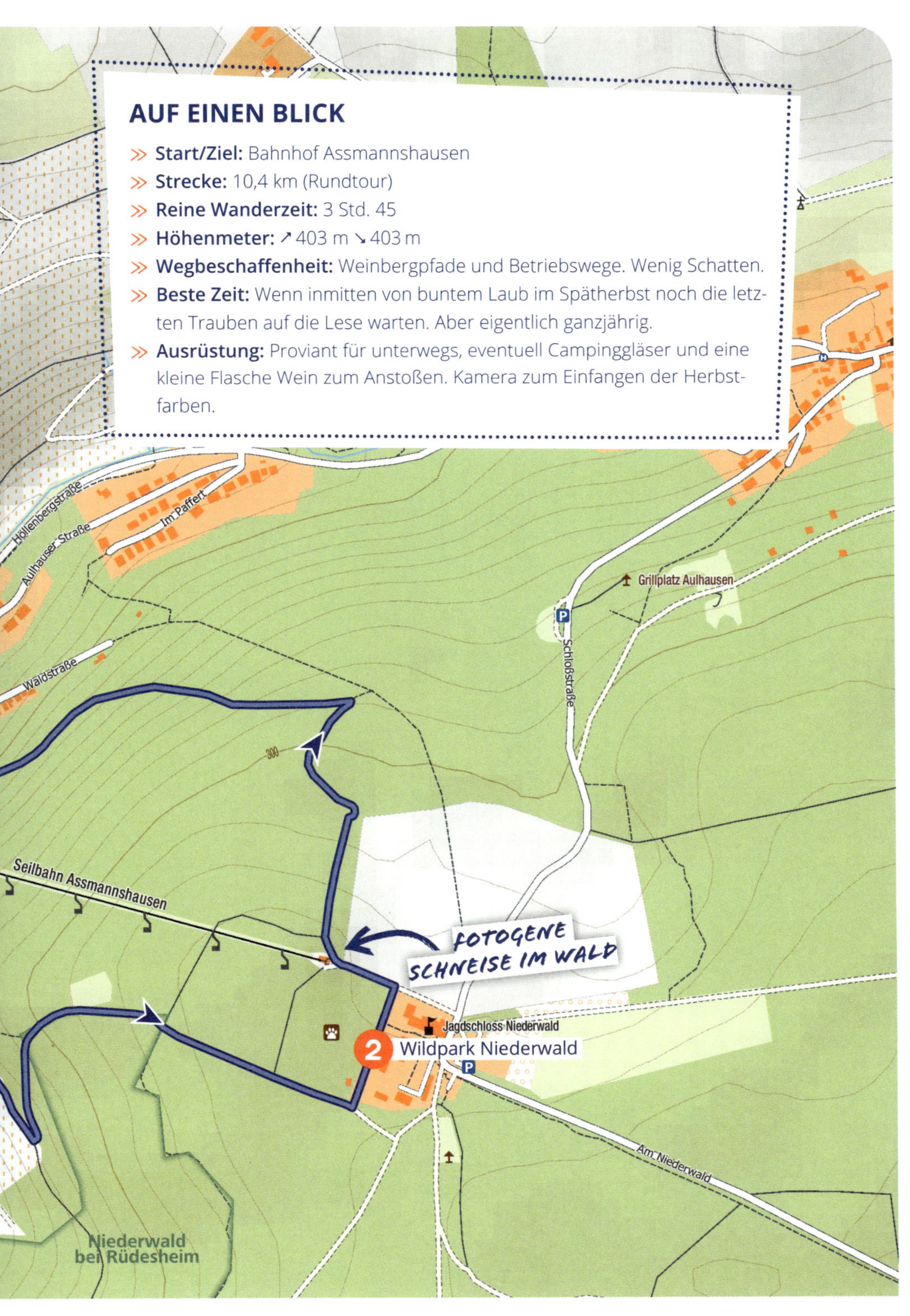

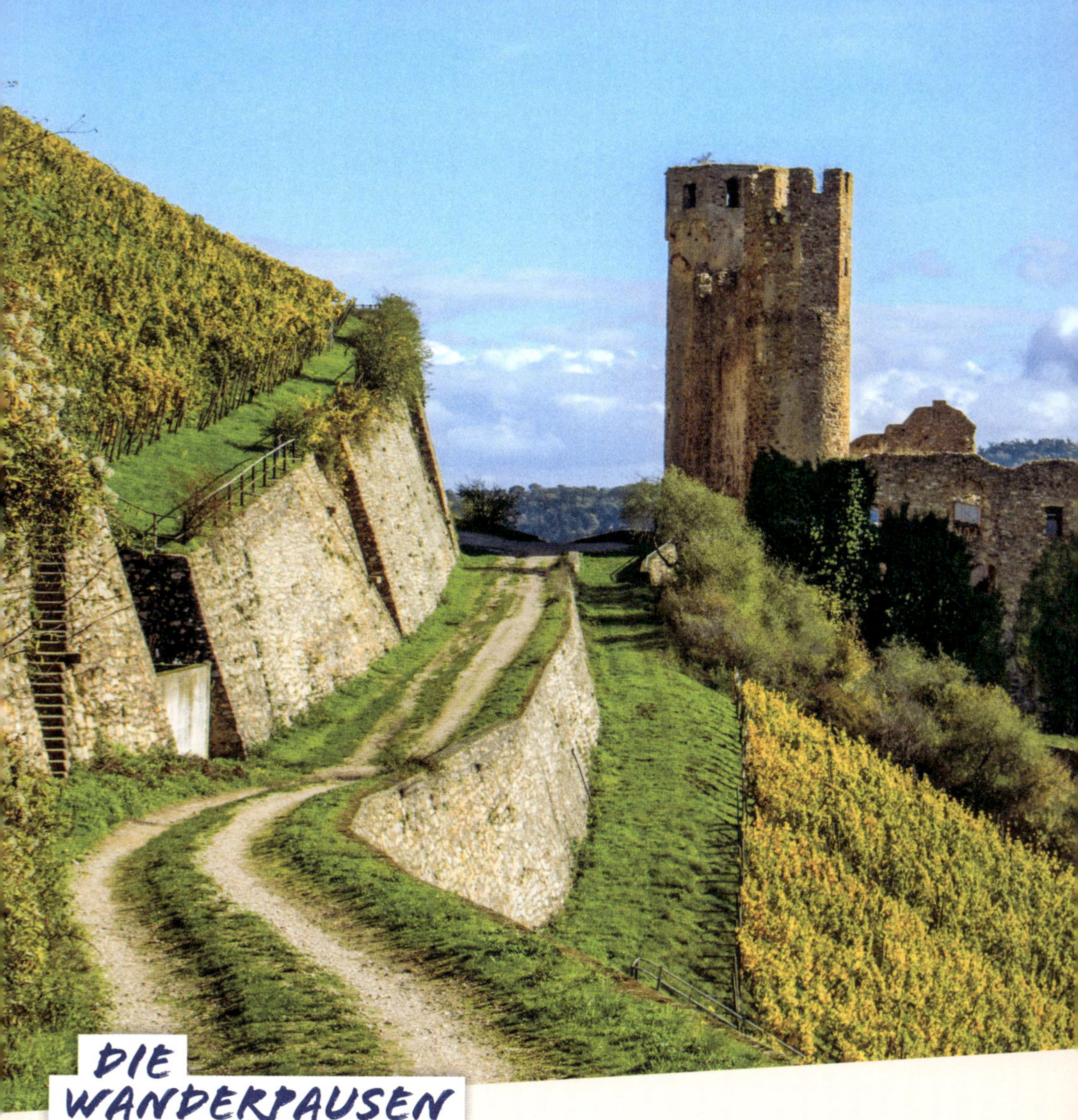

DIE WANDERPAUSEN

» START
Bahnhof Rüdesheim

KM 0,5
1 Drosselgasse
Langsam wach werden

KM 2
2 An der alten Zahnradbahnbrücke
Spuren der Vergangenheit

KM 4
3 Eremitage
Versteckte Panoramen

3 DETAIL-VERLIEBT

In den Weinbergen zwischen Rüdesheim und Niederwald

Mit einigen der schönsten Panoramen, malerischen Gassen und einer traumhaften Seilbahnkulisse ist Rüdesheim der Touristenmagnet im Rheingau. Wer früh aufsteht und über ruhige Pfade hinauf in die Weinlagen läuft, hat viele der Klassikerorte mit Glück fast für sich allein und entdeckt auf Seitenwegen auch gut Verstecktes.

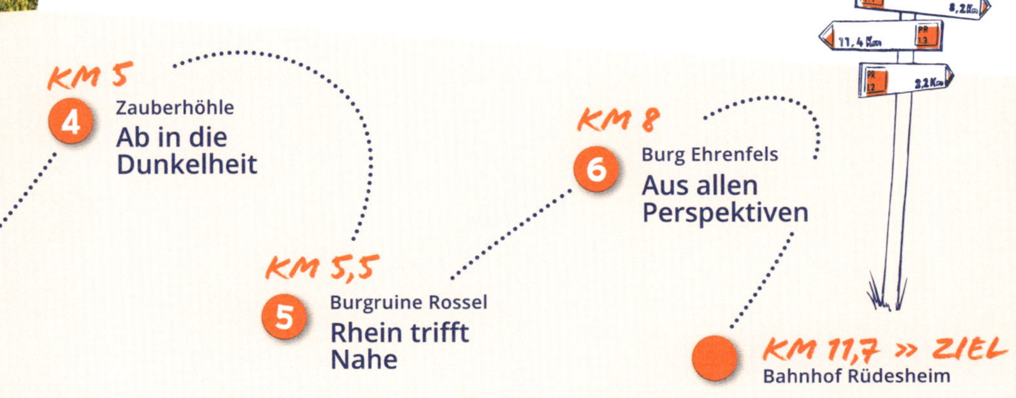

MAN KÖNNTE ES SICH JETZT GANZ LEICHT MACHEN …

… und sich einfach in die Gondel setzen, übers Rebenmeer schweben, gemütlich dem traumhaften Ausblick entgegenfahren. Könnte man, aber verpassen würde man trotz des behäbigen Bummeltempos der Seilbahn unter Garantie so einiges. Das fängt schon mit der ausrangierten Gondel am Fußweg an, der meist mäßig steil, recht bequem hinauf Richtung Niederwald führt. Ab hier geht's immer den Reben nach.

Dabei beginnt der Tag in Rüdesheim am besten einigermaßen früh, denn er startet mit einem Klassiker, der Touristenmagnet, Instagram-Hotspot und uriger Einkehrtipp ist – je nachdem welcher der touristischen Zielgruppen des Rheingaustädtchens man angehört. Die **Drosselgasse** kann an sonnigen Nachmittagen schon mal zum Anschauungsobjekt werden für das, was Fachleute mit Overtourism meinen. Doch früh am Morgen flaniert man durch die hübsche Gasse, die den Aufstieg einleitet, noch so gut wie allein.

Im Weinberg bieten sich abgesehen von der Bank neben der ausrangierten Seilbahngondel noch etliche andere schöne Pausenplätzchen, etwa unweit der alten **Zahnradbahnbrücke,** wo der Blick ins Tal besonders panoramareich und die Hälfte der Höhenmeter geschafft ist. Von hier geht es immer dem von Weitem sichtbaren Niederwalddenkmal entgegen, vorbei an besonders hübschen Perspektiven auf die Seilbahn, die man – würde man drin sitzen – glatt verpassen würde. Wer die Traumaussichten von diesem touristischen Highlight ausgiebig genossen hat, taucht ab in die Orte im Schatten des Wahrzeichens, eine versteckte **Eremitage** und die **Zauberhöhle**, die im Schatten des Waldes liegen, nach dem das Denkmal benannt ist.

ROMANTISCH: WENN IRGENDWO AUS DER FERNE PLÖTZLICH DIE MELODIE EINES GLOCKENSPIELS ZU HÖREN IST

Dass der höchste Punkt der Tour ganz in der Nähe liegen muss, verraten die Aussichtsplattformen Rittersaal sowie an der **Burgruine Rossel,** die dem entspannten Weg bergab schon mal die nötige Orientierung verleihen. Bis zur Ruine von **Burg Ehrenfels** geht's ab hier der Nase nach, dann über ein schmales Treppenchen mitten durch den Weinberg immer dem Rhein entgegen und durch die Straßen des Orts wieder zurück zum Bahnhof.

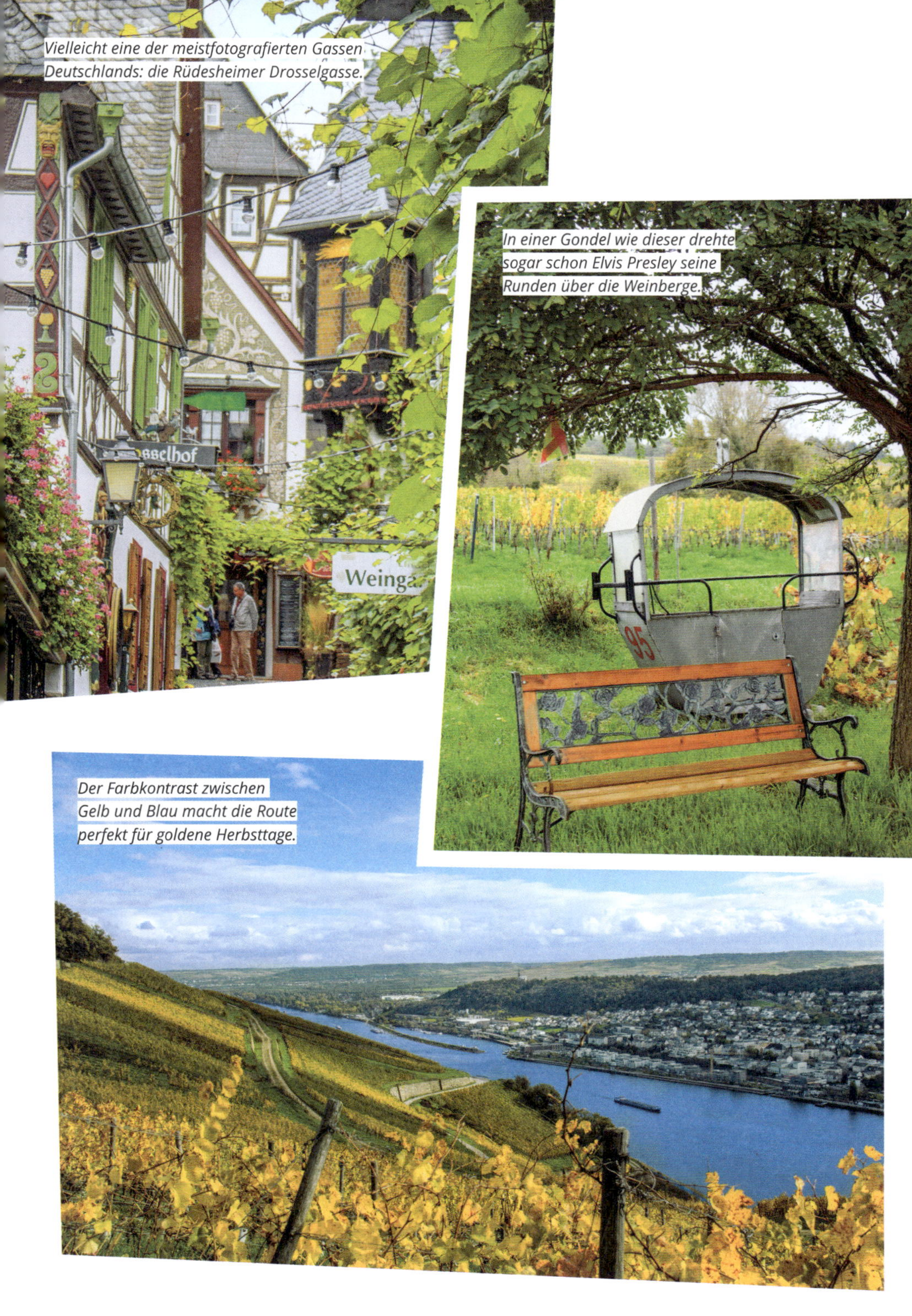

Vielleicht eine der meistfotografierten Gassen Deutschlands: die Rüdesheimer Drosselgasse.

In einer Gondel wie dieser drehte sogar schon Elvis Presley seine Runden über die Weinberge.

Der Farbkontrast zwischen Gelb und Blau macht die Route perfekt für goldene Herbsttage.

WANDERN & GENIESSEN

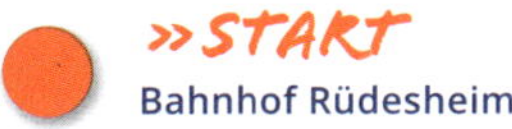

Bahnhof Rüdesheim

Ein Stück flussaufwärts am Rhein entlang und links in die Drosselgasse einbiegen.

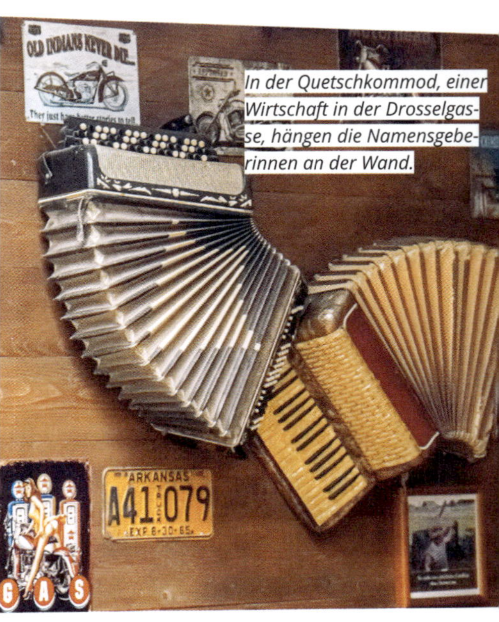

In der Quetschkommod, einer Wirtschaft in der Drosselgasse, hängen die Namensgeberinnen an der Wand.

KM 0,5

1 Drosselgasse

Langsam wach werden

Ob es wohl zu hoch gegriffen ist zu behaupten, dass sich mitten in Rüdesheim eine der berühmtesten Gassen Europas befindet? Zumindest innerhalb Deutschlands beschert die Drosselgasse dem Städtchen einigermaßen große Bekanntheit und das unabhängig davon, ob man mit 19 bei Instagram oder TikTok auf der Suche nach Ausflugszielen surft, mit fitten 89 klassische Medien nach hübschen Tipps durchforstet oder irgendwo dazwischen liegt. Und weil der Hype ja auch seine Berechtigung hat, sollte man das gepflasterte Sträßchen mit seinen vielen Restaurants und Sommergärten, den fotogenen Winkeln und hübschen Details in jeden Rüdesheim-Besuch einplanen. Im Bestfall kommt man ganz früh morgens, wenn die Drosselgasse ihren Charme noch etwas verschlafen versprüht.

Rechts halten über Oberstraße auf Germaniastraße und hinterm großen Parkplatz links über Am Eibinger Tor auf Zahnradbahnweg einschwenken.

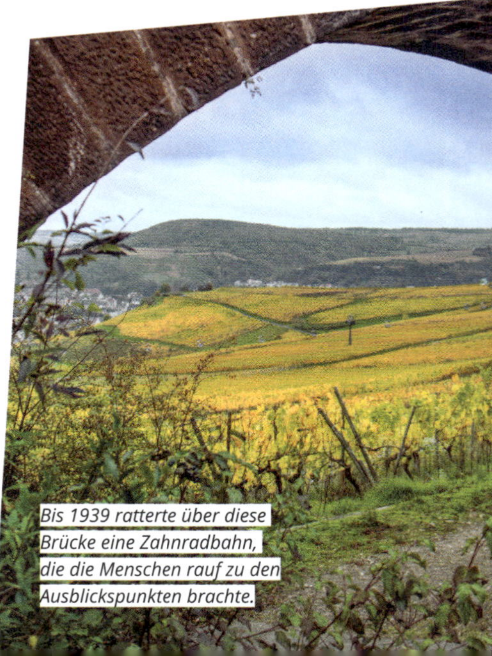

Bis 1939 ratterte über diese Brücke eine Zahnradbahn, die die Menschen rauf zu den Ausblickspunkten brachte.

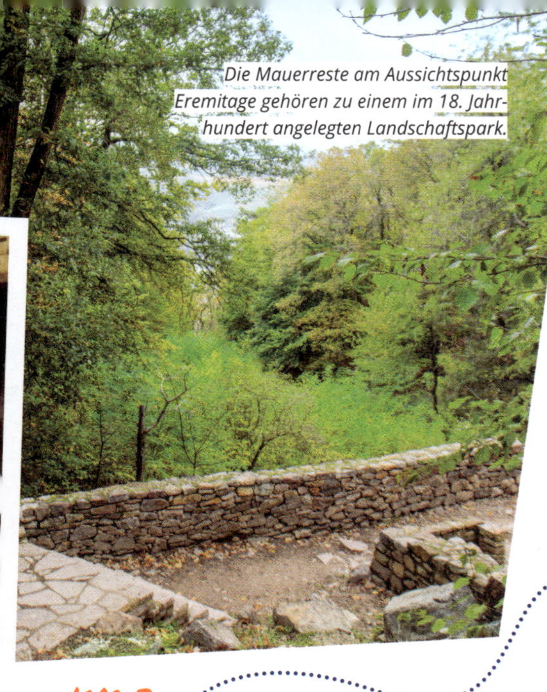
Die Mauerreste am Aussichtspunkt Eremitage gehören zu einem im 18. Jahrhundert angelegten Landschaftspark.

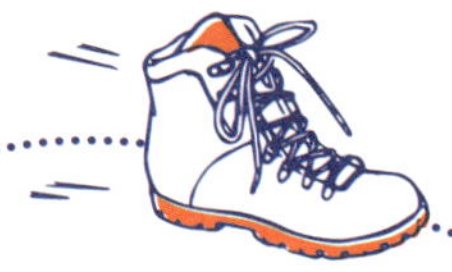

KM 2

2 An der alten Zahnradbahnbrücke
Spuren der Vergangenheit

Der Grund dafür, dass keine Zahnradbahn mehr durch die Weinberge zum Niederwalddenkmal schnauft, baumelt einem hier in Form der Seilbahn förmlich vor der Nase. Seit über 70 Jahren schweben die Gondeln im Sommer der Bergstation entgegen, pro Fahrstunde können bis zu 1200 Menschen befördert werden. Ihre im Zweiten Weltkrieg beschädigte Vorgängerin, die dampfbetriebene Zahnradbahn von 1884, wurde weitestgehend abgetragen – doch einige Infotafeln und eine alte Brücke geben sich alle Mühe, die Erinnerung aufrechtzuerhalten. Wer auf der Bank in der Nähe des Viadukts ein erstes Picknick auspackt, hat vielleicht Glück, dass der Wind die Melodien vom Glockenspiel im Tal hoch auf den Hügel trägt. Ach, Rüdesheim!

Unter der Brücke durch und direkt rechts schmalem Pfad Richtung Niederwalddenkmal folgen. Dort weiter geradeaus und links nach einem Holztörchen Ausschau halten.

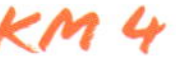

KM 4

3 Eremitage
Versteckte Panoramen

Den Klassikerausblick links liegen lassen für einen Haufen Steine? Na unbedingt! Während sich auf den Stufen und der Plattform des Niederwalddenkmals, das an die Einigung Deutschlands 1871 erinnert, häufig Menschen wie Ameisen tummeln, wird der Zugang zur Eremitage einige Schritte weiter gern mal übersehen. Die künstlich angelegte Aussichtsplattform mit den niedrigen Mäuerchen und den hübschen Blicken in die Landschaft hat man dann mit Glück ganz für sich allein, zumindest für einen wertvollen kurzen Moment, in dem man die Stille der Natur genießen kann und ab und an die fernen Stimmen hört, von Menschen, die achtlos an ihr vorbeilaufen. Beste Gelegenheit, die Kulisse für eine schnelle Fotosession zu nutzen, denn neben dem Ausblick bietet auch die Eremitage selbst etliche schöne Motive.

Dem Weg folgen, die Zauberhöhle einige Hundert Meter weiter ist über einen Pfad, der nach rechts abbiegt, zu erreichen.

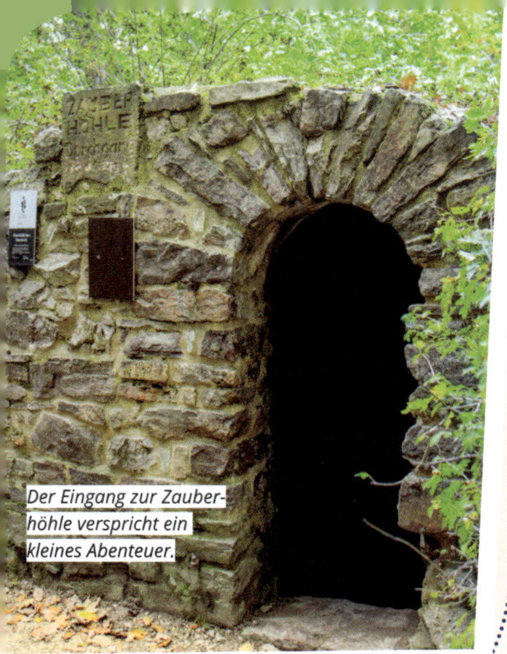

Der Eingang zur Zauberhöhle verspricht ein kleines Abenteuer.

KM 5

4

Zauberhöhle

Ab in die Dunkelheit

Da liegt er nun vor einem, der Ort mit dem mystisch klingenden Namen Zauberhöhle, also der Neugier folgend auf ins Abenteuer! Eine Stufe runter in den Vorraum, wo schon wenig Licht hinfällt, dann geht's durch den stockfinsteren, schmalen Gang immer einen Schritt vor dem anderen ins Ungewisse. Vielleicht hallen von irgendwo Stimmen durch den Tunnel, eventuell aber sorgen nur die eigenen Schritte für dumpfe Geräusche, bis keine 50 Meter weiter wieder Licht in Sicht ist und eine Rotunde Ausblicke in die Zauberwelt der Natur gewährt. Definitiv einer der Momente des Tages, die man so schnell nicht vergisst, auch wenn die Skulptur des legendären Magiers Merlin, die einst die Besucher der Anlage vom Ende des 18. Jahrhunderts erschauern ließ, verschwunden ist. (Nov.–Ostern geschl.)

Höhle durchqueren und Schildern Richtung Rossel folgen.

KM 5,5

5

Burgruine Rossel

Rhein trifft Nahe

So viele schöne Perspektiven auf die Nahemündung die Route parat haben mag, die Mischung aus Ausblick und Ambiente an der künstlichen Ruine Rossel bleibt einzigartig. Während um die Ecke die stolzen Mauern des 1787 errichteten Blickfangs die Landschaft einfach besonders dramatisch in Szene setzen, richtet sich am Aussichtspunkt Naheblick der Fokus steil hinunter auf die gut erkennbare Mündung bei Bingen, die den Beginn des Mittelrheintals markiert, an dessen Seiten sich stattliche, tiefgrüne Hügellandschaften aufbauen. Ein perfekter Ort zum Durchatmen – nicht nur wegen des Gefühls von Freiheit, das sich wohlig ausbreitet. Denn der höchste Punkt der Strecke liegt jetzt ganz hochoffiziell hinter einem.

Dem Weg folgen und bei nächster Gelegenheit rechts bergab halten, Terrassenwege führen im Zickzack nach unten in Richtung Burg Ehrenfels.

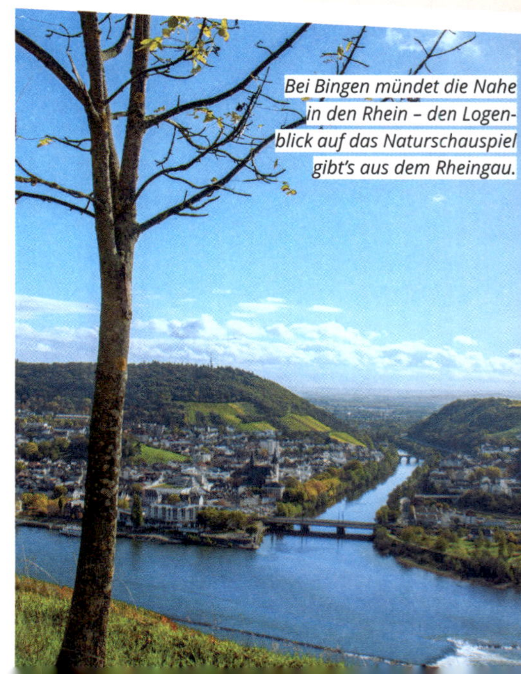

Bei Bingen mündet die Nahe in den Rhein – den Logenblick auf das Naturschauspiel gibt's aus dem Rheingau.

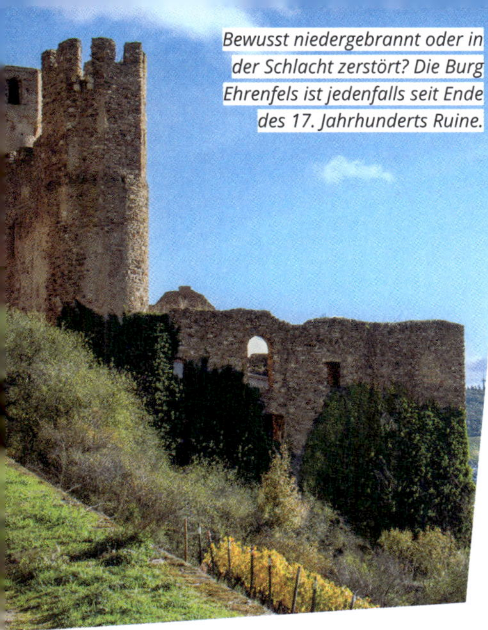

Bewusst niedergebrannt oder in der Schlacht zerstört? Die Burg Ehrenfels ist jedenfalls seit Ende des 17. Jahrhunderts Ruine.

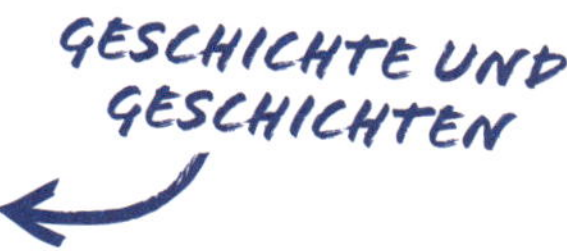

EXTRA INFOS:

Das ideale Kontrastprogramm zu einem Tag zwischen Rheingau-Klassikern? Ein Abstecher nach Irland! In ● **Hajo's Irish Pub,** zu dem auch Gästezimmer gehören, gibt es neben Stout vom Fass und Whiskey auch immer wieder Livemusik. Am letzten Mittwochabend im Monat ist Pubquiz. (www.hajos.de)

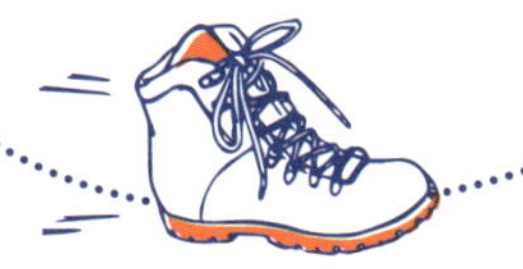

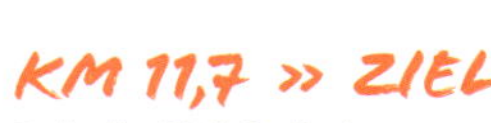

KM 11,7 » ZIEL
Bahnhof Rüdesheim

KM 8

6 Burg Ehrenfels

Aus allen Perspektiven

Warum man oben eine künstliche Ruine hinbaut, wenn ein Stück weiter unten die Reste einer der mächtigsten mittelalterlichen Zollburgen der Gegend rumstehen? Schwer zu sagen, denn die schlossartige Feste Ehrenfels, die wie die gesamte Landschaft ringsum zum Unesco-Welterbe gehört, liegt seit fast 350 Jahren in Trümmern und erfüllt vor blauem Himmel und herbstlich gelben Weinbergen jegliche Fotomotiv-Erwartungen. Dass man sie aus Naturschutzgründen – ein Falkenpaar nistet hier – nur im Vorbeigehen bestaunen kann, ist zwar schade: An ihr erfreuen darf man sich dafür aber auch beim weiteren Abstieg noch eine ganze Weile.

Über Unteren Burgweg zum Rhein hinunter, dann links über den Ortskern zum Bahnhof Rüdesheim laufen.

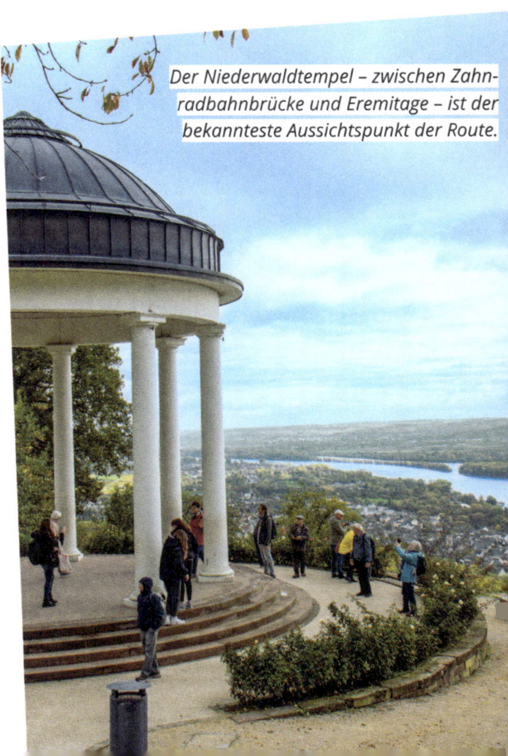

Der Niederwaldtempel – zwischen Zahnradbahnbrücke und Eremitage – ist der bekannteste Aussichtspunkt der Route.

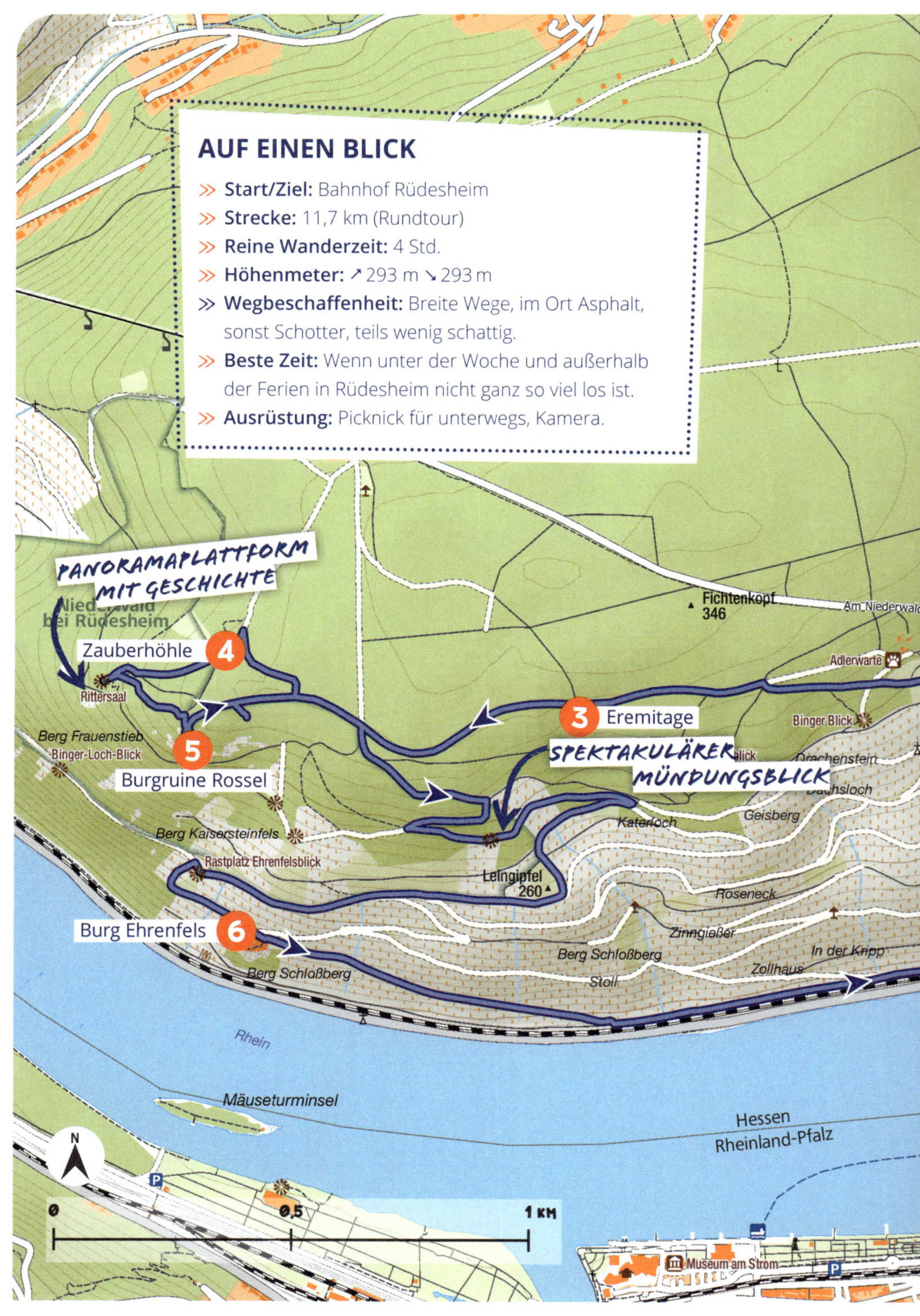

AUF EINEN BLICK

- » **Start/Ziel:** Bahnhof Rüdesheim
- » **Strecke:** 11,7 km (Rundtour)
- » **Reine Wanderzeit:** 4 Std.
- » **Höhenmeter:** ↗ 293 m ↘ 293 m
- » **Wegbeschaffenheit:** Breite Wege, im Ort Asphalt, sonst Schotter, teils wenig schattig.
- » **Beste Zeit:** Wenn unter der Woche und außerhalb der Ferien in Rüdesheim nicht ganz so viel los ist.
- » **Ausrüstung:** Picknick für unterwegs, Kamera.

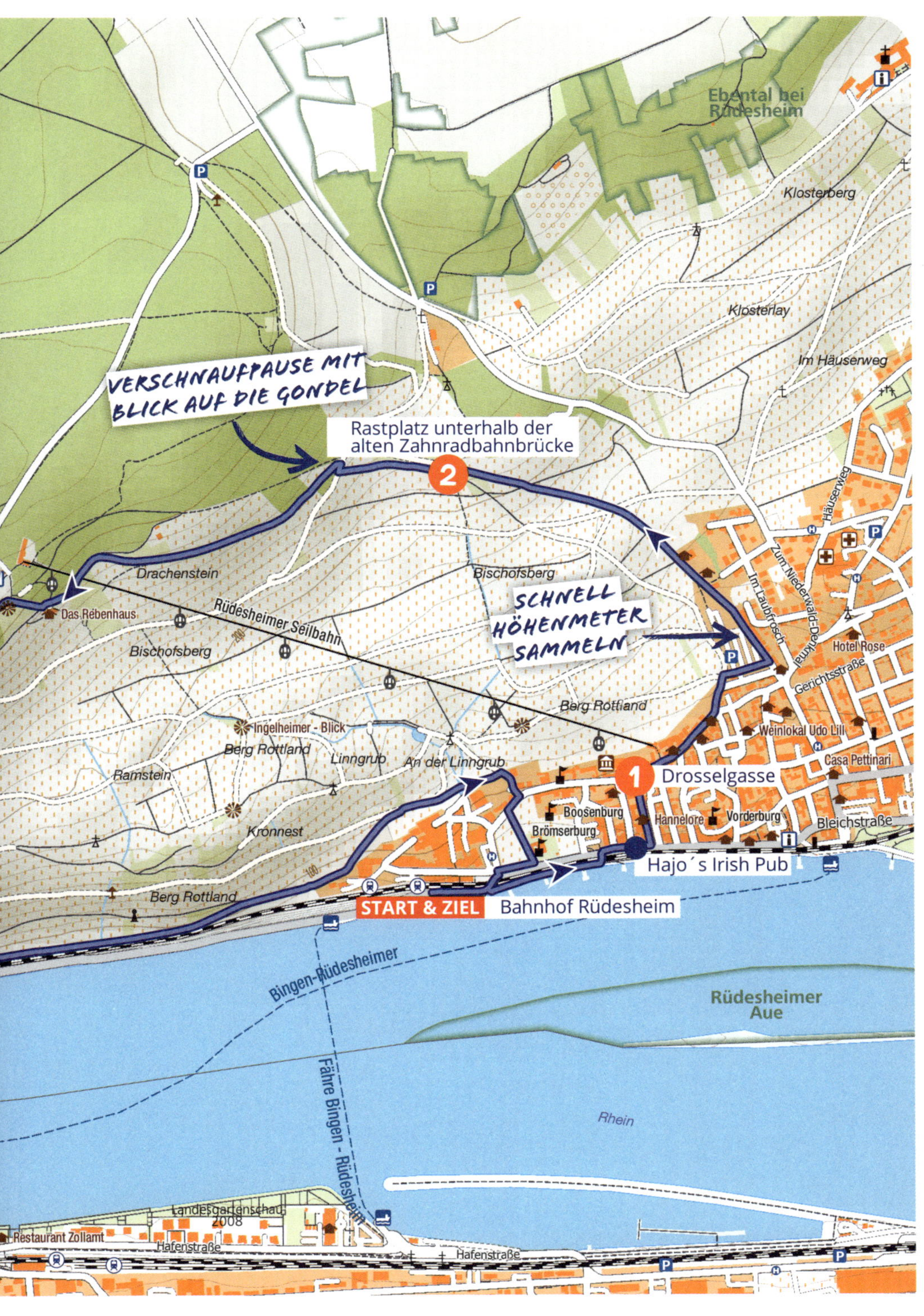

Ebental bei Rüdesheim
Klosterberg
Klosterlay
Im Häuserweg
VERSCHNAUFPAUSE MIT BLICK AUF DIE GONDEL
Rastplatz unterhalb der alten Zahnradbahnbrücke
2
Häuserweg
Zum Niederwald-Denkmal
Im Laubfrosch
Drachenstein
Bischofsberg
SCHNELL HÖHENMETER SAMMELN
Das Rebenhaus
Rüdesheimer Seilbahn
Bischofsberg
Hotel Rose
Gerichtsstraße
Berg Rottland
Weinlokal Udo Lill
Ingelheimer - Blick
Berg Rottland
Linngrub
An der Linngrub
Casa Pettinari
Ramstein
1
Drosselgasse
Boosenburg
Hannelore
Vorderburg
Bleichstraße
Brömserburg
Kronnest
Hajo´s Irish Pub
Berg Rottland
START & ZIEL
Bahnhof Rüdesheim
Bingen-Rüdesheimer
Rüdesheimer Aue
Rhein
Fähre Bingen - Rüdesheim
Landesgartenschau 2008
Restaurant Zollamt
Hafenstraße
Hafenstraße

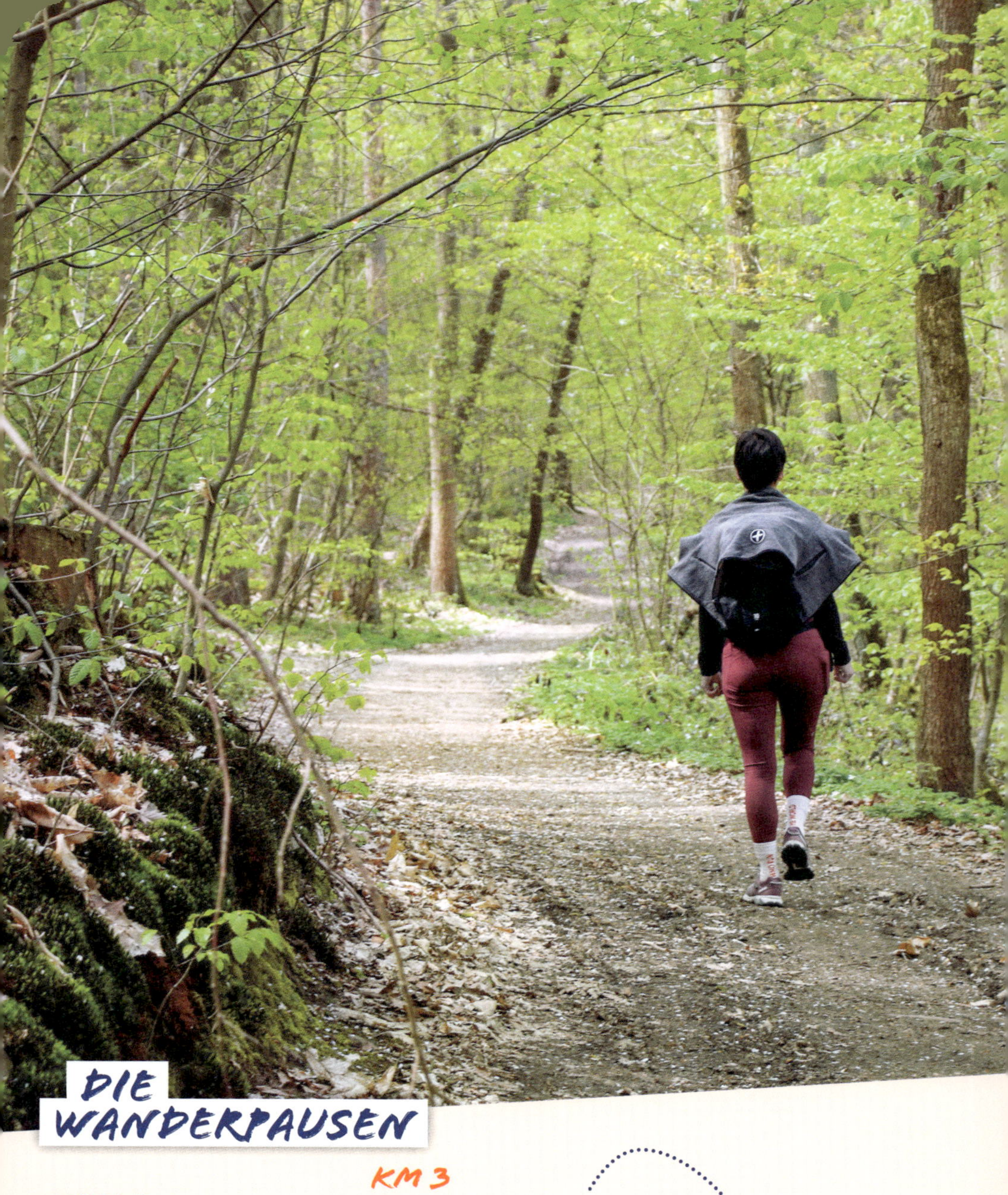

DIE WANDERPAUSEN

» START
Bahnhof Geisenheim

KM 1
1 Aussichtspunkt am Rothenberg
Skyline gucken

KM 3
2 Picknickbank
Abtauchen am Weinberg

KM 4
3 Elsterbach-Brücke:
Durchs kühle Nass

4 GRÜNTÖNE ZÄHLEN

In Geisenheim

Zwischen Wäldern, Weinbergen und einem ehemaligen Mühlbach kann man rund um das Rheingaustädtchen Geisenheim ganz herrlich den Frühling einläuten. Und dabei quasi im Vorbeigehen eine Riesenmenge Spannendes über die Natur lernen.

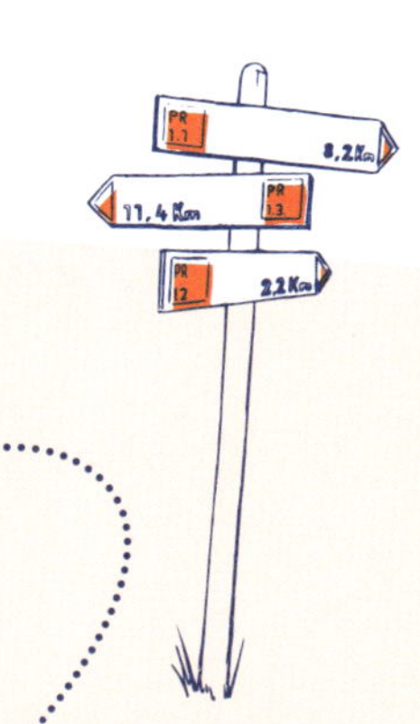

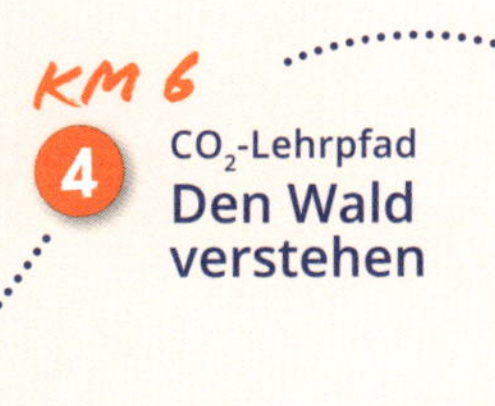

KM 6

4 CO_2-Lehrpfad
Den Wald verstehen

KM 11

5 Restaurant Zwei und Zwanzig
Verdiente Stärkung

KM 12,4 » ZIEL
Bahnhof Geisenheim

ES IST HÖCHSTE ZEIT, ...

... nach dem langen Winter endlich mal wieder die Wanderschuhe zu schnüren. Wie sehr einem die Ausflüge in die Natur tatsächlich gefehlt haben, merkt man allerdings oft erst, wenn man schon einen Moment unterwegs ist. Die lang vermissten Glücksgefühle, die sich einstellen, wenn man die ersten grünen Blätter bestaunt und die Vögel im Wald zwitschern hört, die kindliche Freude über blühende Kirschbäume und Pusteblumen oder die Tatsache, dass einem beim Anblick saftiger Wiesen einfach mal der Mund offen stehen bleibt. Die Natur ist erwacht und endlich wieder bereit für Besuch! Wurde ja allmählich auch Zeit.

SPANNEND: IM FRÜHJAHR NEUEN DURCHBLICK GEWINNEN DANK DER ZURÜCKGESCHNITTENE REBEN

Die Runde startet am Geisenheimer Bahnhof direkt unterhalb der **Weinberge,** die man nach wenigen Schritten erreicht. Und dafür, dass der Anstieg in die steilen Hänge sich anfangs noch recht flach anfühlt, bietet der Aussichtspunkt am Rothenberg bereits kurz nach dem Aufbruch herrliche Ausblicke aufs Mittelrheintal und ins benachbarte Rheinhessen. Die lässt man am besten auf den nächsten Metern bis zur **Picknickbank** nicht mehr aus den Augen und genießt noch jeden Moment im Weinberg, bevor man wieder ein Stück bergab auf den Klosterpfad einbiegt.

Im Schatten eines kleinen Waldstücks geht's oberhalb des Wassers den plätschernden Elsterbach entlang, an dessen gegenüberliegender Uferseite sich etliche alte Mühlen aufreihen. Ein Stück weiter führt eine **Brücke** über den Bach und am Kloster Marienthal vorbei auf einem kurzen, steilen Stück Rheinsteig zur Ketteler Kapelle. Dass der höchste Punkt der Tour hier nicht mehr weit ist, kann man ruhig mit einem kleinen Päuschen auf den Bänken unterhalb der Kapelle feiern. Genug gerastet?

Dann führt der Rheinsteig wieder in den Wald, wo auf einem **CO_2-Pfad** spannende Wissensstationen Lehrreiches für die ganze Familie aufbereiten. Durch Weinberge und kleine Sträßchen läuft man nun den kaum übersehbaren Türmen des Rheingauer Doms entgegen. Der verdiente kulinarische Höhepunkt des Tags wartet – mit oder ohne Sightseeing-Stopp in der Kirche – quasi nebenan, im kreativen und veganen Restaurant **Zwei und Zwanzig** im Stadtzentrum. «

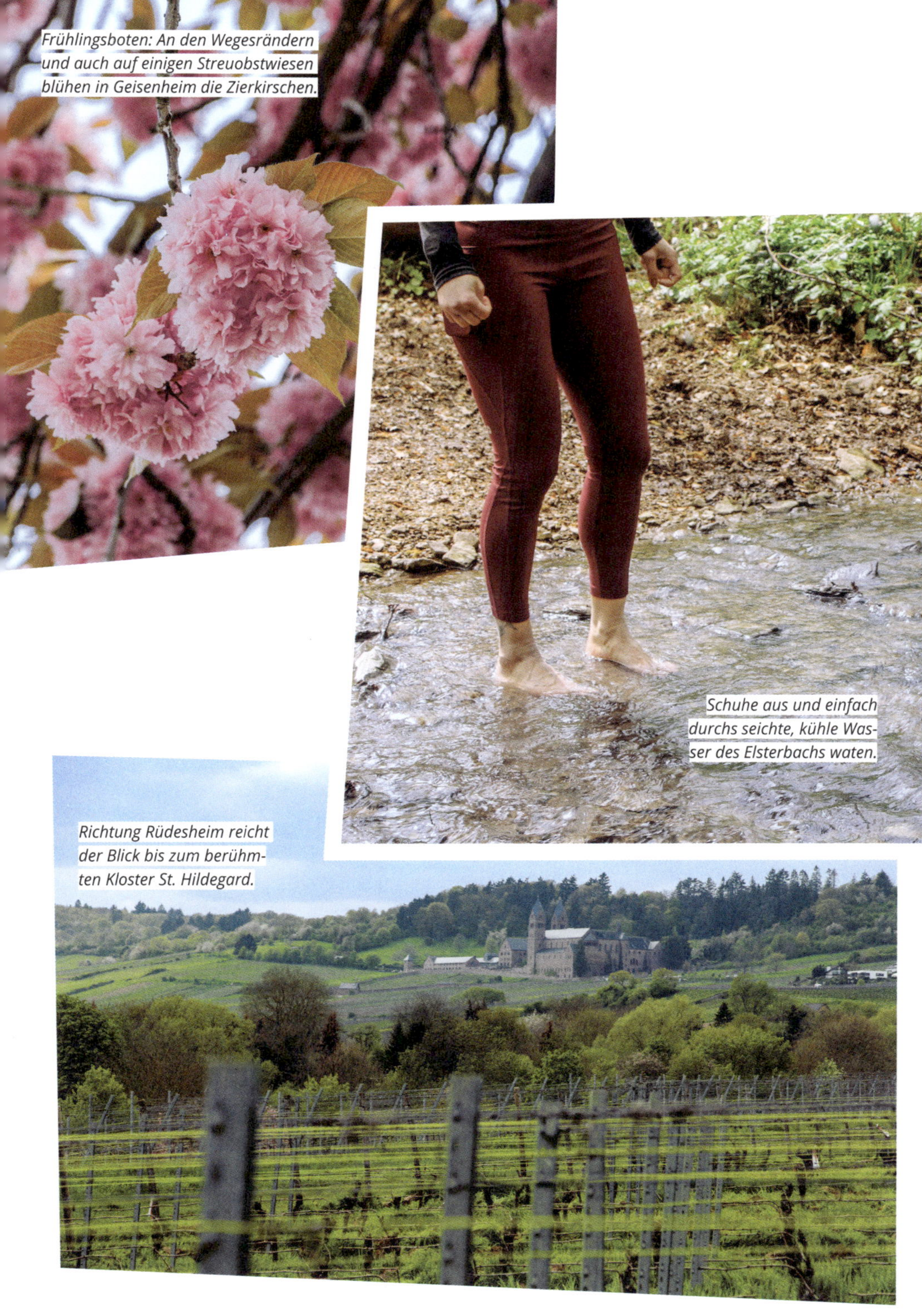

Frühlingsboten: An den Wegesrändern und auch auf einigen Streuobstwiesen blühen in Geisenheim die Zierkirschen.

Schuhe aus und einfach durchs seichte, kühle Wasser des Elsterbachs waten.

Richtung Rüdesheim reicht der Blick bis zum berühmten Kloster St. Hildegard.

WANDERN & GENIESSEN

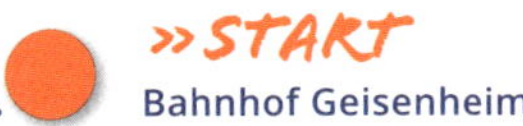

Bahnhof Geisenheim

Den Ausgang an Gleis 2 wählen und über die Bahnstraße zur Behlstraße, an deren Ende links in den Weinberg.

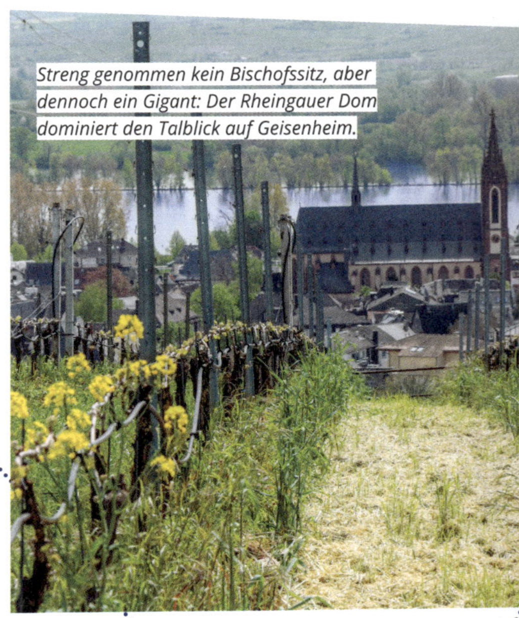

Streng genommen kein Bischofssitz, aber dennoch ein Gigant: Der Rheingauer Dom dominiert den Talblick auf Geisenheim.

KM 1

1 **Aussichtspunkt am Rothenberg**

Skyline gucken

Warum eigentlich alle Welt glaubt, so eine Skyline sei immer nur mit Großstadttrubel und Hochhäusern verbunden? Dabei ist es doch so einfach, sich vom Gegenteil überzeugen zu lassen. Dazu reicht ein ganz kurzer Aufstieg zum Geisenheimer Rothenberg, einem der Weinberge des Städtchens, der nicht umsonst bereits 2012 zur »Besten Weinsicht« gekürt wurde. Der Blick fällt hinunter auf den stolzen Rhein, an dessen Ufern sich langsam die Steilhänge des legendären mittleren Rheintals aufbauen. Im Städtchen selbst ragen Türme historischer Gebäude in den Himmel, darunter die der neugotischen Heilig-Kreuz-Kirche, die im Volksmund Rheingauer Dom genannt wird, und dazwischen sorgen immer wieder haushohe Bäume für grüne Farbtupfer. Mach das mal nach, Frankfurt!

Am Aussichtspunkt links ab vorbei am Rothenbergkreuz zur Langestraße, dort links bis zum Holzweg, diesem ein kleines Stück nach links folgen und den nächsten Weg rechts rein (beim Überqueren der Straße auf Verkehr achten!). Nach rund 400 Meter links abbiegen und weiter hoch durch die Weinberge. Am Ende rechts und wieder links.

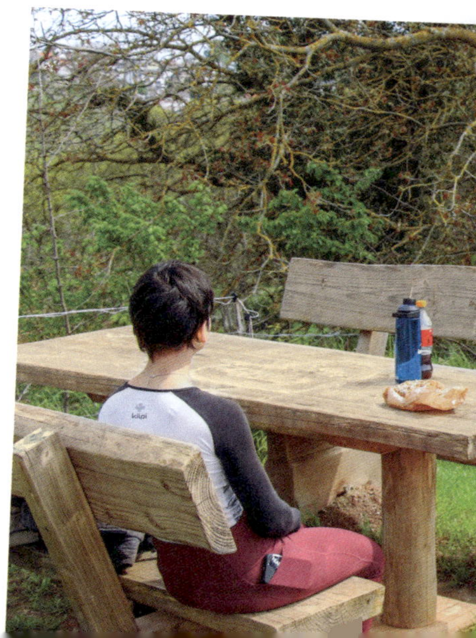

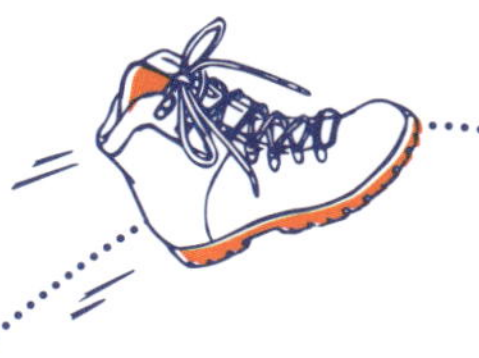

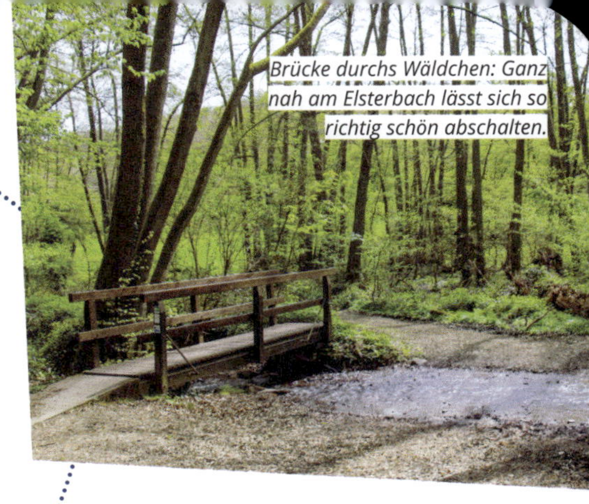

KM 3

2 Picknickbank
Abtauchen am Weinberg

Manchmal ist abtauchen einfach die beste Option: In eine Welt, in der die Natur einem einfach zeigt, wie klein man ist und wie viele Glücksmomente doch ganz alltäglich sein können. Genau dafür scheint die Picknickbank zwischen der winzigen Wegekapelle gegenüber den Reben und dem Abzweig zweier Wanderwege Richtung Bachtal wie geschaffen. Hier kann man in aller Ruhe seinen Proviant auspacken, gucken, hören, riechen, schmecken. Entschleunigungsfaktor auf dem nächsten Level? Dann kann's ja weitergehen.

Der Beschilderung Klostersteig/Mühlenwanderweg folgen.

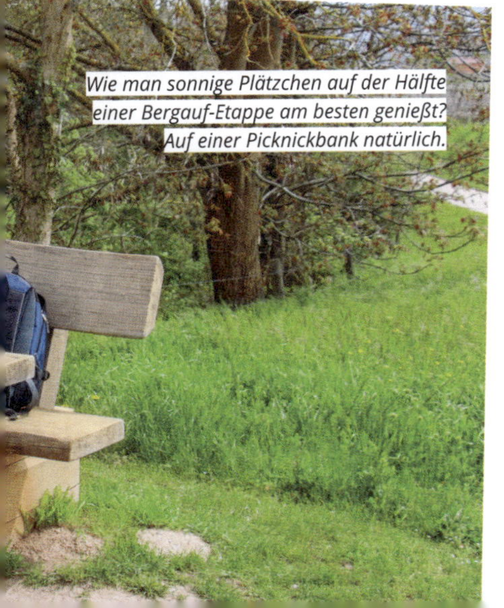

KM 4

3 Elsterbach-Brücke
Durchs kühle Nass

Es gibt Orte, da reicht schon ein kleines Stück Natur, das man nicht erwartet hätte, und man möchte sich am liebsten die Augen reiben. Und obwohl der Elsterbach schon seit einer ganzen Weile alles gibt, um mit seinem Plätschern und den Geräuschen von Vögeln, die er ans Wasser lockt, auf sich aufmerksam zu machen: Die Brücke, die ihn überquert – sobald man dem flachen Gewässer endlich richtig nah ist –, ist genau so ein Ort. Ob man nun zum ersten Mal davor steht oder regelmäßig. Im Schatten von Bäumen wächst an den Ufern des Baches eine kleine Wildnis; genügend Sonnenstrahlen, die das Wasser zum Glitzern bringen, kommen hier dennoch durch. Wer den Frühling richtig spüren will, verbindet die Bewunderung für den Ort mit einer kleinen Mutprobe, zieht die Schuhe aus und geht die paar Schritte barfuß im Wasser durchs steinige Bachbett.

Über Marienthaler Straße zum Kloster Marienthal und Rheinsteig Richtung Ketteler Kapelle und dann Antoniuskapelle folgen.

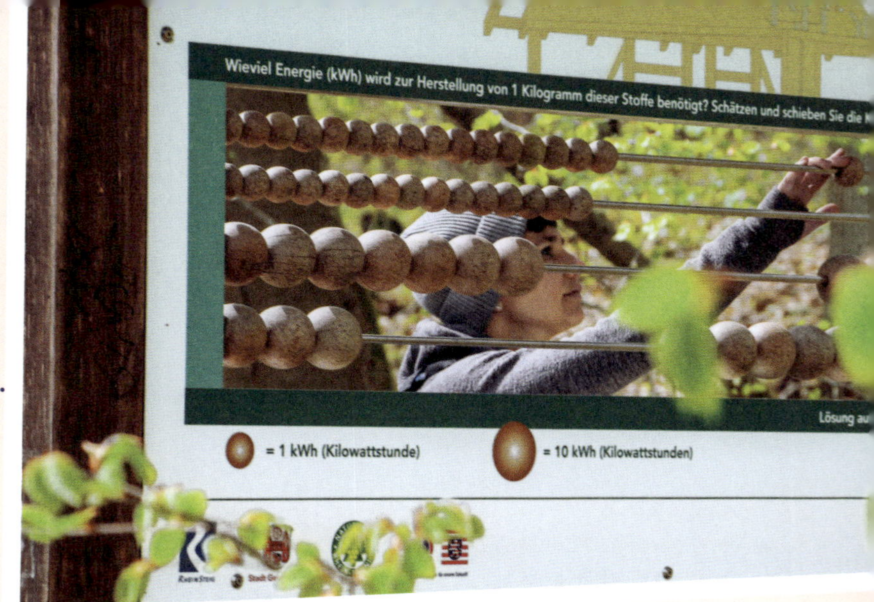

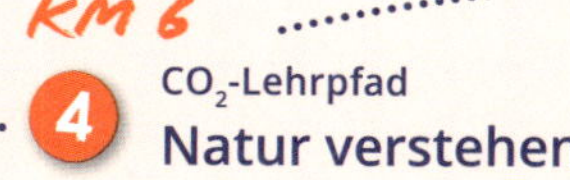

CO$_2$-Lehrpfad

Natur verstehen

Dafür, dass sie seit Jahren in aller Munde sind, scheinen viele Themen rund um den Klimawandel immer noch recht weit weg. Dabei ist einer der wichtigsten Schritte bei seiner Bekämpfung das Verständnis dessen, was gerade vor der eigenen Haustür passiert. Es geht zum Beispiel um die Fragen, welche Rolle Naturschutz in heimischen Wäldern spielt, was Baumaterialien nachhaltig macht und wie man Energie im Alltag bewusster einsetzen kann. Viel darüber zu lernen gibt's auf einem Kilometer des Rheinsteigs, der durch den Geisenheimer Wald führt: Auf dem CO$_2$-Erlebnispfad wird erklärt, welche Rolle der heimische Wald beim Abbau von CO$_2$ aus der Atmosphäre spielt – und das auf eine spannende Art mit Aktivstationen und Lernpotenzial für große und kleine Waldfans.

Dem Weg weiter folgen und vorm Zeltplatz links abbiegen. Immer am Blaubach entlang geht's zurück in die Stadt.

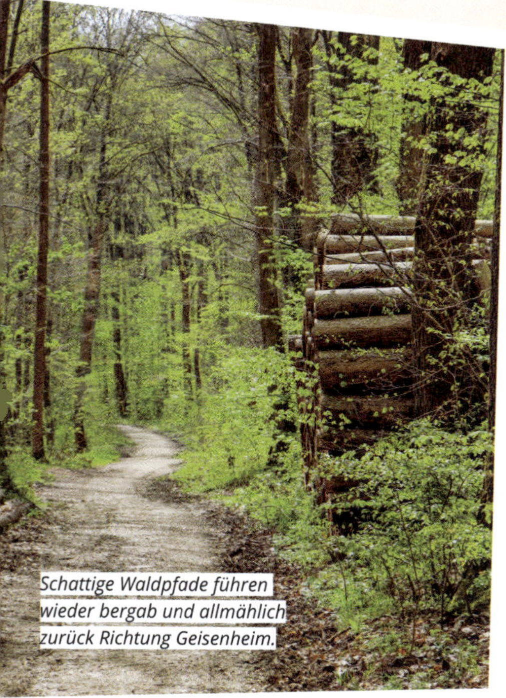

Schattige Waldpfade führen wieder bergab und allmählich zurück Richtung Geisenheim.

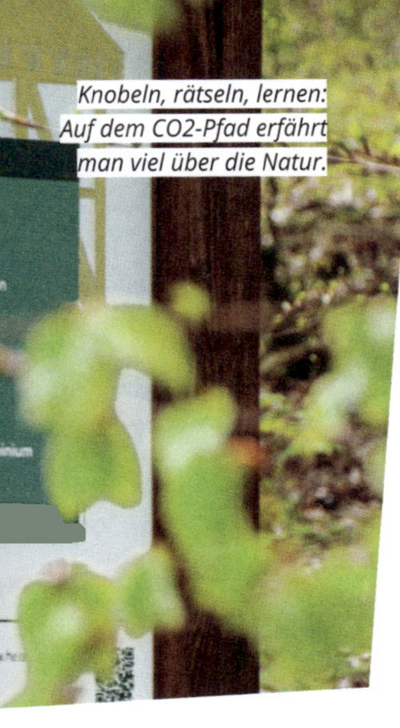

Knobeln, rätseln, lernen: Auf dem CO2-Pfad erfährt man viel über die Natur.

EXTRA INFOS:

Näher am Rhein übernachten als in den gemütlichen Schlaffässern des Geisenheimer Campingplatzes ● **Rheingau 524** ist eigentlich kaum möglich. Wer aus dem Tagestrip ein Wochenende in der Region machen will, kommt hier nicht nur günstig unter, sondern auch zu einem herrlichen Ausblick auf die Landschaften, die einen erwarten. (www.rheingau524.de)

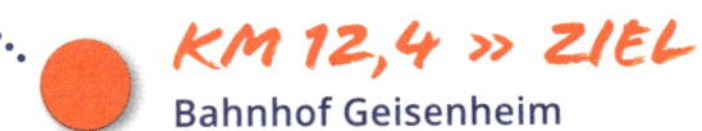

KM 11

5 Restaurant Zwei und Zwanzig

Verdiente Stärkung

Gesund, nachhaltig, lecker: Wer glaubt, dass beim Thema Essen immer eins der drei Attribute den Kürzeren ziehen muss, ist eindeutig noch nicht auf die richtigen Orte gestoßen. Da kommt das charmante vegane Restaurant in der hübschen Geisenheimer Innenstadt gerade recht, den Beweis anzutreten, dass veganen Gerichten außer tierischen Inhaltsstoffen rein gar nichts fehlt – schon gar nicht das gewisse Etwas. Auf der kleinen, aber feinen Karte stehen Dinge, die man schon in fleisch- oder milchproduktehaltig in so mancher Kleinstadt lange suchen könnte: Burger, Bowls, leckere Currys und kreative Desserts. Wechselnde Tagesgerichte sorgen für saisonale Überraschungen und dafür, dass es dem talentierten Küchenteam nie langweilig wird.

Am Rheingauer Dom vorbei über Römerberg und Winkeler Straße zurück zum Bahnhof.

KM 12,4 » ZIEL

Bahnhof Geisenheim

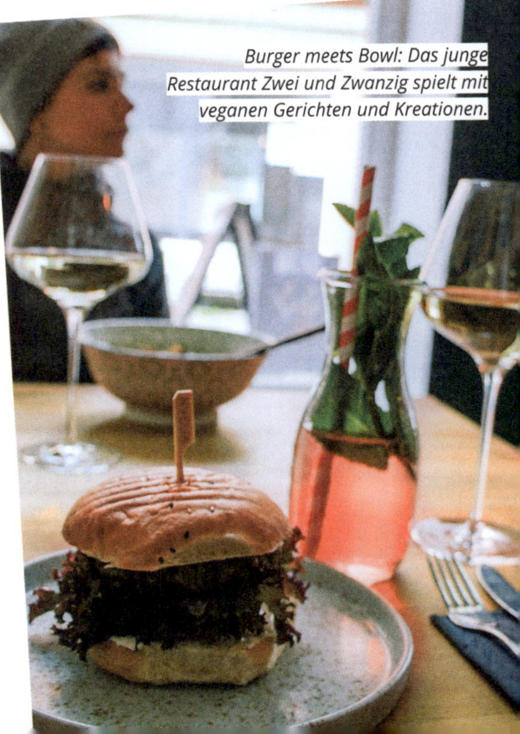

Burger meets Bowl: Das junge Restaurant Zwei und Zwanzig spielt mit veganen Gerichten und Kreationen.

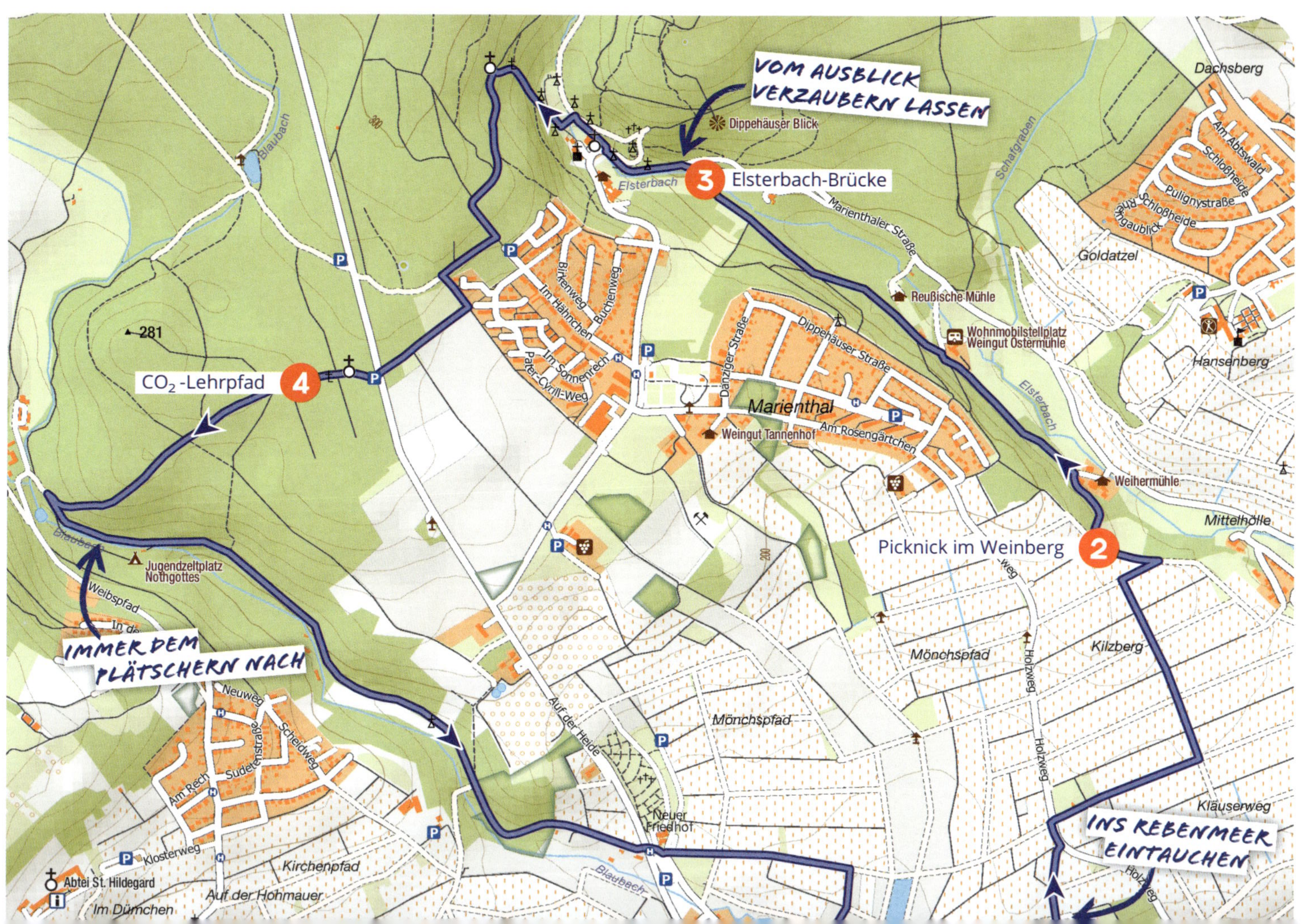
VOM AUSBLICK VERZAUBERN LASSEN
Dippehäuser Blick
3 Elsterbach-Brücke
Elsterbach
Marienthaler Straße
Schafgraben
Dachsberg
Am Abtswald
Schloßheide
Pulignystraße
Rheingaublick
Goldatzel
Reußische Mühle
Wohnmobilstellplatz Weingut Ostermühle
Hansenberg
Birkenweg
Buchenweg
Im Hähnchen
Im Sonnenreich
Pater-Cyrill-Weg
Danziger Straße
Dippehäuser Straße
Marienthal
Weingut Tannenhof
Am Rosengärtchen
Weihermühle
Mittelhölle
2 Picknick im Weinberg
Kilzberg
Mönchspfad
Holzweg
Kläuserweg
INS REBENMEER EINTAUCHEN
4 CO2-Lehrpfad
281
300
200
Blaubach
Jugendzeltplatz Nothgottes
Weibspfad
IMMER DEM PLÄTSCHERN NACH
Neuweg
Scheidweg
Sudetenstraße
Am Rech
Auf der Heide
Neuer Friedhof
Klosterweg
Kirchenpfad
Abtei St. Hildegard
Im Dümchen
Auf der Hohmauer

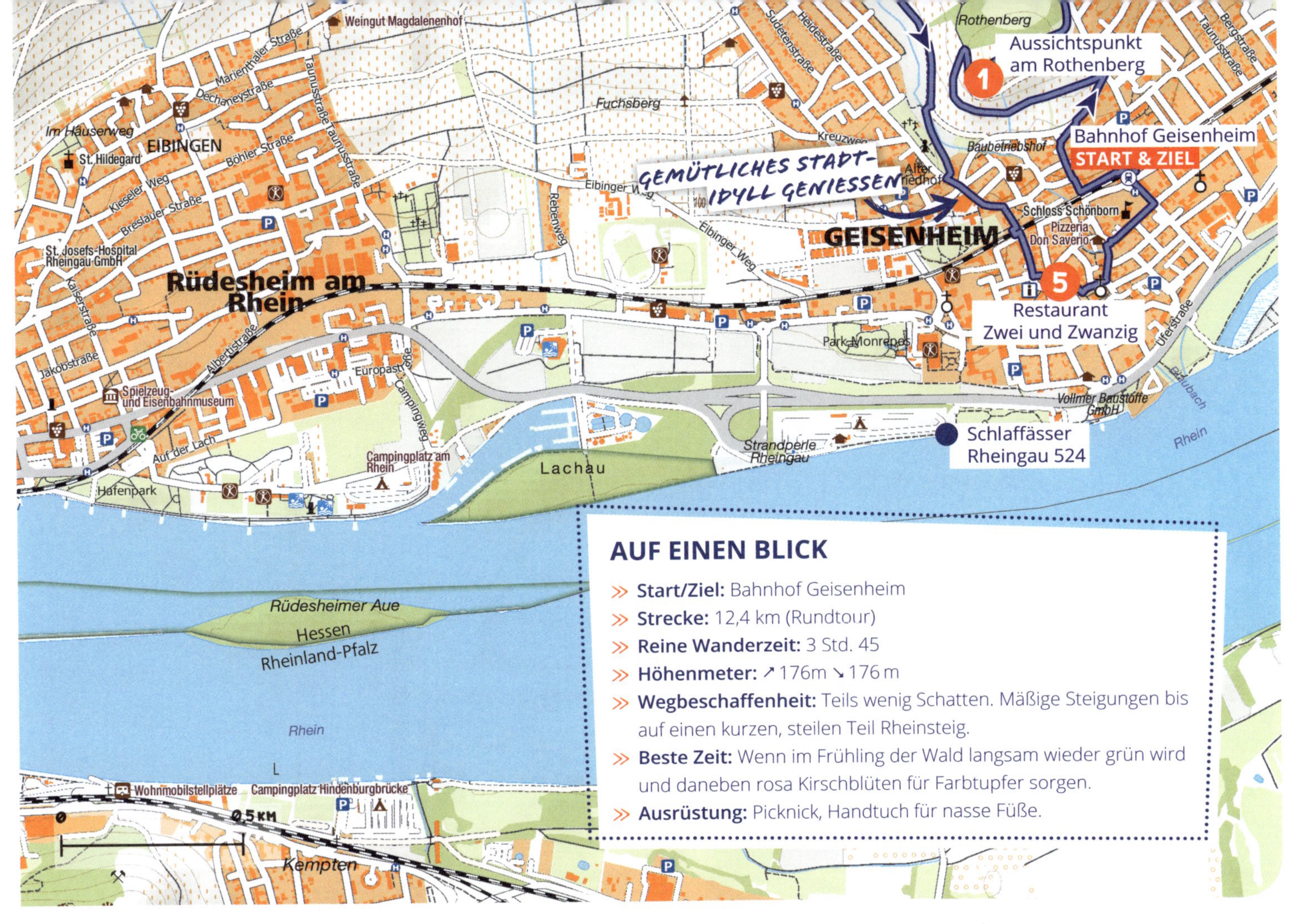

AUF EINEN BLICK

- **Start/Ziel:** Bahnhof Geisenheim
- **Strecke:** 12,4 km (Rundtour)
- **Reine Wanderzeit:** 3 Std. 45
- **Höhenmeter:** ↗176m ↘176 m
- **Wegbeschaffenheit:** Teils wenig Schatten. Mäßige Steigungen bis auf einen kurzen, steilen Teil Rheinsteig.
- **Beste Zeit:** Wenn im Frühling der Wald langsam wieder grün wird und daneben rosa Kirschblüten für Farbtupfer sorgen.
- **Ausrüstung:** Picknick, Handtuch für nasse Füße.

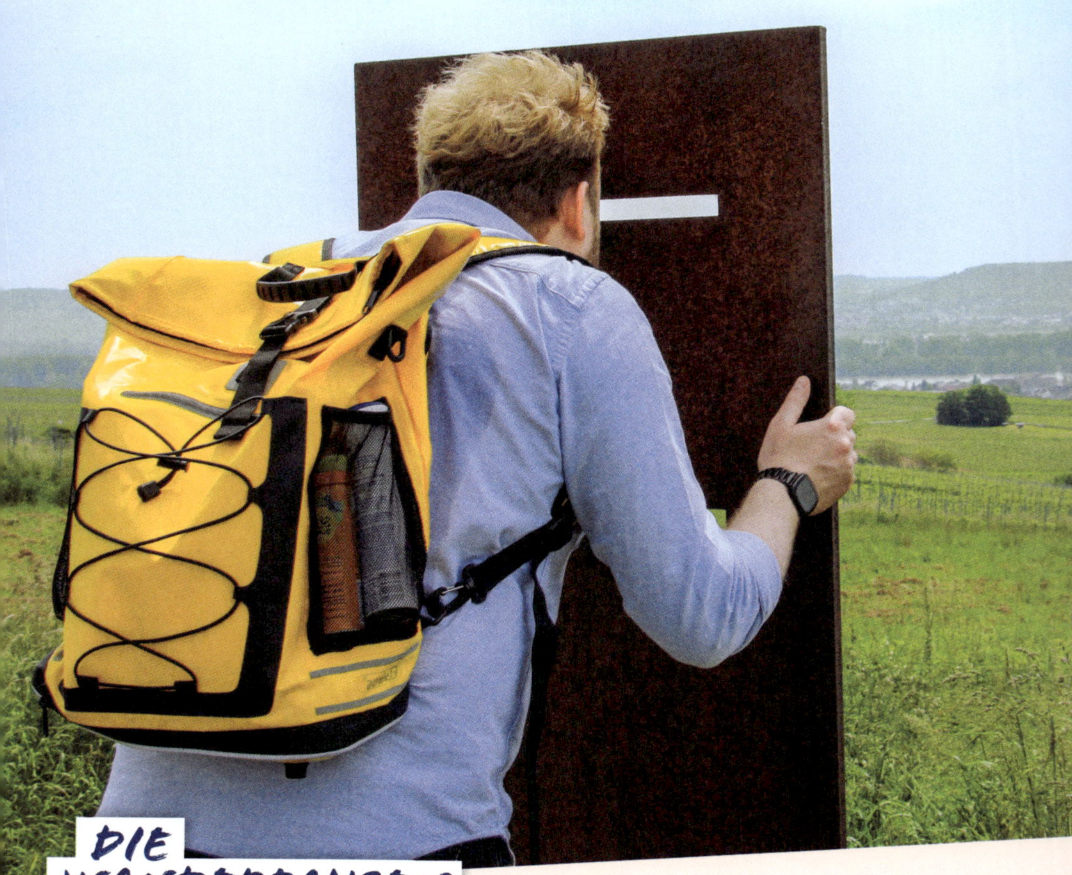

DIE WANDERPAUSEN

» START
Bushaltestelle
Stephanshausen Kirche

KM 2

1 Wiesensofa am Rheinsteig

Naturkino am Waldrand

KM 5

2 Portal zum Weinberg

Den Reben ganz nah

KM 7

3 Schloss Vollrads

Geschichtsträchtig rasten

5 WIESEN, WALD UND WEIN

Auf dem Rheinsteig von Geisenheim nach Oestrich-Winkel

Zwischen Taunushügeln und den Rebenhängen des Rheingaus startet so eine Frühlingswandertour nicht nur wahnsinnig grün und idyllisch, sondern auch ein bisschen geheimnisvoll. Erst durch den Wald, dann über Weinberge führt erst der Rheinsteig, dann ein Weg am Bach entlang ins Tal zum großen Fluss.

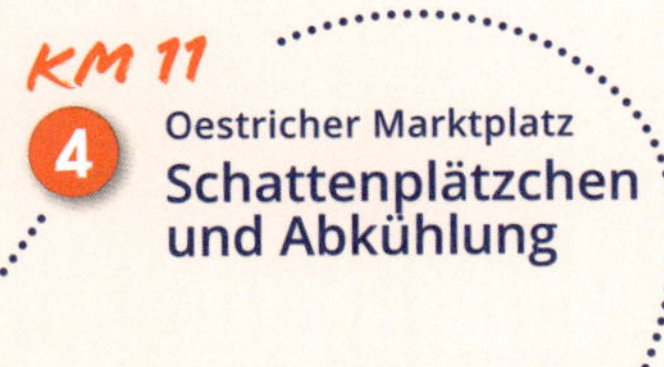

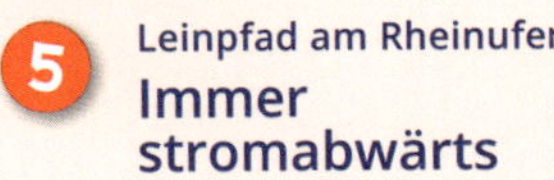

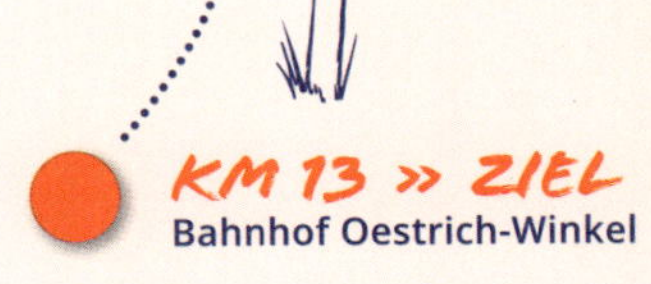

LEGENDEN GEBEN GEHEIMNISSE AUF

Das ist schon seit Jahrhunderten so. Auch im Fall des Wappentiers des Geisenheimer Ortsteils Stephanshausen, das in Form einer kleinen Drachenstatue unweit der Kirche Rätsel aufgibt, neugierig macht und auch irgendwie ein kleines Abenteuer ankündigt. Dann sollte man der Sache mal auf den Grund gehen ...

Klar ist in jedem Fall, dass die Geschichte mit dem Drachen, der sich auch im Wappen einer adligen Familie befand, die Verbindungen zum Ort hatte, in Stephanshausen ernst genommen wird. So häufig begegnet er einem in Vorgärten und sogar auf Wandermarkierungen. Denen folgt zunächst eine Straße, die bald zum Weg, dann zum Pfad wird, raus aus dem Ort und über Wiesen und durch den Wald, wo so ein feuerspuckendes Legendenwesen zumindest nicht komplett fehl am Platz wäre.

Statt Drachen sind die Tiere, die man hier antrifft, in der Realität weitaus bodenständiger, aber kaum weniger faszinierend. In der Ferne lässt ein Specht sein beständiges Klopfen hören, durchs Dickicht raschelt eine Maus und das Vogelgezwitscher, was mit jedem Meter lauter und lauter wird, macht fast einem ganzen Symphonieorchester Konkurrenz. Auf dem **Wiesensofa am Rheinsteig** lässt sich diese Vielfalt noch bei einem Päuschen genießen, bevor der felsige Pfad und die ersten Blicke auf rebenbewachsene Hügel und den im Tal funkelnden Rhein die Drachensuche vom Anfang der Tour glatt in den Hintergrund drängen.

WEITSICHTIG: KURZ NACH ERREICHEN DER WEINBERGE DEN ERSTEN RHEINBLICK GENIESSEN

Ganz nah ran an die Weinberge geht es durch ein **steinernes Portal** unweit des Schlossbergs, von wo aus die Pause im geschichtsträchtigen **Schloss Vollrads,** einem der bekanntesten Weingüter der Region, praktisch schon zu sehen ist – wenn man sich von den traumhaften Ausblicken über die Hügel ins Tal nicht ablenken lässt.

Von hier führt der Weg langsam und behutsam wieder zurück in bewohntes Gebiet. Erst an einigen alten Mühlen vorbei zu einer ganzen Reihe aus hübsch gestalteten, bunten Kleingärten, dann auf einer schmalen Brücke über den plätschernden Pfingstbach auf die von traditionellen Weinbaubetrieben gesäumten Straßen von Oestrich. Am **Marktplatz** ist ein schönes Fleckchen, um zwischen alten Fachwerkhäusern eine Eispause einzulegen. Am **Leinpfad am Rheinufer** entlang geht es dann zum Bahnhof. «

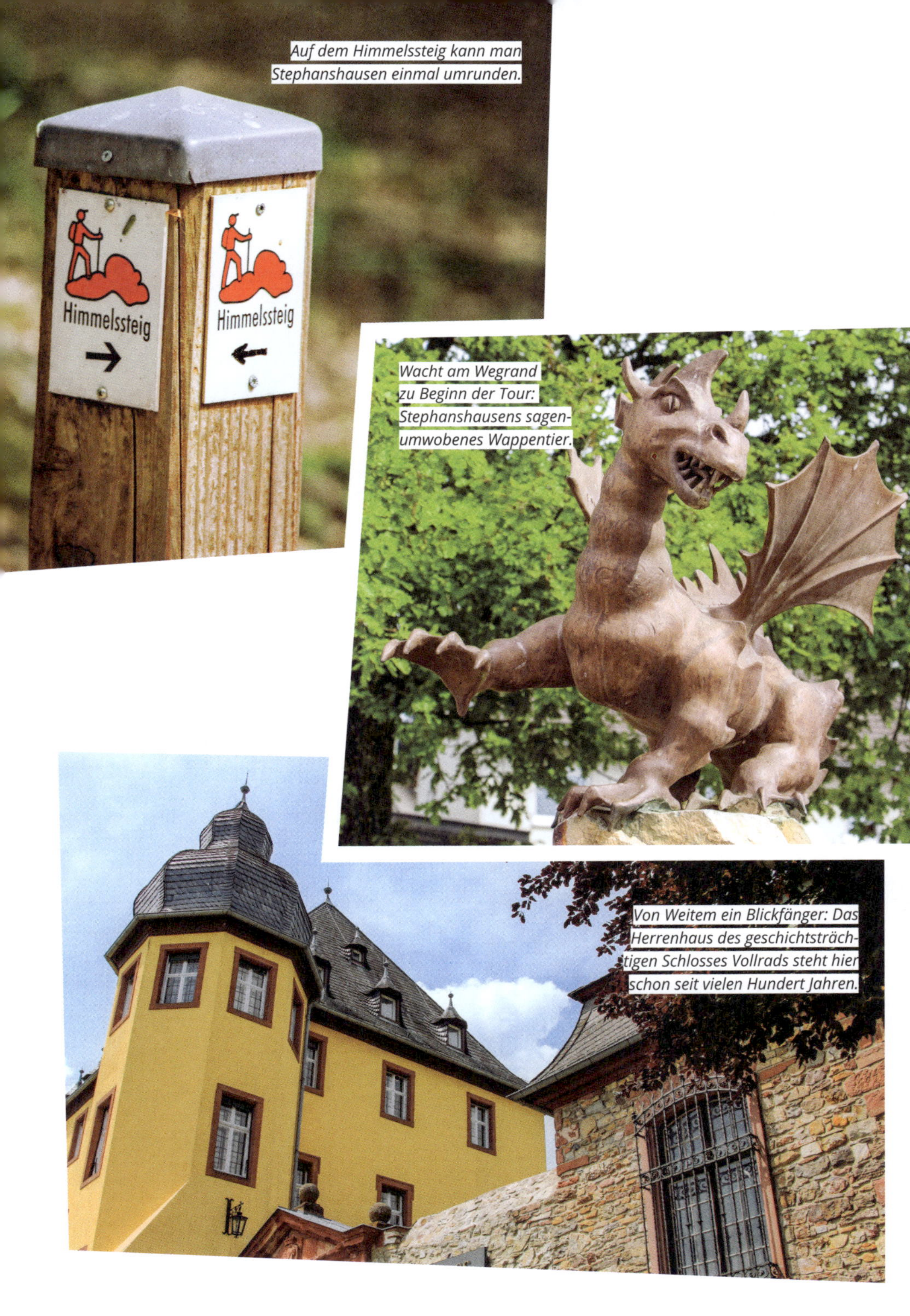

Auf dem Himmelssteig kann man Stephanshausen einmal umrunden.

Wacht am Wegrand zu Beginn der Tour: Stephanshausens sagenumwobenes Wappentier.

Von Weitem ein Blickfänger: Das Herrenhaus des geschichtsträchtigen Schlosses Vollrads steht hier schon seit vielen Hundert Jahren.

WANDERN & GENIESSEN

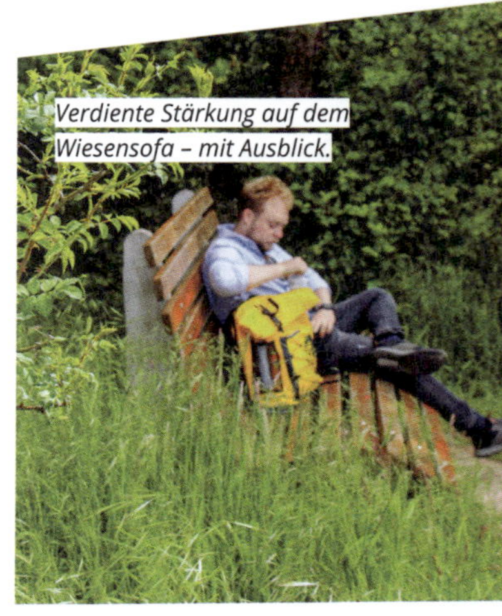

Verdiente Stärkung auf dem Wiesensofa – mit Ausblick.

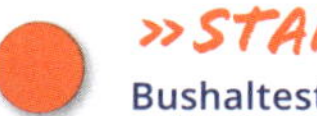

» START

Bushaltestelle Stephanshausen Kirche

Über die Hauptstraße an der Kirche vorbei, dann links auf den Schulgraben abbiegen und dem Weg kurz bergauf Richtung Wald folgen. Am Waldrand rechts und nach wenigen Hundert Metern wieder rechts auf den ausgeschilderten Himmelssteig. Von dort der Beschilderung folgen.

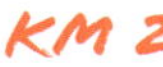

KM 2

1

Wiesensofa am Rheinsteig

Naturkino am Waldrand

Es gibt diese Pausenplätzchen, da kann man einfach nicht anders. Da können die ersten Meter noch so entspannt gewesen sein, Frühstück oder Mittagessen noch so kurz zurückliegen – man gönnt sich die Pause. Einfach weil der Moment sich von Anfang an so kostbar anfühlt. So ist es auch an der Wegkreuzung, wo der Zuweg von Stephanshausen auf den Rheinsteig trifft und die Welt vor lauter Grün und Gemütlichkeit einfach einen Moment stillstehen will, während die Natur Vollgas gibt. Vögel kreisen am Himmel, Insekten manövrieren über Blüten und Grashalme, sogar die ersten Schmetterlinge sind zu sehen. Und das freie Wiesensofa am Wegrand ist ein bequemes Plätzchen, um sich in dieser Szene zu verlieren.

Dem Rheinsteig auf den Wiesenweg folgen und erst verlassen, wenn das steinerne Portal ins Blickfeld rückt.

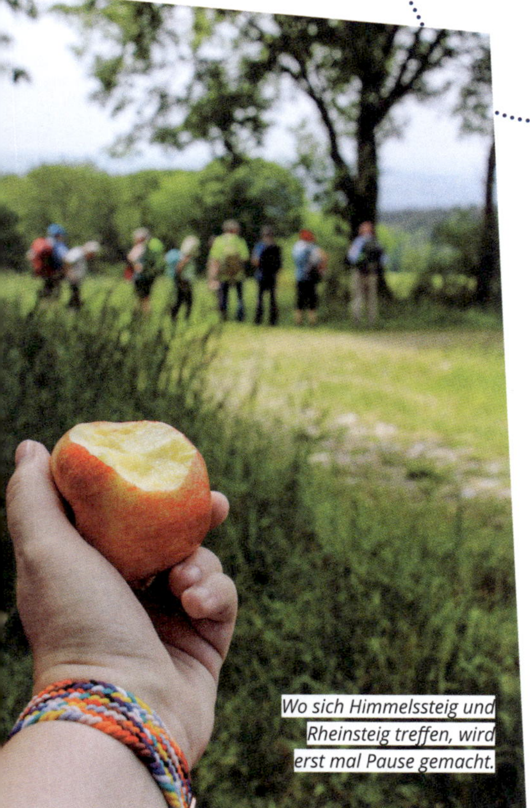

Wo sich Himmelssteig und Rheinsteig treffen, wird erst mal Pause gemacht.

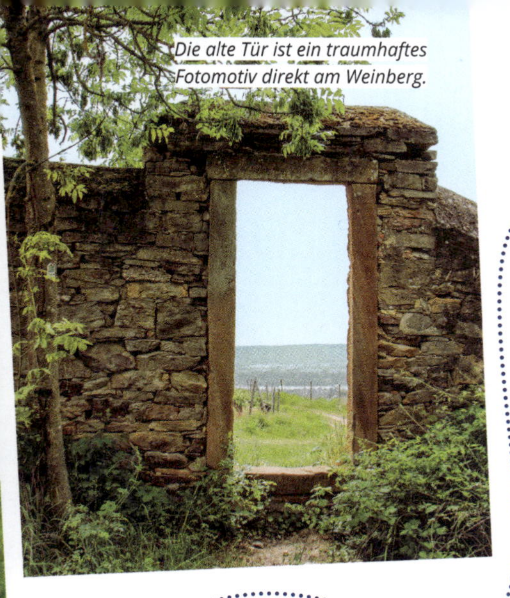
Die alte Tür ist ein traumhaftes Fotomotiv direkt am Weinberg.

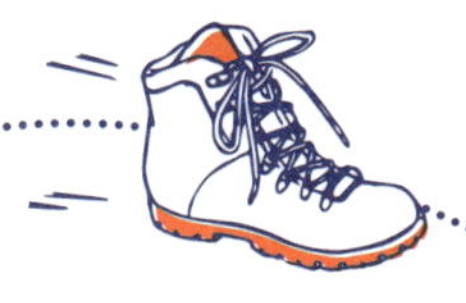

KM 5

2 Portal zum Weinberg

Den Reben ganz nah

Wenn ein Ort erst mal die Neugier geweckt hat, kann der festgelegte Wanderweg noch so überzeugen. Dann muss der Umweg einfach sein – und wenn es nur für einen faszinierenden Fotostopp ist, der sich schon von Weitem als Tür offenbart, ins ... ja, wohin eigentlich? Ein steinernes Mäuerchen ragt etwas abseits vom Rheinsteig am Wegrand hervor, bei jedem Schritt, dem man sich der Ruine nähert, kommt zwischen den Steinen mehr und mehr Weinberg zum Vorschein. Blauer Himmel, Schäfchenwolken und das Grün der Reben bieten durch das Portal ein wunderschönes Fotomotiv. Die verfallene Mauer, zu deren Füßen die ersten Mohnblumen blühen, zieht sich von hier noch ein Stück weiter an der Weinlage vorbei und ermöglicht über die nächsten Meter einen Slalomparcours mit Panoramablick in beide Richtungen.

Am vom Mäuerchen umgebenen Weinberg vorbeilaufen und dahinter wieder rechts auf den Pfad Richtung Rheinsteig. Diesem dann nach links folgen.

KM 7

3 Schloss Vollrads

Geschichtsträchtig rasten

Nach den letzten Kilometern durch das Meer von Weinreben kommen der Gedanke, der Besuch eines Weinguts wäre langsam überfällig, und der erste Blick auf Schloss Vollrads praktischerweise ziemlich parallel. Das stattliche Anwesen geht auf ein mittelalterliches Rittergeschlecht zurück, aus späteren Umbauten kamen auffällige barocke Elemente dazu. Wem hier einfach nur nach einer Runde Kultur ist, kann übers Gelände schlendern, die Türme und die gesamte Architektur der Schlossanlage bewundern;. Wer eine längere Pause braucht oder langsam Mittagshunger bekommt, kehrt im Restaurant oder der Straußwirtschaft ein, wo der Froschchor vom Teich unten die Geräuschkulisse bildet. Im Zentrum des Innenhofs ist die Vinothek ein guter Ort, um einen besonders feinen Tropfen für zu Hause mitzunehmen, eventuell hat man Glück und erwischt auch noch eine Weinprobe im Weinberg. (www.schlossvollrads.com)

Das Schlossgelände gen Süden verlassen und links weiter auf den Rheinsteig bis zum Abzweig Gottestal. Ab hier der Beschilderung des Fußwegs Richtung Oestrich folgen.

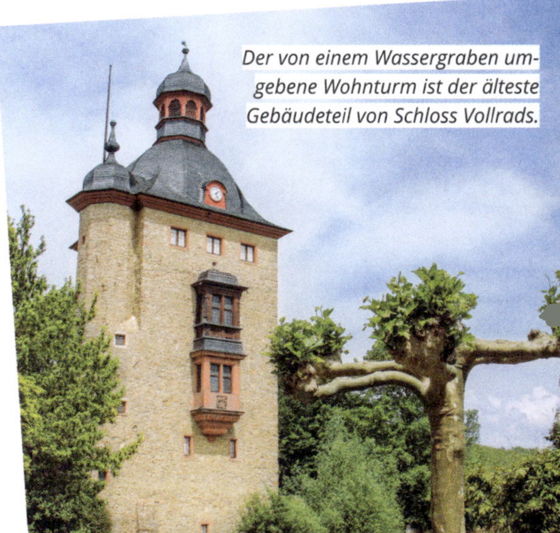
Der von einem Wassergraben umgebene Wohnturm ist der älteste Gebäudeteil von Schloss Vollrads.

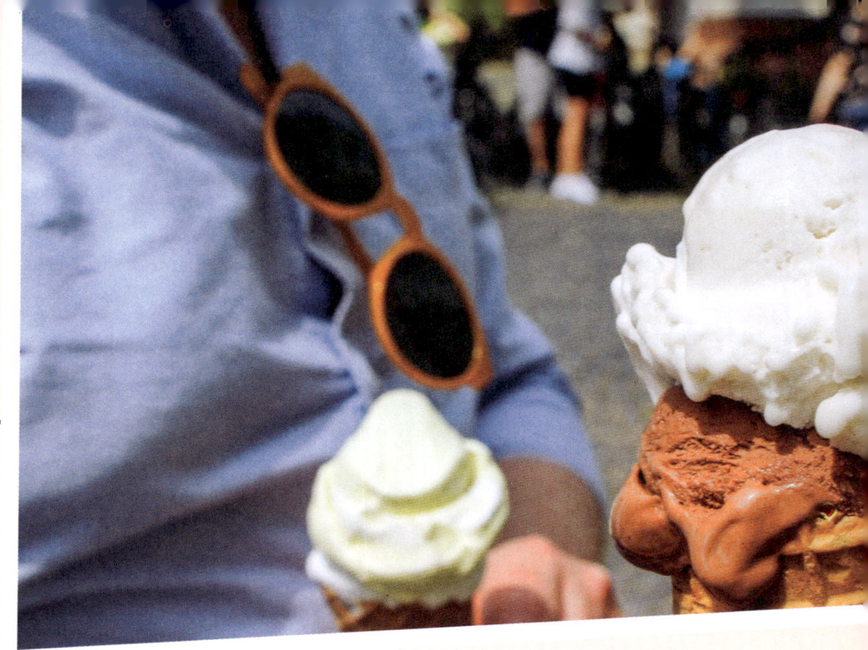

KM 11

4 Oestricher Marktplatz

Schattenplätzchen und Abkühlung

Nach der Strecke über sonnige Wege, Pfade und Straßen kommt das Schattenplätzchen am Oestricher Marktplatz wie gerufen. In direkter Nachbarschaft zum Alten Rathaus von 1504 mit seinen hübschen Fensterläden und der weinbewachsenen Fassade sowie der Eisdiele Al Borgo ist hier der ideale Pausenplatz, um sich eine Waffel mit *gelato* zu kaufen und einfach ein bisschen durch die Gegend zu gucken. Zwischen Fachwerk und Kopfsteinpflaster gibt es viele Details zu entdecken und Gelegenheit, nach der langen Zeit in der Natur wieder in der Stadt anzukommen.

Den Marktplatz überqueren und durch die Unterführung zum Rhein. Flussabwärts ist bereits der Weinkran in Sicht.

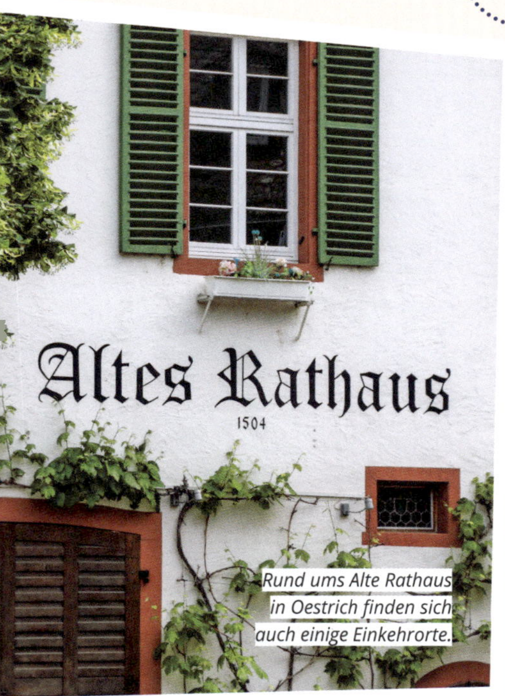

Rund ums Alte Rathaus in Oestrich finden sich auch einige Einkehrorte.

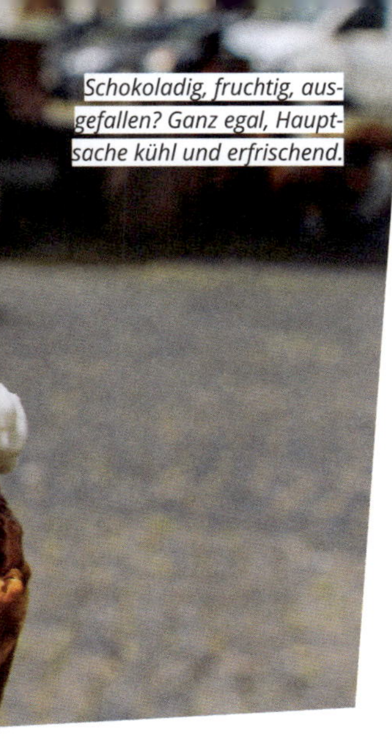

Schokoladig, fruchtig, ausgefallen? Ganz egal, Hauptsache kühl und erfrischend.

EXTRA INFOS:

Nicht dass man die Pause nach wenigen Kilometern am Rheinsteig unbedingt bräuchte, aber irgendwie macht die Übernachtung im ● **Hotel Neugebauer** direkt an der Strecke die Rheinsteig-Erfahrung auch komplett. Und das Morgen- und Abendlicht, in der man die Wanderung dann genießen und beliebig auch ein Stückchen verlängern kann, sorgt unter Garantie schon allein für besondere Momente. (www.hotel-neugebauer.de)

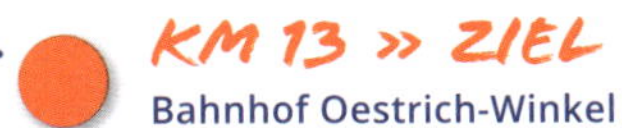

KM 12

5 Leinpfad am Rheinufer

Immer stromabwärts

Wenn der Rhein die Rolle des Wegweisers übernimmt, kann man sich ganz auf all das konzentrieren, was es an seinem Ufer zu entdecken und erleben gibt. Das beginnt beim Blick auf die historischen Fachwerkhäuser auf der gegenüberliegenden Straßenseite, führt über den Oestricher Kran – das Wahrzeichen der Stadt, mit dem einst Weinfässer auf Schiffe verladen wurden – an im Rhein versunkenen Bäumen vorbei zum Halt der Fähre. Hier könnte man den Tag mit einer kleinen Schiffspartie rüber ins rheinland-pfälzische Ingelheim ausklingen lassen. Oder man geht noch ein paar Schritte weiter zum Weinprobierfass, gönnt sich einen letzten Wein des Tages oder einfach einen Softdrink, setzt sich ans Ufer und schaut dem Sonnenuntergang entgegen.

Dem Leinpfad noch ein Stück folgen, dann rechts durch die Unterführung zum Bahnhof.

KM 13 » ZIEL

Bahnhof Oestrich-Winkel

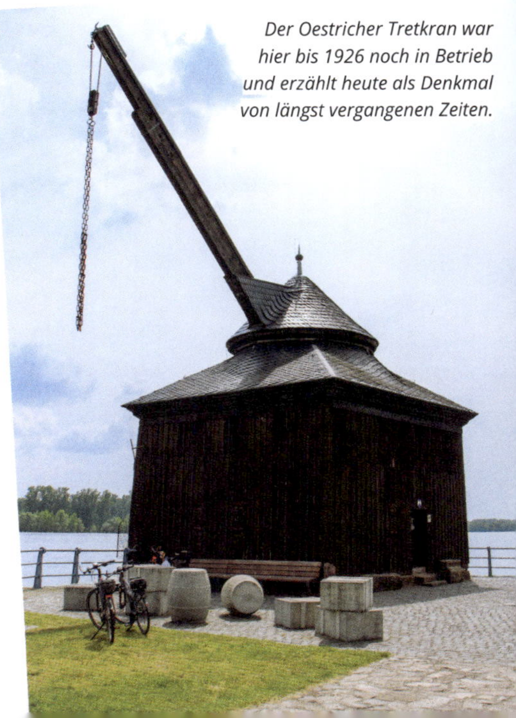

Der Oestricher Tretkran war hier bis 1926 noch in Betrieb und erzählt heute als Denkmal von längst vergangenen Zeiten.

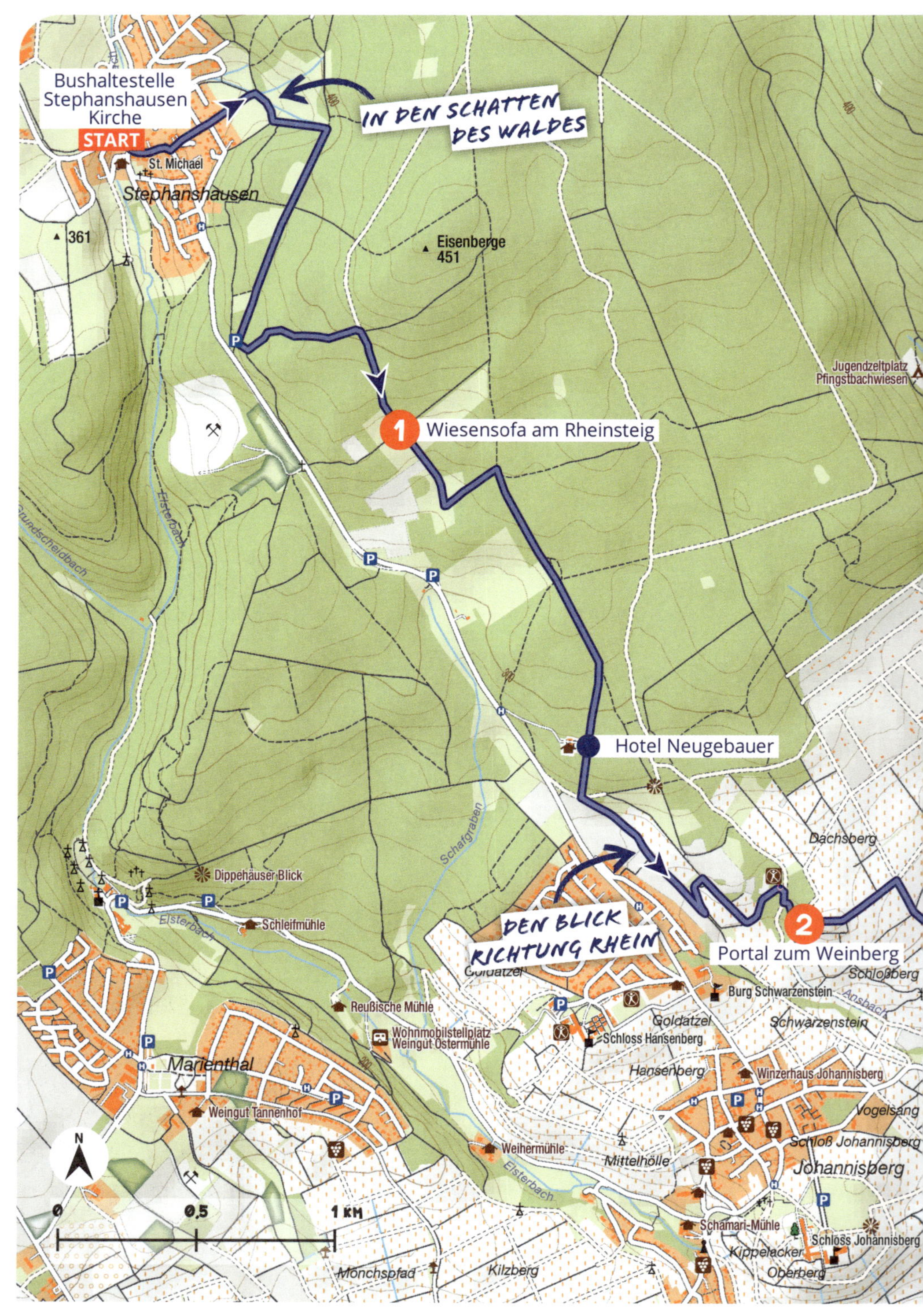

Bushaltestelle Stephanshausen Kirche
START
IN DEN SCHATTEN DES WALDES
St. Michael
Stephanshausen
361
Eisenberge 451
Jugendzeltplatz Pfingstbachwiesen
1
Wiesensofa am Rheinsteig
Elsterbach
Hotel Neugebauer
Schafgraben
Dachsberg
Dippehäuser Blick
Schleifmühle
DEN BLICK RICHTUNG RHEIN
2
Portal zum Weinberg
Schloßberg
Goldatzel
Burg Schwarzenstein
Ansbach
Schwarzenstein
Reußische Mühle
Wohnmobilstellplatz Weingut Ostermühle
Schloss Hansenberg
Hansenberg
Marienthal
Winzerhaus Johannisberg
Weingut Tannenhof
Vogelsang
Schloß Johannisberg
Weihermühle
Mittelhölle
Johannisberg
Schamari-Mühle
Schloss Johannisberg
Kippelacker
Oberberg
Mönchspfad
Kilzberg
N
0
0,5
1 KM

AUF EINEN BLICK

- **Start:** Bushaltestelle Stephanshausen Kirche
- **Ziel:** Bahnhof Oestrich-Winkel
- **Strecke:** 13 km
- **Reine Wanderzeit:** 4 Std.
- **Höhenmeter:** ↗ 112 m ↘ 345 m
  Wer es anstrengender mag, dreht die Tour einfach um.
- **Wegbeschaffenheit:** Gut gepflegte Wald- und Feldwege sowie Wiesenpfade, stellenweise auch leicht felsiger Untergrund. Große Teile der Route verlaufen auf Wegen ohne Schatten.
- **Beste Zeit:** Wenn ab Ende Mai wieder Grün in die Weinberge kommt.
- **Ausrüstung:** Sonnenschutz und Proviant für unterwegs. Platz im Rucksack fürs Riesling-Shopping.

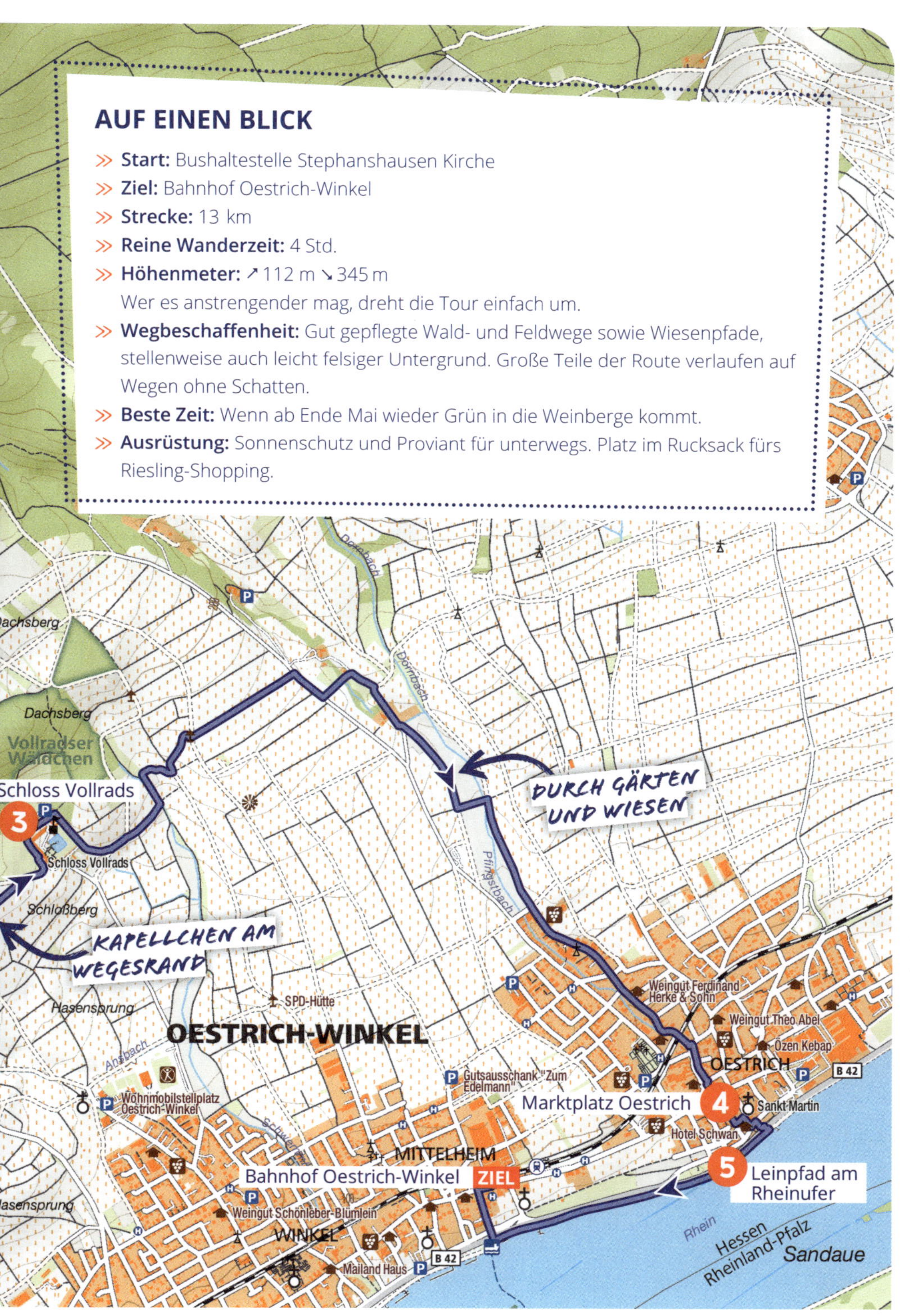

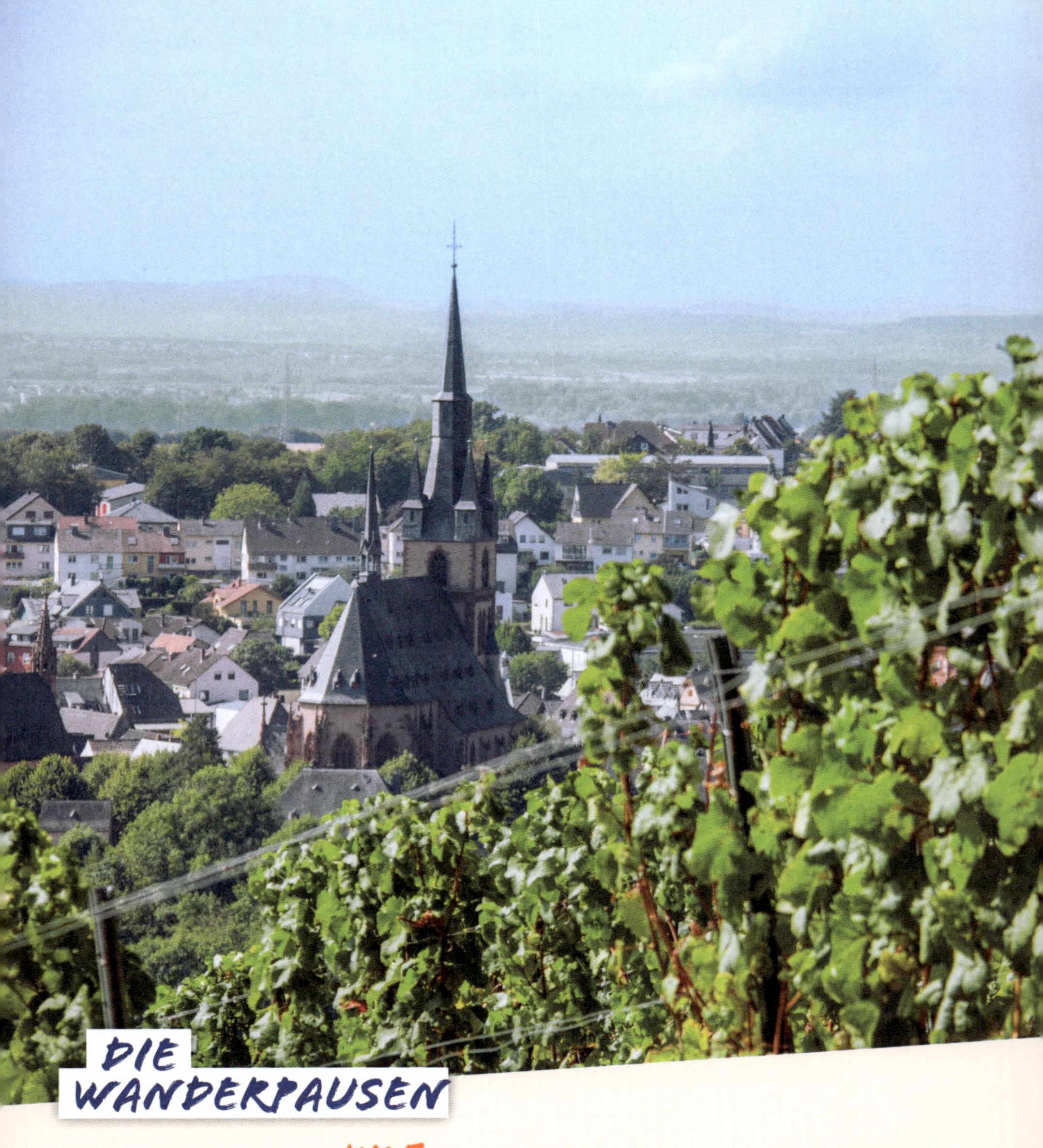

DIE WANDERPAUSEN

» START
Bahnhof Eltville

KM 0,5
1 Burg Eltville
Rosen, Rhein und Reben

KM 5
2 Burgruine Scharfenstein
Mauern mit Geschichte

KM 6
3 Kiedrich
Gotisch trifft goldig

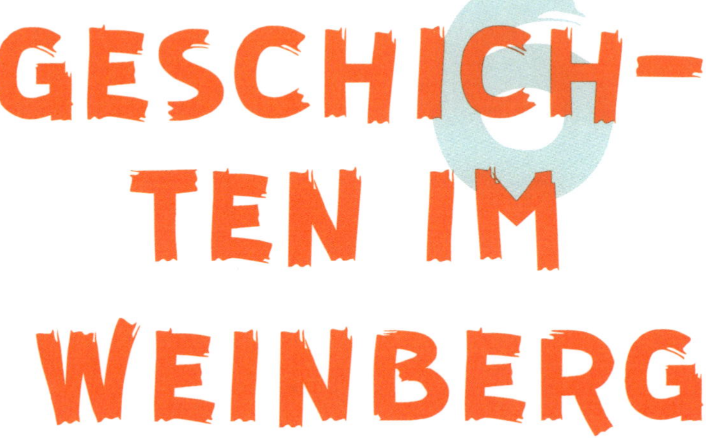

GESCHICHTEN IM WEINBERG

Zwischen Eltville, Kiedrich und Kloster Eberbach

Eine Filmkulisse wie aus dem Bilderbuch, ein Weinberg, wie er romantischer kaum sein könnte, und ein stolzer Bergfried schaffen den idealen Rahmen für eine entspannte Wanderung durch Eltville und seine Nachbarschaft.

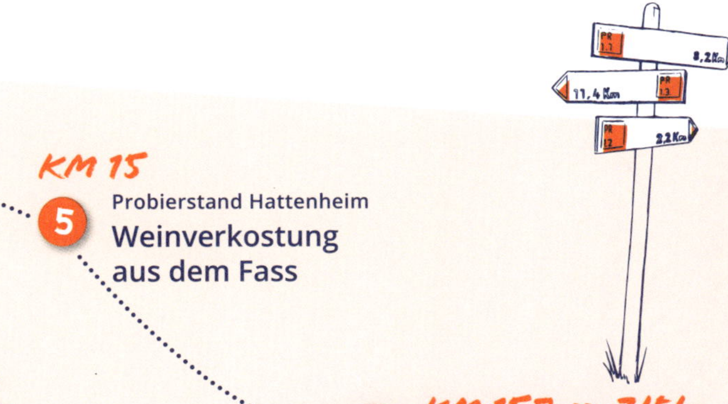

DIE PERFEKTEN BEDINGUNGEN FÜRS REBENMEER ...

... schaffen im Rheingau eine Vielzahl an Faktoren: der Taunus im Rücken, der das Anbaugebiet vor Kälte schützt, der sonnenverwöhnte Rhein vor der Nase und die kalkhaltigen Böden, die den Reben die nötigen Nährstoffe liefern, um Trauben für die beliebtesten Jahrgangsweine des Landes zu produzieren. Und das schon seit Hunderten von Jahren. Das beweisen nicht nur die überaus prächtige ehemalige **Zisterzienserabtei in Eberbach,** in deren Weinlagen seit vielen Generationen erfolgreich Rebstöcke angebaut werden, sondern auch etliche Traditionen in der Gegend.

Die vielleicht romantischste rankt sich um den 1975 angelegten Weinberg der Ehe im gotischen Rheindorf **Kiedrich,** der größten Hanggemeinde im Rheingau. Hier übernimmt jedes Paar, das sich im örtlichen Standesamt dauerhafte Liebe verspricht, die Patenschaft für eine Rebe. Ob's der Ewigkeit auf die Sprünge hilft?

BESCHAULICH: AUF SCHMALEN PFADEN RICHTUNG KIEDRICH EINEN FUSS VOR DEN ANDEREN SETZEN

In jedem Fall sorgt der Weinberg für eine der vielen Geschichten, die zwischen den Stadtteilen von Eltville, Kiedrich und Kloster Eberbach praktisch am Wegesrand liegen. Das beginnt schon im historischen Zentrum der Rosenstadt **Eltville,** wo die Kurfürstliche Burg für einen kurzen Abstecher ans Wasser lockt. Von hier führt der Weg unter den Bahngleisen hindurch hinaus in die Weinberge, wo es bei gemächlichem Anstieg Richtung Kiedrich geht. Von Weitem sichtbar ist unterwegs schon der stolze Bergfried der **Ruine Scharfenstein,** um den immer wieder Vögel kreisen. Ab hier folgt man schmalen Pfaden steil bergab ins hübsche Fachwerkdorf Kiedrich und taucht dann Richtung Kloster Eberbach erneut in die Weinberge ab.

Dann geht es wieder bergab und hinein in einen der rar gesäten, schattigen Abschnitte der Route, durch ein Waldstück, in dem eine kleine Kapelle für Überraschungsmomente sorgt, zur Domäne Steinberg. Den größten Teil des Wegs zum Weinprobierstand direkt am Rheinufer im Eltviller Stadtteil **Hattenheim** begleiten einen dann wieder die Reben.

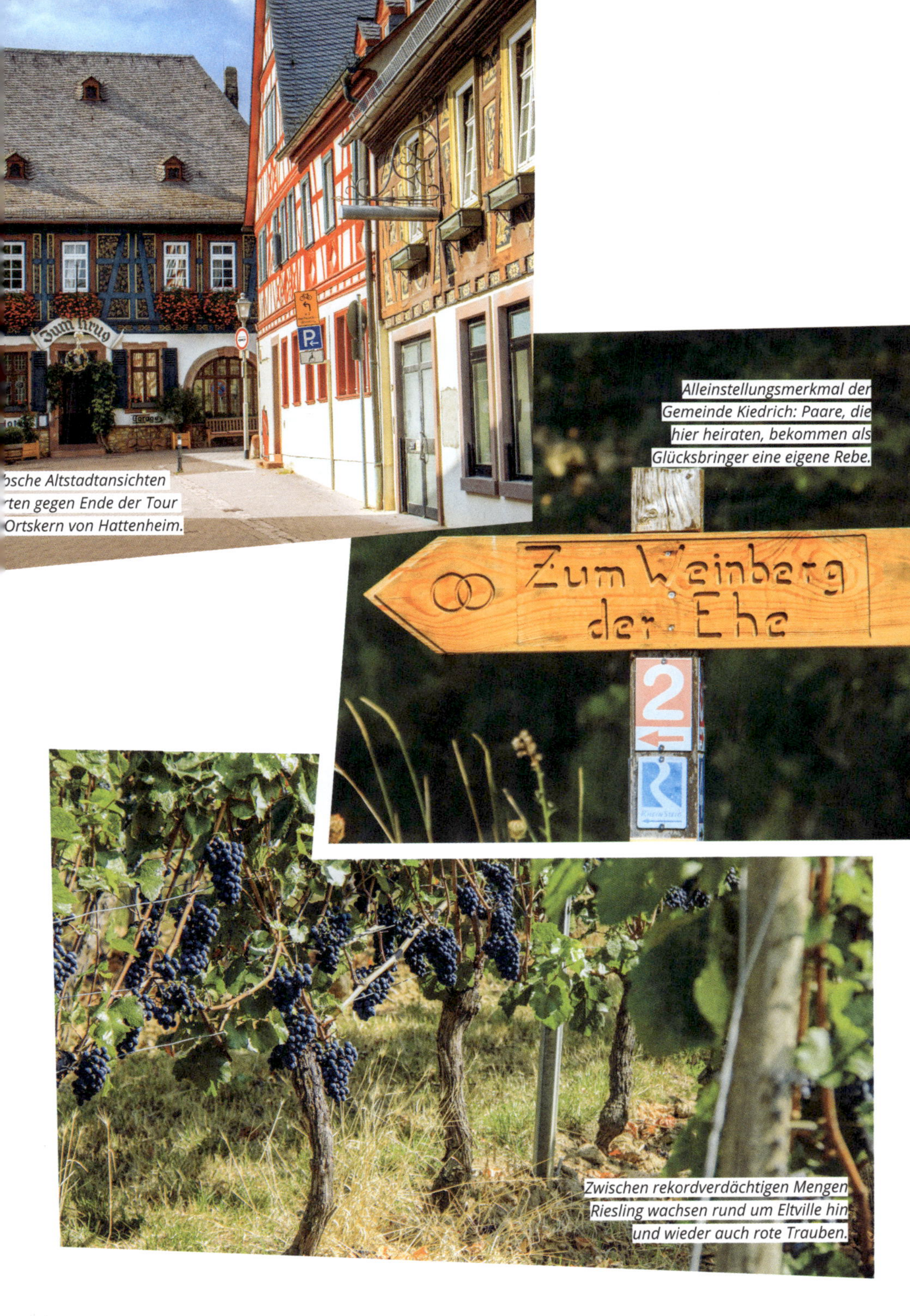

ɔsche Altstadtansichten
rten gegen Ende der Tour
Ortskern von Hattenheim.

Alleinstellungsmerkmal der Gemeinde Kiedrich: Paare, die hier heiraten, bekommen als Glücksbringer eine eigene Rebe.

Zwischen rekordverdächtigen Mengen Riesling wachsen rund um Eltville hin und wieder auch rote Trauben.

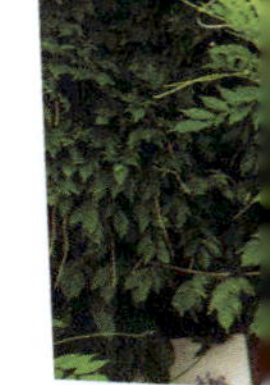

WANDERN & GENIESSEN

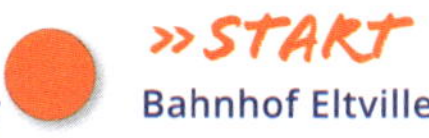

»START
Bahnhof Eltville

Der Bahnhofstraße in die historische Altstadt und weiter zur Burg folgen.

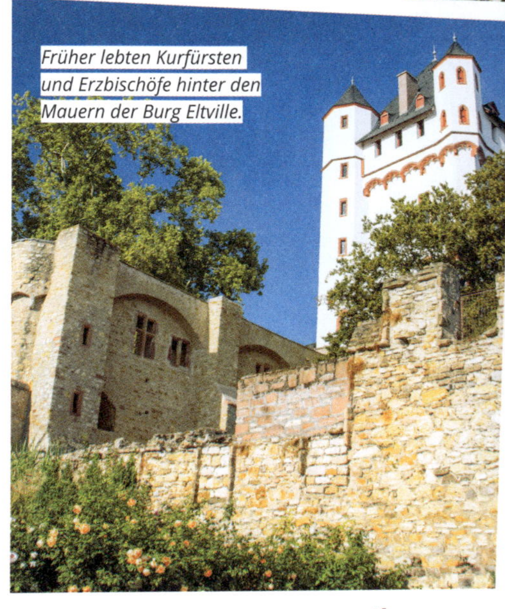

Früher lebten Kurfürsten und Erzbischöfe hinter den Mauern der Burg Eltville.

KM 0,5

1 Burg Eltville

Rosen, Rhein und Reben

Wein, Sekt, Rosen – das Rheingaustädtchen Eltville, in dem die Wandertour beginnt, widmet sich von Haus aus den genussvollen Dingen im Leben, aber auch dem Schutz der Natur durch Nachhaltigkeit. Bevor es gleich rauf in die Weinberge geht, sollte man deshalb zunächst der Neugierde folgen und sich vom hübschen weißen Turm der Kurfürstlichen Burg in die Altstadt und ans Ufer des Rheins locken lassen. Zu Füßen der Burg schielt im kostenlos zugänglichen Rosengarten fast rund ums Jahr irgendwo eine bunte Knospe hervor. Im Sommer ergießt sich zwischen den steinalten Mauern und entlang der Rheinpromenade ein richtiges Blütenmeer. (www.eltville.de)

Über Ellenbogen- und Rosengasse noch ein Stück durch die Altstadt, Schwalbacher Straße folgen, bis links die Holzstraße abgeht, die wird zur Scharfensteinstraße und führt hoch Richtung Weinberge, dort auf den gut sichtbaren Burgturm zuhalten.

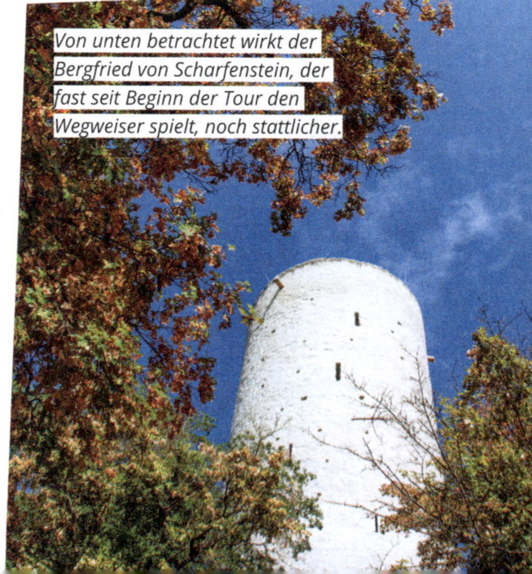

Von unten betrachtet wirkt der Bergfried von Scharfenstein, der fast seit Beginn der Tour den Wegweiser spielt, noch stattlicher.

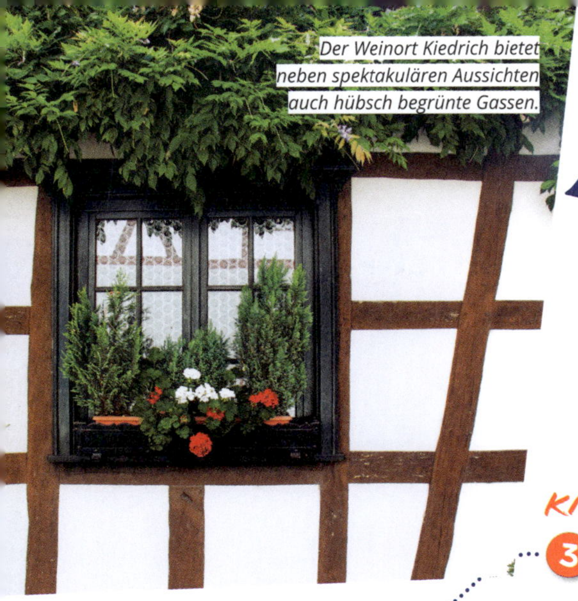

Der Weinort Kiedrich bietet neben spektakulären Aussichten auch hübsch begrünte Gassen.

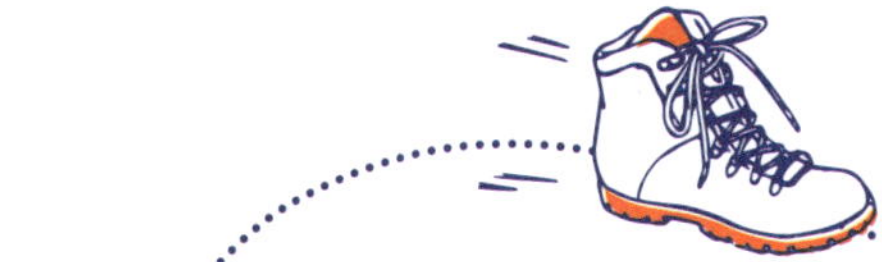

RIESENGROSSE FACHWERKLIEBE

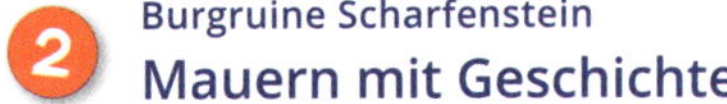

KM 5

2

Burgruine Scharfenstein

Mauern mit Geschichte

Zugegeben: Wer sich so dramatisch ankündigt wie der 30 Meter hohe Bergfried, muss schon halten, was er verspricht. Das letzte Überbleibsel der ehemals stattlichen Burg Scharfenstein aus dem 12. Jahrhundert ist schon kilometerweit vorher zu sehen und gilt damit als guter Indikator, wie viel von der ersten der zwei Bergetappen bereits geschafft ist. Kurz bevor das Wahrzeichen oberhalb von Kiedrich erreicht ist, führt der Weg am 8500 Quadratmeter großen Weinberg der Ehe vorbei: Auf dem Kiedricher Standesamt bekommt man automatisch zum Ja-Wort die Besitzurkunde für eine der dort wachsenden Reben geschenkt. Am Fuße des stolzen Wachturms warten dann ein Grillplatz und eine herrliche Panoramaansicht von Kiedrich. Je nach Naturschutzauflagen kommt man auch über eine Außentreppe zum Eingang des Turms und im Inneren hinauf zur Aussichtsplattform.

Rheinsteig-Beschilderung nach Kiedrich folgen.

KM 6

3

Kiedrich

Gotisch trifft goldig

Obwohl in dem 4200-Einwohner-Dorf eigentlich Gotik und Barock den Takt vorgeben, ist die Hanggemeinde mitten in den Rheingauer Weinbergen ein romantisches Kleinod. Das liegt nicht nur an den traumhaften Ausblicken auf den Ort von unterwegs, sondern auch an den zahlreichen gepflasterten Sträßchen, gepflegten Fachwerkhäusern mit bunten Blumenkästen und einladenden Straußwirtschaften sowie anderen Fundstücken, die man beim Rundgang durch den über 1000-jährigen Ort immer wieder entdeckt. Wer Historisches liebt, wirft einen Blick in die spätgotische Basilika St. Valentin, die zu den schönsten Kirchenbauten im Rheingau zählen soll. Wer sich für die zweite Hälfte des Wegs eindecken will, kauft Proviant im örtlichen Supermarkt.

Am Kreisel an der Sonnenlandstraße ortsauswärts Richtung Kloster Eberbach halten und an der Kapelle rechts dem schmalen Weg in den Weinberg folgen. Von hier aus führen Pfade oberhalb des Klinikgeländes Richtung Kloster Eberbach, das auf der linken Seite schon bald in Sichtweite kommt.

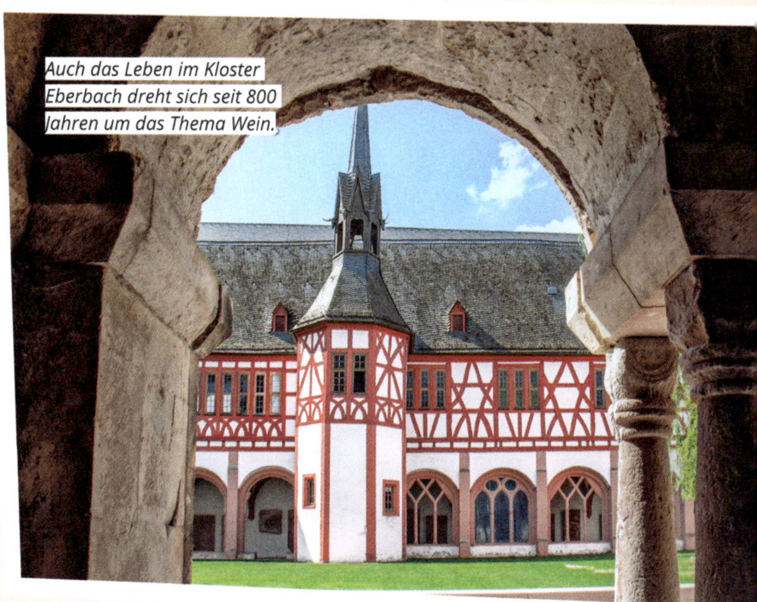

Auch das Leben im Kloster Eberbach dreht sich seit 800 Jahren um das Thema Wein.

KM 10

4

Kloster Eberbach

Zwischen Geschichtsstunde und Filmtourismus

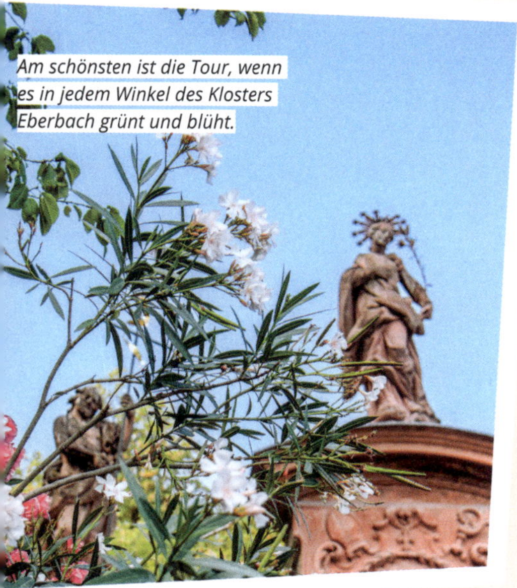

Am schönsten ist die Tour, wenn es in jedem Winkel des Klosters Eberbach grünt und blüht.

Selbst wer sonst nicht sofort die Hand hebt beim Gedanken daran, Kirchen und Klöster zu besichtigen, läuft Gefahr etwas zu verpassen, wenn er Kloster Eberbach einfach links liegen lässt. Natürlich ist die ehemalige Zisterzienserabtei, weitflächig umrahmt vom Grün der Reben, eine Augenweide, auf dem Gelände des Klosters kommen aber noch bunte Gärten, ein nettes Restaurant sowie ein bildschöner Klosterrundweg dazu. Und da hat man noch nicht die beeindruckenden Gemäuer und historischen Weinkeller von innen gesehen. Aber dafür muss man sich losreißen vom hübschen Kreuzgang rund um den Fachwerk-Innenhof. Übrigens: Sogar Sean Connery war hier schon für die Dreharbeiten zu »Der Name der Rose« zu Gast. (www.kloster-eberbach.de)

Hinter der Bushaltestelle am Parkplatz West dem Weg rechts in den Wald folgen. Nach gut einem Kilometer rechts ab zur Domäne Steinberg, durch die Weinberge runter und hinter der Burg Hattenheim über die Pfarrgasse zum Rheinufer.

KM 15

5

Probierstand Hattenheim

Weinverkostung aus dem Fass

Die verdiente Erfrischung des Tages wartet in stilvoller Behausung in Form von Riesenfässern. Die stehen direkt am Rheinufer hinter einer ausladenden Grünfläche mit zahlreichen Bänken und gemütlichen Plätzchen zum Ausbreiten der Picknickdecke. Ausgeschenkt werden Woche für Woche andere Tropfen von ortsansässigen Winzerbetrieben, von denen die Auswahl ja – wie man sich herrlich überzeugen konnte – so schnell nicht auszugehen droht. Wer auf Alkohol verzichten möchte oder zwischendurch auch mal nach einer süßen Abkühlung lechzt, greift zur Traubenschorle. (www.weinprobierstand.de)

Zurück durch die Unterführung und nach einem kurzen Stück geradeaus der Hauptstraße links zum Bahnhof folgen.

EXTRA INFOS:

Die Ausblicke zwischen Kloster Eberbach und dem Stadtteil Hattenheim sind wirklich zu schön, um sie nicht noch ein bisschen länger zu genießen. Ein schattiges Plätzchen dafür bieten die Sonnenschirme am Weinausschank ● **Schwarzes Häuschen** mitten in der Domäne Steinberg. (www.klostereberbach.de)

Wer eine Wochenendtour daraus machen will, läuft nach dem Bummel in der Altstadt von Eltville einfach vor Richtung Kiedrich und bleibt eine Nacht in der gemütlichen ● **Klostermühle.** Frisch mit leckerem Frühstück gestärkt, klappen die Bergetappen dann gleich noch mal so gut. (www.klostermuehle.de)

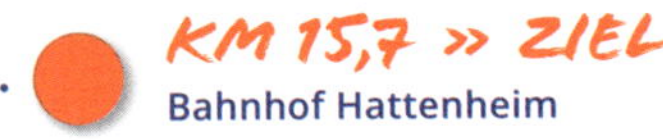

KM 15,7 » ZIEL

Bahnhof Hattenheim

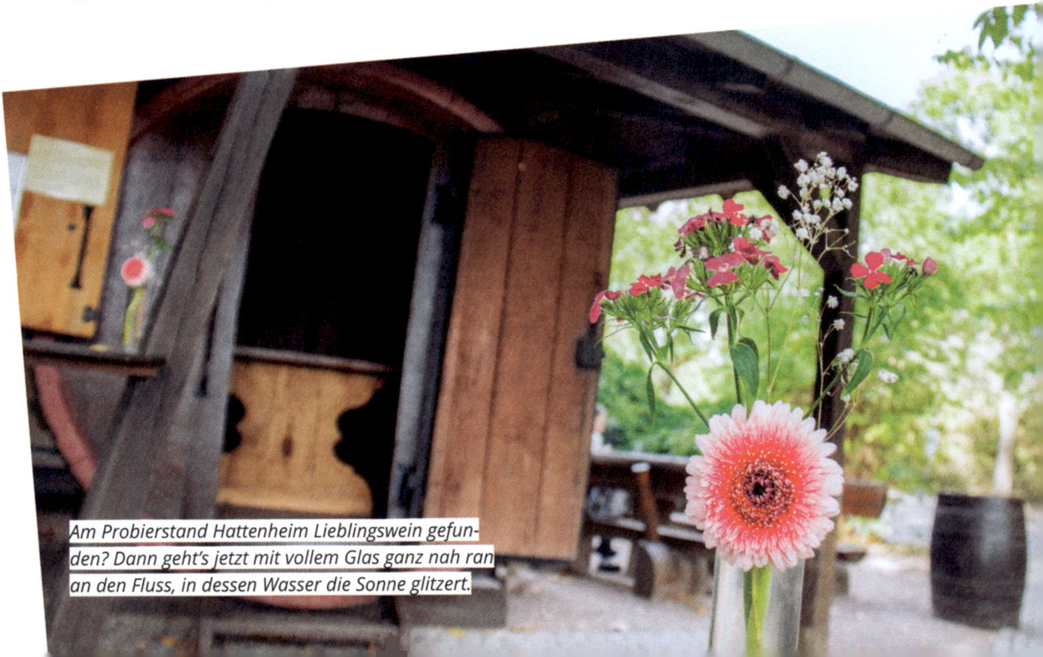

Am Probierstand Hattenheim Lieblingswein gefunden? Dann geht's jetzt mit vollem Glas ganz nah ran an den Fluss, in dessen Wasser die Sonne glitzert.

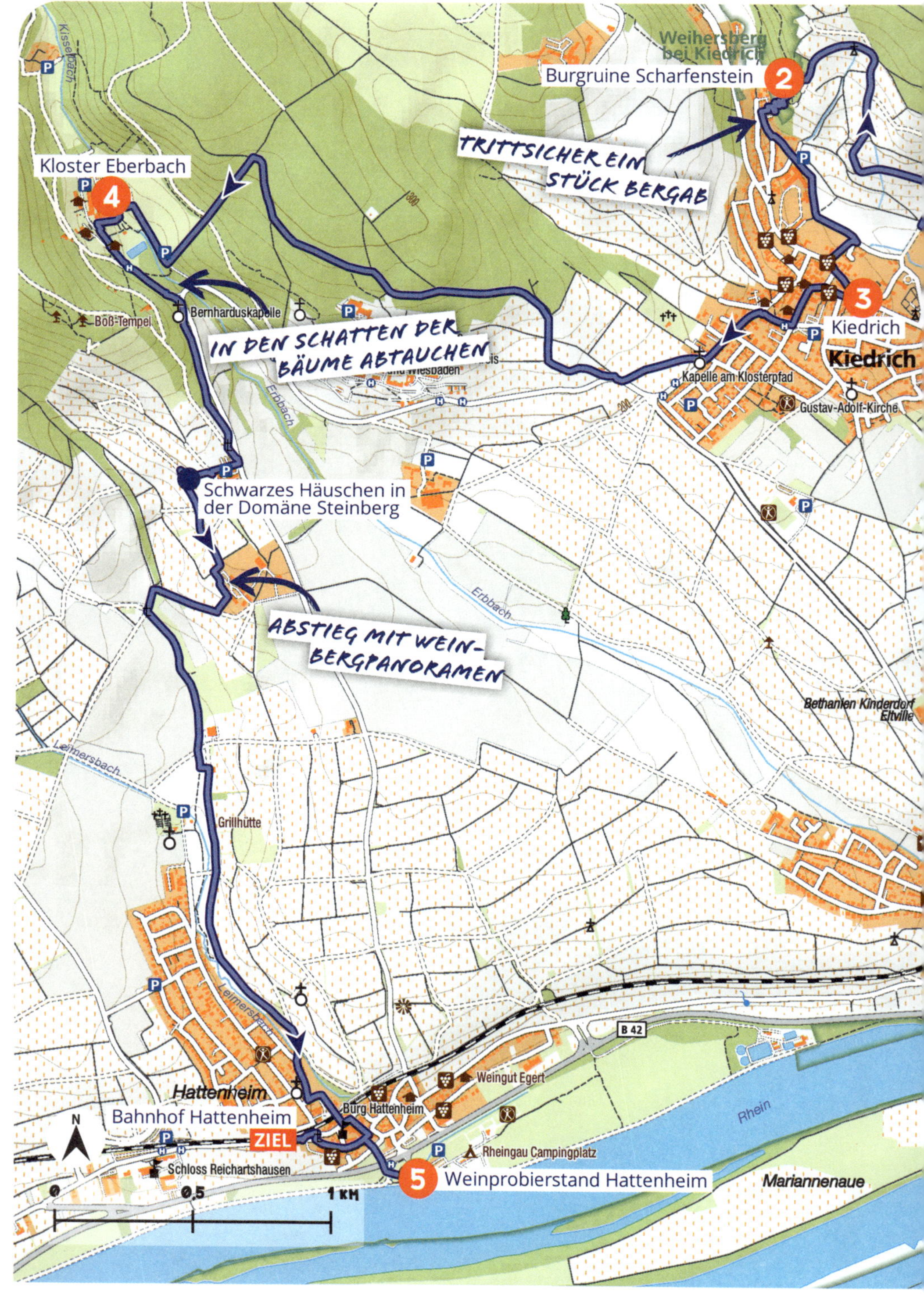

Weihersberg bei Kiedrich
Burgruine Scharfenstein
2
TRITTSICHER EIN STÜCK BERGAB
Kloster Eberbach
4
Bernharduskapelle
Boß-Tempel
IN DEN SCHATTEN DER BÄUME ABTAUCHEN
3
Kiedrich
Kiedrich
Kapelle am Klosterpfad
Gustav-Adolf-Kirche
Erbbach
Schwarzes Häuschen in der Domäne Steinberg
ABSTIEG MIT WEINBERGPANORAMEN
Erbbach
Bethanien Kinderdorf Eltville
Leimersbach
Grillhütte
Leimersbach
B 42
Weingut Egert
Hattenheim
Burg Hattenheim
Bahnhof Hattenheim
ZIEL
Rhein
Rheingau Campingplatz
Schloss Reichartshausen
5
Weinprobierstand Hattenheim
Mariannenaue
0
0,5
1 KM
N

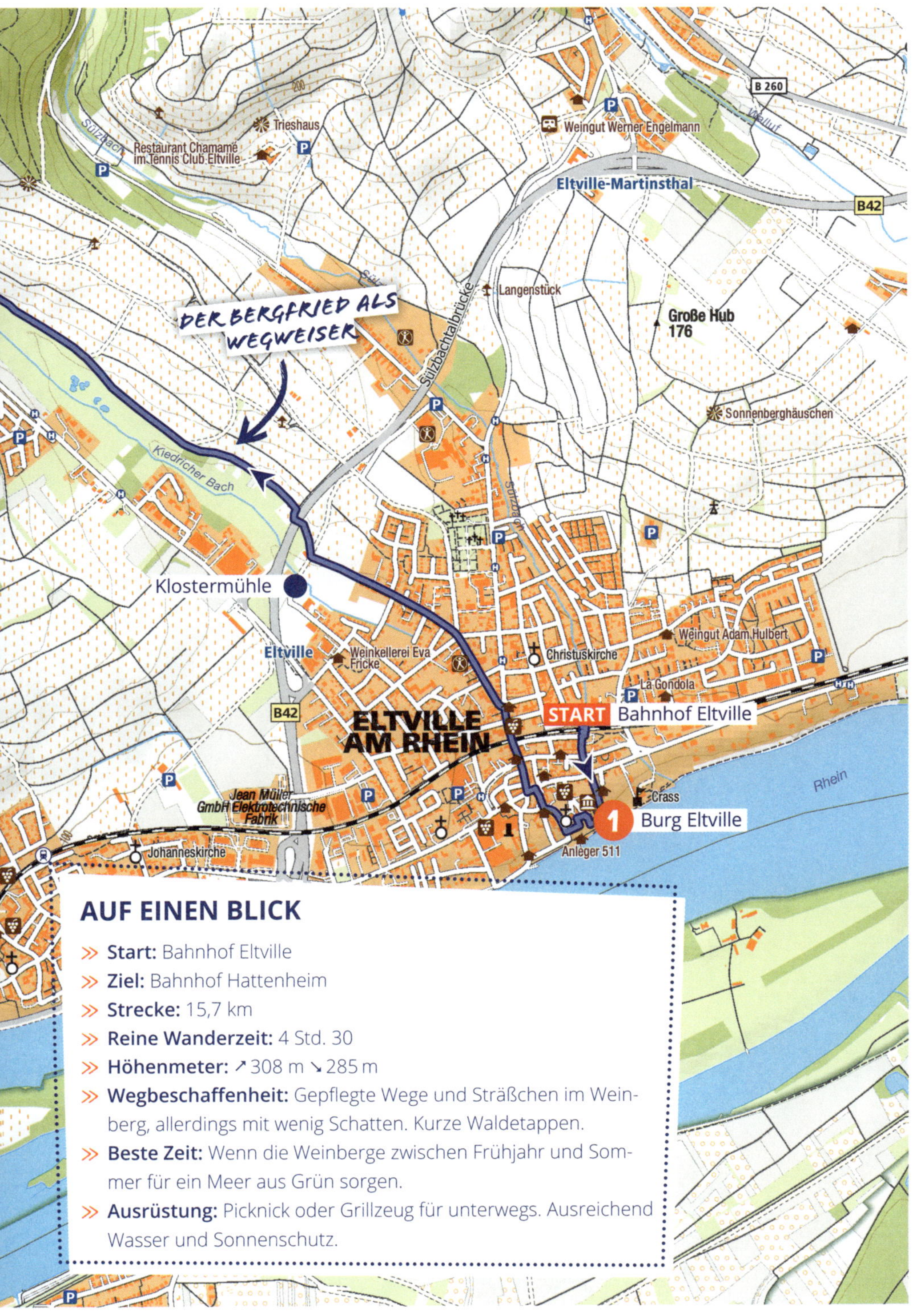

AUF EINEN BLICK

- **Start:** Bahnhof Eltville
- **Ziel:** Bahnhof Hattenheim
- **Strecke:** 15,7 km
- **Reine Wanderzeit:** 4 Std. 30
- **Höhenmeter:** ↗ 308 m ↘ 285 m
- **Wegbeschaffenheit:** Gepflegte Wege und Sträßchen im Weinberg, allerdings mit wenig Schatten. Kurze Waldetappen.
- **Beste Zeit:** Wenn die Weinberge zwischen Frühjahr und Sommer für ein Meer aus Grün sorgen.
- **Ausrüstung:** Picknick oder Grillzeug für unterwegs. Ausreichend Wasser und Sonnenschutz.

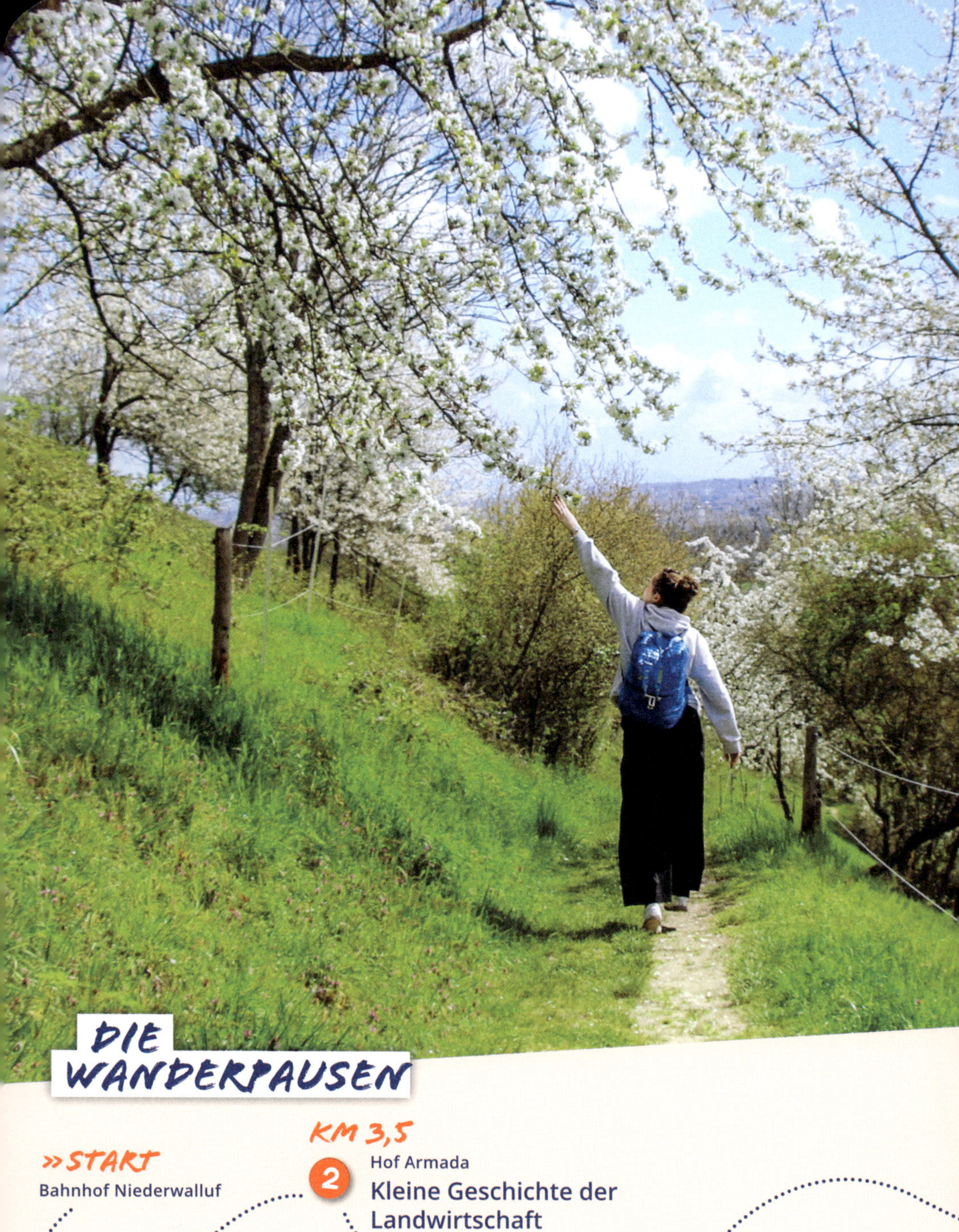

DIE WANDERPAUSEN

» START
Bahnhof Niederwalluf

KM 3
1 Blick auf Frauenstein
Picknick in der Natur

KM 3,5
2 Hof Armada
Kleine Geschichte der Landwirtschaft

KM 4
3 Burg Frauenstein
Den Ort zu Füßen

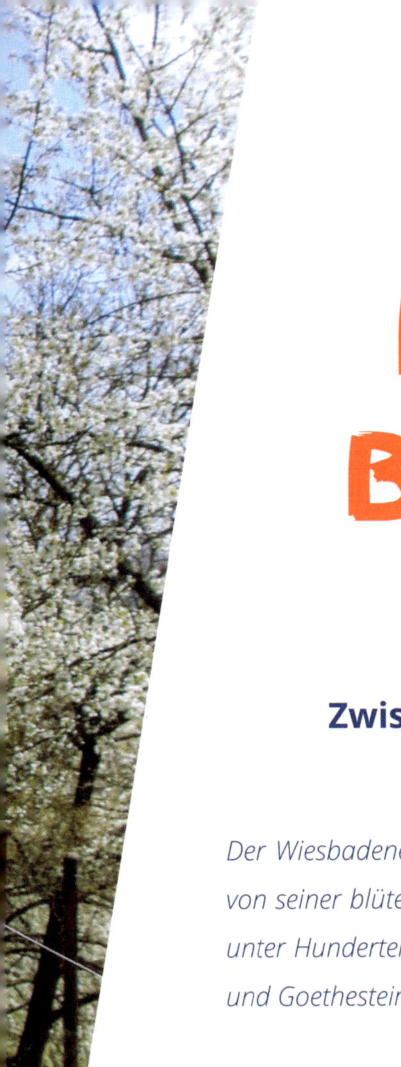

7

BAD IM BLÜTEN-MEER

Zwischen Niederwalluf und Wiesbaden

Der Wiesbadener Vorort Frauenstein zeigt sich jedes Jahr im Frühling von seiner blütenweißen Seite. Und das im wahrsten Sinne des Wortes unter Hunderten blühenden Kirschbäumen zwischen Reben, Burgturm und Goethestein.

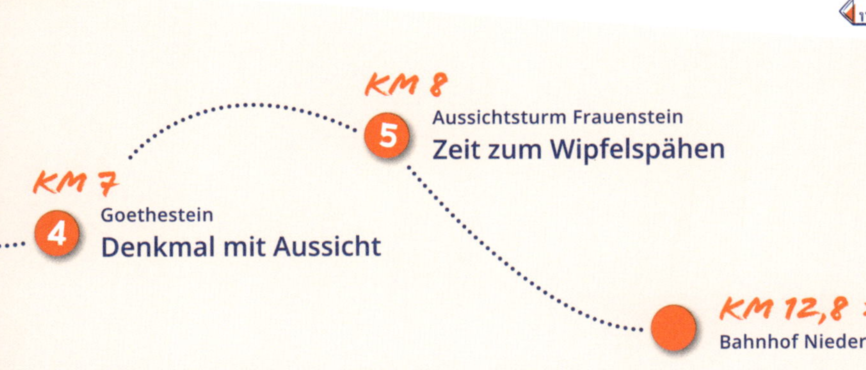

DASS ORTE WIE GESCHAFFEN SIND FÜR DEN FRÜHLING, ...

...zeigt sich oft an ganz alltäglichen Kleinigkeiten. Saftig grüne Wiesen, die nach den ersten Frühlingstagen schon von Löwenzahn bunt getupft daherkommen, duftende Blumen, die in Vorgärten wachsen, Magnolien unter blauem Himmel und selbst an grauen Tagen sorgen hier Straßenschilder für die rechte Frühjahrsstimmung: Krokusweg, Nelkenstraße, Veilchenweg, Sonnenblumenweg. Das Wohnviertel, durch das man Niederwalluf für die Wanderung Richtung Wiesbadener Stadtrand verlässt, macht eigentlich ganzjährig Lust auf Lenz und Sommer.

Die echten Frühlingsboten, für die man allerdings genau den richtigen Zeitpunkt erwischen muss, warten dann gleich um die Ecke und zaubern rund um den **Blick auf Frauenstein** leuchtend weiße und stellenweise pinkfarbene Flecken in die Landschaft zwischen Niederwalluf und dem Wiesbadener Vorort, in dem so viele Kirschbäume wachsen, dass sogar eine der Hauptstraßen nach der Kirschblüte benannt ist.

GUTE-LAUNE-MOMENTE: UNTER AUSLADENDEN ZWEIGEN BLÜTE FÜR BLÜTE DEM FRÜHLING BEGEGNEN

Für einen spannenden Abstecher bietet sich kurz vor Erreichen des Orts der **Hof Armada** an, der an Wochenenden auf einem kleinen Rundweg viel über die Landwirtschaft in der Region erzählt, während man an den Wiesen und Gewässern in seiner Umgebung Wildvögel und Bauernhoftiere beobachten kann. Etwas weiter im Ort zieht **Burg Frauenstein** direkt die Blicke der Neugierigen auf sich, bevor es wieder rein geht ins Kirschblütenmeer, das am Ortsrand auf Reben trifft, deren junge Triebe im Moment dafür sorgen, dass Zitronenfalter und andere erste Insekten noch besonders gut zu beobachten sind.

Von hier führen die Wiesenwege über ein Stückchen Rheinsteig endlich zum markanten **Goethestein,** der sich fast seit Beginn der Tour immer wieder in der Ferne abgezeichnet hat. Ein schmaler Pfad durch ein kleines Waldstück reicht von hier zum **Aussichtsturm Frauenstein,** der einen finalen Blick auf den Rhein in der Ferne und die knospenden Bäume vor der Nase bietet, bevor es ab hier wieder bergab geht, zurück nach Niederwalluf.

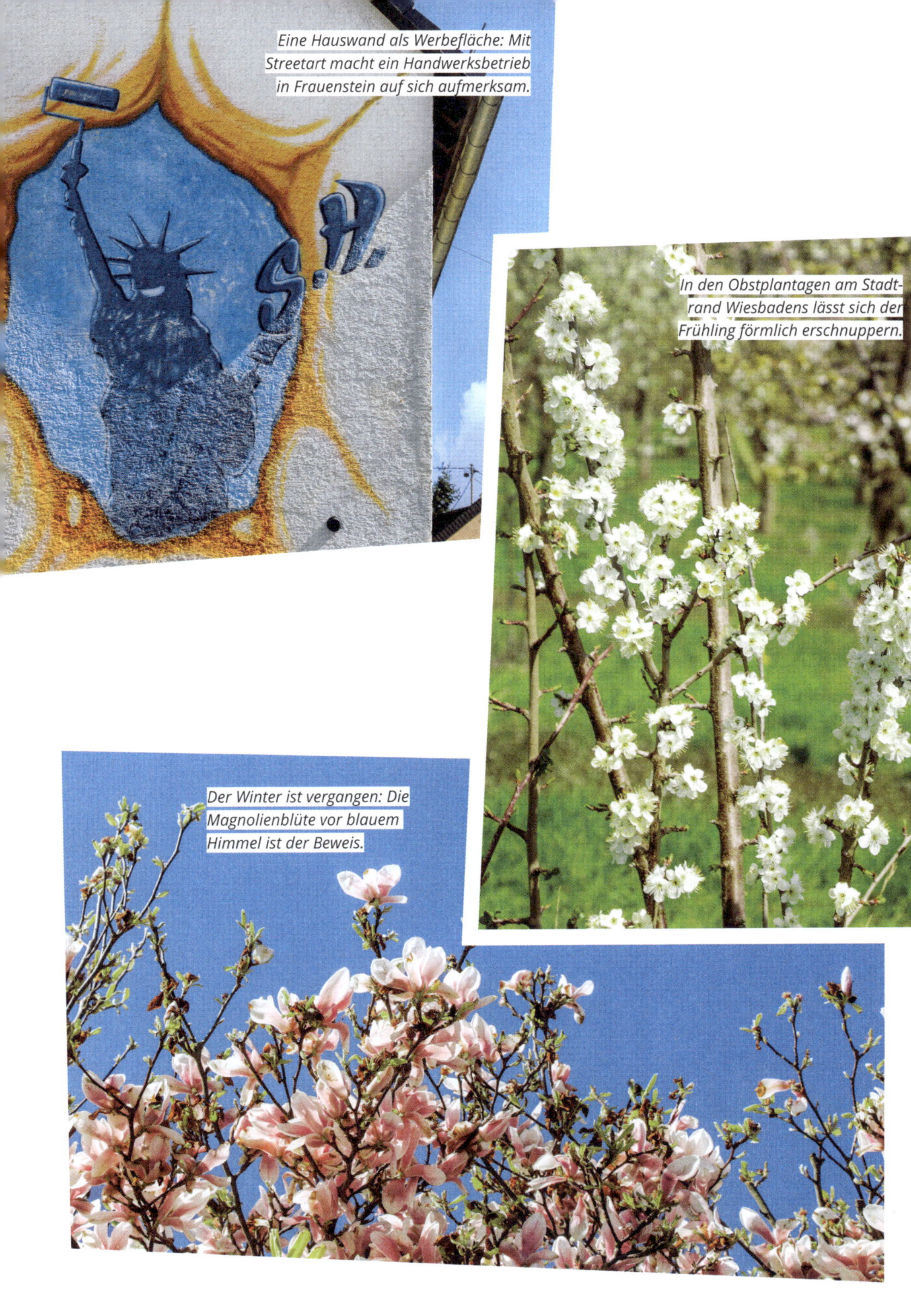

Eine Hauswand als Werbefläche: Mit Streetart macht ein Handwerksbetrieb in Frauenstein auf sich aufmerksam.

In den Obstplantagen am Stadtrand Wiesbadens lässt sich der Frühling förmlich erschnuppern.

Der Winter ist vergangen: Die Magnolienblüte vor blauem Himmel ist der Beweis.

WANDERN & GENIESSEN

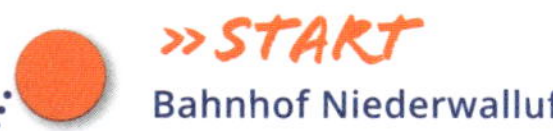

Bahnhof Niederwalluf

Vom Ausgang an Gleis 2 über Taunusstraße, Krokusweg, Veilchenweg, Sonnenblumenweg, Am Eichelgarten und Untere Martinthaler Straße den Ort Richtung Norden verlassen. Jenseits der Bundesstraße dritter Weg rechts, dann erster links.

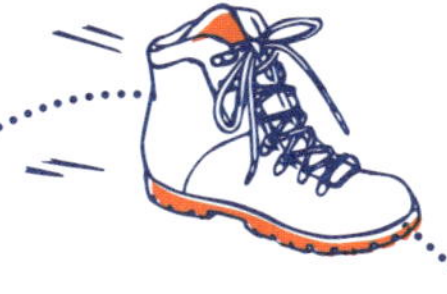

KM 3

1 **Blick auf Frauenstein**

Picknick in der Natur

Als Tor zum Rheingau bezeichnen sich an der Schwelle zum Weinbaugebiet ja einige Orte, aber so friedlich und herrlich wie Frauenstein hier vor einem liegt, kann man gar nicht anders, als dem Wiesbadener Stadtteil diesen Titel ohne Nachfragen zuzuerkennen. Schnurstracks geht es von Niederwalluf kommend auf den Ort zu, der Burgturm ist schon aus der Ferne gut erkennbar. Links ragen gelbe Blüten aus dem Feld, rechts reihen sich die Kirschbäume auf. Irgendwo hier muss, unsichtbar, die Stadtgrenze nach Wiesbaden verlaufen. Was man tun kann, um das Idyll so richtig schön aufzusaugen? Na, Picknickdecke auspacken und Ausblick verlängern!

Dem Weg Richtung Frauenstein weiter folgen. Nach einigen Hundert Metern geht es links zum Hof Armada.

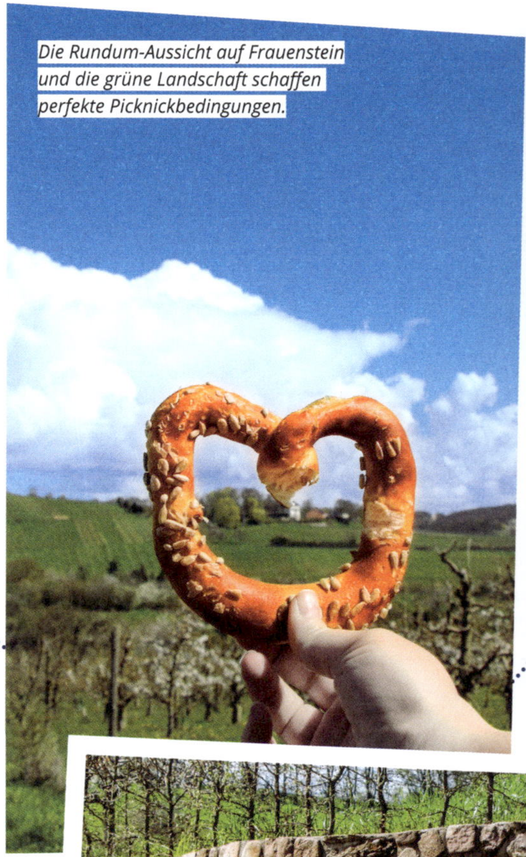

Die Rundum-Aussicht auf Frauenstein und die grüne Landschaft schaffen perfekte Picknickbedingungen.

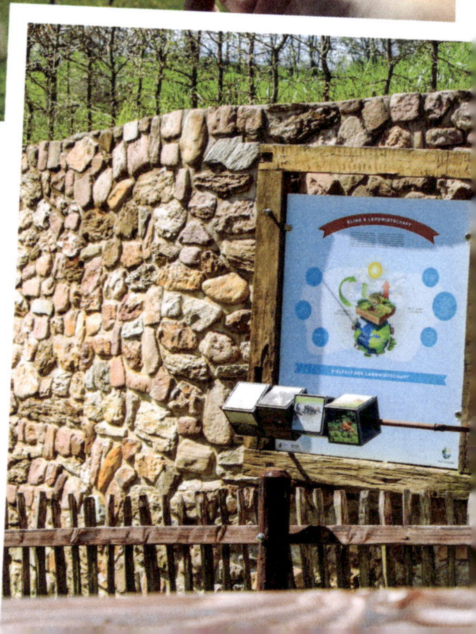

KM 3,5

2 Hof Armada

Kleine Geschichte der Landwirtschaft

In seinen gut 900 Jahren Historie hat der Hof Armada schon so einige landwirtschaftliche Fortschritte kommen und gehen sehen. Und genau wie die Menschen, die hier über die Zeiten lebten und arbeiteten – erst auf einem Fronhof des 12. Jahrhunderts, 700 Jahre später auf einer preußischen Domäne und heute auf einem Lernbauernhof mit Herberge–, hat sich auch die Ausrichtung des Hofs den Zeiten angepasst. Aktuell leben hier nicht nur Pferde und Ponys, sondern auch Esel, Schafe und Ziegen; regelmäßig lassen Veranstaltungen kleine und große Gäste hinter die Kulissen des Gutshofs blicken. Wer am Wochenende kommt, kann eine Runde auf dem Klimapfad ums Gelände drehen und viel über biologische Vielfalt und das Zusammenspiel von Landwirtschaft und Klima lernen. (www.hof-armada.com, www.klimapfad.hof-armada.com)

Einige Meter zurück zum Weg nach Frauenstein und weiter Richtung Ort laufen.

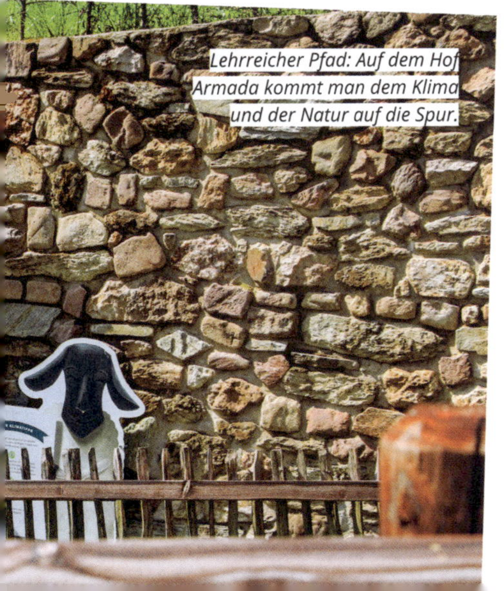

Lehrreicher Pfad: Auf dem Hof Armada kommt man dem Klima und der Natur auf die Spur.

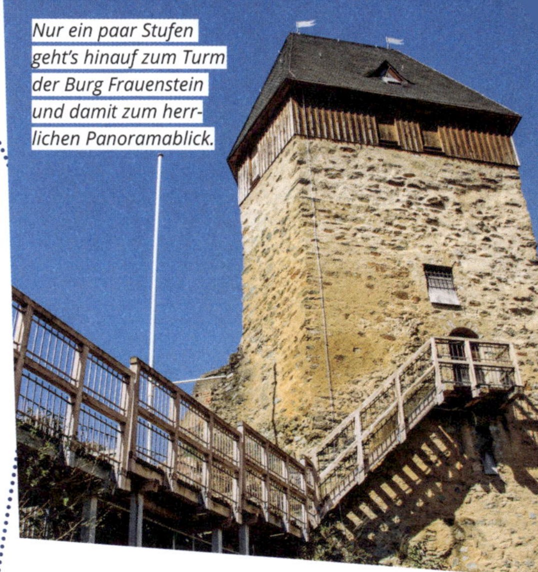

Nur ein paar Stufen geht's hinauf zum Turm der Burg Frauenstein und damit zum herrlichen Panoramablick.

KM 4

3 Burg Frauenstein

Den Ort zu Füßen

Wer über den kleinen Burggarten ans Wahrzeichen des Ortes herantritt und die Stufen zur Plattform hochsteigt, wird vom Ausblick über Frauenstein nicht enttäuscht sein, auch wenn der renovierungsbedürftige Burgturm momentan nicht zu besichtigen ist. Doch auch die massiven Außenmauern und die Geschichte des Gebäudes machen den Abstecher lohnenswert. Zur Burg, deren Ursprünge aufs 12. Jahrhundert zurückgehen, gehören auch einige historische Burgmannshäuser unterhalb des Felsvorsprungs, auf dem der Bergfried steht. Direkt gegenüber findet man die sogenannte »Blutlinde«, einen Baum, der einer der ältesten Hessens sein soll. (www.burgverein-frauenstein.de)

Rechts die Burglindenstraße runter, über den Weg hinter der Kirche aus dem Ort hinaus. Zurück auf die Kirschblütenstraße Richtung Wiesbaden, bald rechts ab zum Goethestein. Später dem Rheinsteig nach Westen folgen.

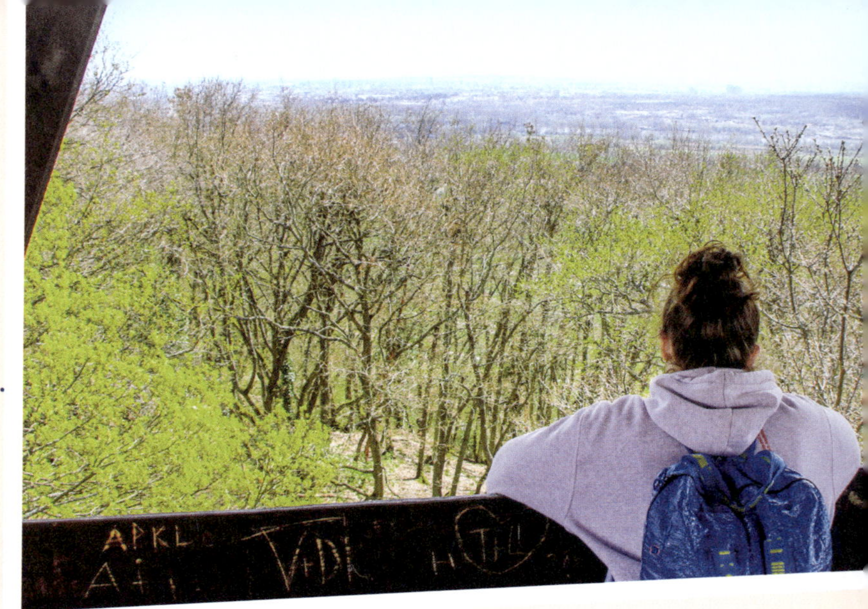

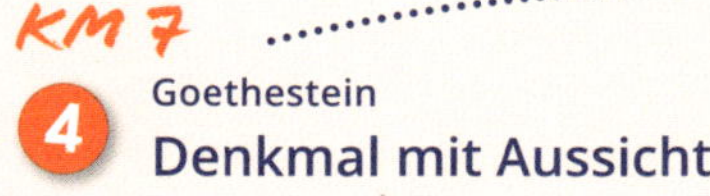

Goethestein

Denkmal mit Aussicht

Für jeden, der sich schon mal gefragt hat, wie wohl die Erhebung heißt, auf der mit dem spitz zulaufenden Goethestein eins der markantesten Wiesbadener Denkmäler emporragt, ist die Eselsbrücke denkbar simpel: Denn wo ein »spitzer Stein« draufsteht, liegt in diesem Fall auch einer drunter, nämlich die Spitzer Stein genannte Bergkuppe. Im Rahmen eines Kuraufenthalts 1815 hat Goethe wohl tatsächlich genau hier nicht nur von den jungen Mädchen in seiner Begleitung, sondern auch von der lieblichen Landschaft geschwärmt. Angesichts der hübschen Reben, die am Hang unterhalb des tetraeder-förmigen Denkmals wachsen, wundert man sich nicht, warum der bekennende Italienfan sich dafür ausgerechnet dieses Plätzchen ausgesucht hat.

Den Schildern zum nahen Aussichtsturm folgen.

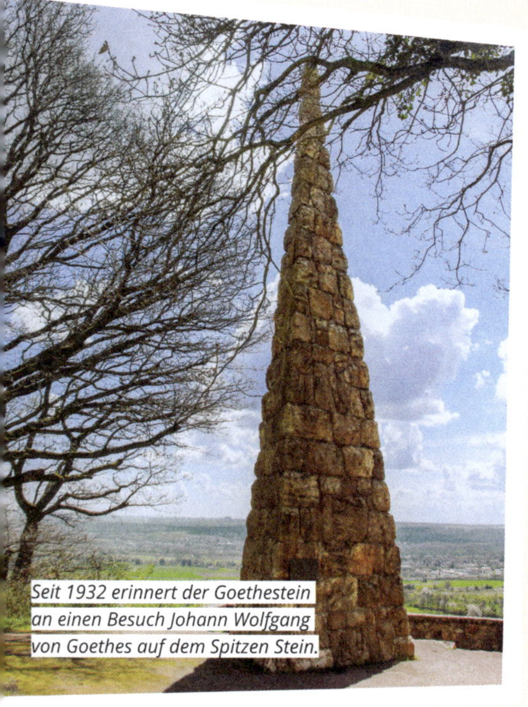

Seit 1932 erinnert der Goethestein an einen Besuch Johann Wolfgang von Goethes auf dem Spitzen Stein.

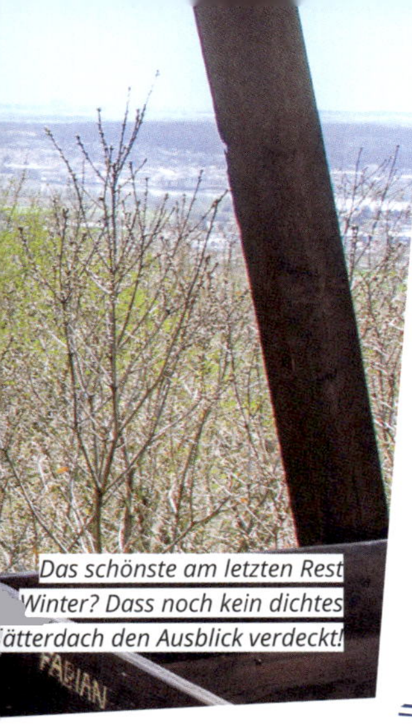

Das schönste am letzten Rest Winter? Dass noch kein dichtes ätterdach den Ausblick verdeckt!

EXTRA INFOS:

Statt Picknick lieber eine gemütliche Einkehr gefällig? Dann liegt mit dem ● **Burgunderstübchen des Weinguts Sinz** ein Stück Winzertradition direkt zu Füßen der Burg. Unter Fachwerkbalken sitzt man hier ganz gemütlich beim Weinverkosten, dazu gibt's kleine Snacks. (www.weingut-sinz.de)

Wer lieber Wein mitnimmt: Praktischerweise gegen Ende der Tour kommt man an der kaum übersehbaren ● **Vinothek der Weingenossenschaft Frauenstein** vorbei, die viele lokale Sorten im Angebot hat. Ideal für Mitbringsel oder Abschlusspicknick. (www.wg-frauenstein.de)

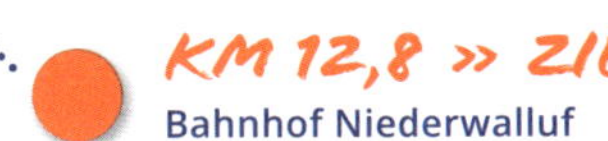

KM 8

5 Aussichtsturm Frauenstein

Zeit zum Wipfelspähen

Für die letzte schöne Rundum-Sicht reichen dank der vielen kurzen Bergetappen der letzten Stunden einige Dutzend Stufen. Oben auf dem hölzernen Aussichtsturm Frauenstein steht man dann knapp oberhalb der Baumwipfel, lässt sich das laue Lüftchen um die Nase wehen und guckt. Einfach so, ganz in Ruhe. Die Waldgeräusche ringsum schaffen dazu genau die richtige Stimmung und wer sich noch ein kleines Picknick aufgespart hat, kann für die letzte Brotzeit des Tages auch noch ein bisschen hier oben bleiben, bis es wieder raus aus dem kleinen Waldstück und bergab in genau die Landschaft geht, die einem hier oben noch so schön zu Füßen liegt.

Ein Stück geradeaus, dann den zweiten Weg links zurück auf den Rheinsteig, in der nächsten Spitzkehre aber geradeaus halten, zurück Richtung Niederwalluf. Kurz vor der Bundesstraße trifft der Weg dann wieder ein Stück auf den Hinweg. Statt vor den Gleisen geht es nun hinter den Gleisen rechts auf die andere Seite des Bahnhofs.

KM 12,8 » ZIEL

Bahnhof Niederwalluf

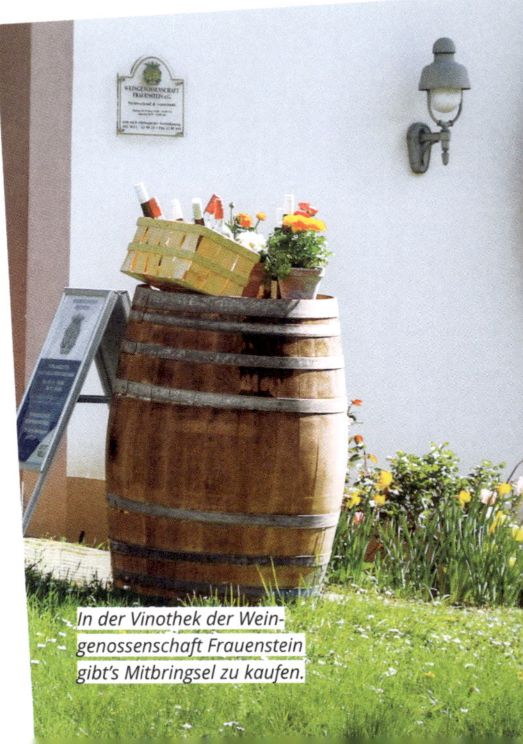

In der Vinothek der Weingenossenschaft Frauenstein gibt's Mitbringsel zu kaufen.

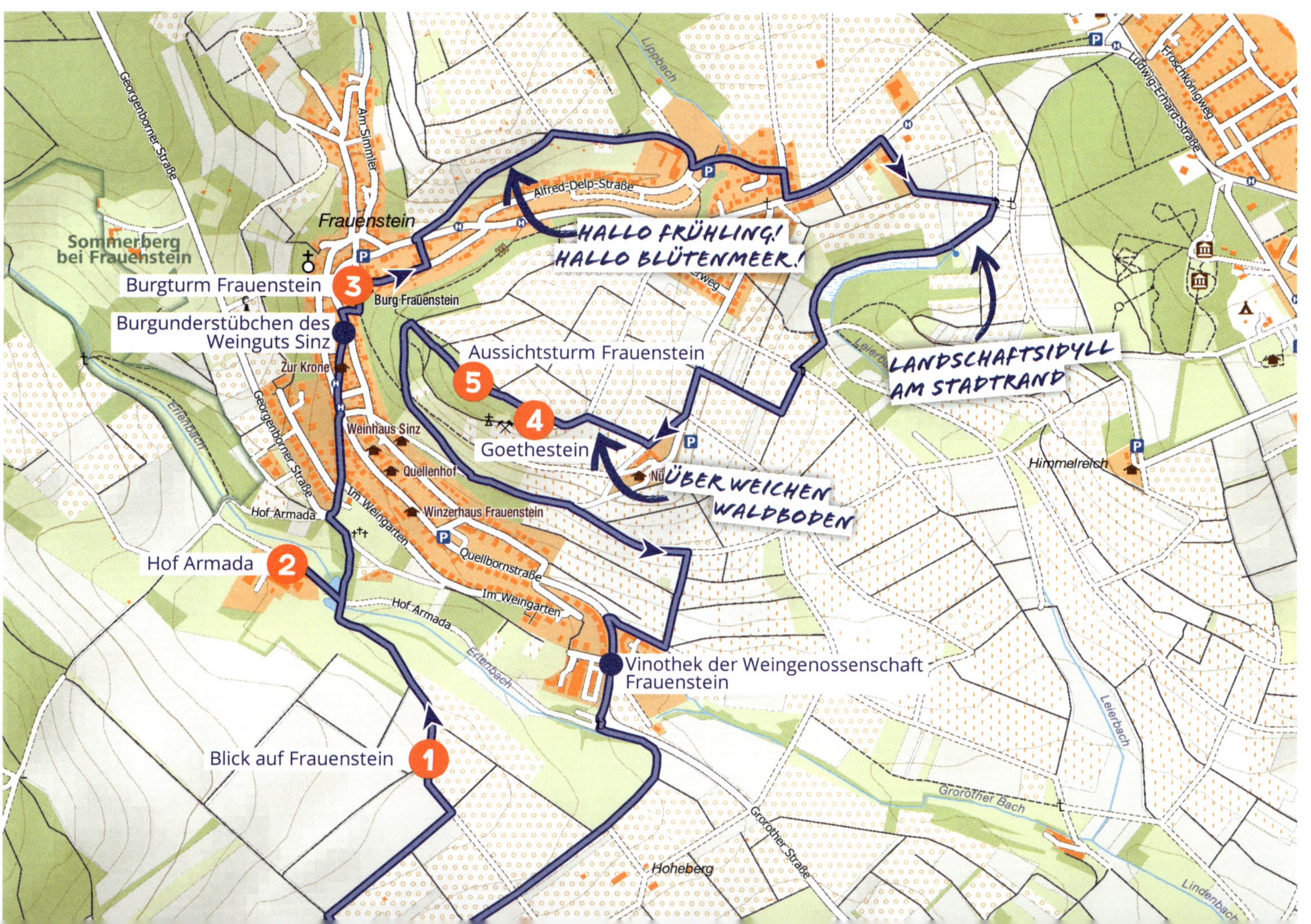

Frauenstein
Sommerberg bei Frauenstein
Burgturm Frauenstein
3
Burgunderstübchen des Weinguts Sinz
Burg Frauenstein
Am Simmler
Alfred-Delp-Straße
HALLO FRÜHLING! HALLO BLÜTENMEER!
LANDSCHAFTSIDYLL AM STADTRAND
Aussichtsturm Frauenstein
5
4
Goethestein
ÜBER WEICHEN WALDBODEN
Zur Krone
Weinhaus Sinz
Quellenhof
Winzerhaus Frauenstein
Quellbornstraße
Im Weingarten
Georgenborner Straße
Hof Armada
2
Vinothek der Weingenossenschaft Frauenstein
Blick auf Frauenstein
1
Erlenbach
Lippbach
Leierbach
Himmelreich
Ludwig-Erhard-Straße
Froschkönigweg
Grorother Bach
Grorother Straße
Hoheberg
Lindenbach

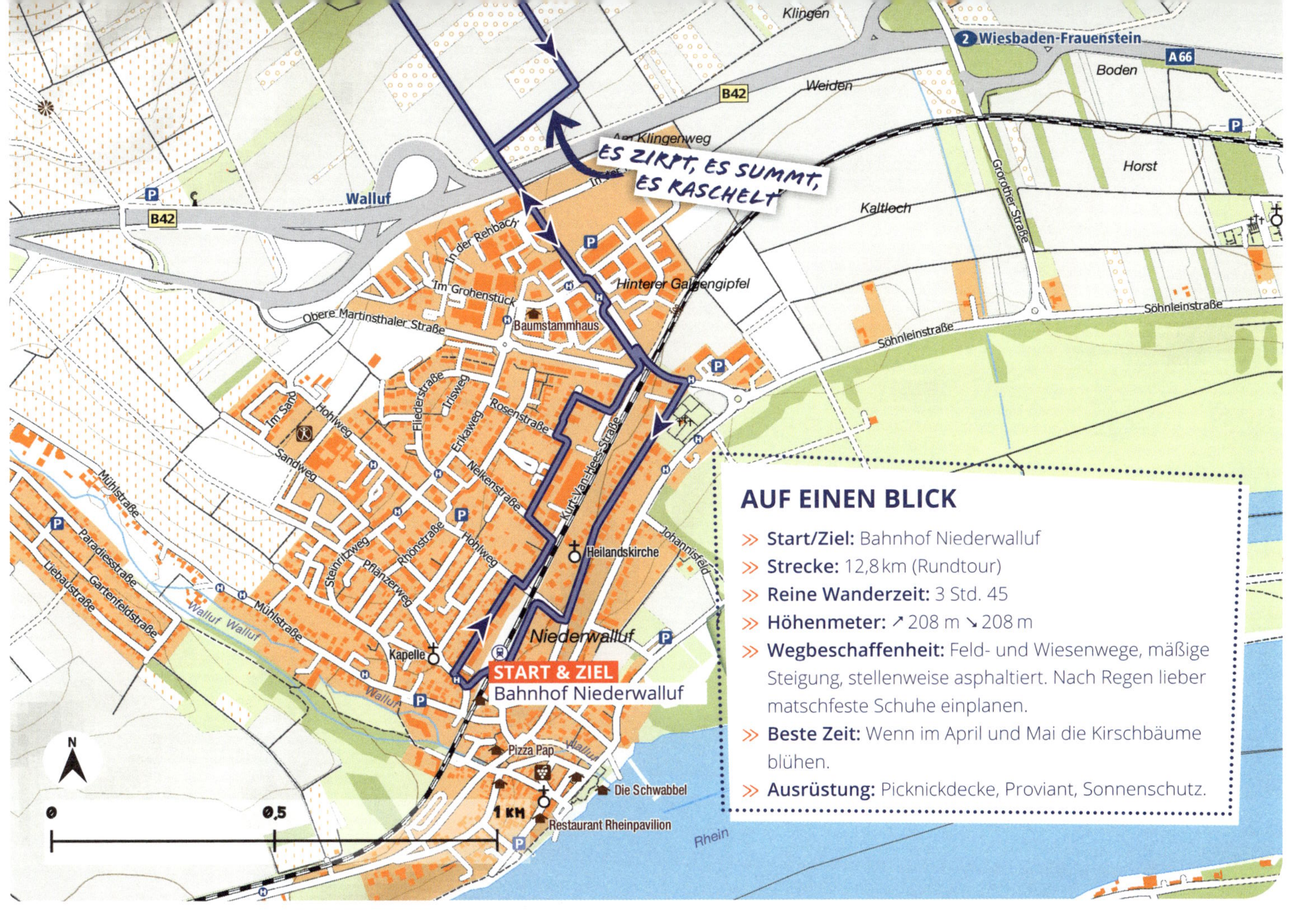

AUF EINEN BLICK

- » **Start/Ziel:** Bahnhof Niederwalluf
- » **Strecke:** 12,8 km (Rundtour)
- » **Reine Wanderzeit:** 3 Std. 45
- » **Höhenmeter:** ↗ 208 m ↘ 208 m
- » **Wegbeschaffenheit:** Feld- und Wiesenwege, mäßige Steigung, stellenweise asphaltiert. Nach Regen lieber matschfeste Schuhe einplanen.
- » **Beste Zeit:** Wenn im April und Mai die Kirschbäume blühen.
- » **Ausrüstung:** Picknickdecke, Proviant, Sonnenschutz.

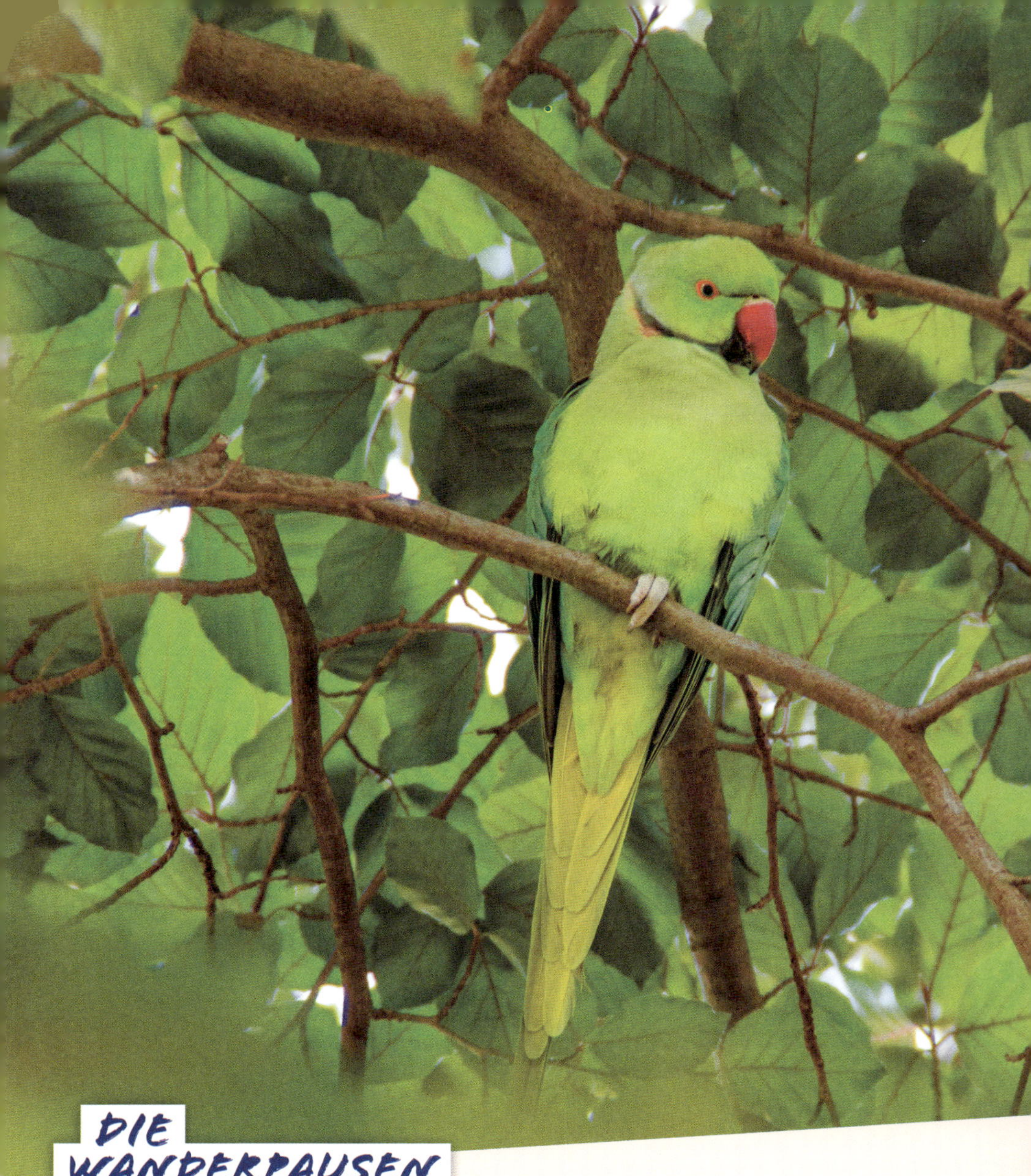

DIE WANDERPAUSEN

»START
Bahnhof Wiesbaden-Biebrich

KM 1
1 Schlosspark Biebrich
Wo ist das Vögelchen?

KM 2
2 Rettbergsaue
Reif für die Insel

KM 5
3 Schiersteiner Hafen
Fast wie am Meer

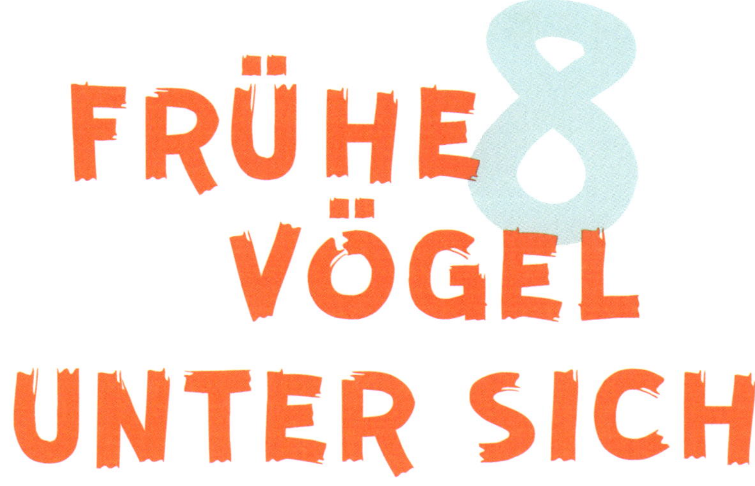

8 FRÜHE VÖGEL UNTER SICH

Am Rheinufer bei Biebrich und Schierstein

Knallig bunte Blütenpracht, exotische Parkbewohner, eine Insel im Rhein und reihenweise Boote im hübschen Schiersteiner Hafen schaffen im Westen Wiesbadens immer mal wieder die Illusion, ganz weit weg zu sein. Bis der Taunusblick einen auf sanfte Weise ins Hier und Jetzt zurückholt.

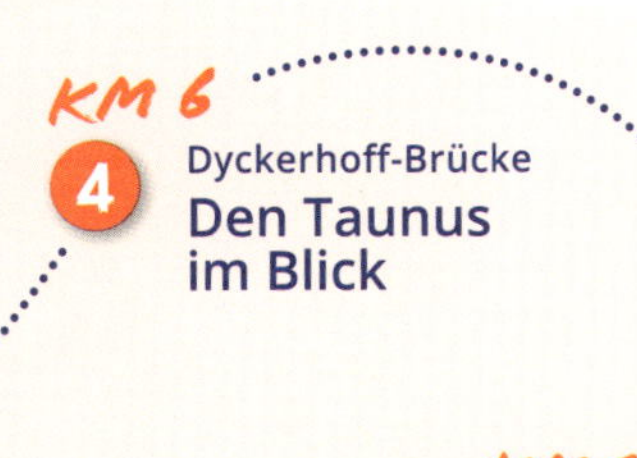

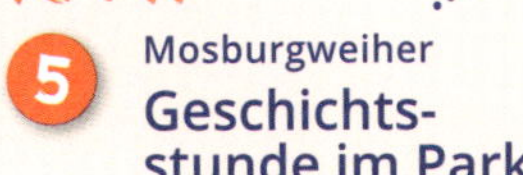

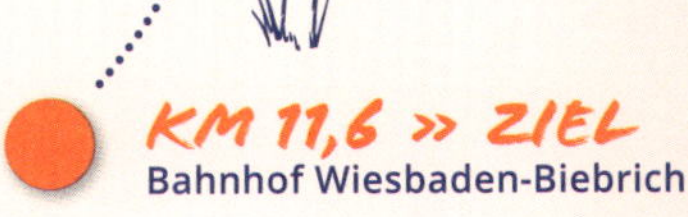

BEREIT, DEN TAG MIT EINEM SUCHSPIEL ZU STARTEN?

Dann ist so ein Morgen im **Schlosspark Biebrich** die ideale Gelegenheit, mit dem genauen Hinschauen anzufangen – manch einer fühlt sich dabei an ein altes Wimmelbuch erinnert, andere doch eher wie beim Gaming mit der VR-Brille auf der Nase. Ein Spiel, wo Schein und Realität ganz einfach verschwimmen und sich die neongrünen, wilden Halsbandsittiche einen Spaß daraus machen, sich lautstark bemerkbar zu machen, während sie sich im Grün der Bäume verstecken.

Doch die ungewöhnlichen Schlossparkbewohner sind nur einer von vielen Gründen, ausgerechnet hier in den Wandertag zu starten, der sich ein bisschen so anfühlen soll wie ein Miniurlaub am Wasser. Mal breite, mal schmalere Wege führen immer am Mosbach lang, immer näher heran ans in der Ferne hervorblitzende Schloss. Und das weckt, je näher man ihm kommt, mit seinem Farbkontrast zum blauen Himmel, ausladenden Palmen und in sattem Pink blühendem Oleander erst mal eine Riesenportion Fernweh. Was dagegen hilft? Na, in See stechen – und das möglichst schnell!

NAH AM WASSER: SÜDLICH VOM SCHIERSTEINER HAFEN EIN STÜCK DEM RHEINSTEIG FOLGEN

Zum Glück ist da Tamara, die treue Seele, die seit Jahrzehnten den Fährdienst zwischen dem Wiesbadener Rheinufer und seiner Insel übernimmt. Dem Schloss direkt gegenüber nimmt sie ihre Fahrgäste auf, die dann für einige Zeit die Ruhe der Natur der **Rettbergsaue** genießen können, bevor es von der westlichen Inselhaltestelle wieder zurück ans Festland geht. Und wenn sie einen dann freundlich am **Hafen** im Wiesbadener Stadtteil Schierstein rauslässt, ist das doch der beste Anlass, auch hier eine Runde auf Entdeckungstour zu gehen. Über die dekorative **Dyckerhoff-Brücke,** von deren höchstem Punkt aus der Blick über die Schulter Richtung Taunus besonders herrlich ist, und die Rheinwiesen und Uferpromenaden der ersten bzw. letzten Rheinsteigetappe geht's wieder Richtung Schloss und durch den Kurpark zum Bahnhof Biebrich. Doch nicht ohne sich am **Mosburgweiher** von der plätschernden Fontäne und der märchenhaften Mosburg ganz gemächlich zurück ins Hier und Jetzt holen zu lassen. Wie einfach doch so ein Urlaubstag sein kann.

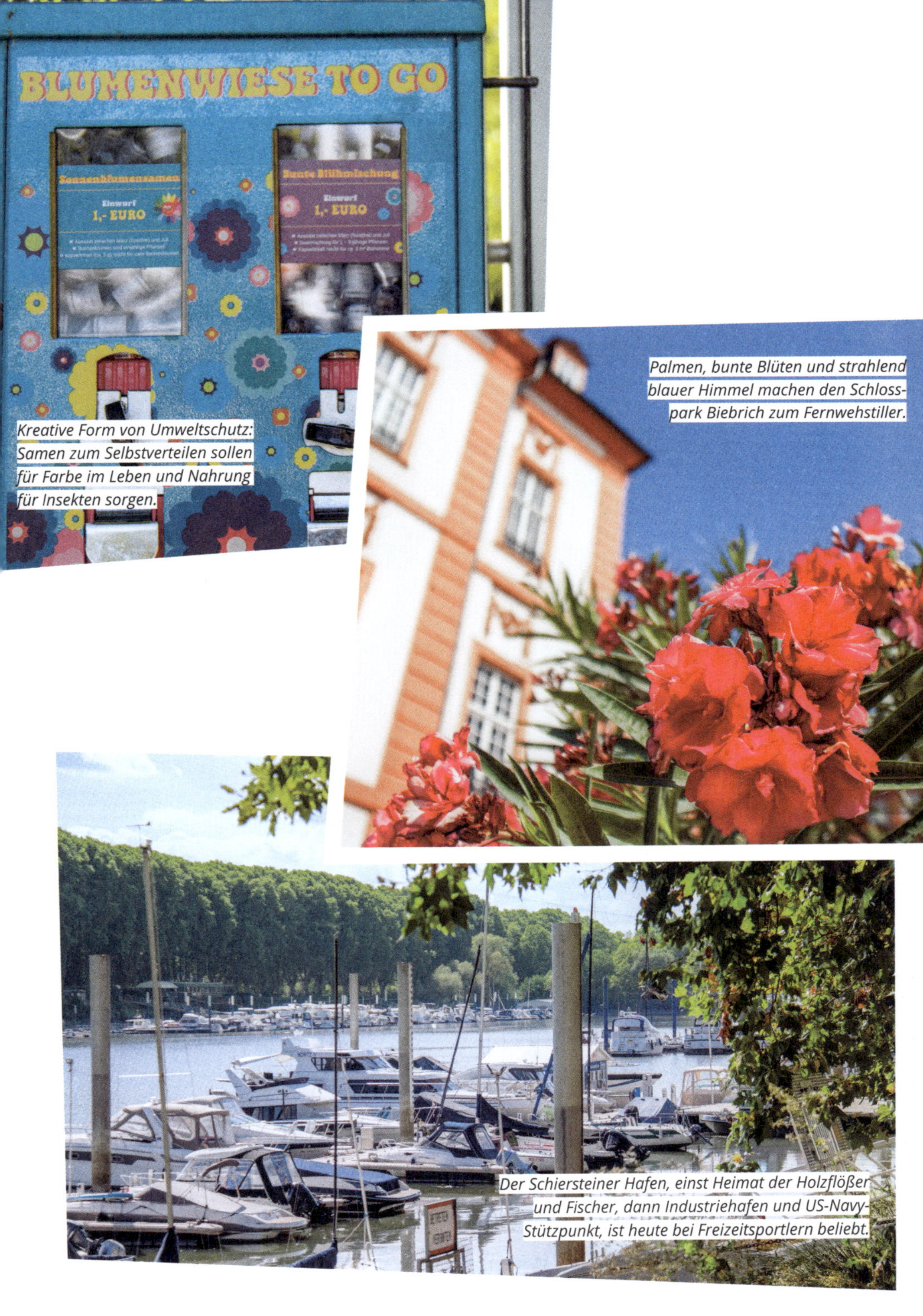

Kreative Form von Umweltschutz: Samen zum Selbstverteilen sollen für Farbe im Leben und Nahrung für Insekten sorgen.

Palmen, bunte Blüten und strahlend blauer Himmel machen den Schlosspark Biebrich zum Fernwehstiller.

Der Schiersteiner Hafen, einst Heimat der Holzflößer und Fischer, dann Industriehafen und US-Navy-Stützpunkt, ist heute bei Freizeitsportlern beliebt.

WANDERN & GENIESSEN

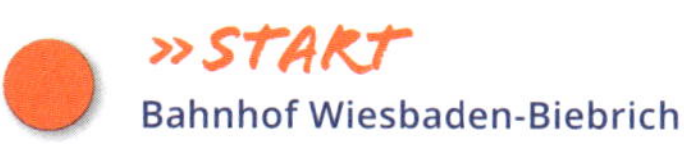

»START

Bahnhof Wiesbaden-Biebrich

Hinterm Bahnhof die Äppelallee überqueren und geradeaus hinein in den Schlosspark.

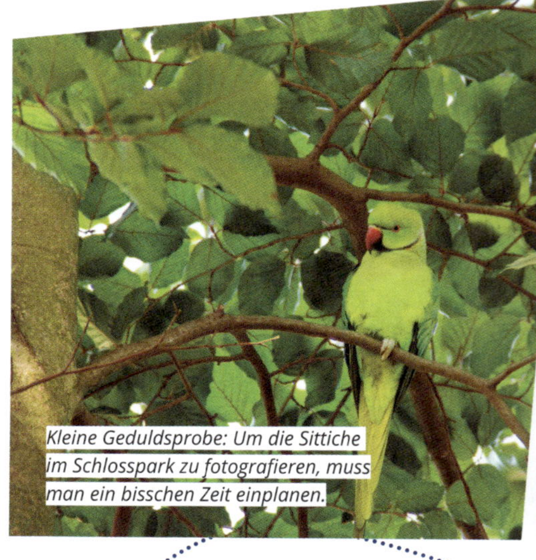

Kleine Geduldsprobe: Um die Sittiche im Schlosspark zu fotografieren, muss man ein bisschen Zeit einplanen.

KM 1

1 Schlosspark Biebrich

Wo ist das Vögelchen?

Im ersten Moment tun die Halsbandsittiche ja noch so, als wäre alles ganz einfach. Die machen so einen Radau, da kann es doch gar nicht schwer sein, den Baum zu finden, in dem man nach den exotischen Wildvögeln Ausschau halten muss. Die Suche kann sich am Ende trotzdem ein bisschen hinziehen. Denn während man ihre Rufe schnell im Ohr hat, in so manchem Moment auch mal einen der knallgrünen Vögel im Flug erspäht, bleibt die Unterscheidung von Grün und Grün fürs Auge, selbst wenn man nah herangeht, eine Herausforderung. Um die Halsstarre zu vermeiden, setzt man sich am besten ins Gras unter die schattenspendende Krone, legt den Kopf in den Nacken und trainiert Teamwork von Ohr und Auge. Na, Bilderrätsel gelöst?

Vom Schloss mit der Fähre zum Strandbad Rettbergsaue übersetzen.

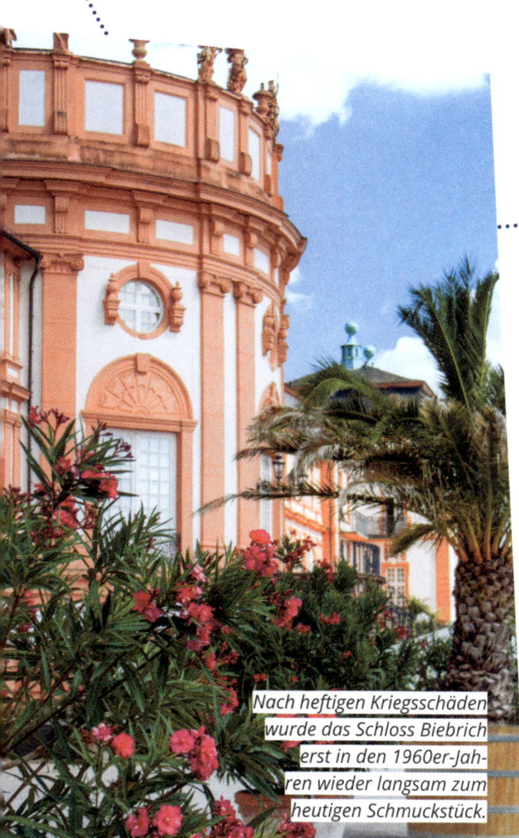

Nach heftigen Kriegsschäden wurde das Schloss Biebrich erst in den 1960er-Jahren wieder langsam zum heutigen Schmuckstück.

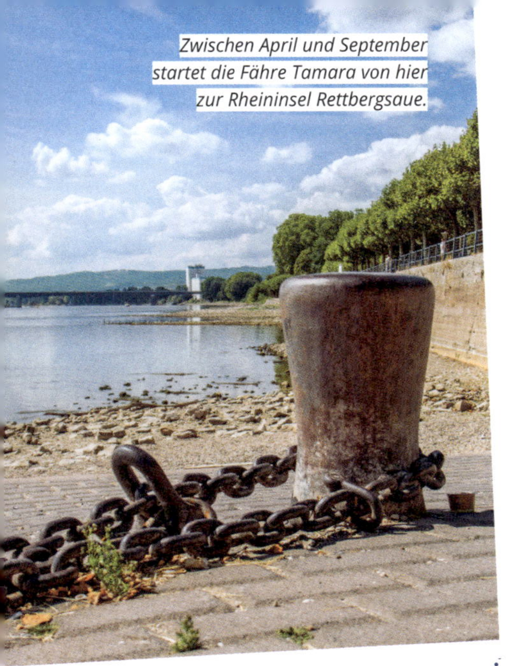

Zwischen April und September startet die Fähre Tamara von hier zur Rheininsel Rettbergsaue.

KM 2

2 Rettbergsaue
Reif für die Insel

Während das Barockschloss gegenüber daran erinnert, dass man sich zwar abseits der City, aber doch noch in Hessens Hauptstadt befindet, tut die Rettbergsaue alles dafür, dass man es vor lauter Naturidyll vergisst. Knapp drei Kilometer lang und wenige Hundert Meter breit ist die Rheininsel nördlich der Stadtgrenze nach Mainz. Zu erreichen über die Schiersteiner Brücke, unter der ein Fuß- und Radweg verläuft, sowie mit der Rheinfähre Tamara, die mehrmals täglich an beiden Enden der Aue, beim Biebricher Schloss und am Schiersteiner Hafen anlegt. Fast die ganze Fläche unterliegt strengen Naturschutzvorgaben, sodass man sich nur auf ein paar festgelegten Wegen zu wenigen Uferbereichen begeben kann. Wer hier entlangspaziert und ein Picknickpäuschen im Sand einlegt, gewinnt aber herrliche Einblicke in eine reiche Vogel- und Pflanzenwelt.

Vom Westende Fähre zum Schiersteiner Hafen nehmen.

KM 5

3 Schiersteiner Hafen
Fast wie am Meer

Wenn man zwischen den kleinen Bötchen und stattlichen Booten, die im hiesigen Wassersportzentrum anliegen, herumflaniert, immer mal wieder einen Blick aufs Wasser wirft, das einem strahlend blau entgegenfunkelt, ist die Illusion vom Meer am Schiersteiner Hafen die einfachste Sache der Welt. Dafür muss man noch nicht mal unbedingt hinaus aufs Wasser. Dass das an sonnigen Tagen aber nicht nur verlockend, sondern auch ganz einfach möglich ist, dafür sorgen die Bootsverleiher an der Nordseite des Hafenbeckens. Gegenüber den Eisbuden und Sommergärten kann man sich spontan etwa ein Tretboot oder SUP leihen. Mit längerer Planung oder speziellem Führerschein lassen sich auch Sportboote (bei Bedarf nebst Skipper) oder Jetskis chartern. (z.B. www.hai-charter.de)

In einer halben Runde (gegen den Uhrzeigersinn) um den Westteil des Hafenbeckens zur Brücke laufen.

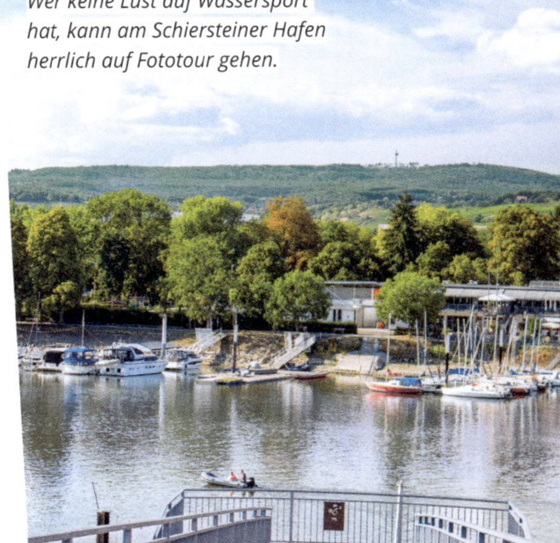

Wer keine Lust auf Wassersport hat, kann am Schiersteiner Hafen herrlich auf Fototour gehen.

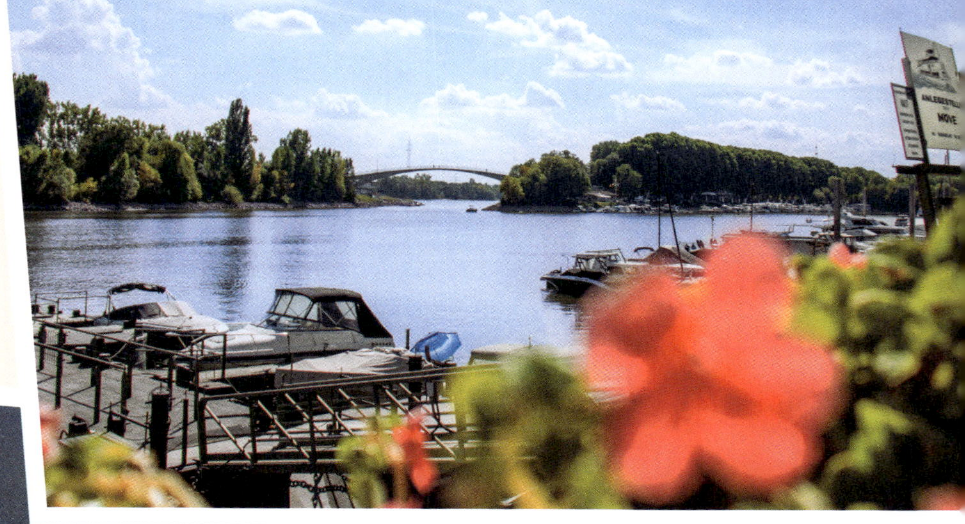

In sachtem Bogen überspannt die Dyckerhoff-Brücke die Hafeneinfahrt.

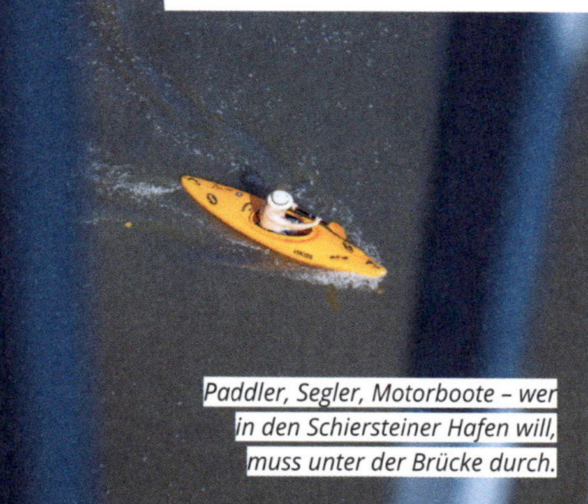

Paddler, Segler, Motorboote – wer in den Schiersteiner Hafen will, muss unter der Brücke durch.

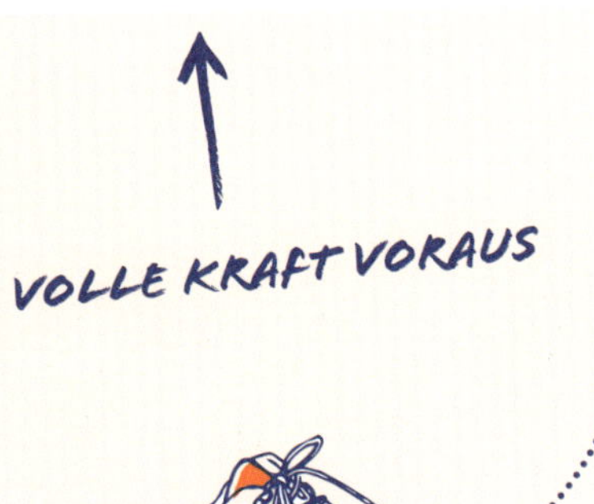

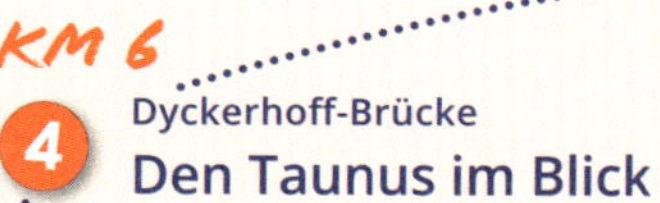

4 Dyckerhoff-Brücke

Den Taunus im Blick

Die von der Zementfabrik Dyckerhoff mitfinanzierte Fußgängerbrücke, die seit 1967 die Einfahrt zum Schiersteiner Hafenbecken überspannt, zählt zu den auffälligsten Fixpunkten in der Umgebung des Hafens. Sie führt in sanftem Bogen von Grün zu Grün und damit genau dahin, wo man an Tagen wie heute sein will. Wer sie überquert, kann direkt unter sich die Boote betrachten und vom Scheitelpunkt die Fernsicht in Richtung Taunus genießen. Was das Bauwerk da architekturgeschichtlich noch draufsetzen kann? Ihre Erbauer experimentierten bei der Spannbetonkonstruktion zur Reduzierung der Lasten mit Leichtbeton und öffneten damit – für deutsche Verhältnisse – ein neues Kapitel im Brückenbau.

Immer dem Rheinsteig zurück zum Schloss Biebrich folgen und dort links in den Park abbiegen.

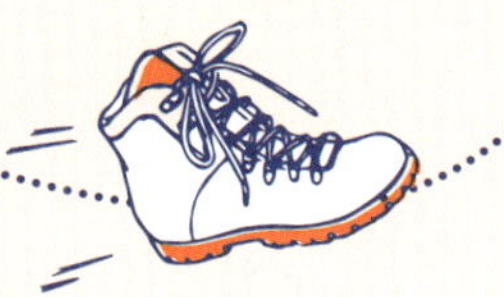

KM 11

5

Mosburgweiher

Geschichtsstunde im Park

Es gibt immer wieder Zeiten, da ist es in Mode, längst vergangene Epochen wiederaufleben zu lassen. Und manche dieser Trends bleiben jahrhundertelang sichtbar: zum Beispiel die Vorliebe von Adligen im Übergang zwischen 18. und 19. Jahrhundert, romantisch verklärt ins Mittelalter abzutauchen und in ihren Grünanlagen künstliche Ruinen oder ganze Burgen wie aus dem Märchenbuch anzulegen. Zu den berühmtesten Beispielen dafür zählt in Hessen neben der Löwenburg im Kasseler Bergpark Wilhelmshöhe und einer Burgruine in Hanau-Wilhelmsbad die 1805 auf den Trümmern einer mittelalterlichen Wasserburg erbaute Mosburg im Biebricher Schlosspark. Mit etwas Fantasie nimmt sie einen charmant mit auf Zeitreise und ist dank grüner Natur und Fontäne im Teich zudem ein real existierendes Postkartenmotiv.

Den Schlosspark im Norden Richtung Bahnhof verlassen.

EXTRA INFOS:

Gibt's einen geeigneteren Ort, den Abend ausklingen zu lassen, als am Wasser? Zurück am Biebricher Ufer ist die Terrasse von ● **Tally's Rheinbar** verlockend für einen Sundowner. (www.tallys-restaurant.com)

Zum Verlängern der Tour kann man das Zelt einpacken und nach Anmeldung eine Nacht auf dem ● **Zeltplatz der Rettbergsaue** verbringen. In der Stille der Natur wird die Inselauszeit zum kleinen Abenteuer. (www.rettbergsau.de)

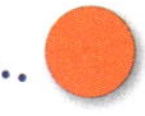

KM 11,6 » ZIEL

Bahnhof Wiesbaden-Biebrich

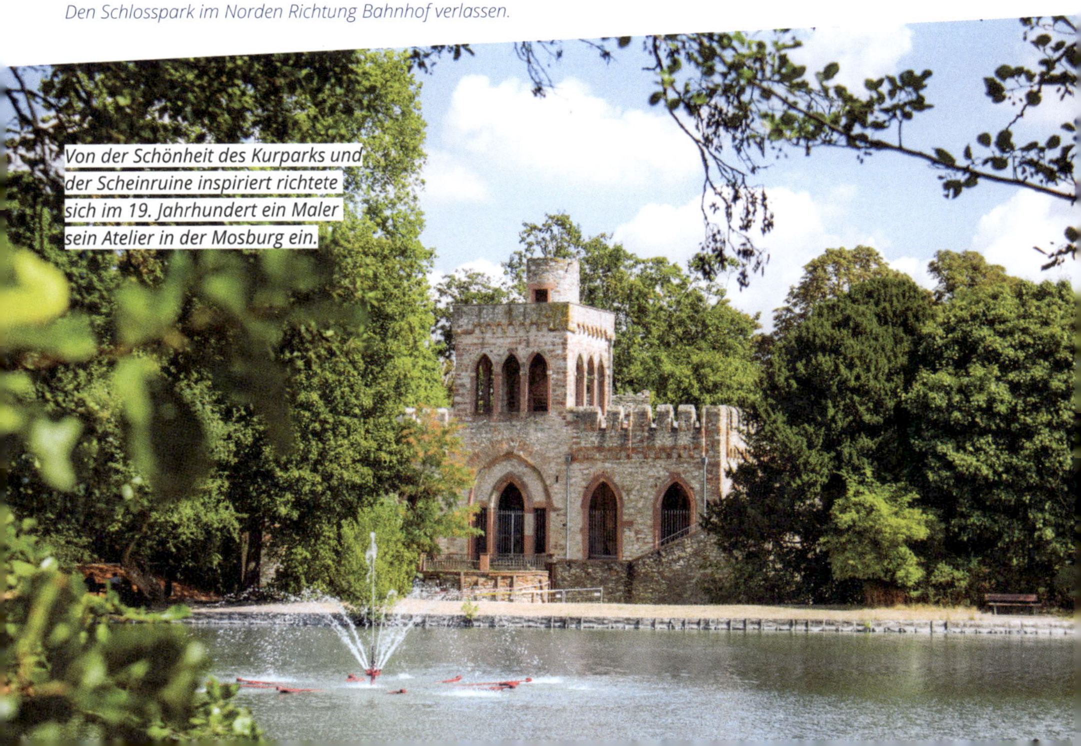

Von der Schönheit des Kurparks und der Scheinruine inspiriert richtete sich im 19. Jahrhundert ein Maler sein Atelier in der Mosburg ein.

AUF EINEN BLICK

- **Start/Ziel:** Bahnhof Wiesbaden-Biebrich
- **Strecke:** 11,6 km (Rundtour)
- **Reine Wanderzeit:** 3 Std. 15
- **Höhenmeter:** ↗ 15 m ↘ 15 m
- **Wegbeschaffenheit:** Naturbelassene Pfade, etwas Asphalt. An der Rettbergsaue: Strand zum Barfußlaufen.
- **Beste Zeit:** Zwischen April und September, wenn die Rheinfähre in Betrieb ist.
- **Ausrüstung:** Sonnenbrille und Sonnenschutz. Eventuell Fernglas zum Beobachten der Papageien.

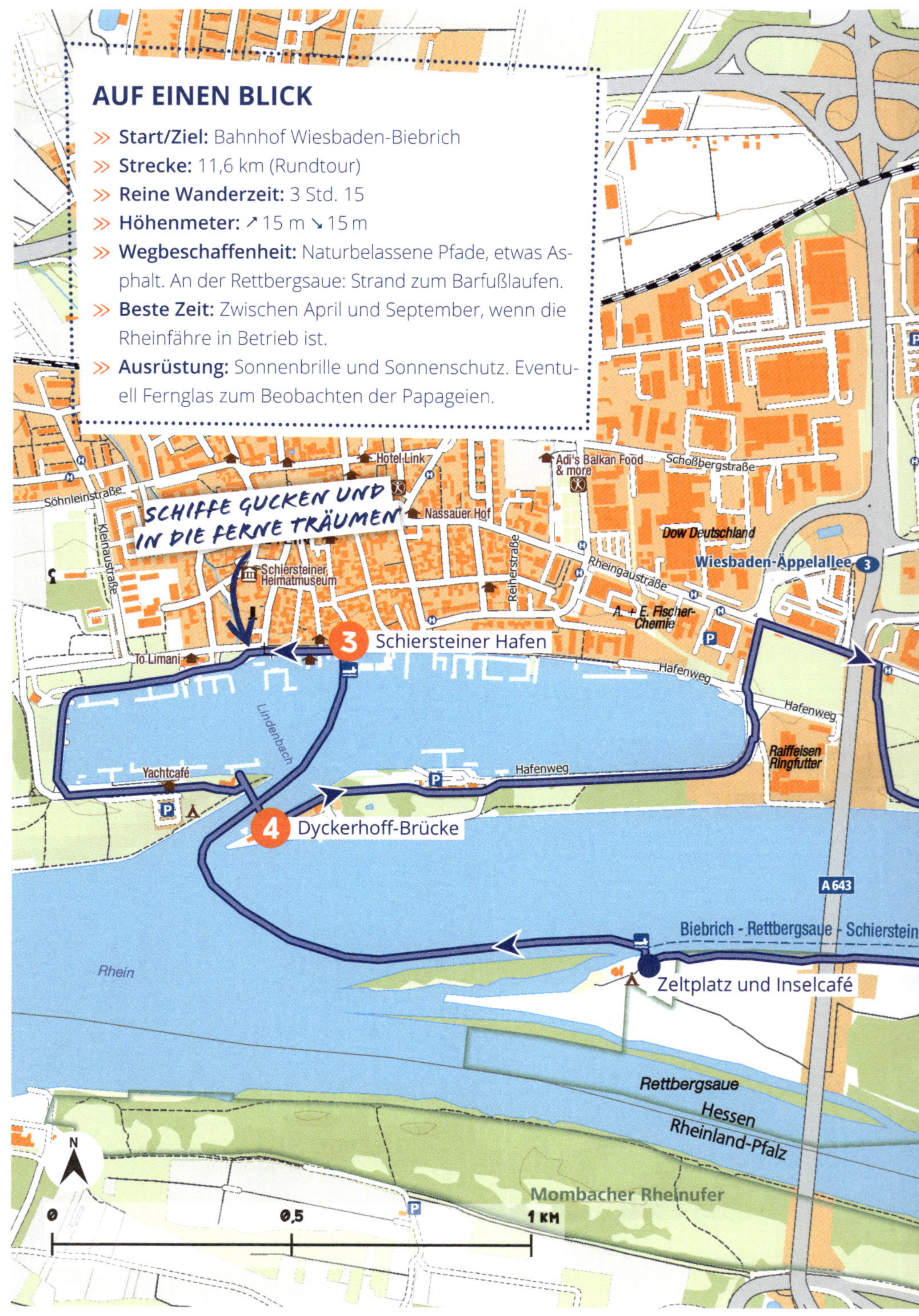

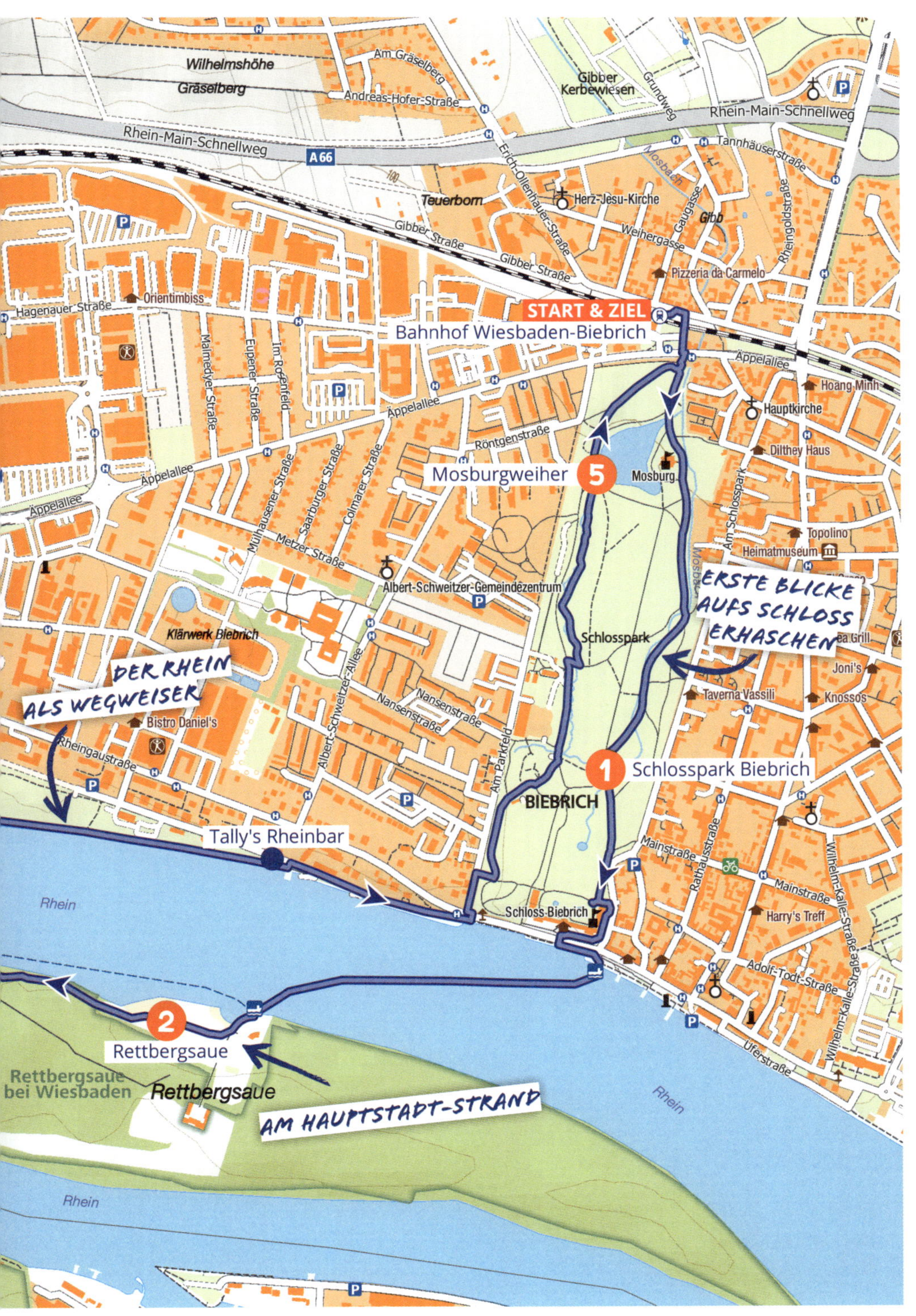

START & ZIEL
Bahnhof Wiesbaden-Biebrich
Mosburgweiher
5
1
Schlosspark Biebrich
2
Rettbergsaue
Tally's Rheinbar
ERSTE BLICKE AUFS SCHLOSS ERHASCHEN
DER RHEIN ALS WEGWEISER
AM HAUPTSTADT-STRAND
Wilhelmshöhe
Gräselberg
Rhein-Main-Schnellweg
A 66
Teuerborn
Gibber Kerbewiesen
Herz-Jesu-Kirche
Pizzeria da Carmelo
Appelallee
Hauptkirche
Hoang Minh
Dilthey Haus
Topolino
Heimatmuseum
Mosburg
Schlosspark
Albert-Schweitzer-Gemeindezentrum
Klärwerk Biebrich
Bistro Daniel's
Orientimbiss
Taverna Vassili
Joni's
Knossos
BIEBRICH
Schloss Biebrich
Harry's Treff
Rhein
Rettbergsaue bei Wiesbaden

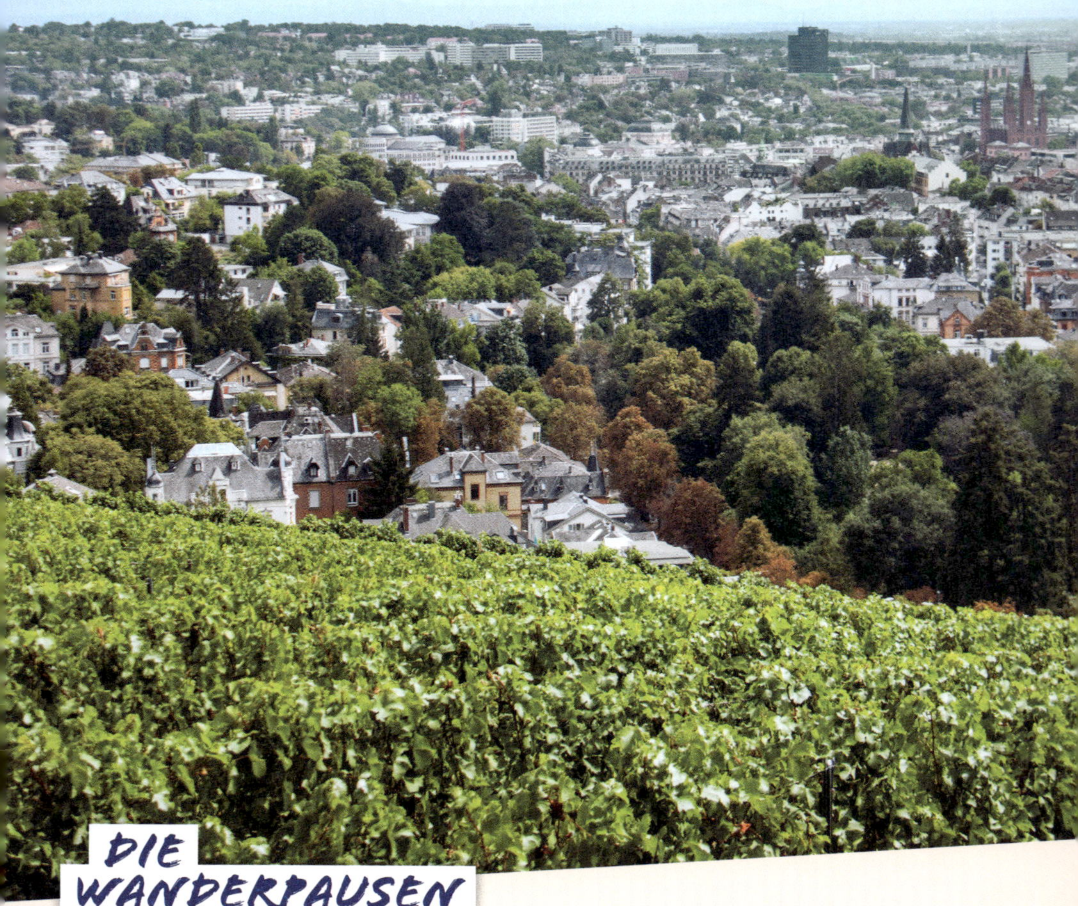

DIE WANDERPAUSEN

» START
Hauptbahnhof Wiesbaden

KM 1
1 Nizzaplätzchen
Reise in die Vergangenheit

KM 3
2 Obere Kuranlagen
Durch die Hauptstadtwildnis

KM 5
3 Feldkapelle
Überraschung am Ackerrain

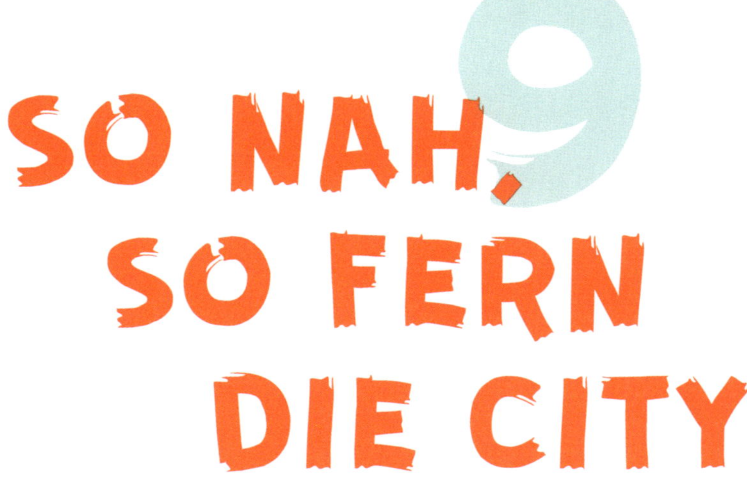

SO NAH, SO FERN DIE CITY

Entspannte Neroberg-Tour durch Wiesbaden

Dass man mitten in Hessens Hauptstadt unterwegs ist, gerät bei der Vielzahl unterschiedlicher Landschaften zwischen Kurpark und Neroberg mühelos in Vergessenheit. Es geht über schmale Pfade mitten rein ins Grün, über Wiesen, durch Wälder und zu Weinbergen.

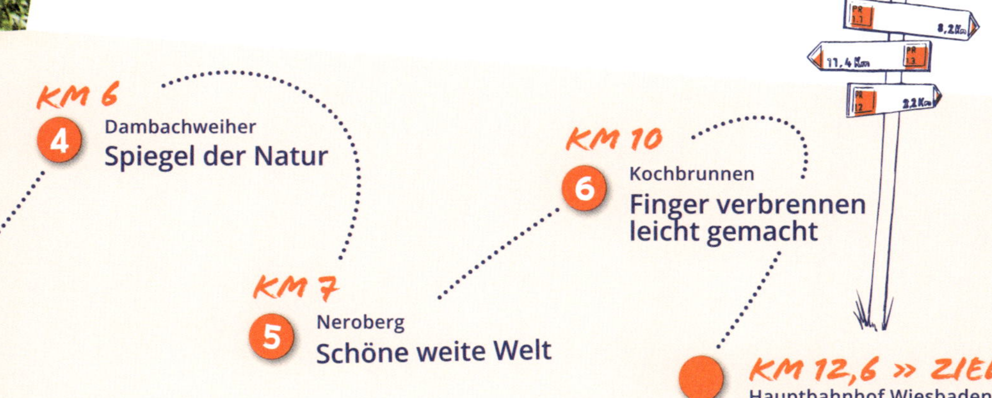

EINE LANDESHAUPTSTADT IST NICHT ZUM WANDERN DA?

Na, das wollen wir doch mal sehen! In Wahrheit dauert es nach dem Verlassen des Wiesbadener Hauptbahnhofs nur wenige Minuten bis zum ersten Abtauchen in die Natur, die bei den gepflegten Eingangsbereichen des Kurparks beginnend bald immer neue Gesichter präsentiert und die Stadt zwischendurch glatt in Vergessenheit geraten lässt. Bereit für den Beweis?

Das mit den verschiedenen Gesichtern zeigt sich schon, sobald man sich dem **Kurpark** nähert. Die rund 75 000 Quadratmeter große Anlage zeugt noch heute von Wiesbadens einstiger Größe als Kurbad und Weltkurstadt für Reiche und Mächtige und das **Nizzaplätzchen** unweit des großen Kurpark-Weihers tut sein Übriges, diese Zeit lebendig werden zu lassen. Ab hier wandelt sich der Park mit jedem Höhenmeter, den man an mäßiger Steigung in Richtung **obere Kuranlagen** zurücklegt, mehr und mehr zur Kurpark-Wildnis, mit scheinbar verwitterten Brücken, ausladenden Bäumen und dem Plätschern des Salzbachs.

Dessen Beginn, das Zusammentreffen von Rambach und Tennelbach, an dem eine Brücke über das Flüsschen führt, markiert, dass es Zeit ist, den Park zu verlassen. Zurück Richtung Stadt geht es deshalb trotzdem noch lange nicht. Ein Stück am Tennelbach entlang führt der Weg direkt ins nächste Stück Grün, zu Wiesen und kleinen Waldstücken unweit der ungewöhnlichen **Feldkapelle.** Von hier läuft man – weiterhin mit stetig leichtem Anstieg – über schmale Pfade vorbei an Kleingärten und großen Wildwiesen in den Wald, erst zum **Dambachweiher** und dann weiter zum **Neroberg.**

RELAXED: EINFACH DEN STEILEN TREPPENWEG AM NEROBERG FÜR DEN ABSTIEG NUTZEN

Nach ausgiebig genossenem Blick dient der steile Pfad über die Treppe Richtung Nerotal als entspannter Rückweg und traumhaft schöne Annährung an die Stadt, die einem seit einigen Hundert Metern so herrlich zu Füßen liegt. Zum Auskosten der Kurstadt führt die Strecke zum Bahnhof noch über einen Abstecher am **Kochbrunnen** vorbei, wo das mineralhaltige Heilwasser heiß und dampfend an die Oberfläche sprudelt. «

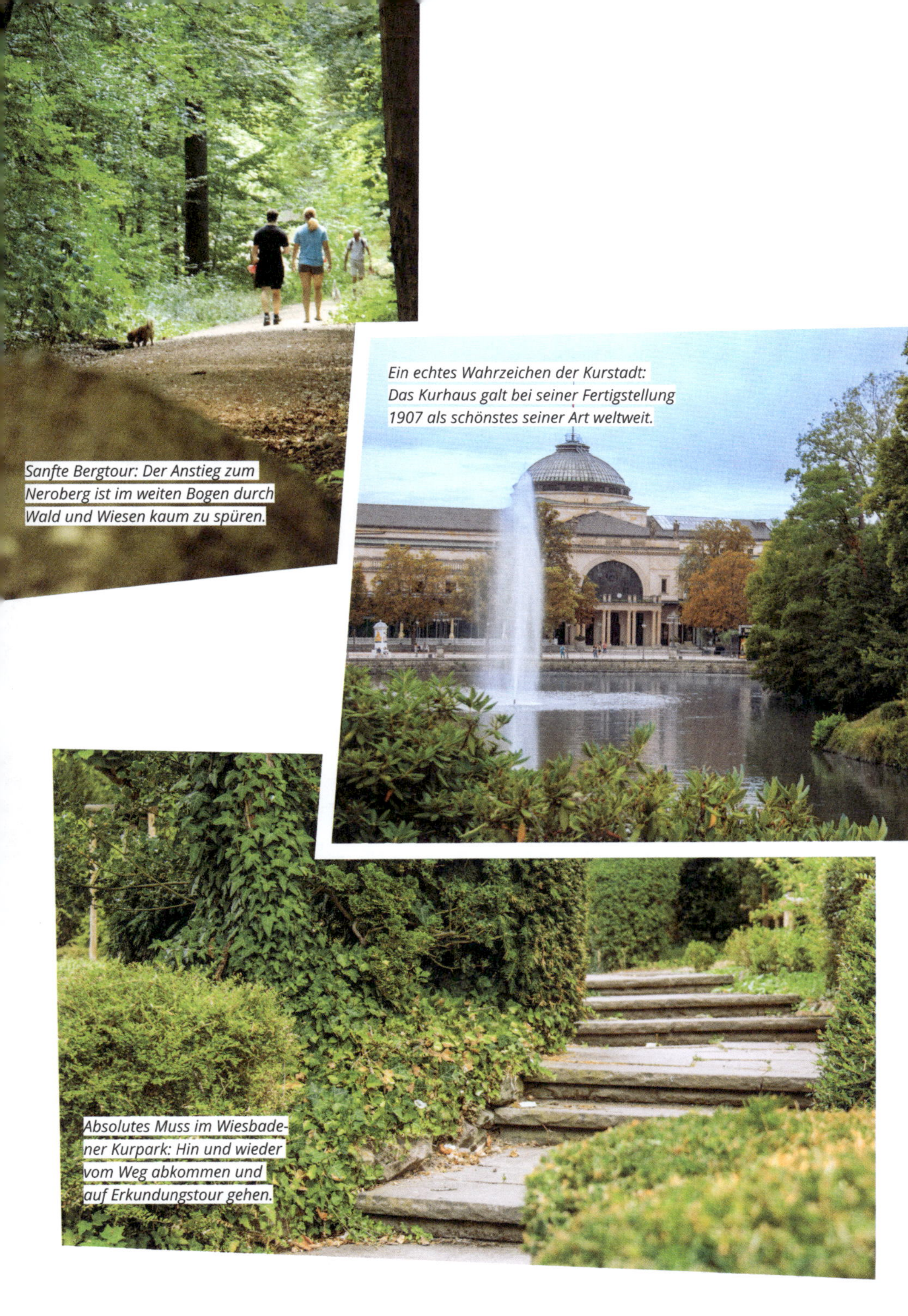

Sanfte Bergtour: Der Anstieg zum Neroberg ist im weiten Bogen durch Wald und Wiesen kaum zu spüren.

Ein echtes Wahrzeichen der Kurstadt: Das Kurhaus galt bei seiner Fertigstellung 1907 als schönstes seiner Art weltweit.

Absolutes Muss im Wiesbadener Kurpark: Hin und wieder vom Weg abkommen und auf Erkundungstour gehen.

WANDERN & GENIESSEN

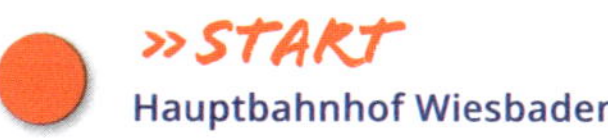

»START
Hauptbahnhof Wiesbaden

Vom Hauptbahnhof die Friedrich-Ebert-Allee immer geradeaus, halbrechts durch den Landschaftspark Warmer Damm und hinterm Staatstheater rechts abbiegen in den Kurpark.

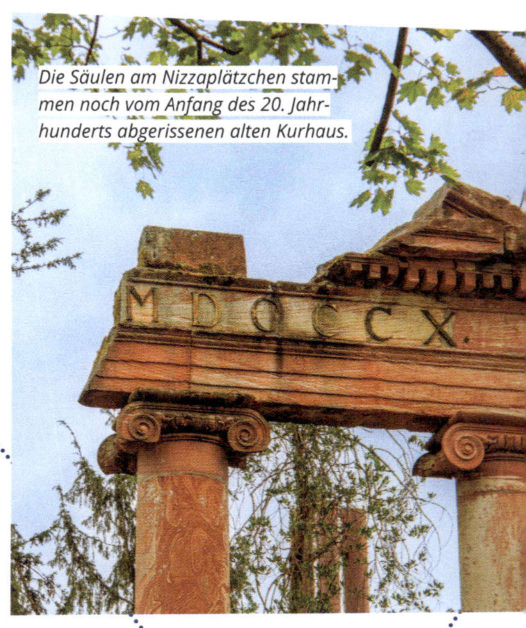

Die Säulen am Nizzaplätzchen stammen noch vom Anfang des 20. Jahrhunderts abgerissenen alten Kurhaus.

KM 1

1 **Nizzaplätzchen**

Reise in die Vergangenheit

So ein anmutiges, eingedeutschtes Wörtchen: Grandezza. Auch weil in ihm so viel mehr mitschwingt als die einfache Bedeutung von Größe. Beflügelt es nicht gleich die Fantasie, wenn man sagt, dass sich die Grandezza der ehemaligen »Weltkurstadt« Wiesbaden nirgendwo schöner zeigt als am Nizzaplätzchen? Dafür sorgen zunächst die alten Portikussäulen, die als Ruinen an ein 1810 erbautes Kurhaus erinnern, das keine hundert Jahre später durch ein größeres ersetzt werden musste, weil es für den Strom an Kurgästen zu klein geworden war. Wer zwischen ihnen über Treppen auf die kleine Anhöhe spaziert, dem liegt nicht nur beeindruckendes Grün zu Füßen, sondern auch eine immer wieder neu erblühende, bunte Blütenpracht. Gegenüber liegt das prächtige »neue« Kurhaus von 1907 und davor ein stolzer Weiher mit ansehnlicher Fontäne.

Am Kurpark-Weiher vorbei geht es mit leichtem Anstieg parallel zum Rambach immer geradeaus in den höher gelegenen Teil des Kurparks.

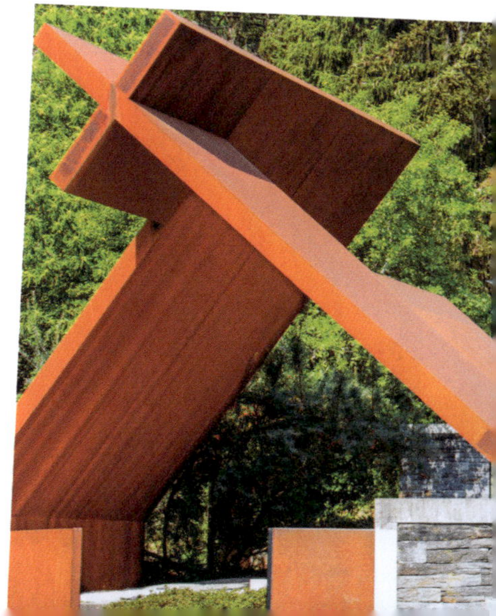

KM 3

2 Obere Kuranlagen
Durch die Hauptstadtwildnis

Wasser plätschert, durchs dichte Blätterdach geht ein Rascheln, Vogelstimmen und die regelmäßigen eigenen Schritte gehören zu den wenigen Geräuschen, die hier noch zählen. Alles andere muss in den Hintergrund rücken, dafür sorgt auch die dichte Natur der Kuranlagen, die den Großstadtlärm immer wieder erfolgreich schlucken und den Fokus darauf lenken, dass man die Stadt heute ja eigentlich vergessen wollte. Dass das gelingt, dafür sorgen hübsche kleine Brücken, uralte Bäume und eine Welt, die mit jedem Meter grüner und stiller wird.

Am Zusammenfluss von Rambach und Tennelbach links über die Brücke und dem Weg am Tennelbach folgen.

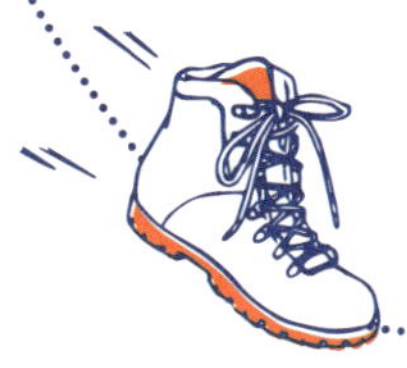

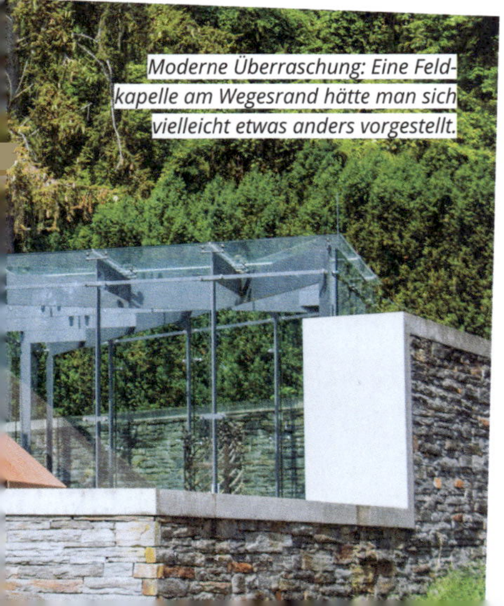

Moderne Überraschung: Eine Feldkapelle am Wegesrand hätte man sich vielleicht etwas anders vorgestellt.

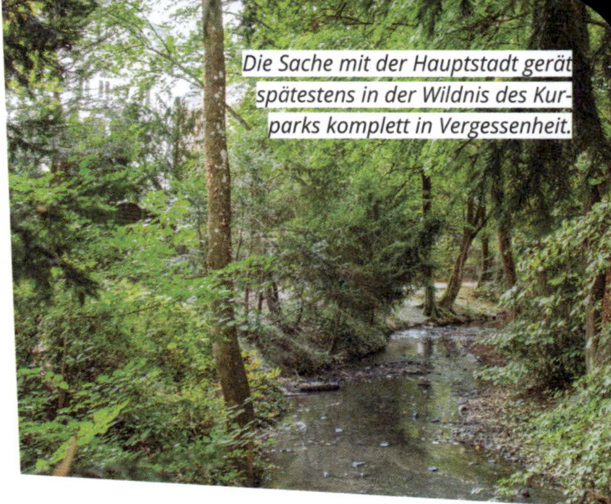

Die Sache mit der Hauptstadt gerät spätestens in der Wildnis des Kurparks komplett in Vergessenheit.

KM 5

3 Feldkapelle
Überraschung am Ackerrain

Was hätte man sich nicht alles unter dem unscheinbaren Namen Feldkapelle ausgemalt ... Eine kleine Marienstatue hinter einem winzigen gusseisernen Törchen vielleicht oder womöglich ein Zwiebeltürmchen ganz allein auf weiter Flur. Womit sicher die wenigsten rechnen, ist das architektonische Gesamtkunstwerk, das eine private Wiesbadener Stiftung zwischen Wald, Streuobstwiesen und Kleingärten hat errichten lassen. Blickfänger ist ein sieben Meter hohes, stählernes Kreuz, dahinter ein gläserner Raum, dessen Inneres durch einige Kunstwerke noch spannender wird. Erklärtes Ziel der Kapelle ist es, den Vorbeikommenden einen Ort der Ruhe zu geben – und das ist ohne Frage geglückt. Wenn man niemanden bei seiner Einkehr stört, ist dies aber auch der ideale Ort, mit der Kamera auf die Jagd nach tollen Blickwinkeln und Details zu gehen, auch um zu beweisen, dass das ungewöhnliche Bauwerk nicht doch nur Fantasie war. (www.feldkapelle-wiesbaden.de)

In den schmalen Weg gegenüber der Feldkapelle einschwenken, dann am Rand der Siedlung rechts Richtung Wald halten. Nach dem Queren der Idsteiner Straße dem Waldweg geradeaus zum Weiher folgen.

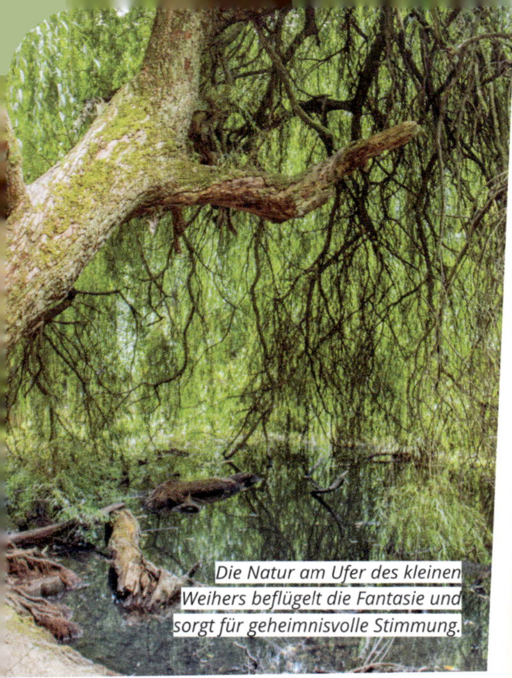

Die Natur am Ufer des kleinen Weihers beflügelt die Fantasie und sorgt für geheimnisvolle Stimmung.

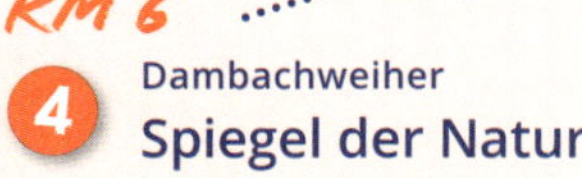

KM 6

4 Dambachweiher
Spiegel der Natur

Etwas eigentümlich Mystisches haben sie an sich, die stolzen Bäume, die hier mitten im Wald am Ufer stehen. Mit ihren bizarren Formen und ihrer Andersartigkeit machen sie den Dambachweiher zu einem Ort, der die Fantasie weckt, sich für jeden von ihnen eine andere Charaktereigenschaft auszudenken. Hier wächst ein Baum fast im perfekten 45-Grad-Winkel schräg übers Wasser, als streckte er den Hals, um sein eigenes Spiegelbild nicht aus den Augen zu verlieren. Da verzweigt sich ein anderer zu einer Seite so ausladend, dass es scheint, als wolle er seinem Nebenmann die Äste wie Arme umlegen. Und wer sich ein freies Plätzchen am Ufer zum Sitzen aussucht und lieber das große Ganze betrachtet, kann leicht vergessen, wo die Realität aufhört und der Spiegel der Wasseroberfläche beginnt.

Weiter geradeaus hinaufsteigen auf den Neroberg.

KM 7

5 Neroberg
Schöne weite Welt

Mit einer historischen Bergbahn, einem Kletterpark und einem aussichtsreichen Freibad direkt vor der Nase ist der Neroberg alles andere als ein Geheimtipp. Doch die Vielfalt, die es hier oben zu entdecken gibt, wenn man an einer der Aussichtsplattformen steht, am städtischen Weinberg entlangschlendert oder in der »Erlebnismulde« sein Picknick auspackt, sorgt dafür, dass ein Ausflug auf Wiesbadens Hausberg nie langweilig wird. Und ist man auf Fotostreifzug unterwegs, fällt einem je nach Licht und Fokus immer wieder Neues auf, das es zwischen Monopteros-Tempel und russischer Kirche einzufangen gilt.

Rechts an der Bergstation der Bahn vorbei bergab Richtung Nerotal, dann links in den Park und an dessen Ende weiter geradeaus der Taunusstraße folgen.

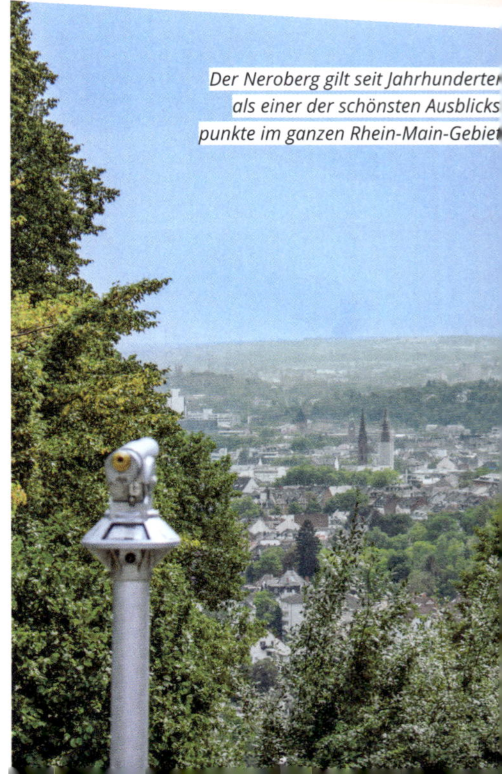

Der Neroberg gilt seit Jahrhunderten als einer der schönsten Ausblickspunkte im ganzen Rhein-Main-Gebiet

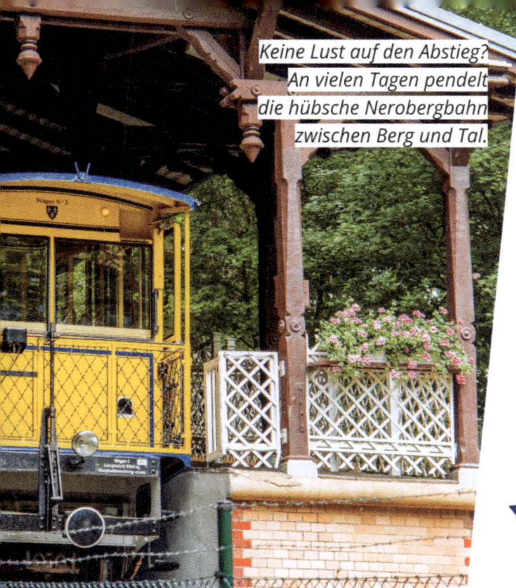

Keine Lust auf den Abstieg? An vielen Tagen pendelt die hübsche Nerobergbahn zwischen Berg und Tal.

EXTRA INFOS:

Selbst bei einer vergleichsweise harmlosen Bergtour kann man schon mal auf unnötigen Ballast verzichten und einem mitgebrachten Picknick den unkomplizierten Einkehrstopp vorziehen. Den gibt's auf dem Neroberg sogar mit herrlicher Aussicht im ● **Biergarten Der Turm.** (www.wagner-gastronomie.de)

BITTE EINSTEIGEN!

KM 10

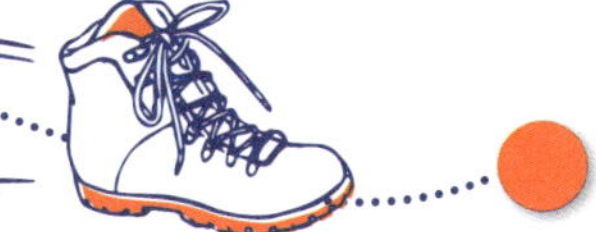

KM 12,6 » ZIEL

Hauptbahnhof Wiesbaden

6 Kochbrunnen

Finger verbrennen leicht gemacht

Dass der Kochbrunnen pro Minute rund 360 Liter Wasser an die Oberfläche befördern soll, ist beachtlich, aber lange nicht der erstaunlichste Fun Fact, mit dem die wohl berühmteste Heilquelle Wiesbadens auftrumpfen kann. Der hat mit der Wassertemperatur zu tun und belegt sich von allein, wenn man genau hinschaut und vom etwa 66 °C warmen Wasser Dampf aufsteigen sieht. Wer mehr Beweise braucht, hat nun den besten Anlass, sich die Finger zu verbrennen. Ganz schön heiß, was da aus 2000 Meter Tiefe emporsprudelt! Im Kochbrunnentempel nebenan kann man sich eine Kostprobe des Thermalwassers abzapfen, das stark salzig schmeckt und Atem- oder Rheumabeschwerden lindern soll. Puh, es riecht schwefelig. Aber wenn's hilft …

Hinterm Brunnen links in die Spiegelgasse biegen, am Rathaus vorbei den Schlossplatz kreuzen und linkerhand über Neugasse und Adolfallee zurück zum Bahnhof.

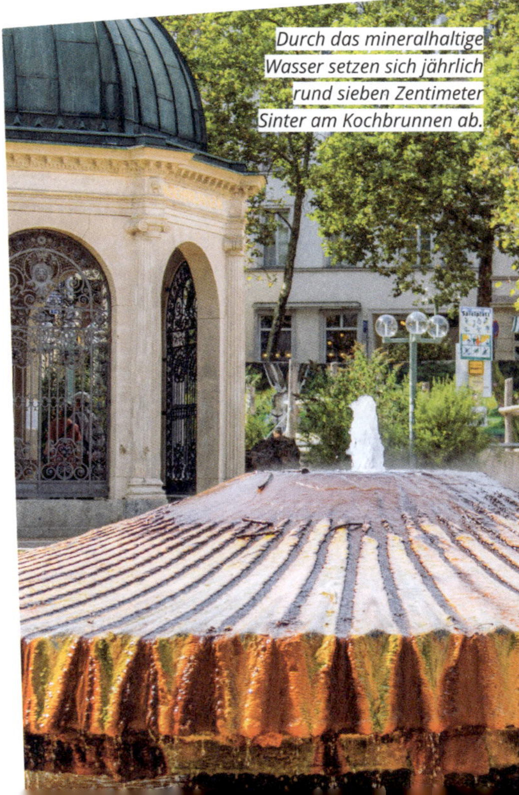

Durch das mineralhaltige Wasser setzen sich jährlich rund sieben Zentimeter Sinter am Kochbrunnen ab.

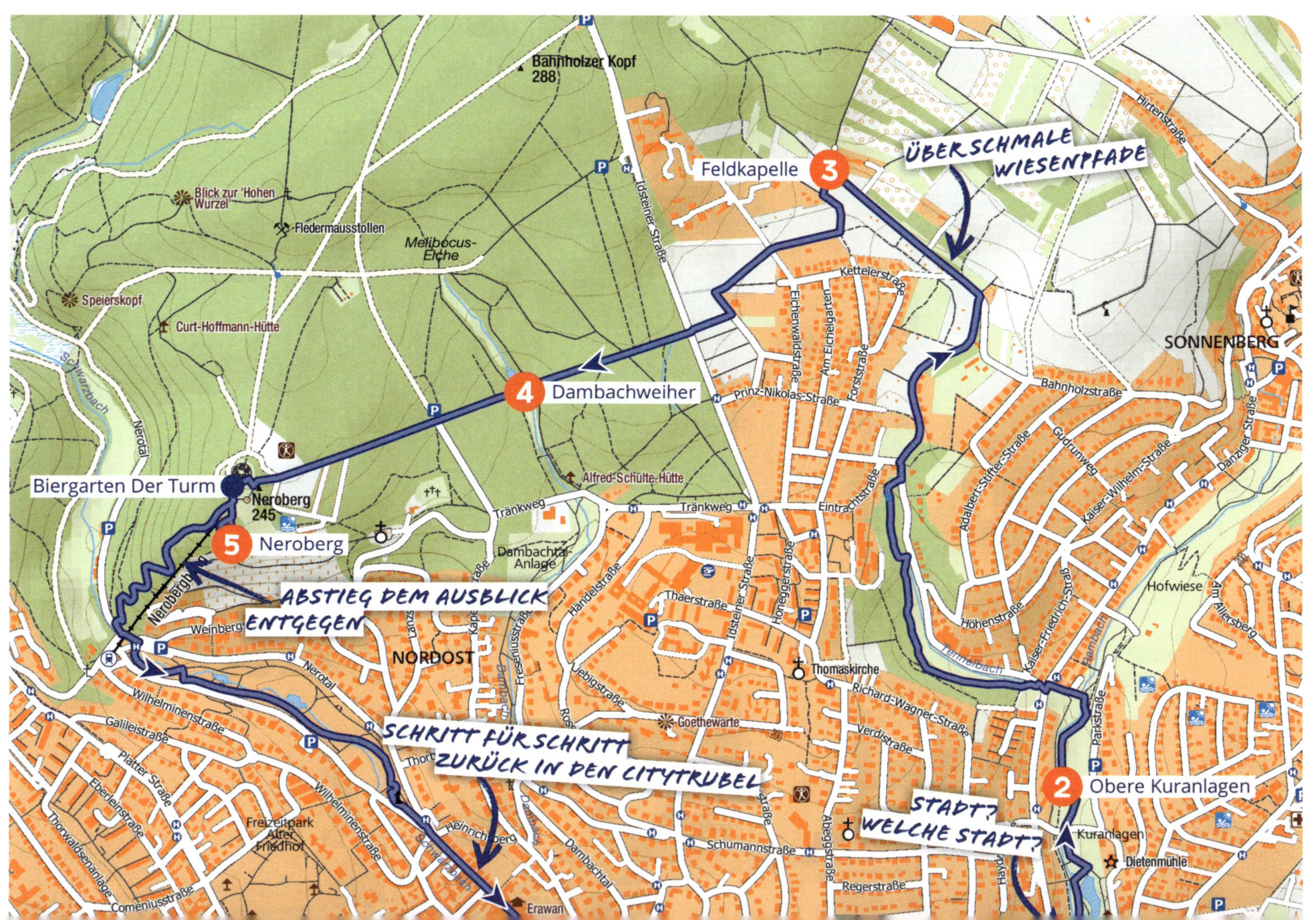
Bahnholzer Kopf
288
Feldkapelle
3
ÜBER SCHMALE WIESENPFADE
Hirtenstraße
Blick zur 'Hohen Wurzel'
Fledermausstollen
Melibocus-Eiche
Speierskopf
Curt-Hoffmann-Hütte
Schwarzbach
Idsteiner Straße
Kettelerstraße
Eichenwaldstraße
Am Eichelgarten
Forststraße
SONNENBERG
4
Dambachweiher
Prinz-Nikolas-Straße
Bahnholzstraße
Danziger Straße
Gudrunweg
Kaiser-Wilhelm-Straße
Adalbert-Stifter-Straße
Nerotal
Biergarten Der Turm
Neroberg
245
Alfred-Schulte-Hütte
Tränkweg
Eintrachtstraße
5
Neroberg
Dambachtal-Anlage
Hofwiese
Am Allersberg
Nerobergbahn
ABSTIEG DEM AUSBLICK ENTGEGEN
Weinberg
Händelstraße
Thaerstraße
Idsteiner Straße
Honeggerstraße
Höhenstraße
Kaiser-Friedrich-Straße
Tennelbach
Rambach
NORDOST
Lanzstraße
Fresenusstraße
Liebigstraße
Thomaskirche
Richard-Wagner-Straße
Verdistraße
Parkstraße
Wilhelminenstraße
Galileistraße
Goethewarte
SCHRITT FÜR SCHRITT ZURÜCK IN DEN CITYTRUBEL
2
Obere Kuranlagen
Platter Straße
Eberleinstraße
Thorwaldsenanlage
Freizeitpark Alter Friedhof
Heinrichsberg
Dambachtal
Schumannstraße
Abeggstraße
STADT? WELCHE STADT?
Kuranlagen
Dietenmühle
Regerstraße
Comeniusstraße
Erawan

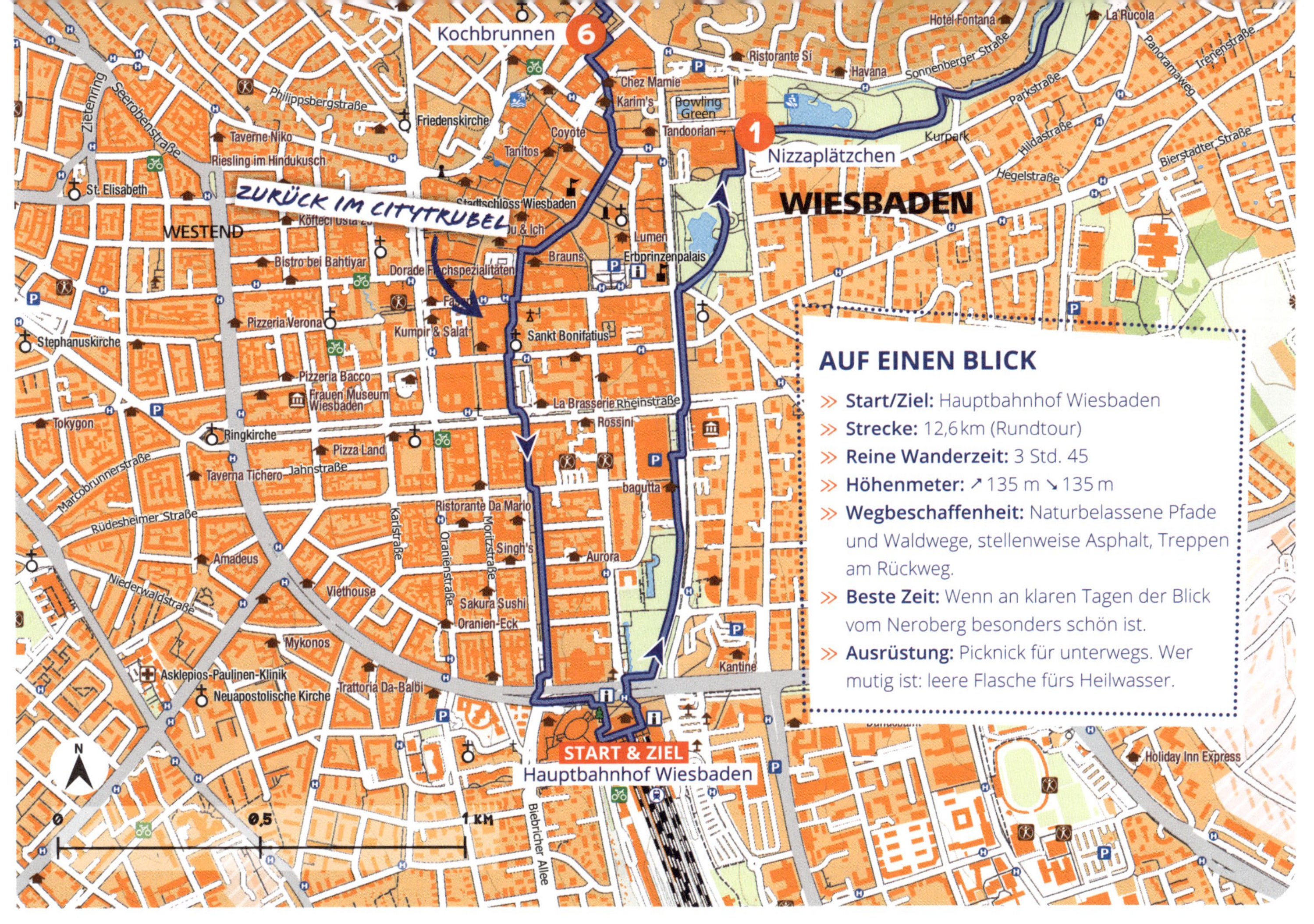

AUF EINEN BLICK

- » **Start/Ziel:** Hauptbahnhof Wiesbaden
- » **Strecke:** 12,6 km (Rundtour)
- » **Reine Wanderzeit:** 3 Std. 45
- » **Höhenmeter:** ↗ 135 m ↘ 135 m
- » **Wegbeschaffenheit:** Naturbelassene Pfade und Waldwege, stellenweise Asphalt, Treppen am Rückweg.
- » **Beste Zeit:** Wenn an klaren Tagen der Blick vom Neroberg besonders schön ist.
- » **Ausrüstung:** Picknick für unterwegs. Wer mutig ist: leere Flasche fürs Heilwasser.

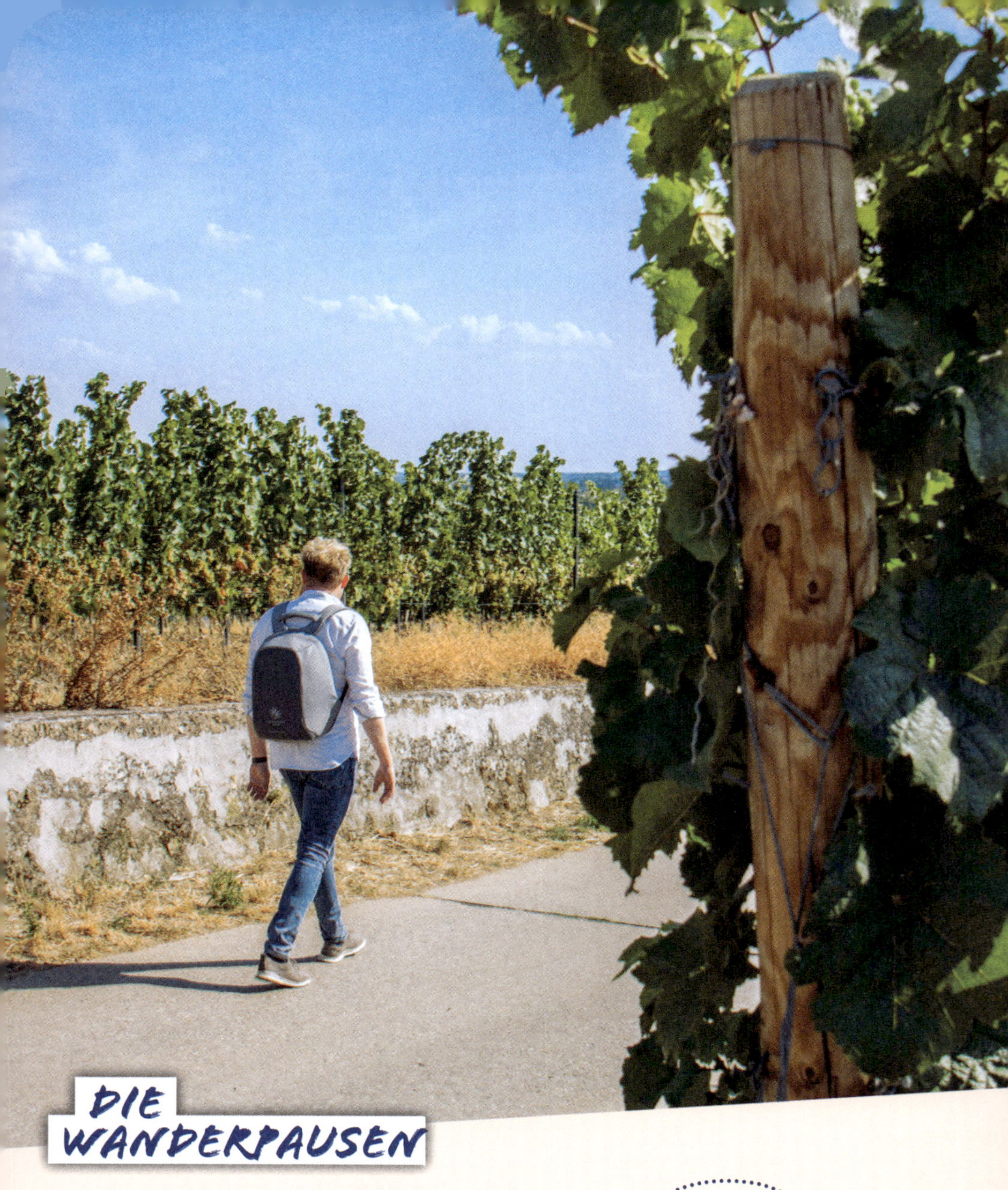

DIE WANDERPAUSEN

» START
Bahnhof Hochheim

KM 2
① Weinerlebnispfad Oberer Rheingau
Nimm das, Champagner!

KM 4
② Historische Kalkbrennöfen
Die Brücke überm Denkmal

KM 6
③ Labyrinth an der Flörsheimer Warte
Ab in die Mitte

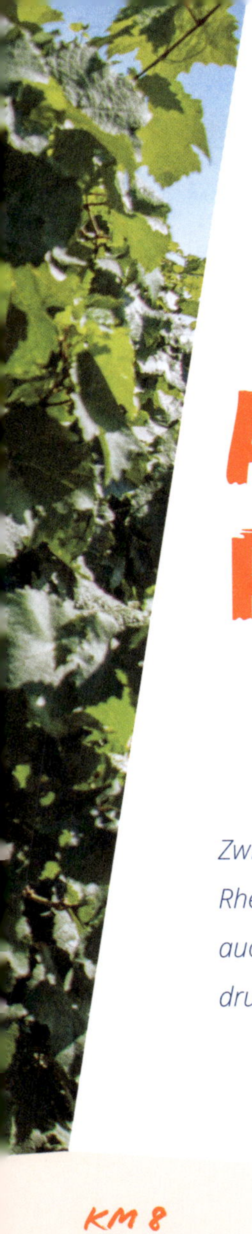

10

AM TOR ZUM REBENMEER

Unterwegs zwischen Hochheim und Flörsheim

Zwischen den am Main gelegenen Nachbarorten, die die Schwelle zum Rheingau bilden, finden sich neben traumhaften Rebenpanoramen auch einige Kuriositäten: ein sprechender Baum, Mitbringsel auf Knopfdruck und ein Denkmal aus der Vogelperspektive.

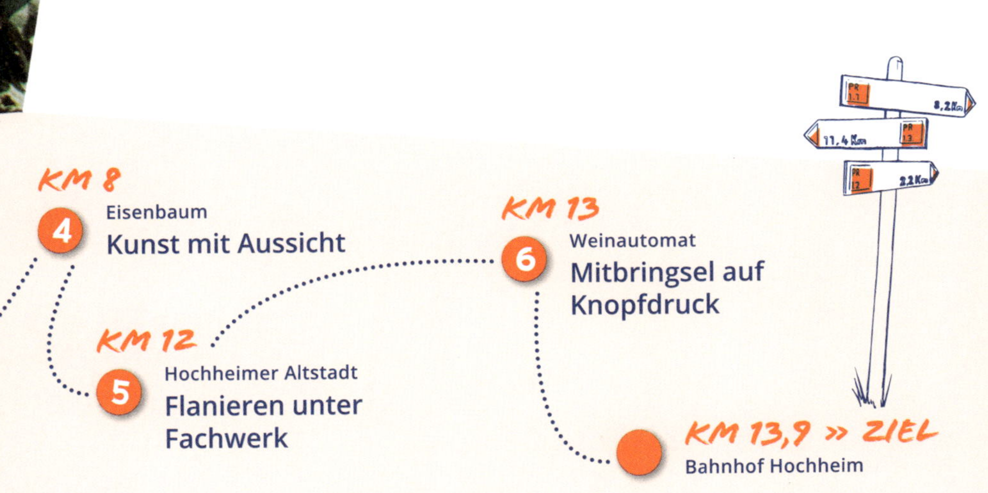

IM SCHATTEN DES GROSSEN RHEINTALS …

… gehen die Dinge am Main oft recht beschaulich zu. Statt auf steil abfallenden Hängen wachsen die ersten Reben hinterm »Tor zum Rheingau« auf weiten Hügeln, die sich sanft rollend durch die Landschaft ziehen, während in der Ferne der Main schimmert, als würde er einem blinzelnd zu der guten Entscheidung gratulieren, den Tag draußen zu verbringen.

Die Runde, die die Frischluftsuchenden in die Nachbarorte Flörsheim und Hochheim lockt, beginnt am Hochheimer Bahnhof. Von hier folgt man dem Weg am Rande der Weinberge entlang ein Stückchen bergauf, immer auf die Kirche St. Peter und Paul zuhaltend, die alle paar Meter ein noch schöneres Fotomotiv abgibt. Quasi direkt vor den Toren der Stadt Hochheim, wo man die ersten Einblicke in hübsche Winkel und schmale Gassen direkt vor sich hat, ist die Versuchung groß, einfach hierzubleiben – zum Glück ist die Neugier schließlich stärker. Die Weinberge rufen!

Hier heißt es Augen offen halten, weil auf dem **Weinerlebnispfad Oberer Rheingau** wahnsinnig viel Lehrreiches über das zu erfahren ist, was die Nachbarorte verbindet: Weinbau, Landschaft und Traditionen. Um letztere geht es auch bei den **Historischen Kalkbrennöfen,** auf die man stößt, nachdem man durch die Flörsheimer Siedlung Keramag/Falkenberg geschlendert ist. Nur kurz um die Ecke gebogen, buhlt dann aber wieder die Landschaft um volle Aufmerksamkeit, schafft grün umrandete Pfade und hübsche Aussichten, die den erneuten leichten Anstieg zur Flörsheimer Warte und dem nahegelegenen **Steinlabyrinth** glatt vergessen lassen.

BELEBEND: ZWISCHEN HOCHHEIM UND FLÖRSHEIM SO RICHTIG SCHÖN SONNE TANKEN

Bereit für den sonnigen Teil der Tour? Dann heißt es jetzt breiten Wegen und weiten Wiesen folgen, wo der **Eisenbaum** schon von Weitem sichtbar ist. Später geht es über Bohlenwege hinein in die Felder und nach einem erneuten kurzen Abtauchen in Reben endlich durch die **Hochheimer Altstadt,** die schon vor Stunden so große Erwartungen aufgebaut hat. Was jetzt noch fehlt, ist ein Mitbringsel. Kein Problem: Das zieht man sich einfach und umkompliziert am **Weinautomat**, bevor der letzte Abstieg des Tages, mitten durch den Weinberg, wieder am Bahnhof endet. «

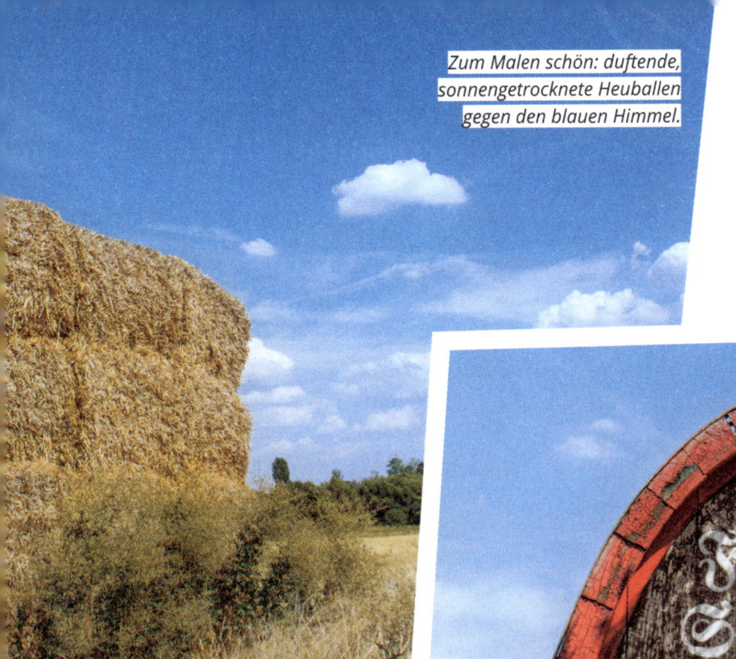

Zum Malen schön: duftende, sonnengetrocknete Heuballen gegen den blauen Himmel.

Gemütliches Pausenplätzchen: der Gasthof Wiesenmühle unweit der kleinen Sankt-Anna-Kapelle.

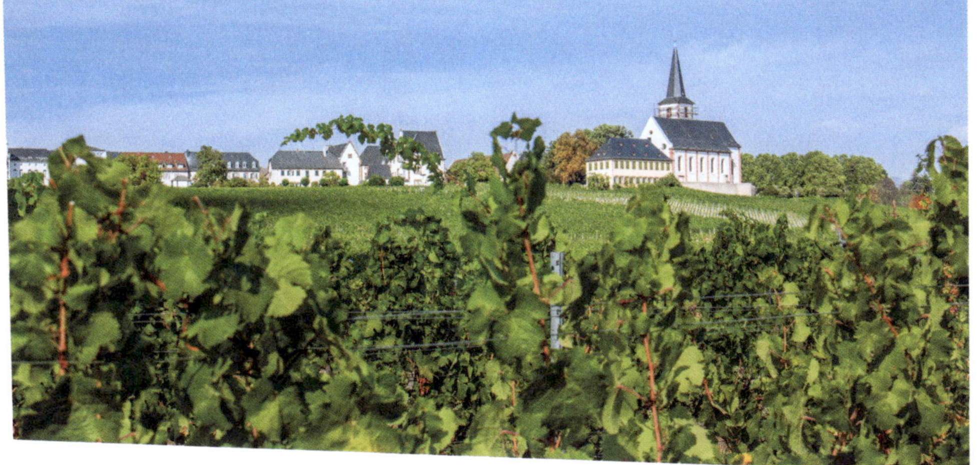

Die Hochheimer Kirche St. Peter und Paul hat Potenzial zum Wahrzeichen.

WANDERN & GENIESSEN

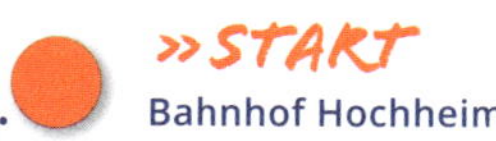

Bahnhof Hochheim

Gegenüber vom Bahnhof rechts, dann links der Bahnhofstraße in die Weinberge folgen. An der Kirche St. Peter und Paul scharf rechts ab und im Weinberg bleiben. Nach etwa anderthalb Kilometern geht's rechts bergab, an den Gleisen links halten.

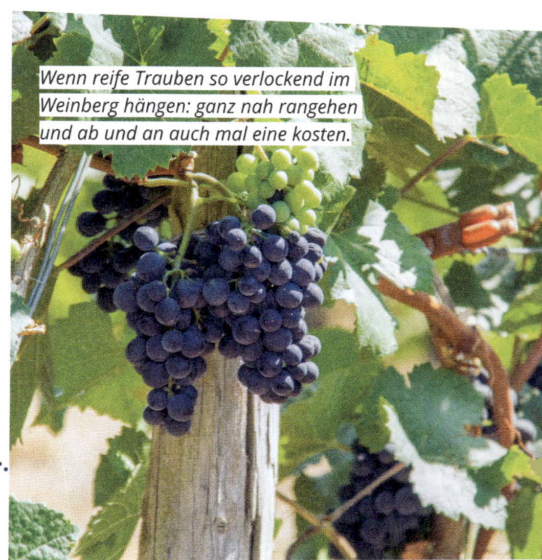

Wenn reife Trauben so verlockend im Weinberg hängen: ganz nah rangehen und ab und an auch mal eine kosten.

KM 2

1 **Weinerlebnispfad Oberer Rheingau**

Nimm das, Champagner!

Wenn ein Getränk sogar bis in die höchsten Adelskreise begeistert, sich dann aber als so unaussprechlich herausstellt, dass sich sein Spitzname über Jahrhunderte durchsetzt ... dann klingt das irgendwie nach einem Zeichen für Topqualität. Und tatsächlich hat der »Hock«, wie die britischen Royals um Queen Victoria den Hochheimer Wein einst tauften, seinen internationalen Ruf bis heute nicht verloren. Dem Anbaugebiet, seinen Besonderheiten und der Geschichte mit der Queen auf die Spur geht's unterwegs in den Weinbergen quasi automatisch mit den Infotafeln des Erlebnispfads, der hier am Tor zum Rheingau durch die Hänge am Main führt. Und zwischen Reben und Bahngleisen erinnert in der Weinlage Königin Victoria sogar ein Denkmal an den Besuch von *Her Majesty* im Jahr 1845. (www.rheingau.com/weinerlebnisweg-oberer-rheingau)

Am Königin-Victoria-Denkmal vorbei weiter geradeaus Richtung Flörsheim. Links ab durch die Siedlung Keramag/Falkenberg, am Abenteuerspielplatz wieder links und jenseits der Hochheimer Straße rechts halten.

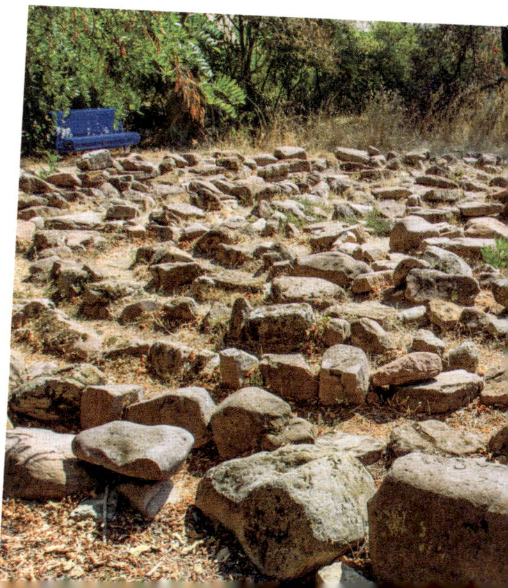

KM 4

2 Historische Kalkbrennöfen

Die Brücke überm Denkmal

Wie man Geschichte und Traditionen lebendig werden lässt? Na, im besten Fall, indem sie zum Teil des Alltags werden, weil man regelmäßig an ihnen vorbeispaziert und sich dabei dieses herrliche Gefühl von »Ach, du schon wieder!« breitmacht. So geht es ganz im Westen von Flörsheim im Stadtteil Keramag/Falkenberg mit den Kalkbrennöfen, die im 18. Jahrhundert zu einer Ziegelhütte gehörten und nach Jahrzehnten des Verfalls wieder freigelegt wurden. Dank einer Brücke sind sie nun so begehbar, dass man den Einblick von oben erleben kann, von wo aus sie früher über mehrere Tage hinweg rund um die Uhr befüllt und befeuert werden mussten. Ein wichtiges Stück Handwerksgeschichte, denn Kalkbrennen gehört weltweit zu den ältesten und bis heute bedeutendsten technischen Verfahren der Baustoffherstellung.

Hinter den Öfen links und den Weg bergauf nehmen in Richtung Flörsheimer Warte bis zur Kriegergedächtniskapelle.

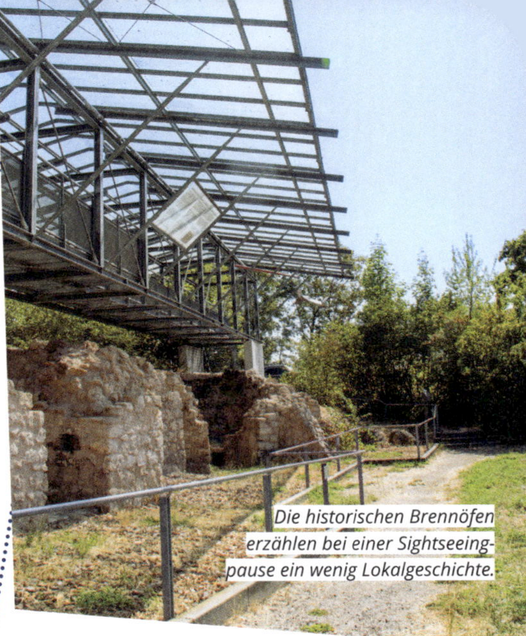

Die historischen Brennöfen erzählen bei einer Sightseeingpause ein wenig Lokalgeschichte.

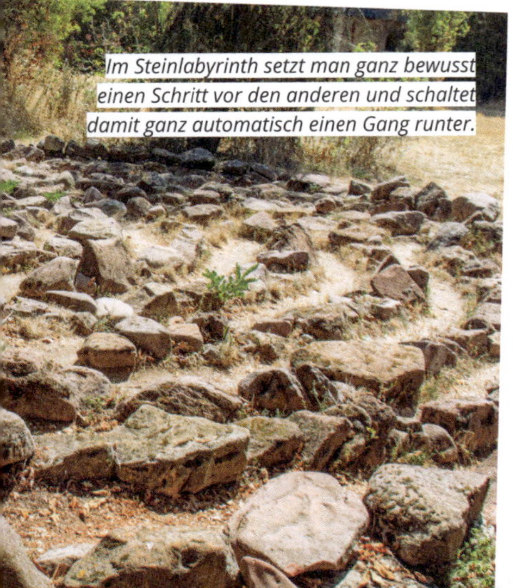

Im Steinlabyrinth setzt man ganz bewusst einen Schritt vor den anderen und schaltet damit ganz automatisch einen Gang runter.

KM 6

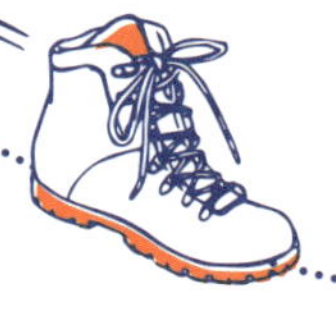

3 Labyrinth an der Flörsheimer Warte

Ab in die Mitte

Der Unterschied zwischen einem Irrgarten und einem klassischen Labyrinth? Beim Irrgarten führt ein kniffliger Weg über Sackgassen und kleine Umwege früher oder später nach draußen, beim Labyrinth – wenn's gut läuft – nicht nur zum Mittelpunkt des verschlungenen Wegs, sondern auch in die eigene Mitte, wo Körper und Geist richtig schön zur Ruhe kommen können. Darum sind auch im Steinlabyrinth unterhalb der Flörsheimer Warte keine hohen Mauern nötig, die einem die Sicht blockieren. Der Blick richtet sich immer auf die eigenen Füße und dann geht es Schritt für Schritt den vorgegebenen Weg entlang. Im Hier und Jetzt angekommen? Dann kann's ja nun weitergehen!

Scharf links abbiegen, der Eisenbaum kommt schnell von Weitem in Sicht.

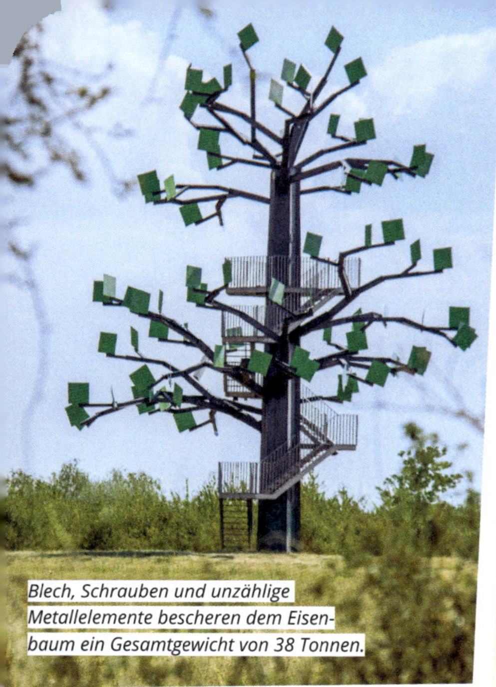

Blech, Schrauben und unzählige Metallelemente bescheren dem Eisenbaum ein Gesamtgewicht von 38 Tonnen.

KM 12

5 Hochheimer Altstadt

Flanieren unter Fachwerk

Zwischen Dutzenden alten Fachwerkhäusern – alle hübsch rausgeputzt und kunterbunt – und etlichen anderen historischen Gebäuden lässt sich beim Schlendern über die gepflasterten Straßen glatt die Zeit vergessen. Hier eine nette Weinbar oder Straußwirtschaft, da ein fotogener Winkel zwischen farbigen Fensterläden und von Efeu oder Weinlaub bewachsenen Häuserfronten, da kann man sich schon mal in einen ganzen Ort vergucken. Wer den Tag gut plant und eine der offenen Führungen durch das Weinbaustädtchen erwischt, kann sich für kleines Geld noch die Geschichten zu allerlei Sehenswürdigkeiten erzählen lassen. (www.hochheimer-stadtfuehrer.de)

Nach dem Bummel durch die Altstadt auf der Mainzer Straße Richtung Daubhäuschen halten. Der Weinautomat steht direkt am Weg.

KM 8

4 Eisenbaum

Kunst mit Aussicht

Wenn die obersten Treppenstufen hinter einem liegen, passiert plötzlich etwas Unerwartetes: Der Aussichtsturm in Form eines Baumes fängt an zu sprechen. Er erzählt zum Beispiel, dass die Lautsprecheranlage, über die Vogelgezwitscher und eine tiefe Männerstimme zu vernehmen sind, solarbetrieben ist und deshalb nur bei ausreichend Sonne funktioniert und dass man hier oben auf einer Höhe von 18 Metern quasi auf dem Dach eines sechsstöckigen Hauses steht. Die unverstellte Landschaft ringsum erlaubt eine Fernsicht Richtung Odenwald, Taunus und Frankfurter Skyline und erzeugt damit eins der schönsten Panoramen des Tages.

Am Gasthof Wiesenmühle vorbei über Bohlen- und Feldwege nach Hochheim, am Ortsrand entlang in die Altstadt.

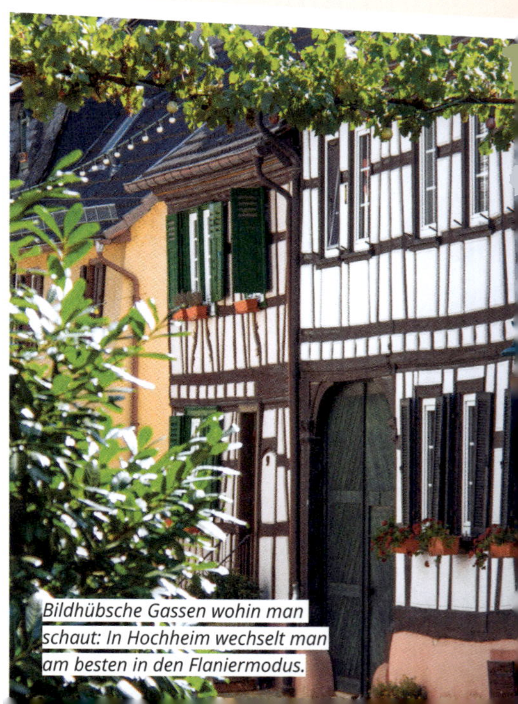

Bildhübsche Gassen wohin man schaut: In Hochheim wechselt man am besten in den Flaniermodus.

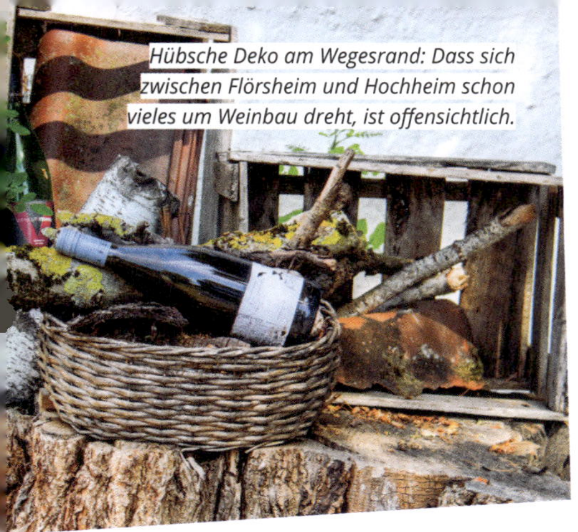

Hübsche Deko am Wegesrand: Dass sich zwischen Flörsheim und Hochheim schon vieles um Weinbau dreht, ist offensichtlich.

EXTRA INFOS:

In Hochheim sorgt ein Besuch des ● **Brothauses Schießer** für Abhilfe bei grummelndem Magen. Neben klassischen Bäckereiprodukten auf die Hand gibt's auch leckere Snacks und Erfrischendes.

Wer eine echte Mittagspause mit kalten Getränken, Biergartenfeeling und Hausmannskost einer Picknickpause vorzieht, kann fast genau in der Mitte der Route im ● **Gasthof Wiesenmühle** unterhalb der Flörsheimer Weinberge einkehren.

KM 13

6 Weinautomat

Mitbringsel auf Knopfdruck

Was für den perfekten Tag in den Weinbergen noch fehlt, ist jetzt eigentlich nur das passende Mitbringsel für die Daheimgebliebenen – oder, je nach Belieben, die eigene Vorratskammer. Dass das nicht mehr von Öffnungs- und Verkaufszeiten abhängen muss, dafür sorgt direkt am Hang, am Eingang zum repräsentativen Weingut Künstler, seit einigen Jahren ein Getränkeautomat der besonderen Art. Dank auffälliger Gestaltung ist die Regio-Box, in der verschiedenste Sorten der hauseigenen Produkte zum Verkauf stehen, kaum zu übersehen. Wer noch ein wenig Zeit hat: Der Automat schafft natürlich auch beste Voraussetzungen für einen kleinen Sundowner mit Picknick im Weinberg.

Durch die Weinberge zurück runter zum Bahnhof.

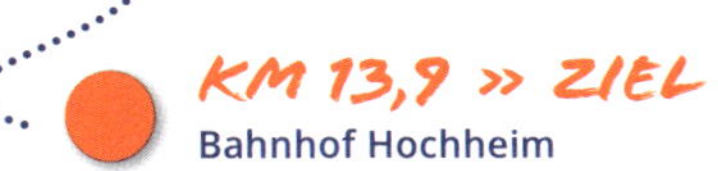

KM 13,9 » ZIEL

Bahnhof Hochheim

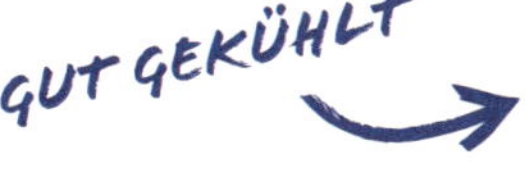

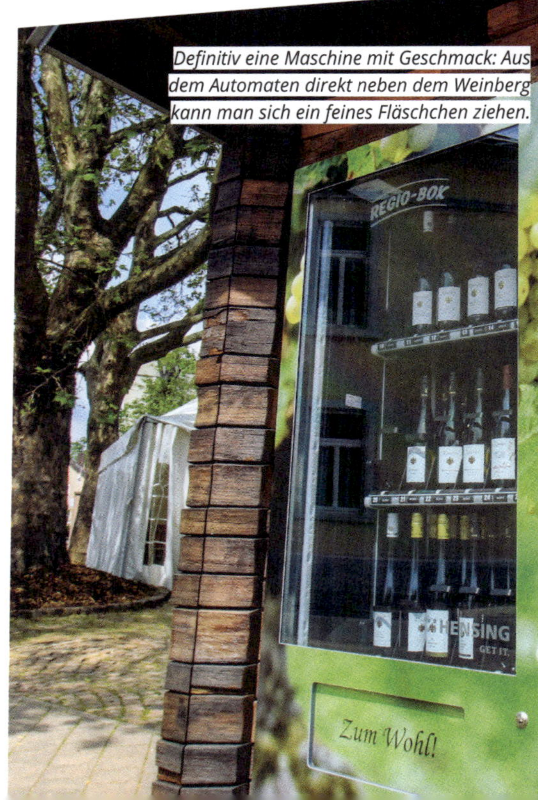

Definitiv eine Maschine mit Geschmack: Aus dem Automaten direkt neben dem Weinberg kann man sich ein feines Fläschchen ziehen.

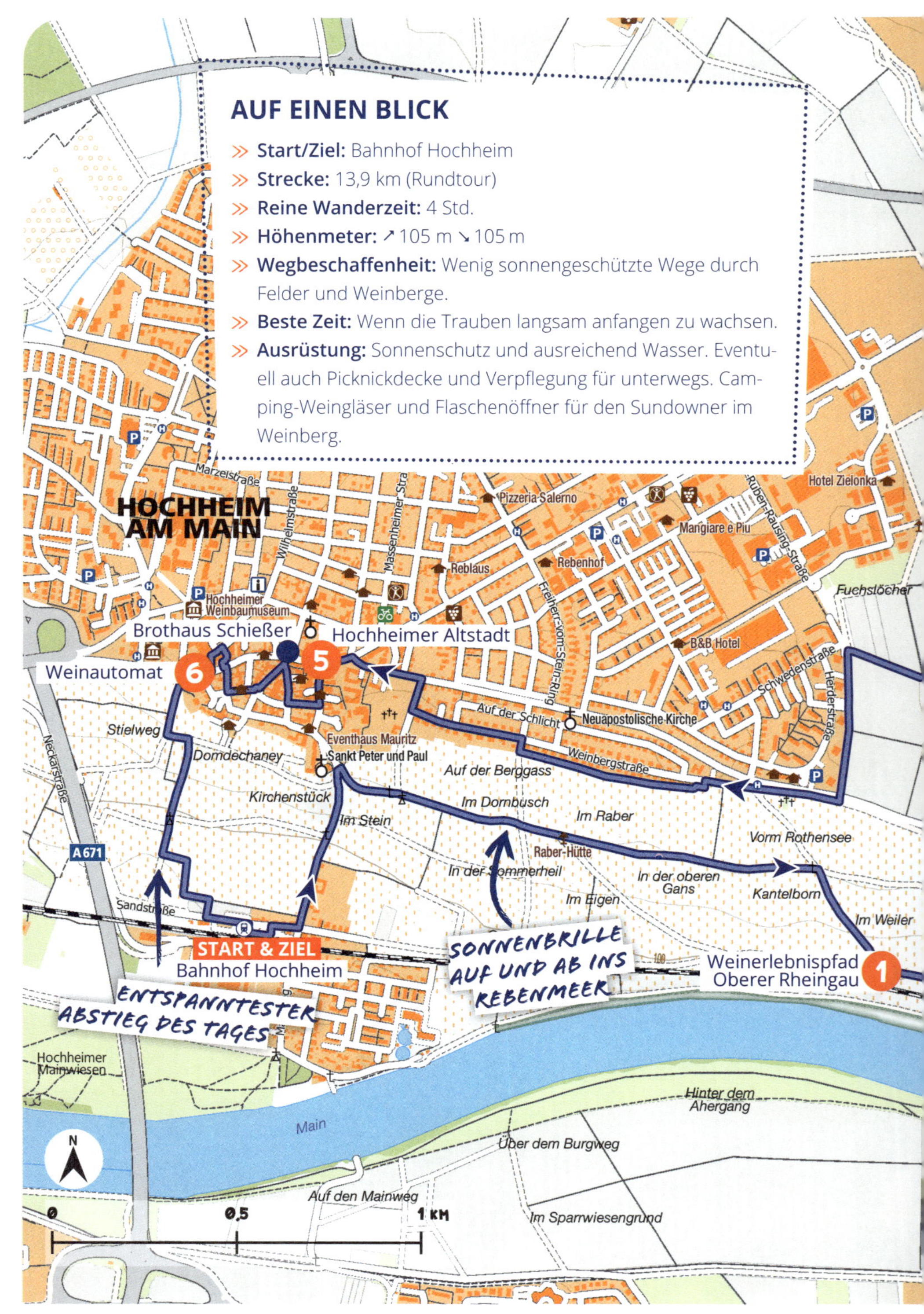

AUF EINEN BLICK

- **Start/Ziel:** Bahnhof Hochheim
- **Strecke:** 13,9 km (Rundtour)
- **Reine Wanderzeit:** 4 Std.
- **Höhenmeter:** ↗ 105 m ↘ 105 m
- **Wegbeschaffenheit:** Wenig sonnengeschützte Wege durch Felder und Weinberge.
- **Beste Zeit:** Wenn die Trauben langsam anfangen zu wachsen.
- **Ausrüstung:** Sonnenschutz und ausreichend Wasser. Eventuell auch Picknickdecke und Verpflegung für unterwegs. Camping-Weingläser und Flaschenöffner für den Sundowner im Weinberg.

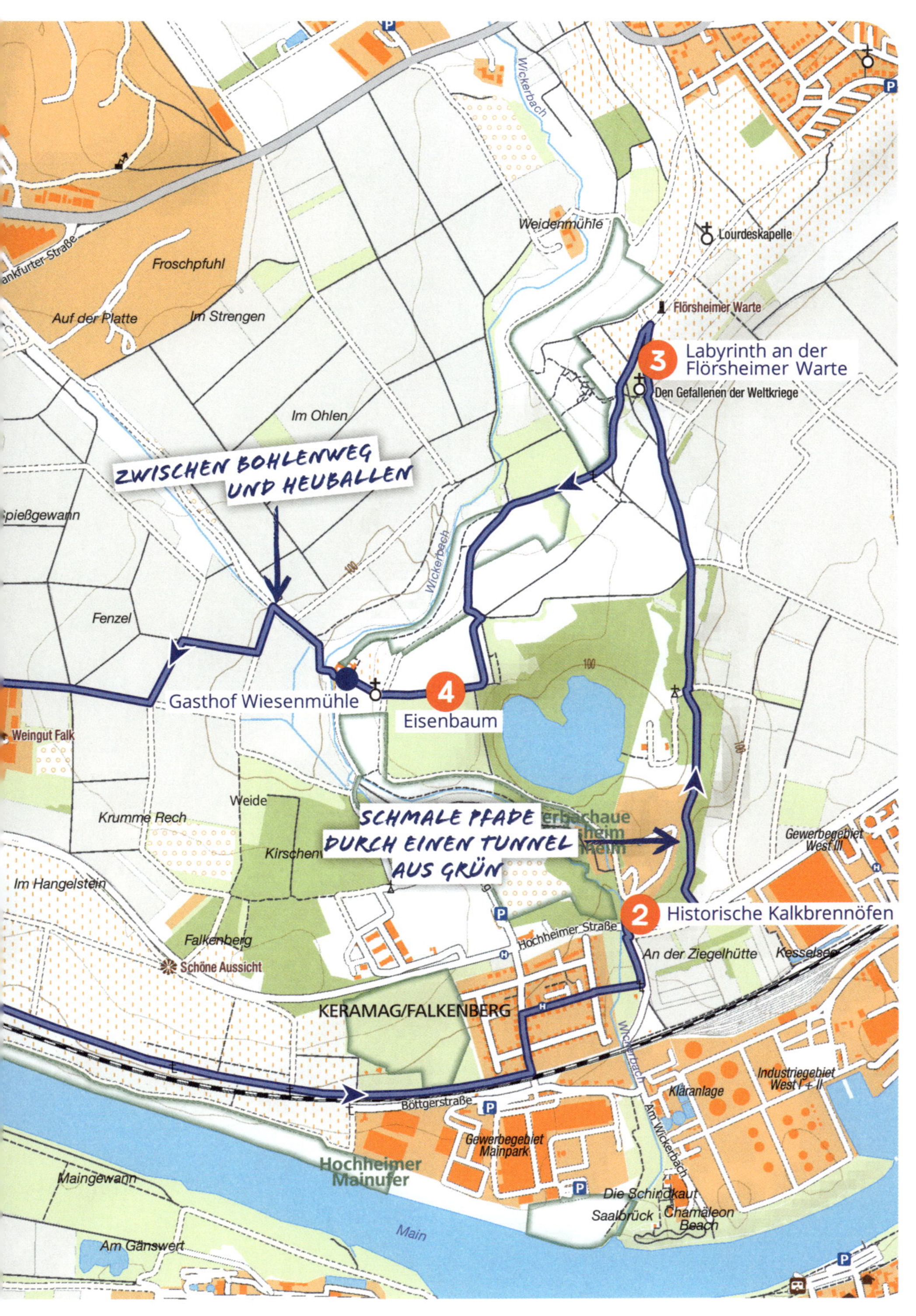

Labyrinth an der Flörsheimer Warte
Den Gefallenen der Weltkriege
Flörsheimer Warte
Lourdeskapelle
Weidenmühle
Wickerbach
Froschpfuhl
Auf der Platte
Im Strengen
Im Ohlen
ZWISCHEN BOHLENWEG UND HEUBALLEN
Spießgewann
Fenzel
Gasthof Wiesenmühle
Eisenbaum
Weingut Falk
Krumme Rech
Weide
SCHMALE PFADE DURCH EINEN TUNNEL AUS GRÜN
Im Hangelstein
Historische Kalkbrennöfen
Gewerbegebiet West III
Hochheimer Straße
An der Ziegelhütte
Falkenberg
Schöne Aussicht
KERAMAG/FALKENBERG
Industriegebiet West I + II
Kläranlage
Böttgerstraße
Gewerbegebiet Mainpark
Hochheimer Mainufer
Maingewann
Am Wickerbach
Die Schindkaut
Saalbrück
Chamäleon Beach
Main
Am Gänswert

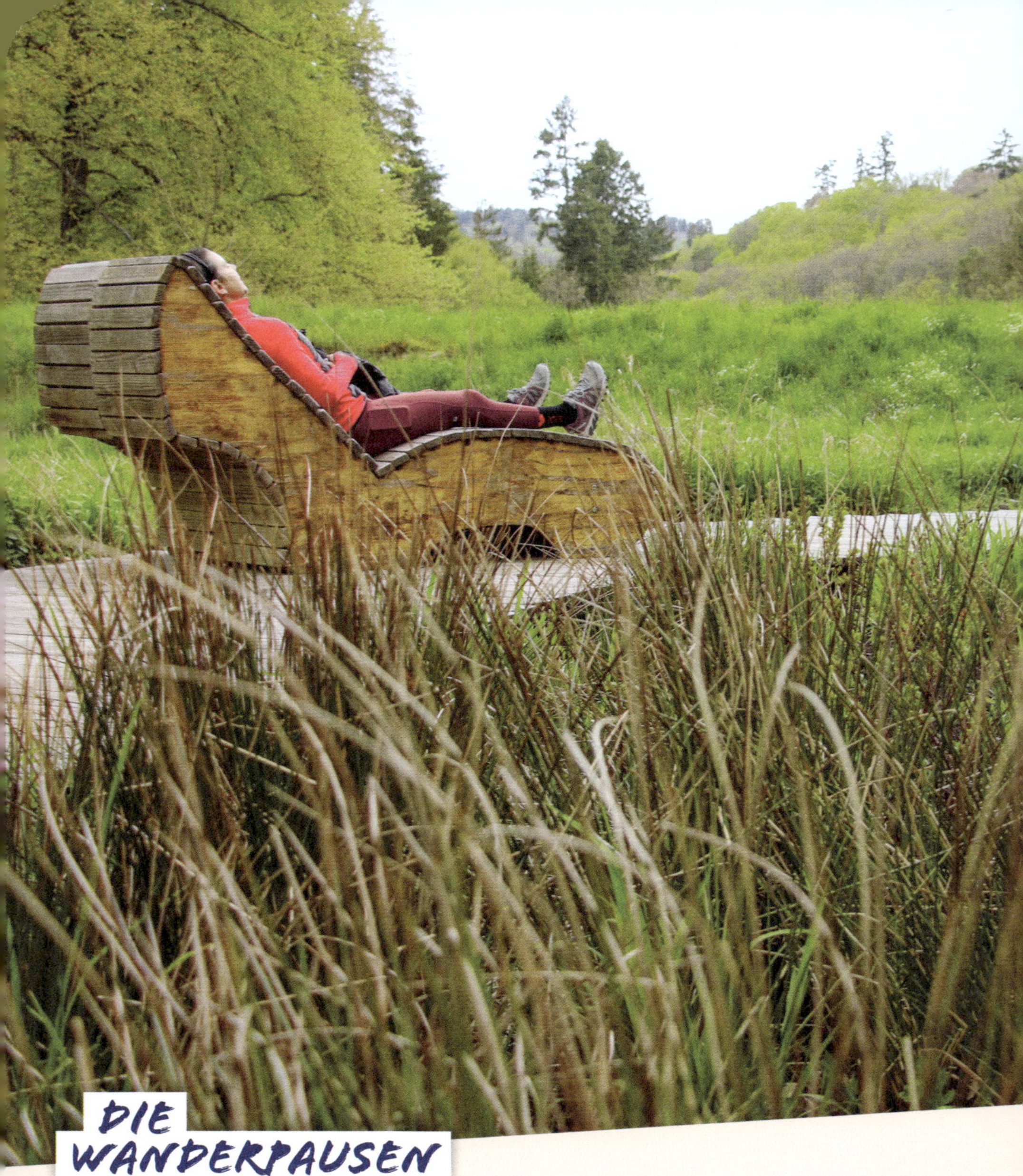

DIE WANDERPAUSEN

» START
Bushaltestelle Kurhaus Bad Schwalbach

KM 0,5

1 Heilpflanzengarten im Kurpark
Kräuterduft in der Nase

KM 3

2 Nesselbach-Hütte
Picknick mit Alm-Feeling

KM 4

3 Längste Bank Hessens
Echt pragmatisch

11 UND DIE WELT STEHT STILL

In Bad Schwalbach

Dass in dem Kurort, der hinter verschlungenen Straßen traumhaft idyllisch im hügeligen Hintertaunus liegt, schon Berühmtheiten wie Gottfried-Wilhelm Leibniz oder Kaiserin Elisabeth von Österreich kurten, ist der beste Grund, neugierig zu werden und auf die Suche zu gehen nach Dingen, die Körper und Geist gut tun.

KM 6

4 Begehbares Moor
Moorbaden mal anders

KM 7

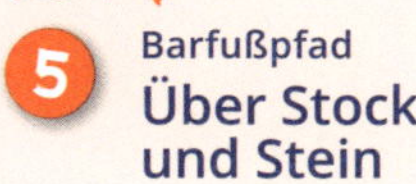

5 Barfußpfad
Über Stock und Stein

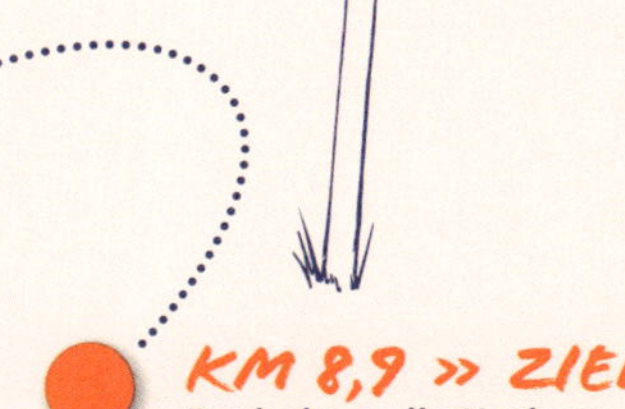

KM 8,9 » ZIEL
Bushaltestelle Kurhaus Bad Schwalbach

WENN MAN GANZ GENAU HINSCHAUT, …

… dann sieht man dem Kurstädtchen Bad Schwalbach die alten Zeiten noch an. Zeiten, als reiche Briten zum Kuren in die Gegend strömten und auch Menschen aus vielen Winkeln Deutschlands noch ihre Sommerfrische in der Region verbrachten. Zeiten, bevor Fernreisen eine Sache für die breite Masse wurden und der Gedanke, wie schön es doch ganz in der Nähe sein kann, noch nicht so überraschend war wie heute. Ein Gedanke, der schon bei der Busfahrt Richtung Bad Schwalbach auftaucht, unterwegs durch zauberhaft grüne Landschaften und zwischen Hügel gebettete Ortschaften.

Dabei ist Bad Schwalbach doch wirklich ein durch und durch naheliegender Ort, um sich auf die Suche nach all dem zu machen, was entschleunigt: Brunnen mit Wasser, das so viele Mineralien enthält, dass man ihm heilende Kräfte zuschreibt, ein weitläufiger Kurpark mit prächtigen Blumenwiesen, Landschaftsgärten und sogar einem **Heilpflanzengarten.** Nur wenige Schritte von hier beginnt der Wald, der sich durch Täler und an Bachläufen entlangzieht.

ERHOLSAM: BEIM WALDBADEN DEM TEICHGEFLÜSTER LAUSCHEN

Da geht es über die Pfade der Schwalbentouren, hübsche kurze Rundwanderwegen durch den Stadtwald, die nicht nur Kurgästen zur Erholung dienen, zu ruhig gelegenen Pausenplätzchen: eine Einladung zum Trödeln mitten in der Stille der Natur. Perfekter Ort für eine längere Picknickpause ist die **Nesselbach-Hütte,** hinter der auch die hier wohnenden Ziegen genüsslich kauend ihr Leben genießen. Damit das Rastmachen und Hinsetzen nicht langweilig wird, ist am Waldsee eine der nächsten Sitzgelegenheiten in Form der **längsten Bank Hessens** sogar einigermaßen rekordverdächtig.

Berühmt und besonders ist Bad Schwalbach aber vor allem wegen seines Moors, das die meisten Gäste des Kurstädtchens heute weniger in Form der klassischen Anwendungen anzieht, sondern weil ein Teil als **begehbares Moor** Einblicke in ein faszinierendes Ökosystem bietet. Wer der Natur dann noch näher sein will, schlüpft einfach aus den Wanderschuhen und gönnt sich auf dem **Barfußpfad** ein alles andere als alltägliches Erlebnis. «

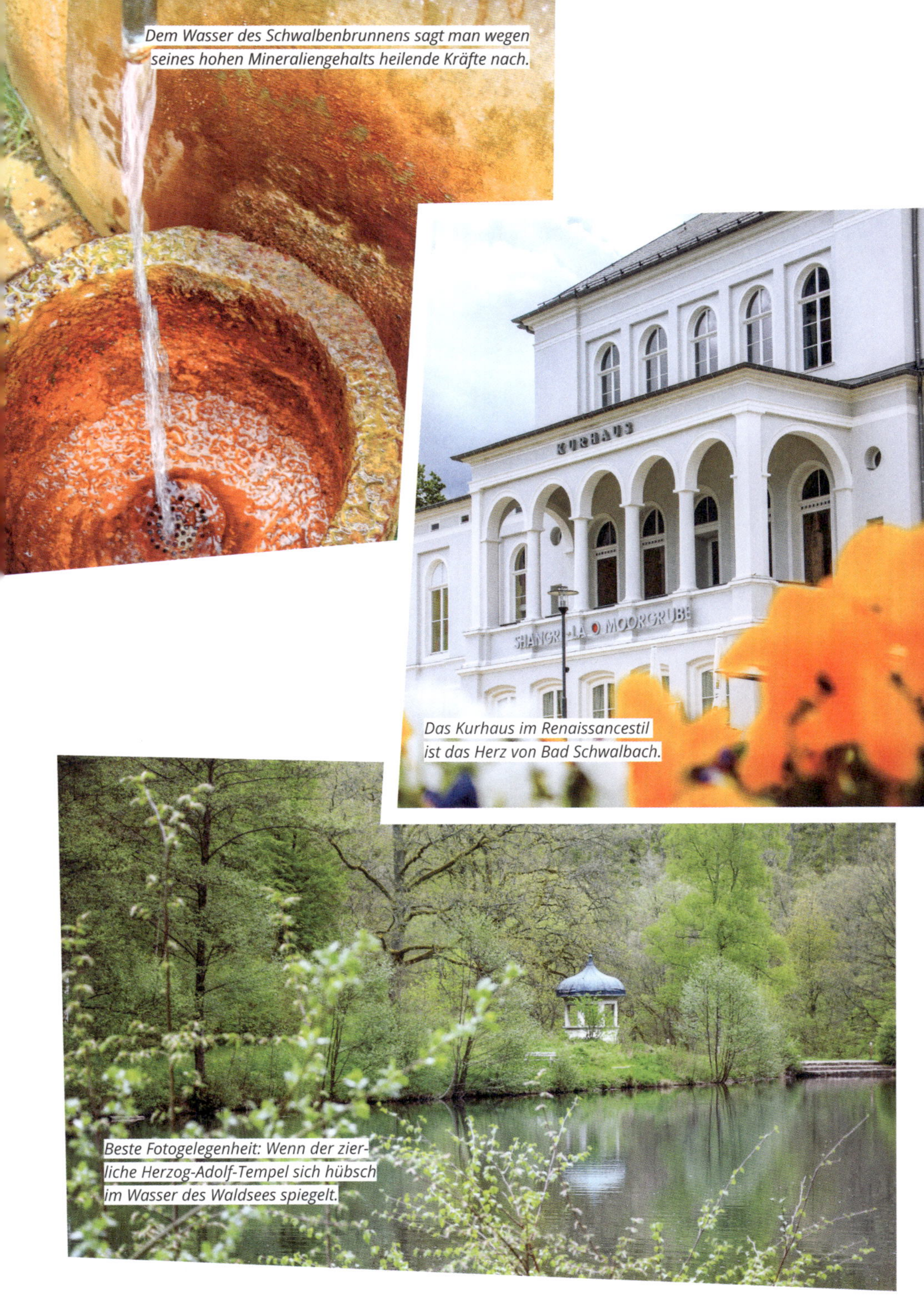

Dem Wasser des Schwalbenbrunnens sagt man wegen seines hohen Mineraliengehalts heilende Kräfte nach.

Das Kurhaus im Renaissancestil ist das Herz von Bad Schwalbach.

Beste Fotogelegenheit: Wenn der zierliche Herzog-Adolf-Tempel sich hübsch im Wasser des Waldsees spiegelt.

WANDERN & GENIESSEN

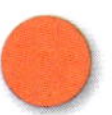

» START

Bushaltestelle Kurhaus Bad Schwalbach

Rechts vom Kurhaus führt der schnellste Weg in den Kurpark, weiter geht's am Stahlbrunnen vorbei zum Kräutergarten.

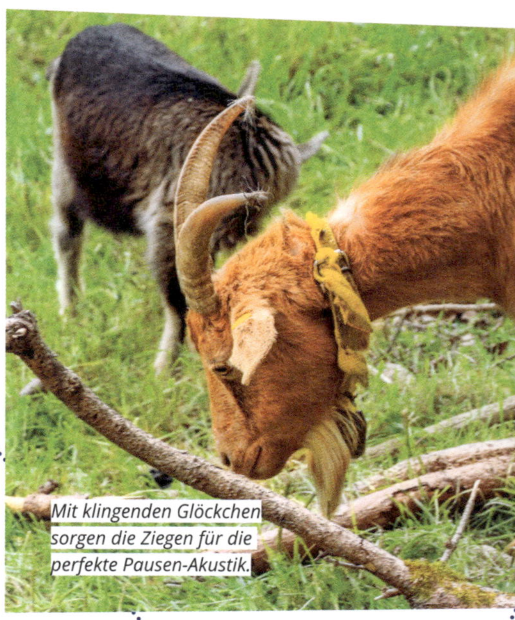

Mit klingenden Glöckchen sorgen die Ziegen für die perfekte Pausen-Akustik.

KM 0,5

1 **Heilpflanzengarten im Kurpark**

Kräuterduft in der Nase

Es ist doch eigentlich verrückt, was die Natur alles kann: An einer Ecke tritt Wasser aus der Erde, dessen Inhaltsstoffe heilend wirken, an der nächsten wachsen Pflanzen, die innerlich oder äußerlich angewandt ebenfalls alle möglichen Leiden der Menschen lindern können. Einfach so, völlig ohne Chemie. Um die Welt der Heilpflanzen dreht sich alles in einem Abschnitt des Bad Schwalbacher Kurparks, wo in Beeten die verschiedensten Kräuter vor sich hin wachsen und blühen. Wer hier auf Streifzug geht, kann auf Schildern viel über die Pflanzen und ihre Anwendung erfahren und immer mal wieder ganz tief Luft holen. Am Ende beginnt die heilsame Wirkung bei manchen Pflanzen ja schon beim Schnuppern ...

Nach einigen Metern links abbiegen und den Park verlassen. Treppen ortseinwärts folgen. Schilder Richtung Kurbahn führen von hier auf die Gleise zu. Ab der Haltestelle Schwalbenbrunnen der Wegmarkierung der Schwalben-Tour Nesselbachtal folgen.

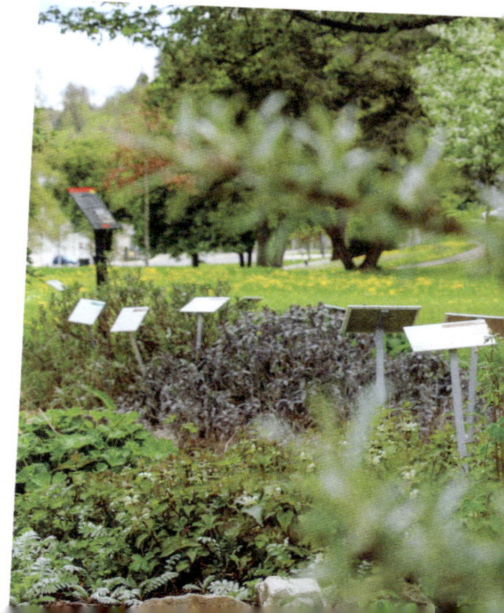

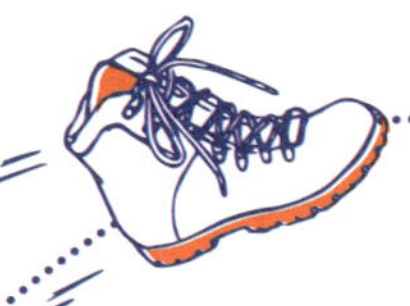

KM 3

2 Nesselbach-Hütte
Picknick mit Alm-Feeling

Ein hübscher Ausblick aufs ruhige Wasser der Teiche, in denen sich der Nesselbach hier aufstaut, im Ohr das stetige Klingeln des Glöckchens, das eine der Ziegen hinter der Hütte an einem breiten, gelben Band um den Hals trägt. Geht's eigentlich überhaupt idyllischer? Die Gelegenheit gilt es also zu nutzen und genau hier ein Picknick auszupacken, um den gemütlichen Moment einfach noch ein wenig länger auszukosten. Und nachdem von der kurzen Tour bereits ein gutes Drittel geschafft ist, kann man hier sogar herrlich die Zeit vergessen.

Vor der Hütte die Brücke auf die andere Seite des Bachtals überqueren und auf der gegenüberliegenden Seite zurück Richtung Ort laufen bis zum Waldsee.

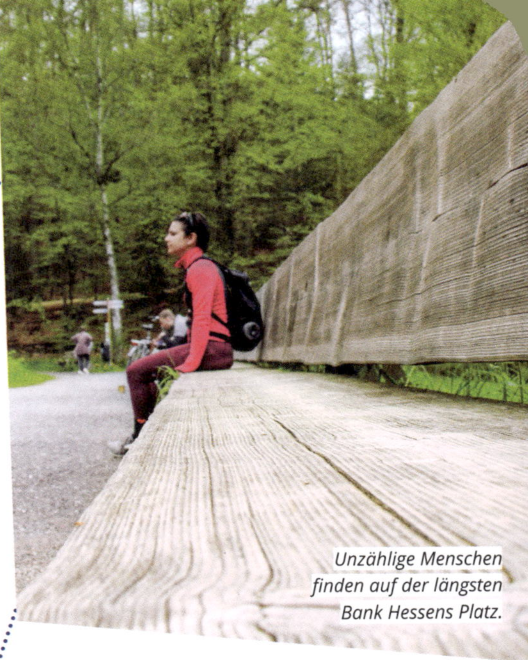

Unzählige Menschen finden auf der längsten Bank Hessens Platz.

KM 4

3 Längste Bank Hessens
Echt pragmatisch

Mit ihren knapp 35 Metern Länge ist die Bank am Waldsee, an dem alle drei Schwalbentouren ihren Ausgang nehmen, ein Ort, an dem eigentlich alle Wandernden, die in Bad Schwalbach unterwegs sind, mindestens einmal vorbeikommen. Ein Glück, dass so viele von ihnen gleichzeitig auf der Sitzgelegenheit Platz finden. Die Bank aus einer einzigen aufgearbeiteten Douglasie, die irgendwo hier in der Nähe von einem Sturm gefällt wurde, gilt aktuell als längste Bank Hessens. Ob's bei dem Rekord lange bleiben wird, kann man nicht sicher vorhersagen, denn die Konkurrenz schläft nicht: Aber daran, dass die Bank einer der außergewöhnlichsten Orte im Taunus ist, würde selbst eine noch längere Bank an anderer Stelle kaum etwas ändern.

Kurz hinter der Bank rechts halten Richtung Moorgruben

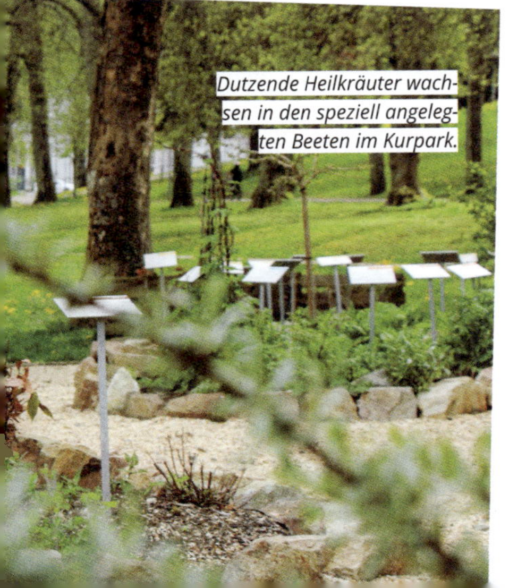

Dutzende Heilkräuter wachsen in den speziell angelegten Beeten im Kurpark.

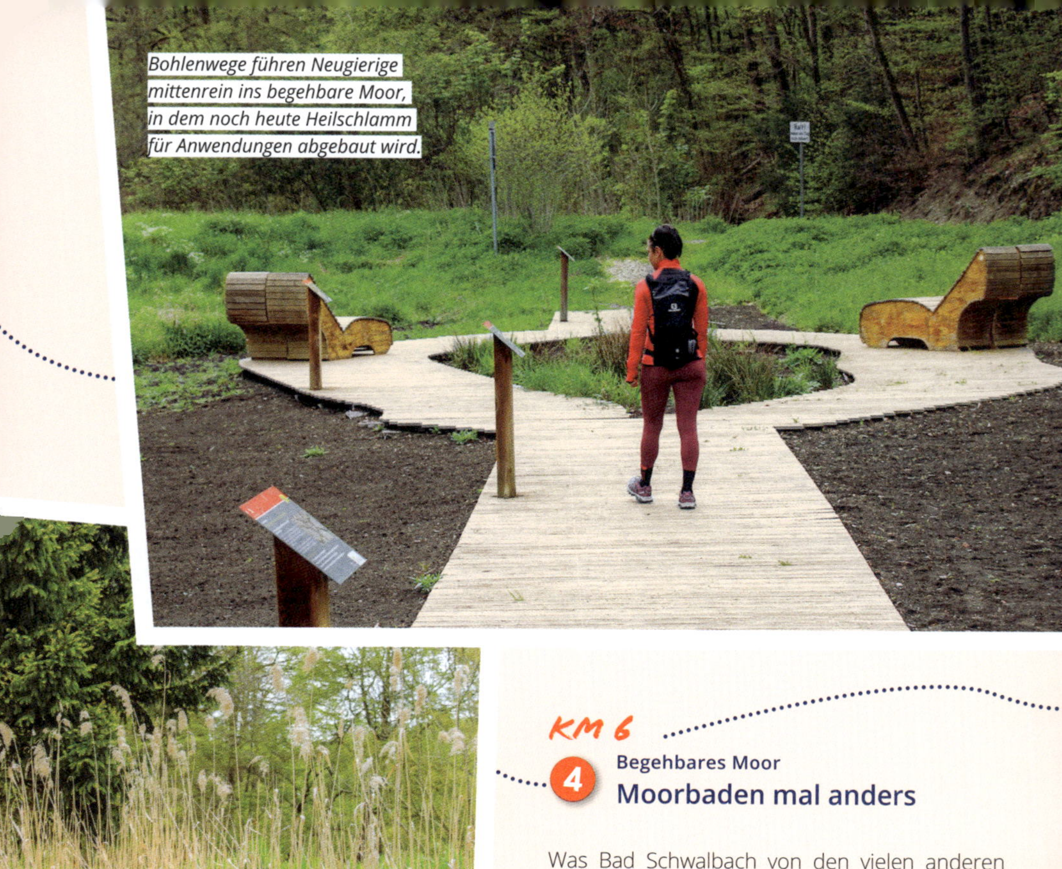

Bohlenwege führen Neugierige mittenrein ins begehbare Moor, in dem noch heute Heilschlamm für Anwendungen abgebaut wird.

Gräser und Binsen sind typisch für die Vegetation im Moor.

FASZINIERENDES ÖKOSYSTEM

KM 6

4

Begehbares Moor

Moorbaden mal anders

Was Bad Schwalbach von den vielen anderen Kurorten im Taunus unterscheidet? Na, das Moor natürlich! Die Moorgruben, die hier das Landschaftsbild prägen, haben über die Jahre unzählige Erholungssuchende hergelockt, mit dem Versprechen, Muskelschmerzen, Stress und etliche andere Leiden zu lindern. Darunter waren auch Berühmtheiten wie Kaiserin Elisabeth (Sisi) von Österreich und ihr Cousin, der sagenumwobene Ludwig II. von Bayern. Noch heute kann man hier auf ihren Spuren wandeln und ganz klassische Moorbäder nehmen, doch die spektakulärste Art der Moorbads führt mittenrein in die Natur. Die Bohlenwege, die durchs begehbare Moor führen, sind zwar nur wenige Meter lang, ermöglichen aber einen hautnahen Einblick in eine faszinierende – und so seltene – Naturlandschaft.

Wegverlauf oberhalb der Moorgruben weiter folgen.

KM 7

5 Barfußpfad

Über Stock und Stein

Es braucht manchmal nur eine kleine Veränderung, um Dinge völlig anders wahrzunehmen ... Einmal kurz an den Schnürsenkeln der Wanderschuhe gezupft, Schuhe und Socken abgestreift und die Füße ins weiche, noch leicht feuchte Gras versenkt. Den idealen Anlass, bereits zu Beginn des Frühlings mal wieder mit nackten Füßen unterwegs zu sein, schafft der Barfußpfad zwischen Gerstruthtal und Kurpark, der sich fast einen Kilometer lang über verschiedenste natürliche Untergründe hangelt. Es geht über Holzscheiben oder von Wasser glatt geschliffene Steine, pieksenden Kies, weiche Rinde sowie Balancierstationen und zwischendurch immer wieder ins hohe Gras, das so herrlich an den Knöcheln kitzelt. Wie schön sich Natur doch anfühlen kann!

Weg zurück Richtung Kurpark folgen und am Kurhaus vorbei wieder zur Bushaltestelle.

EXTRA INFOS:

Wenn man das mit der Beschaulichkeit und dem Gang runterschalten auf die Spitze treiben will, ist ● **Minigolf** die perfekte Aktivität. Am hübschen Platz beim Golfhaus im Kurpark führt diese Tour gleich zweimal vorbei: auf dem Hin- wie auf dem Rückweg. Das Eis am Stiel am Büdchen ist zur Belohnung nach der Partie quasi ein Muss.

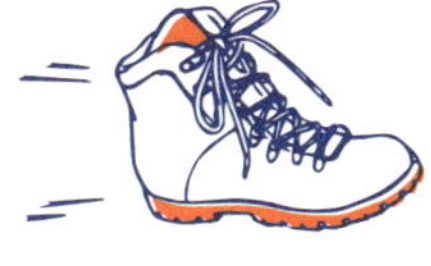

KM 8,9 » ZIEL

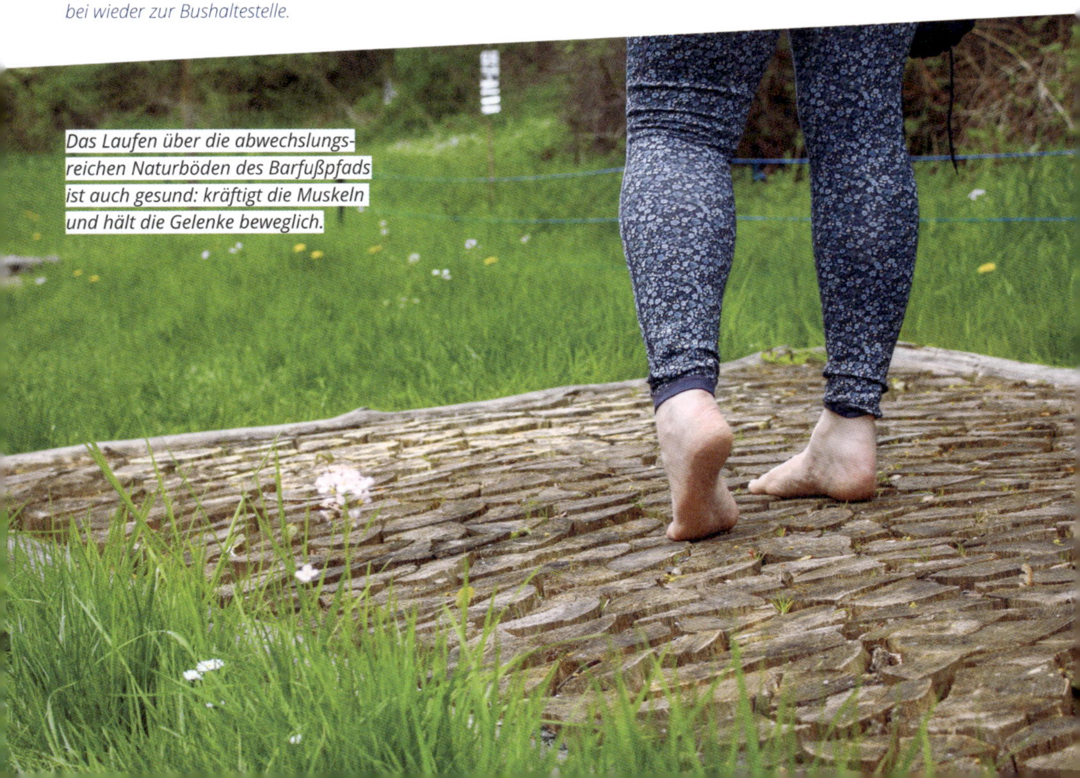

Das Laufen über die abwechslungsreichen Naturböden des Barfußpfads ist auch gesund: kräftigt die Muskeln und hält die Gelenke beweglich.

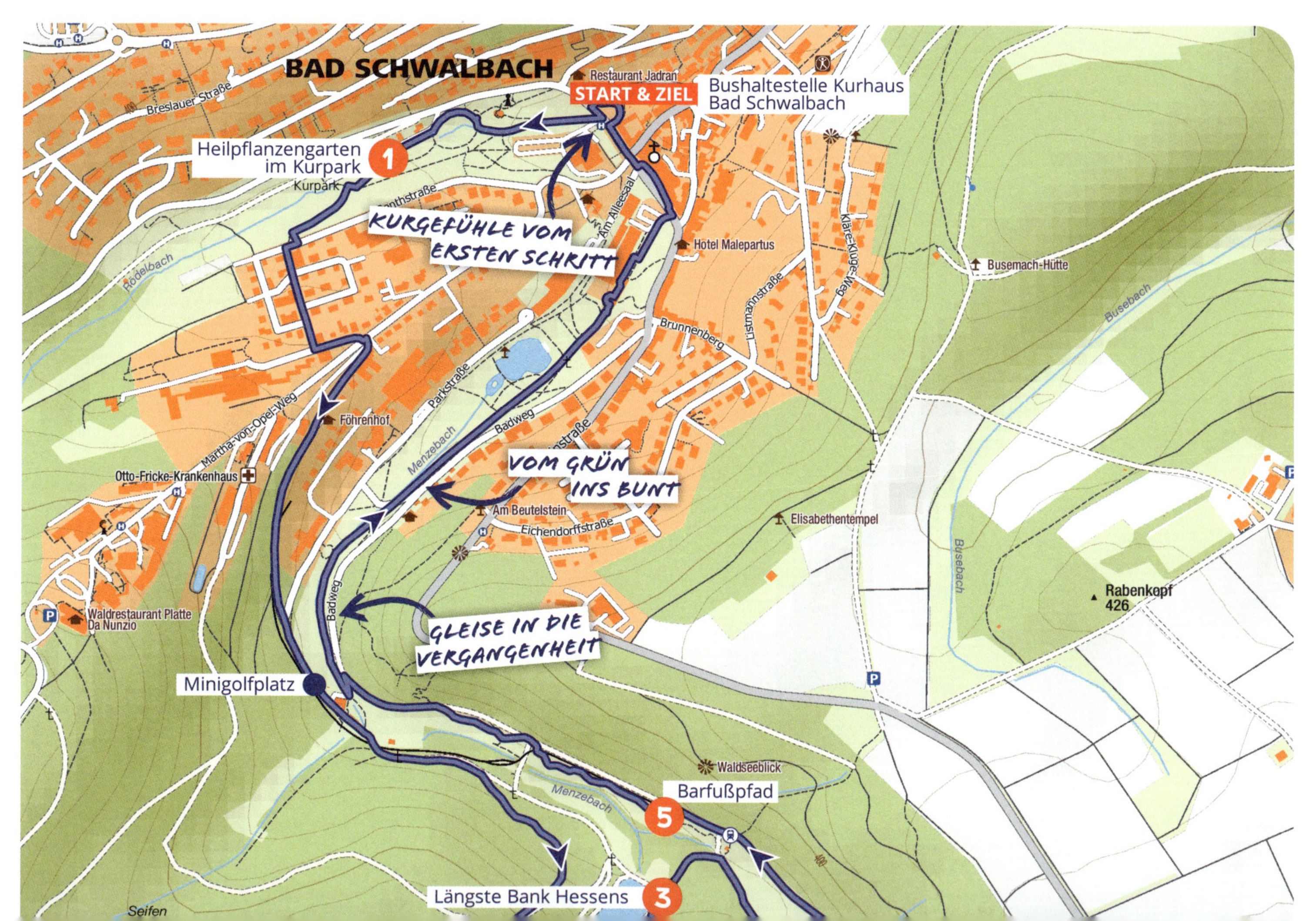
BAD SCHWALBACH
Restaurant Jadran
START & ZIEL
Bushaltestelle Kurhaus Bad Schwalbach
1 Heilpflanzengarten im Kurpark
Kurpark
Breslauer Straße
Rödelbach
KURGEFÜHLE VOM ERSTEN SCHRITT
Am Alleesaal
Hotel Malepartus
Kläre-Kluge-Weg
Listmannstraße
Brunnenberg
Busemach-Hütte
Busebach
Parkstraße
Föhrenhof
Martha-von-Opel-Weg
Otto-Fricke-Krankenhaus
Menzebach
Badweg
VOM GRÜN INS BUNT
Am Beutelstein
Eichendorffstraße
Elisabethentempel
Rabenkopf 426
Waldrestaurant Platte Da Nunzio
GLEISE IN DIE VERGANGENHEIT
Minigolfplatz
Waldseeblick
Barfußpfad
5
3 Längste Bank Hessens
Seifen

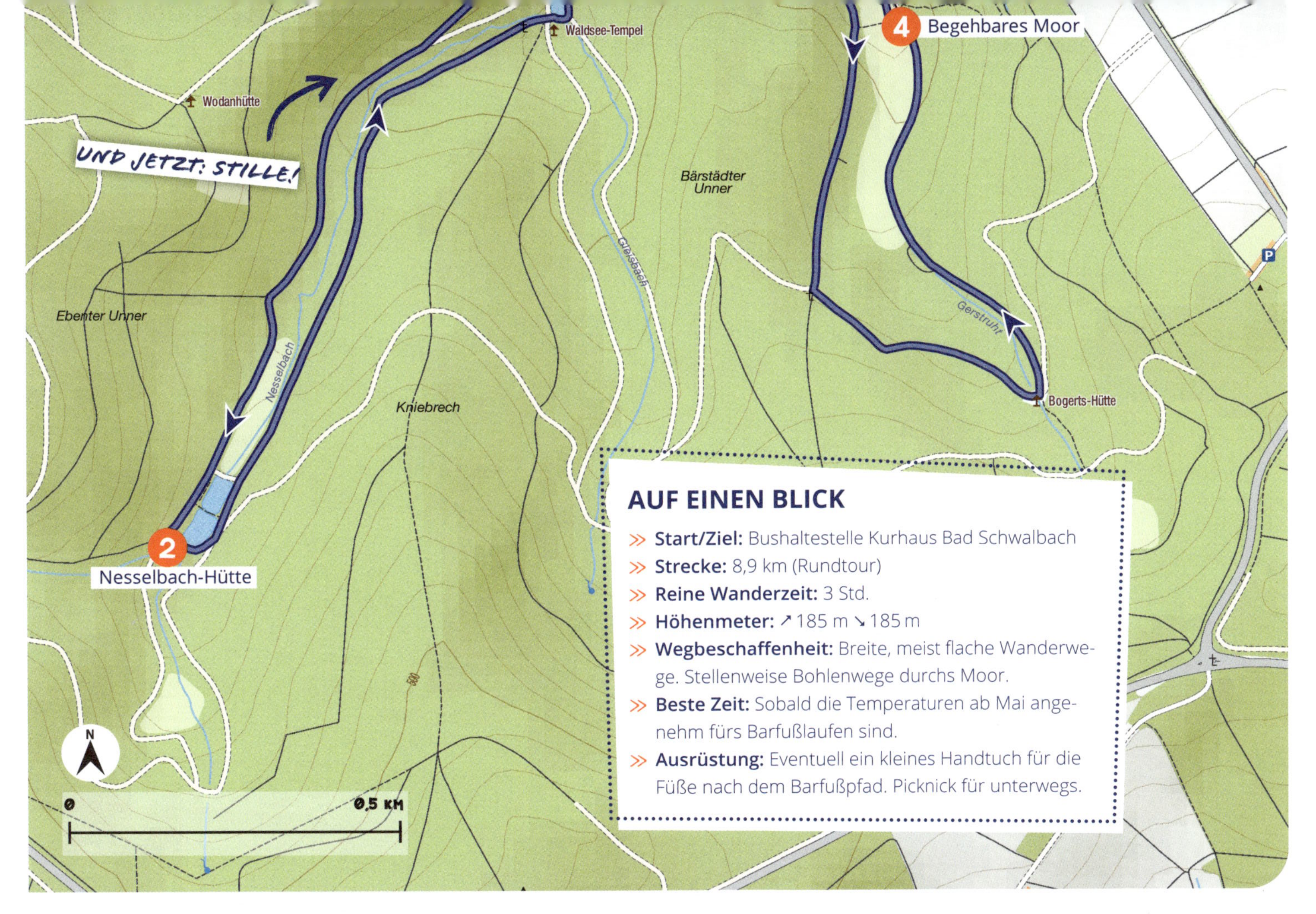

AUF EINEN BLICK

- **Start/Ziel:** Bushaltestelle Kurhaus Bad Schwalbach
- **Strecke:** 8,9 km (Rundtour)
- **Reine Wanderzeit:** 3 Std.
- **Höhenmeter:** ↗ 185 m ↘ 185 m
- **Wegbeschaffenheit:** Breite, meist flache Wanderwege. Stellenweise Bohlenwege durchs Moor.
- **Beste Zeit:** Sobald die Temperaturen ab Mai angenehm fürs Barfußlaufen sind.
- **Ausrüstung:** Eventuell ein kleines Handtuch für die Füße nach dem Barfußpfad. Picknick für unterwegs.

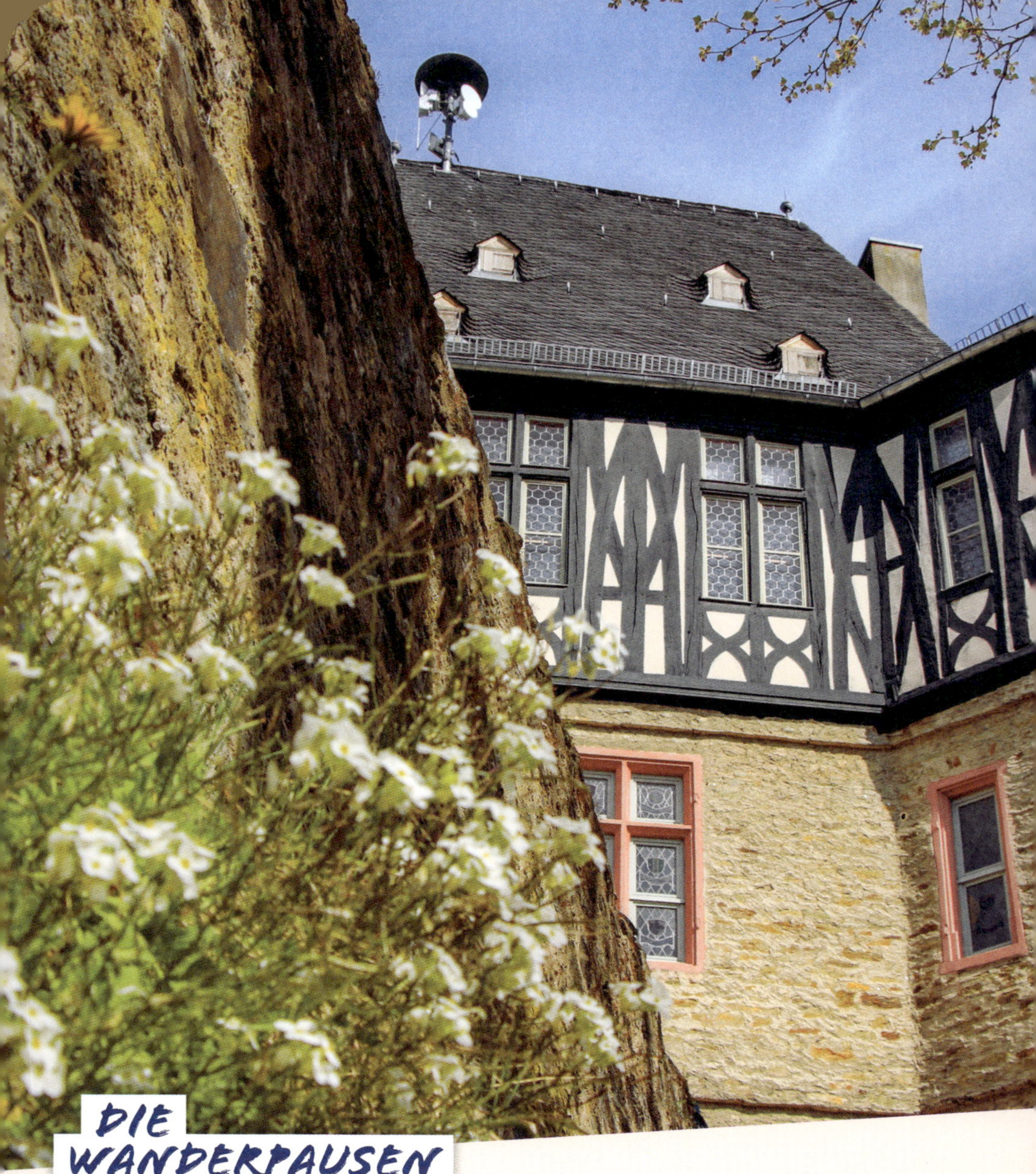

DIE WANDERPAUSEN

»START
Bahnhof Idstein

KM 1
1 Idsteiner Altstadt
Fürs Erinnerungsalbum

KM 1,5
2 Hexenturm
Richtig geschichtsträchtig

KM 7
3 Alte Bäume
Stumme Zeitzeugen

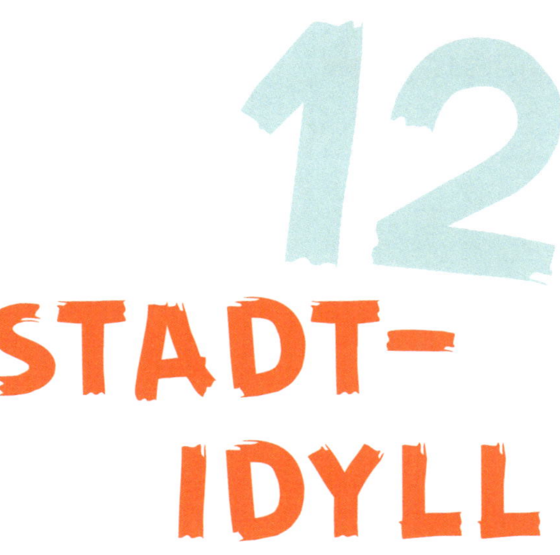

12 STADT-IDYLL

Rund um Idstein

Ein Adjektiv, mit dem sich Idstein im Zeitgeist der 2020er-Jahre besonders gut beschreiben lässt: instagramable. Und das bezieht sich nicht nur auf die bezaubernde Altstadt mit ihren hübsch herausgeputzten Fachwerkhäusern, sondern auch auf die grüne Umgebung.

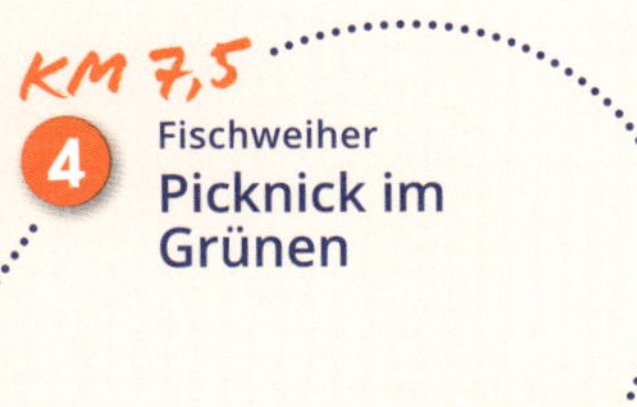

KM 7,5

4 Fischweiher

Picknick im Grünen

KM 9

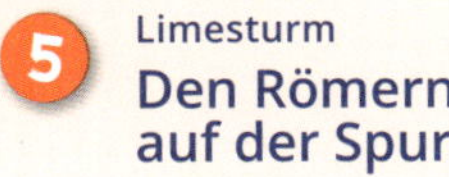

5 Limesturm

Den Römern auf der Spur

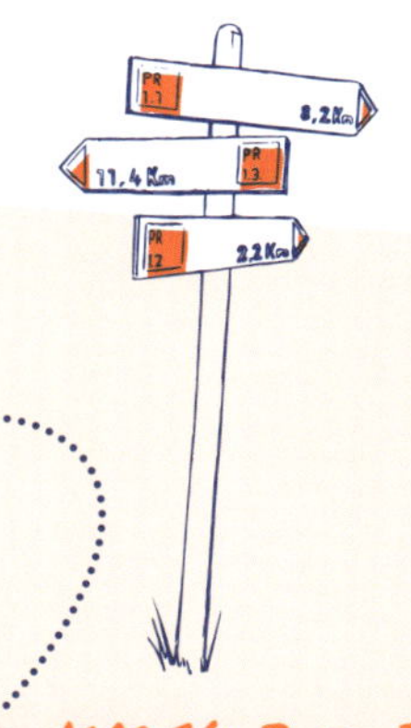

KM 14,2 » ZIEL

Bahnhof Idstein

MAN MÖCHTE ES FAST NICHT GLAUBEN, ...

...wie schnell man eine der größten Städte des Taunus ganz einfach hinter sich lassen kann. Noch eben wuselten Schulgruppen im Schlepptau mehrsprachiger Städteguides durchs Fachwerkbild der **Idsteiner Altstadt,** klapperten viele Sohlen gleichzeitig über den steinernen Boden, der die bildhübschen Häuschen mit dem exponierten **Hexenturm** und dem prächtigen Schloss verbindet. Und plötzlich, nur wenige Schritte durch einen kleinen Park später, steht man auf unebenem Felsboden mitten in der Wildnis. Die Blätter rascheln, etliche Singvögel stimmen ein kleines Konzert an, irgendwo in der Nähe klopft ein Specht. Hallo, Idstein? Bist du noch da?

DER BESTE MOMENT: IM WALD HINTER IDSTEIN GANZ INS VOGELKONZERT EINTAUCHEN

An diesem Punkt kann man problemlos für einige Stunden vergessen, wie die Tour entlang breiter Straßen und verwinkelten Fachwerks in einer Stadt begonnen hat, deren Ansichten inzwischen täglich über soziale Medien wie Instagram oder Pinterest flimmern und dabei Heidelberg, Rothenburg und Co. ernsthaft Konkurrenz machen. Doch weiter hinaus verirrt sich von den Fans der bunten Fachwerkfotos kaum noch jemand – außer ein paar Radbegeisterten und versprengten Wandersleuten, was das Naturidyll, das sich beschaulich vor blühenden Rapsfeldern und Streuobstwiesen mit austreibenden Apfelbäumen aufbaut, noch wertvoller wirken lässt.

Die Tour führt über Pfade, die mal steinig und uneben, mal weich und federnd, mal im Schatten und mal unterm schönsten blauen Himmel am Saum bunter Felder und saftig grüner Wiesen verlaufen, und ist damit mindestens so vielseitig wie Idstein selbst. Hinter einer Grillhütte an einem ehemaligen Badeweiher wartet eine **alte Baumgruppe** als Naturdenkmal, ein Stück weiter bietet sich ein traumhaft hübscher **Fischweiher** als herrlicher Rückzugsort für ein Picknick an. Fürs letzte Stück geht es dann noch auf den historischen römischen Grenzverlauf in der Region, der zum Unesco-Welterbe zählt. An kaum einem anderen Ort des Limeswanderwegs steht ein rekonstruierter **Römerturm** so fotogen in der Landschaft wie hier. «

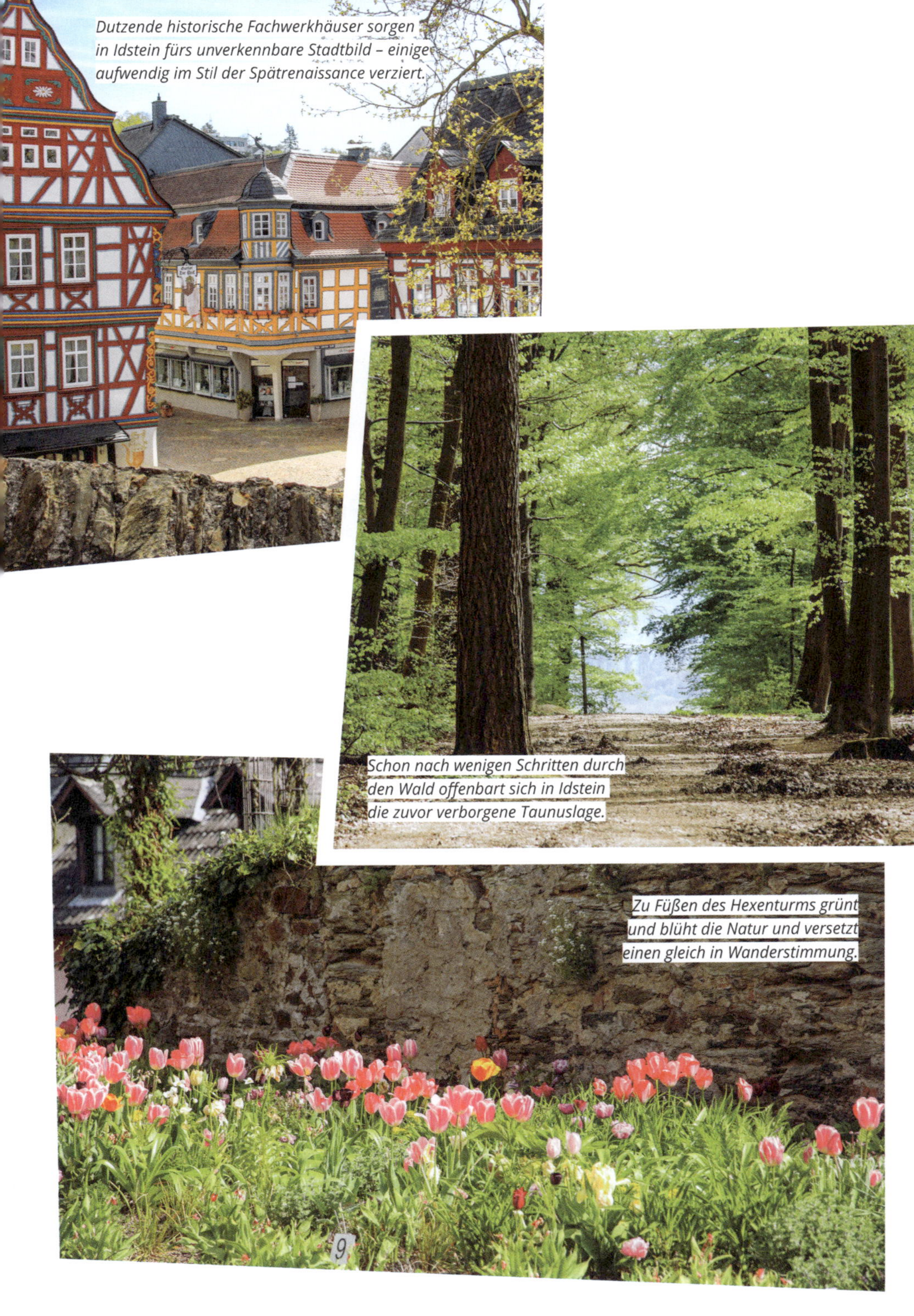

Dutzende historische Fachwerkhäuser sorgen in Idstein fürs unverkennbare Stadtbild – einige aufwendig im Stil der Spätrenaissance verziert.

Schon nach wenigen Schritten durch den Wald offenbart sich in Idstein die zuvor verborgene Taunuslage.

Zu Füßen des Hexenturms grünt und blüht die Natur und versetzt einen gleich in Wanderstimmung.

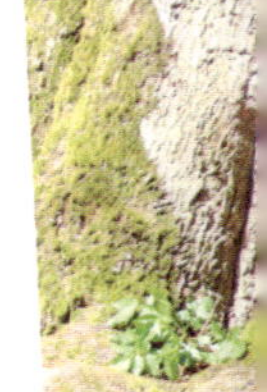

WANDERN & GENIESSEN

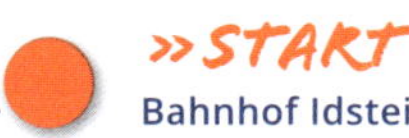

» START
Bahnhof Idstein

Links halten zur Straße Am Bahnhof, weiter auf der Bahnhofstraße Richtung Innenstadt.

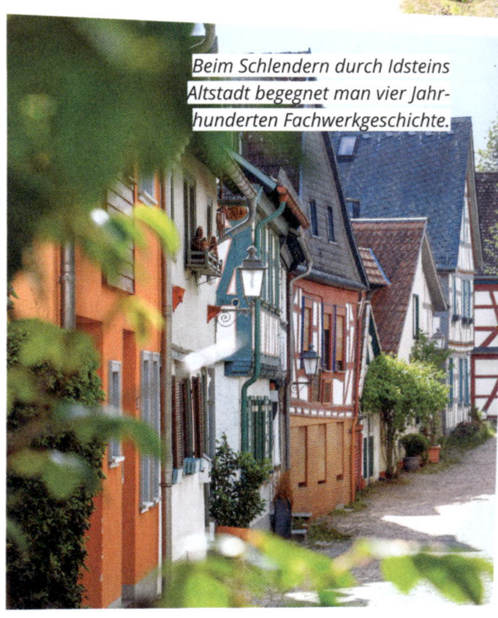

Beim Schlendern durch Idsteins Altstadt begegnet man vier Jahrhunderten Fachwerkgeschichte.

KM 1

1 Idsteiner Altstadt

Fürs Erinnerungsalbum

Würde man eine Umfrage starten und nach der fotogensten Stadt Hessens fragen, hätte Idstein gute Chancen, zumindest unter den Top 10 zu landen. Buntes, gut gepflegtes Fachwerk, hübsche Gässchen, auffällige historische Bauten: Das Städtchen, das mit seinen knapp 25 000 Einwohner:innen zu den größeren des Taunus zählt, hat sich nicht umsonst in den letzten Jahren zum echten Instagram-Liebling entwickelt. Grund genug, sich hier für die Fototour ein bisschen Zeit zu lassen, – vielleicht mit einem Eis in der Hand – in den Schlendermodus zu wechseln und nach tollen Perspektiven zu suchen. Den auffälligen König-Adolf-Platz, an dem die Fachwerkadern der Stadt zusammenlaufen, findet man früher oder später ganz von selbst. Hier liegt auch die Tourist-Info, wo man sich den Schlüssel zur Besichtigung des Hexenturms abolen kann. (www.idstein.de/tourismus/service-anreise/tourist-info)

Über die Treppen hochsteigen zum wuchtigen Kanzleitor und von dort ein paar Schritte weiter Richtung Schloss.

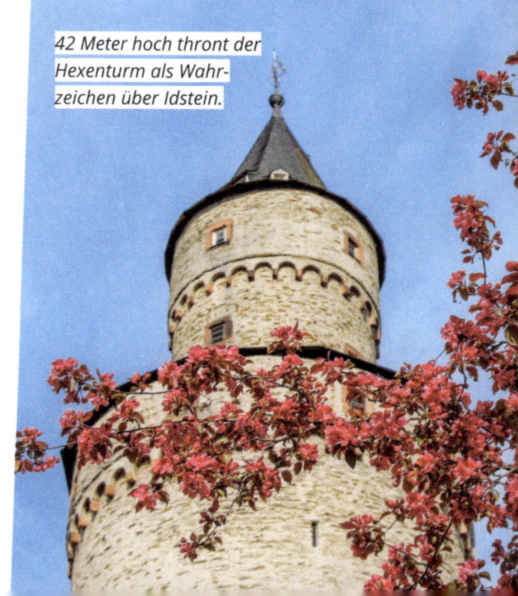

42 Meter hoch thront der Hexenturm als Wahrzeichen über Idstein.

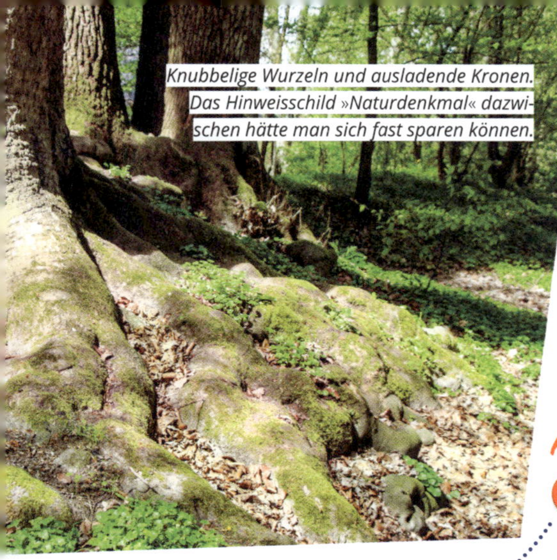

Knubbelige Wurzeln und ausladende Kronen. Das Hinweisschild »Naturdenkmal« dazwischen hätte man sich fast sparen können.

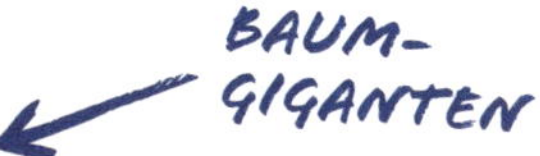

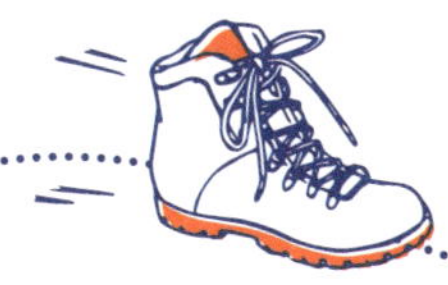

KM 1,5

2 Hexenturm
Richtig geschichtsträchtig

So irreführend der klingende Name des Idsteiner Wahrzeichens auch sein mag: Geschichten hat der Hexenturm genügend auf Lager – von mittelalterlichen Adeligen, die hier einst eine stolze Festung aufbauten und immer wieder erweiterten, von anderen, die das Ganze schließlich zum Schloss ausbauen ließen. Der Hexenturm ist eine Konstante, die die letzten acht Jahrhunderte dieser Entwicklung miterlebt hat. Auch die Zeit, als in Idstein Menschen der Hexerei beschuldigt und ermordet wurden. Obwohl hier wahrscheinlich nie jemand gefangen gehalten wurde, erinnert heute ein Schild an die Opfer der Hexenprozesse 1676/77. Wer die Stufen zum Turm erklimmt, hat einen fantastischen Blick auf die Stadt im Hier und Jetzt.

Treppe am Schlossgarten runter und Straße überqueren. Am Parkplatz rechts in einen versteckten Pfad zum Schlossteich. Vorm Teich rechts den Bach queren und die Stadt verlassen. An der Hohe Straße rechts, Markierung »Rund um den Hexenturm« folgen bis zum Parkplatz Zinsgraben. Ab hier geht's geradeaus zu den alten Bäumen.

KM 7

3 Alte Bäume
Stumme Zeitzeugen

Wer nach den letzten Kilometern über sonnige Pfade die Bezeichnung Badeweiher liest und sich fragt, ob wohl Abkühlung naht, wird leider enttäuscht – auf irgendwie charmante Weise. Denn wo die Idsteiner vorm Bau des städtischen Schwimmbads baden gingen, erinnert mittlerweile wirklich nichts mehr an das Becken, das einst spritziges Sommervergnügen versprach. Auf alten Fotoaufnahmen des Orts blitzt noch das Taunuspanorama hervor, wo heute Baumwipfel den Bergblick verdecken und für Schatten sorgen. Was hier stattdessen alle Aufmerksamkeit auf sich zieht, ist eine als Naturdenkmal gekennzeichnete alte Baumgruppe mit knubbeligen Wurzeln, die daran erinnert, wie faszinierend die Natur ist. Nebenan liegt eine Grillhütte idyllisch im Wald, deren Benutzung man allerdings beim Naturpark Rhein-Taunus anmelden muss (www.naturpark-rhein-taunus.de/de/karte/710/Grillhütte-Badweiher).

An der Grillhütte links abbiegen und direkt an der Gabelung rechts halten, Wegverlauf an den Bäumen vorbei weiter folgen.

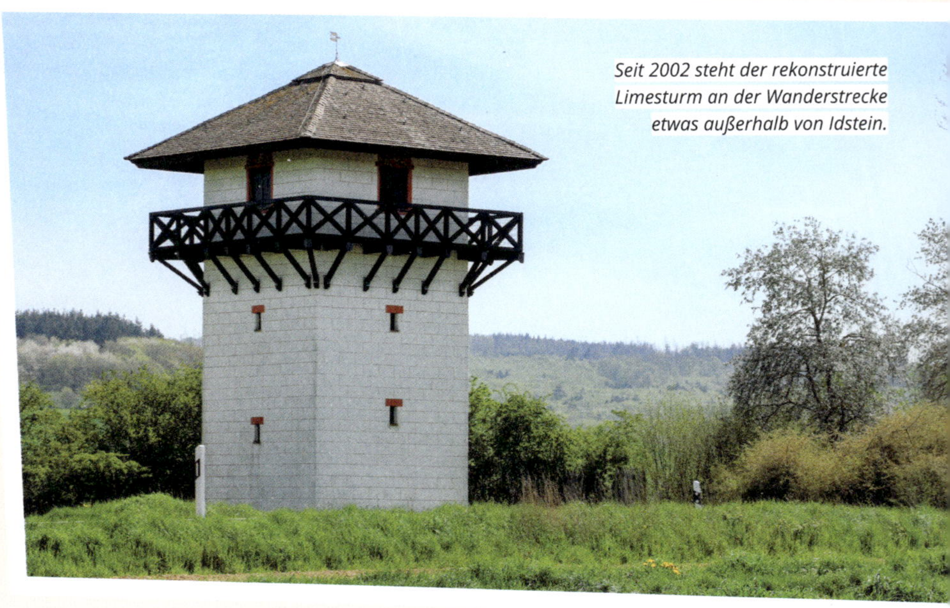

Seit 2002 steht der rekonstruierte Limesturm an der Wanderstrecke etwas außerhalb von Idstein.

4

Fischweiher

Picknick im Grünen

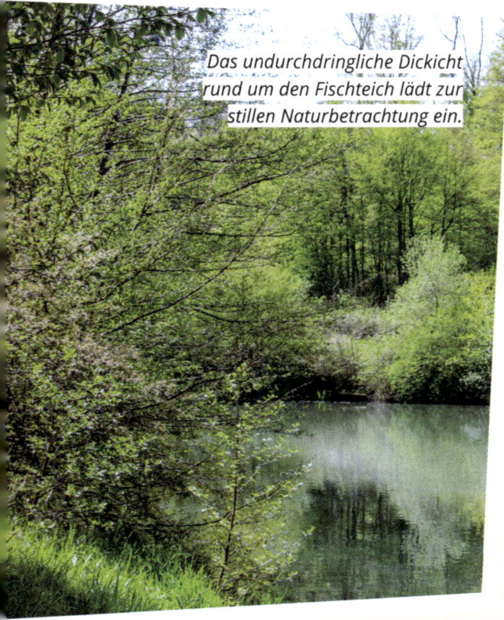

Das undurchdringliche Dickicht rund um den Fischteich lädt zur stillen Naturbetrachtung ein.

Friedlich liegt der Weiher mitten in der Natur. Und ganz ruhig – was unter anderem daran liegen mag, dass die Fischreiher-Attrappe, die sich vor Ort »niedergelassen« hat, so täuschend echt aussieht, dass sie andere Vögel, die den hier lebenden Fischen gefährlich werden könnten, vertreibt. Na, wenigstens müssen kurzzeitig Wandermüde kein schlechtes Gewissen haben, den stolzen Vogel zu stören, und können sich herrlich auf einer der Bänke unweit des Ufers für eine stärkende Rast niederlassen.

Vorm See rechts ab, dann vorm Dasbach nach links schwenken auf den Wanderweg in Richtung des gleichnamigen Stadtteils, bis der Limeswanderweg kreuzt. Auf diesen rechts abbiegen.

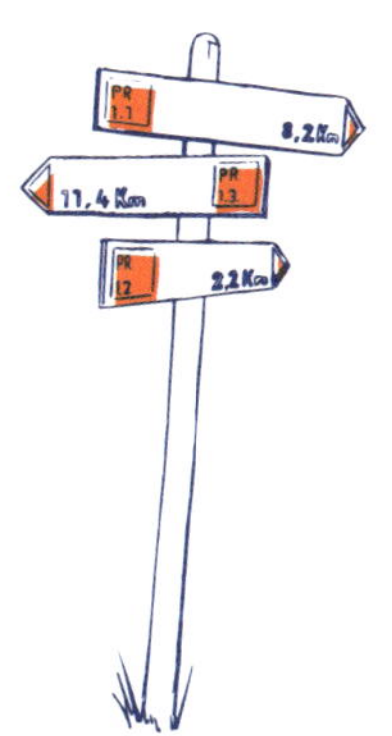

EXTRA INFOS:

Für den entspannten Beginn der Tour in Idstein gibt es vom gemütlichen Frühstück mit Fachwerkblick bis zum Restaurantbesuch eigentlich alle Möglichkeiten. Die schönste an warmen Tagen: ein Eisbecher zur Abkühlung, etwa im ● **Eiscafé Corso** unweit des zentralen König-Adolf-Platzes.

KM 9

5 Limesturm

Den Römern auf der Spur

Wer im Taunus gerne auf Römerspuren wandelt, ist es gewohnt, häufig mal näher hinschauen zu müssen. Weil alte Wachtürme nicht selten nur noch anhand ihrer Grundmauern erkennbar sind und selbst diese langsam, aber sicher von der Natur zurückerobert werden. Ganz anders der sorgfältig rekonstruierte Römerturm im südlichen Idsteiner Stadtteil Dasbach. Der sticht schon von Weitem ins Auge, wenn er sich an schönen Tagen gegen den blauen Himmel abhebt. Auch aus der Nähe fasziniert er und bietet noch dazu mit einigen Bänken einen hübschen Grund, ein Päuschen zu machen und sich ins Jahr 150 nach Christus zu versetzen. Aus dieser Zeit stammen die historischen Quellen und Vorlagen, die dem Wiederaufbau des zwölf Meter hohen Turms zugrundeliegen und ihn wohl zu einer der authentischsten Stellen an der heutigen Limesroute machen.

Noch ein Stück den Limeswanderweg entlang, aber wenn dieser am Wörsbach links abbiegt, weiter geradeaus und zurück Richtung Stadt wieder der Markierung »Rund um Idstein« folgen. Doch an der Helios-Klinik rechts halten Richtung Bahnlinie und parallel zu den Gleisen zurück zum Bahnhof laufen.

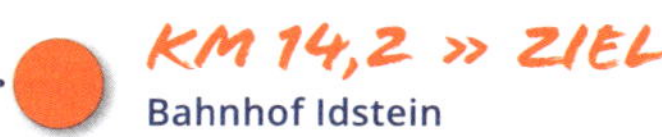

KM 14,2 » ZIEL

Bahnhof Idstein

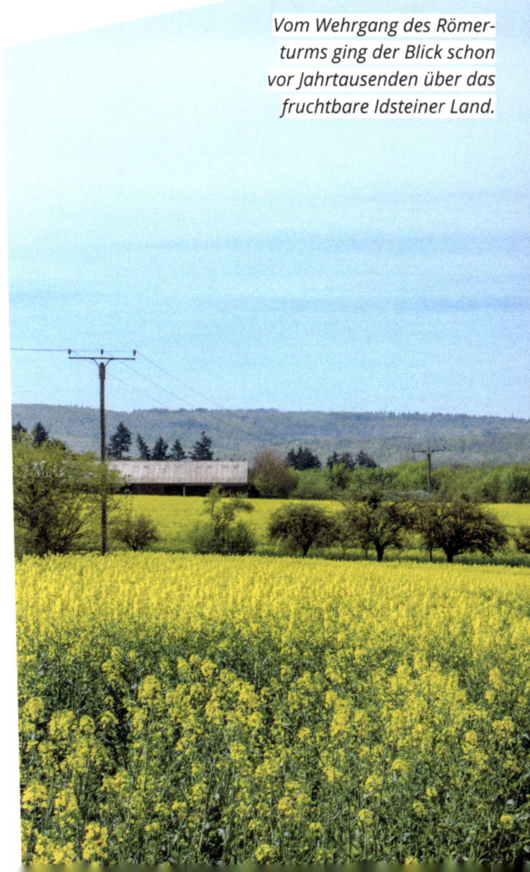

Vom Wehrgang des Römerturms ging der Blick schon vor Jahrtausenden über das fruchtbare Idsteiner Land.

AUF EINEN BLICK

- **Start/Ziel:** Bahnhof Idstein
- **Strecke:** 14,2 km (Rundtour)
- **Reine Wanderzeit:** 4 Std. 30
- **Höhenmeter:** ↗ 197 m ↘ 197 m
- **Wegbeschaffenheit:** Teilweise steinig und uneben, viele Stellen mit nur wenig Schatten.
- **Beste Zeit:** Wenn im April und Mai die Rapsblüte den Frühling einläutet.
- **Ausrüstung:** (Handy-)Kamera für viele Schnappschüsse aus Idstein, Picknick für unterwegs.

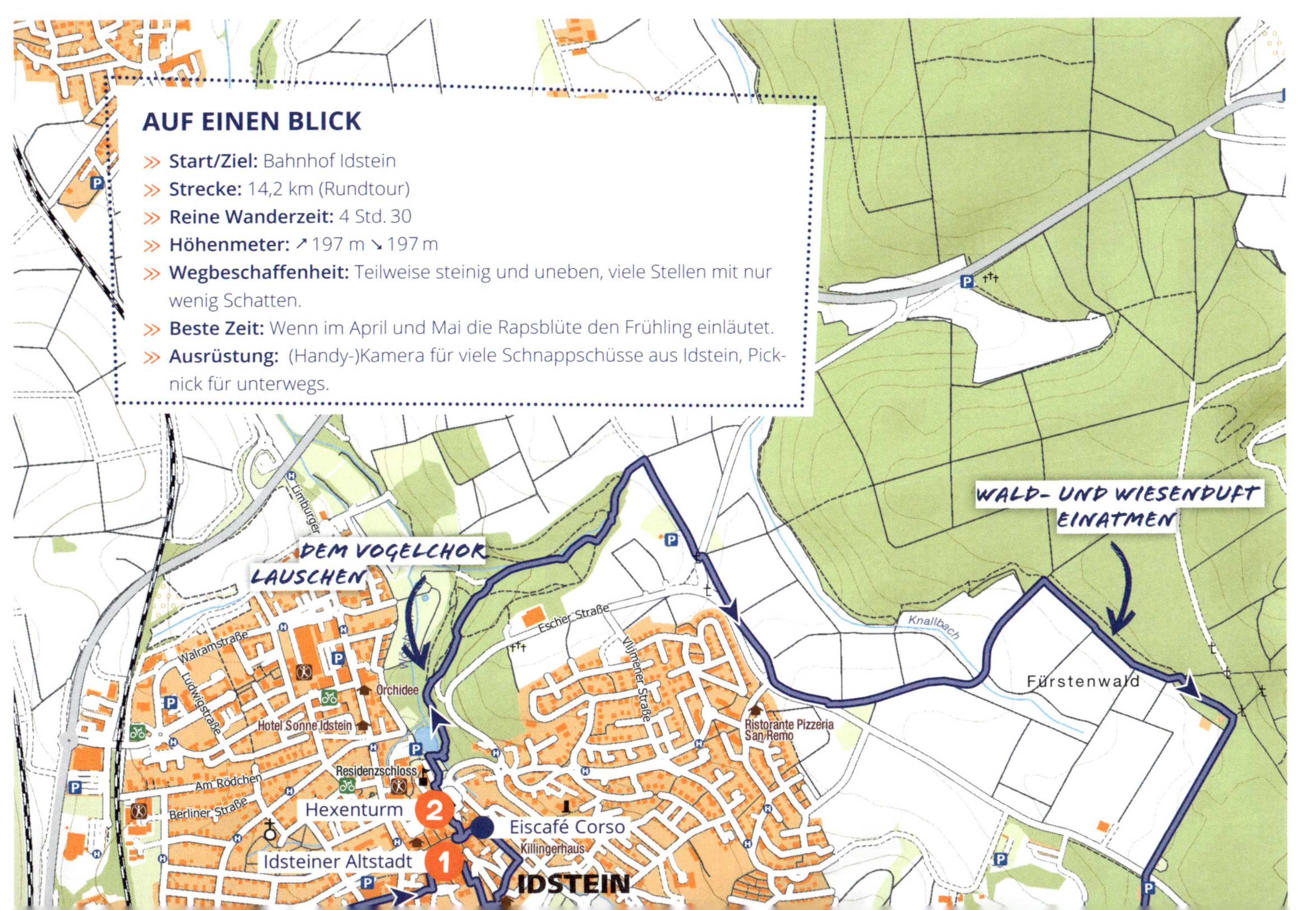

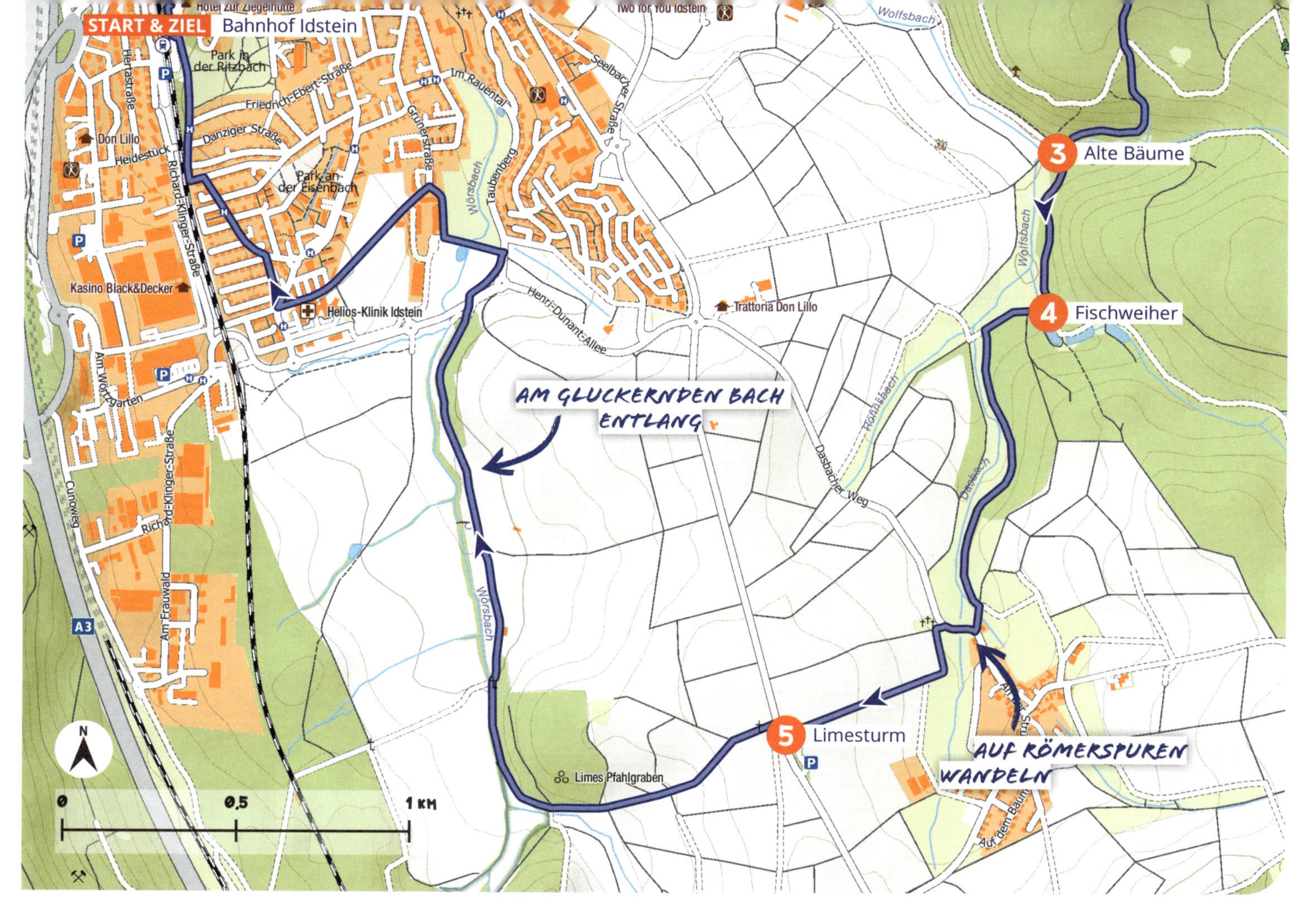

START & ZIEL
Bahnhof Idstein
3 Alte Bäume
4 Fischweiher
5 Limesturm
AM GLUCKERNDEN BACH ENTLANG
AUF RÖMERSPUREN WANDELN
Park in der Ritzbach
Park an der Eisenbach
Hertastraße
Heidestück
Don Lillo
Friedrich-Ebert-Straße
Danziger Straße
Richard-Klinger-Straße
Grünerstraße
Im Rauental
Taubenberg
Seelbacher Straße
Henri-Dunant-Allee
Trattoria Don Lillo
Helios-Klinik Idstein
Kasino Black&Decker
Am Wörtzgarten
Cunoweg
Am Frauwald
A3
Wörsbach
Wolfsbach
Dasbach
Röhrsbach
Dasbacher Weg
Limes Pfahlgraben
Auf dem Baum
300
0
0,5
1 KM
N

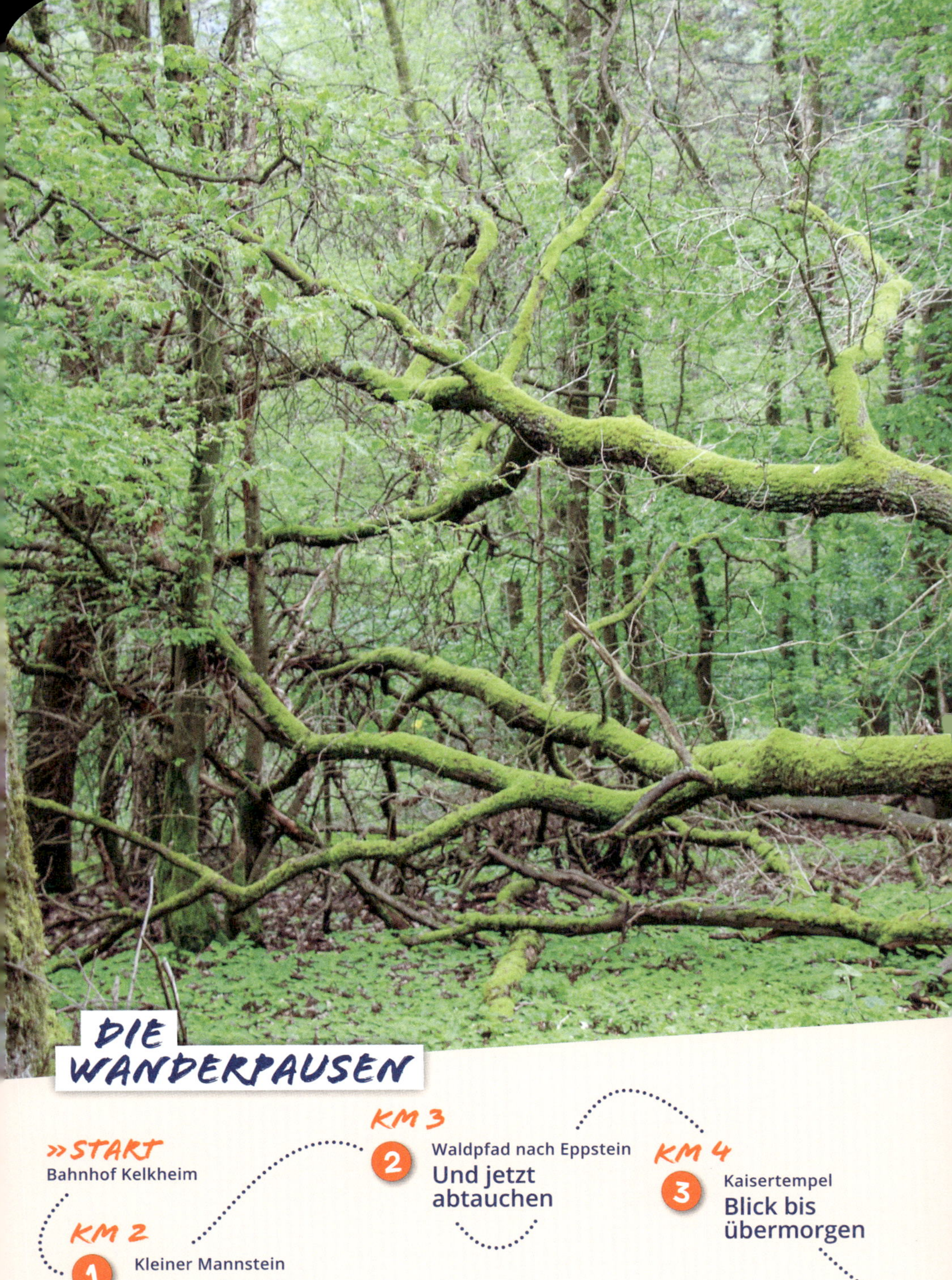

DIE WANDERPAUSEN

» START
Bahnhof Kelkheim

KM 2
1 Kleiner Mannstein
Erst mal ankommen

KM 3
2 Waldpfad nach Eppstein
Und jetzt abtauchen

KM 4
3 Kaisertempel
Blick bis übermorgen

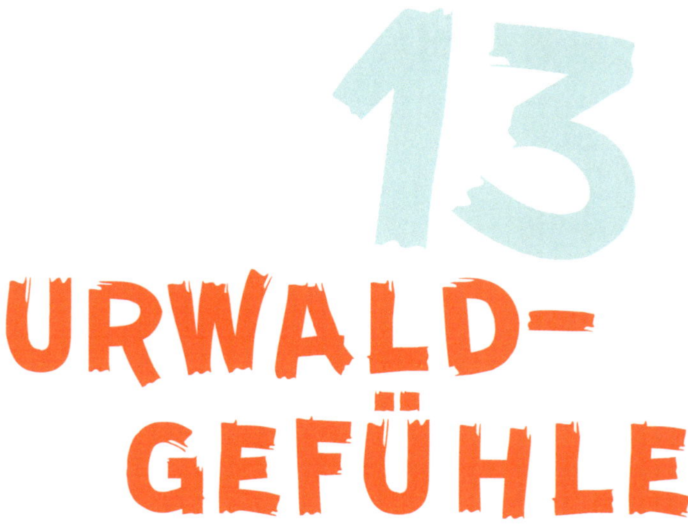

13 URWALD-GEFÜHLE

Zwischen Kelkheim und Eppstein

Zwischen den beiden Taunusstädten öffnen sich neben stolzen Felsen, dichten Wäldern, wilden Pfaden und dem Staufen-Gipfel auch einige der schönsten Panoramablicke der Region.

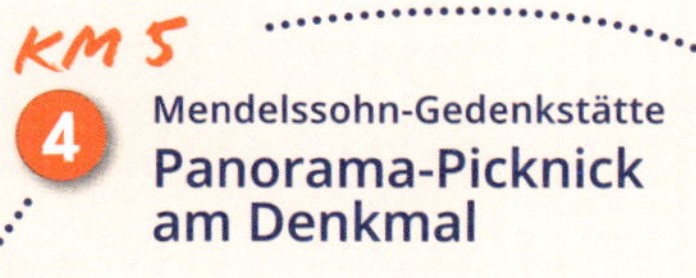

KM 5

4 Mendelssohn-Gedenkstätte
Panorama-Picknick am Denkmal

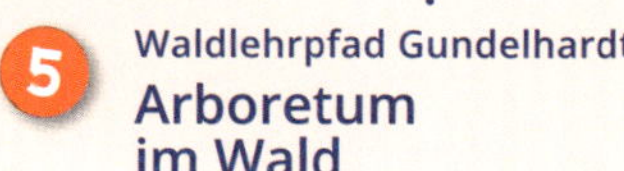

KM 10

5 Waldlehrpfad Gundelhardt
Arboretum im Wald

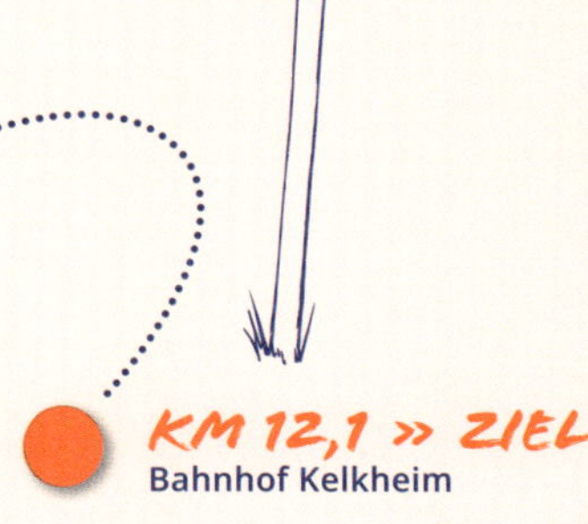

KM 12,1 » ZIEL
Bahnhof Kelkheim

WENN PLÖTZLICH ORCHESTERMUSIK EINSETZTE, ...

... der Klang langsam anschwellend über kleinen Rinnsalen, die alle Nase lang über Steine plätschern, und Richard Attenborough zwischen Farnen und dichtem Laub, dick bemoosten Baumstämmen und zackigen Felsen die Spazierenden im legendären Jurassic Park begrüßte, würde es einen kaum wundern. Und auch wenn hier keine Urzeitriesen dafür sorgen, dass einem der Mund offen stehen bleibt: Der Wald und die Felsen sind beeindruckend alt und das lassen sie einen direkt auf den ersten Metern spüren.

Trotz einiger spektakulärer Aussichtspunkte unterwegs ist es genau diese Wildnis, die die Tour zwischen den Taunusstädten Kelkheim und Eppstein zu einer echten Besonderheit macht. Vom Kelkheimer Bahnhof aus gelangt man nach einigen Hundert Metern an den Stadtrand zum **Gimbacher Hof,** dann relativ steil in den Wald, wo bald Steinbrocken, grüne Moosteppiche und ehrwürdige Baumriesen die Wandernden in ihren Bann ziehen. Am **Kleinen Mannstein** ist ein großer Teil des ersten Aufstiegs geschafft, womit man sich den Ausblick auf die Kelkheimer Stadtteile und die umgebende Landschaft an der Picknickbank doch redlich verdient hat. Nur ein paar Schritte später führt ein schmaler **Waldpfad** ein Stück vom Weg ab und ganz tief rein in die Wildnis.

SCHÖN EINSAM: IM WALD HINTERM GIMBACHER HOF DIE WELT DRAUSSEN KOMPLETT VERGESSEN

Wenn die Natur sich dann wieder öffnet, sind es nur noch wenige Schritte zu einem Ausblick auf Eppstein, der schon am Zugang zum **Kaisertempel** als »schönster Blick« auf die Stadt versprochen wird – und keine Sekunde enttäuscht. Von einem Ausblick zum nächsten geht's jetzt über den Schinderhannes-Steig, der von Altweilnau im Hochtaunus nach Kelkheim führt und fortan den gesamten Rückweg begleitet. Wer am Kaisertempel noch kein Picknick eingelegt hat, sollte das spätestens an der nahegelegenen **Mendelssohn-Gedenkstätte** vor der nächsten Traumkulisse schleunigst nachholen.

Der Fernwanderweg, der dem legendären Räuber Johannes Bückler gewidmet ist, führt ab hier immer weiter durch den Wald zu einem versteckten Arboretum, das sich als **Waldlehrpfad** tarnt und Taunusfans ganz nebenbei auf eine kleine Weltreise schickt, zurück zum Ausgangspunkt. «

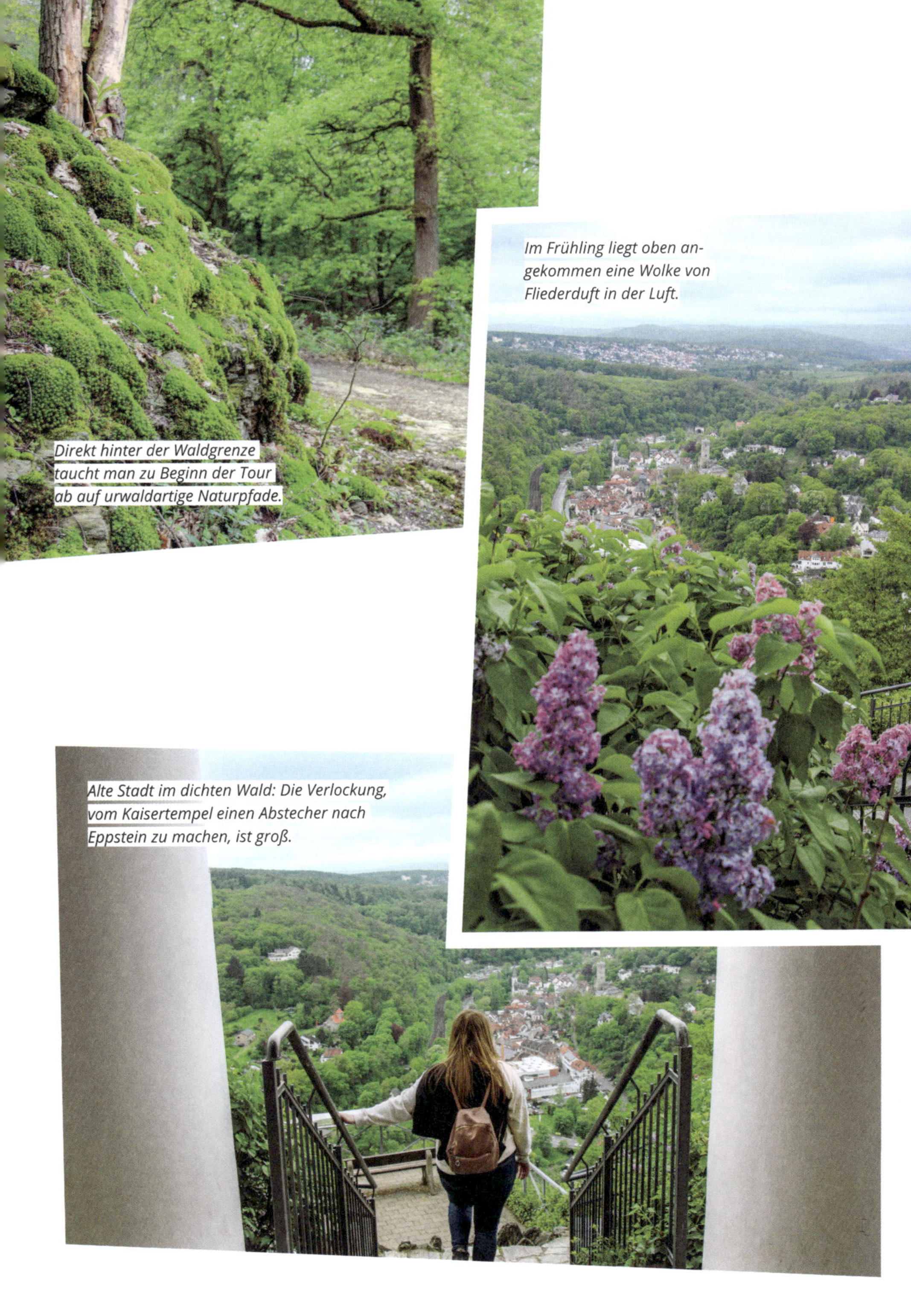

Direkt hinter der Waldgrenze taucht man zu Beginn der Tour ab auf urwaldartige Naturpfade.

Im Frühling liegt oben angekommen eine Wolke von Fliederduft in der Luft.

Alte Stadt im dichten Wald: Die Verlockung, vom Kaisertempel einen Abstecher nach Eppstein zu machen, ist groß.

WANDERN & GENIESSEN

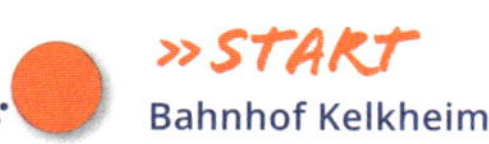

Bahnhof Kelkheim

Über Gundelhardstraße und rechts abzweigenden Gimbacher Weg bergauf zum Gimbacher Hof. Hier führt links ein schmaler Pfad über den Spielplatz direkt in den Wald. Nach 500 Metern rechts ab auf den Kleiner-Mannstein-Weg.

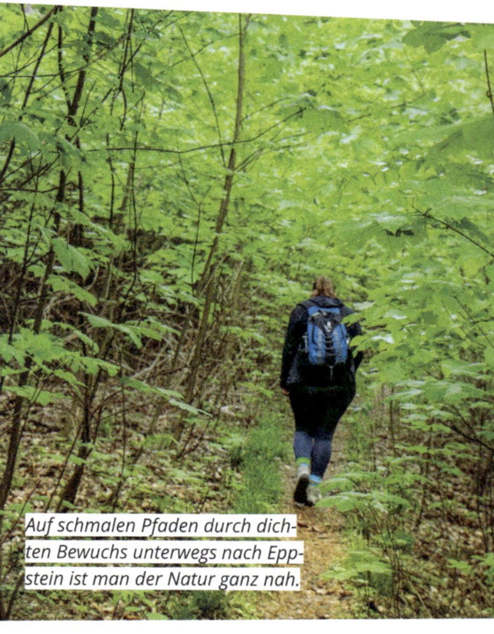

Auf schmalen Pfaden durch dichten Bewuchs unterwegs nach Eppstein ist man der Natur ganz nah.

KM 2

1 **Kleiner Mannstein**

Erst mal ankommen

Wenn der Großteil des ersten Anstiegs geschafft ist, liegt der Kleine Mannstein als erster Gipfel des Tages direkt am gleichnamigen Weg, dessen Holzschilder den Aussichtspunkt mit Picknicktisch schon ankündigen, einige Schritte bevor er überhaupt ins Sichtfeld rückt. Vor Ort angekommen heißt es dann durchatmen und Aussicht genießen. Der Kleine Mannstein ist wie der etwas höher gelegene Große Mannstein eine Felsformation, die zum 451 Meter hohen Staufen zählt, einer Art Hausberg zwischen Kelkheim und Eppstein.

Weg weiter folgen, nach einem knappen Kilometer links halten. Einige Hundert Meter später führt in einer Linkskurve des Wegs ein schmaler Pfad weiter in den Wald.

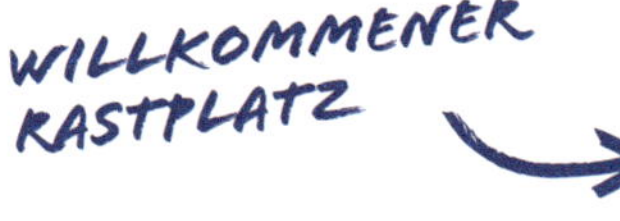

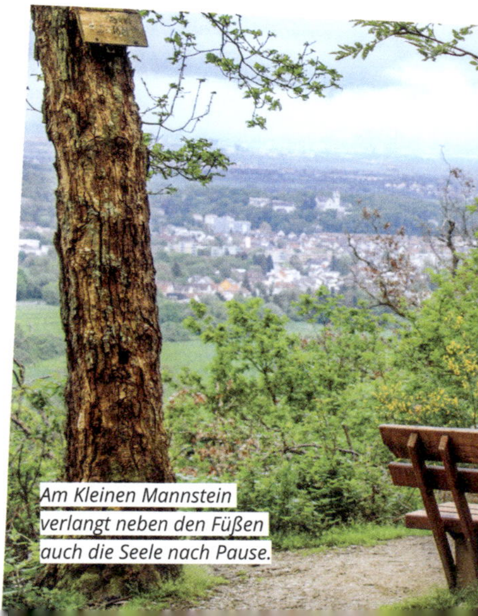

Am Kleinen Mannstein verlangt neben den Füßen auch die Seele nach Pause.

KM 3

2 Waldpfad nach Eppstein

Und jetzt abtauchen

Die letzten Kilometer führten ja bereits durch ein Meer aus Grüntönen und nun soll man dem Wald noch näher kommen? Dazu braucht es zunächst etwas Extra-Aufmerksamkeit, denn der schmale Pfad, in den der Waldweg hier mündet, kann schon mal übersehen werden. In der Folge gehört auch ein bisschen Mut dazu, ihm so bedingungslos zu folgen und darauf zu vertrauen, dass er einen trotz hin und wieder auftretender Stolperfallen oder in den Weg ragender Äste ans richtige Ziel bringt. Ein bisschen Trittsicherheit und Geschick sind auch gefragt. Wenn man all das mitbringt, zählt der Pfad, der sich irgendwann zum Tal hin öffnet und ohne Vorwarnung für einen Traumausblick über dichten Wald und faszinierende Hügellandschaften sorgt, zu den absoluten Highlights des Tages.

Immer weiter geradeaus. Der Kaisertempel ist ausgeschildert und von Weitem zu sehen.

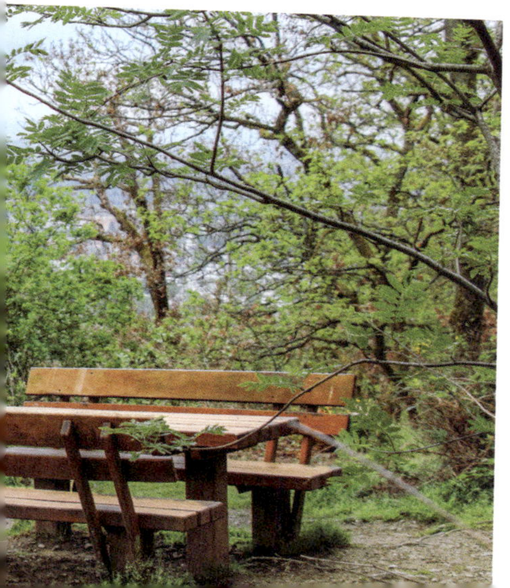

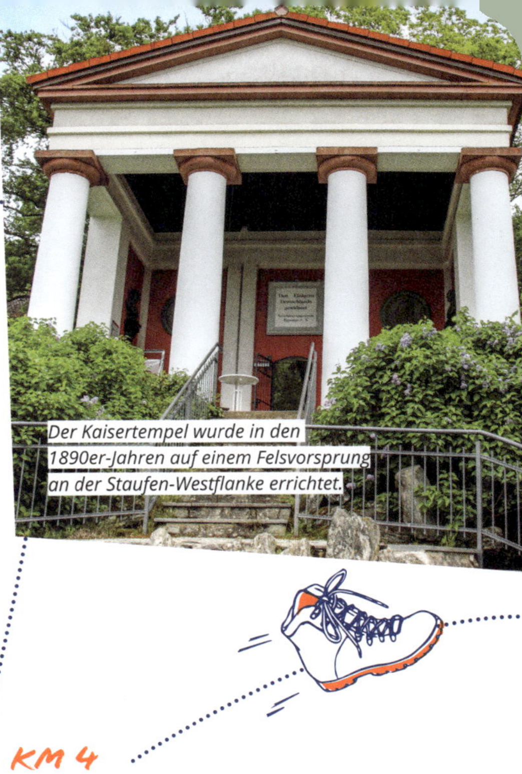

Der Kaisertempel wurde in den 1890er-Jahren auf einem Felsvorsprung an der Staufen-Westflanke errichtet.

KM 4

3 Kaisertempel

Blick bis übermorgen

Ob man im Taunus nun einen klassizistischen Tempel erwartet hat oder nicht: Der Ausblick von hier oben kann einem schon die Sprache verschlagen. Schritt für Schritt geht es durchs schmale Gebäude, das in den letzten Jahren des 19. Jahrhunderts dem Ende des Deutsch-Französischen Kriegs gewidmet wurde. Heute ruht das Gebäude friedlich oberhalb von Eppstein, im Frühjahr liegt der Duft von Flieder in der Luft. Wer einen Abstecher dort hinunter machen und einige steile Höhenmeter auf die Tour draufpacken will, biegt am Restaurant Kaisertempel links ab und folgt dem Abstieg stadteinwärts. Alle, denen der Anblick der Burg Eppstein von Weitem reicht, genießen ihn dafür noch ein bisschen länger.

Über die Treppe zurück zum Weg und der Beschilderung »Schinderhannes-Steig« nach rechts folgen.

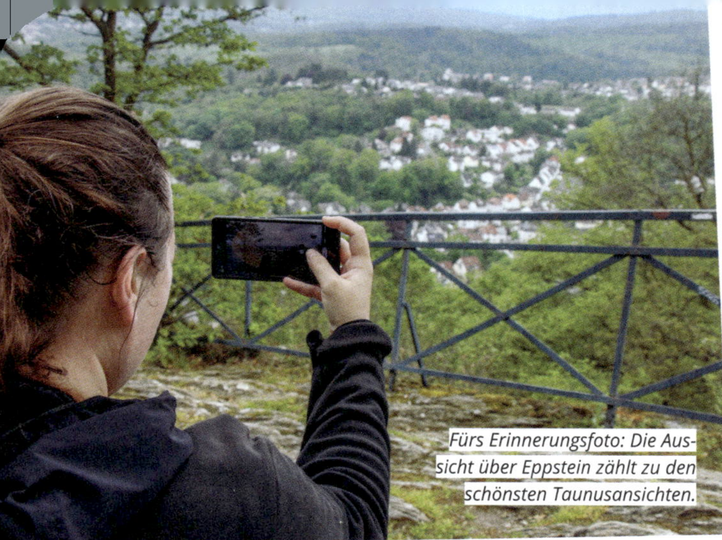

Fürs Erinnerungsfoto: Die Aussicht über Eppstein zählt zu den schönsten Taunusansichten.

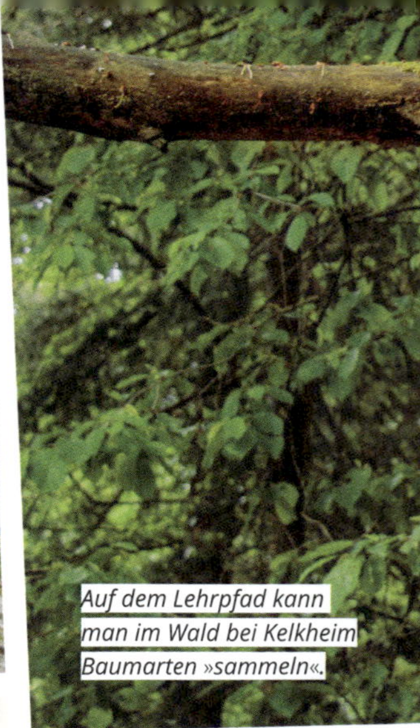

Auf dem Lehrpfad kann man im Wald bei Kelkheim Baumarten »sammeln«.

KM 5

4

Mendelssohn-Gedenkstätte

Panorama-Picknick am Denkmal

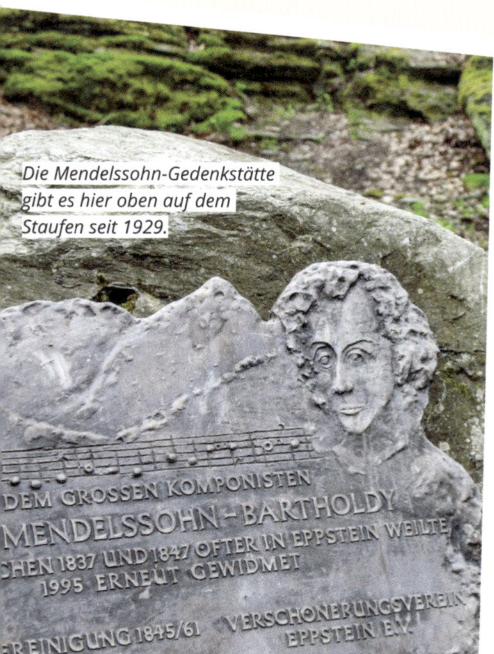

Die Mendelssohn-Gedenkstätte gibt es hier oben auf dem Staufen seit 1929.

Bei dem traumhaften Ausblick oberhalb einer steilen Felswand ist es ja kein Wunder, dass hier auch die kreativsten Köpfe herkommen, um Inspiration zu suchen, das gilt sogar für namhafte Kunstschaffende. Einer, der im 19. Jahrhundert womöglich selbst so auf die Stadt Eppstein runtergeschaut hat, ist der klassische Komponist Felix Mendelssohn Bartholdy, der zwischen 1837 und 1847 »öfter in Eppstein weilte,« wie der Gedenkstein unweit des Kaisertempels verrät. Umgeben ist der Stein von Sitzbänken, die den Wandernden heute noch als Verschnauf- und Denkort dienen. Für ein Picknick wäre hier also zum Beispiel der ideale Ort.

Dem Schinderhannes-Steig weiter folgen.

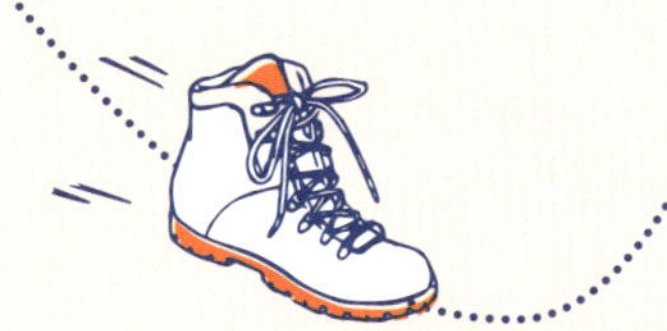

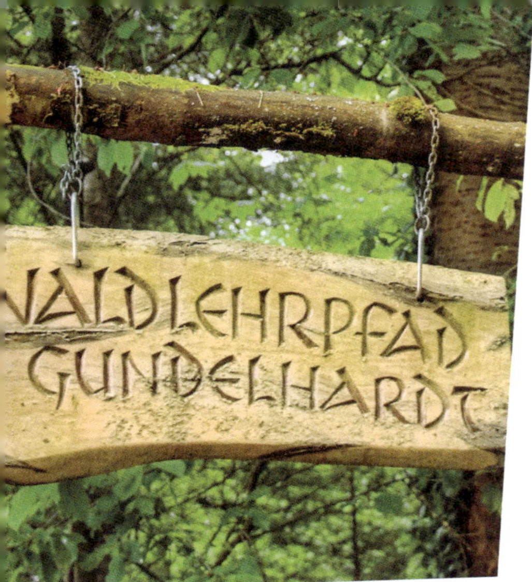

EXTRA INFOS:

Während es vielen klassischen Ausflugslokalen schwer fällt, sich neu zu erfinden, macht der ● **Gimbacher Hof** vor, dass es auch anders geht und verheiratet Biergartenfeeling mit guter kreativer Küche. Perfekt für Auftakt oder Finale der Tour. (www.hof-gimbach.de)

Die Terrasse mit dem womöglich schönsten Blick in die Region liegt weit über Eppstein gleich rechts vom Kaisertempel. Das ● **Ristorante Kaisertempel,** das nach dem 1894 erbauten Wahrzeichen benannt ist, ist ein hübscher Ort, sich mit kalten Drinks, Antipasti oder Pizza zu versorgen. (www.kaisertempel.de)

KM 10

5 Waldlehrpfad Gundelhardt
Arboretum im Wald

Wer hätte gedacht, dass sich hier – so mitten im Wald und ohne Vorwarnung – die Möglichkeit auftut, so mir nichts dir nichts auf Weltreise zu gehen? Ganz ohne Koffer oder Flugticket, einfach so. Möglich macht's der Waldlehrpfad Gundelhardt, der sich dank der Vielzahl an Bäumen, die hier wachsen, auch mühelos Arboretum nennen könnte. Auf dem Lageplan am Eingang, über dem ein kaum übersehbares Schild prangt, sind über 80 Baumarten aufgelistet, die in diesem faszinierend kunterbunten Mischwald wachsen. Zu den außergewöhlicheren Bäumen zählen etwa der Mammutbaum, die Kaukasische Flügelnuss oder die Himalaya-Zeder, aber auch viele der eigentlich heimischen Bäume, die es hier zu bewundern gibt, sieht man nicht alle Tage.

Beschilderung zum Gimbacher Hof folgen und dann rechts Richtung Stadt abbiegen.

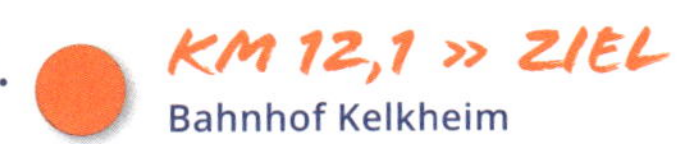

KM 12,1 » ZIEL

Bahnhof Kelkheim

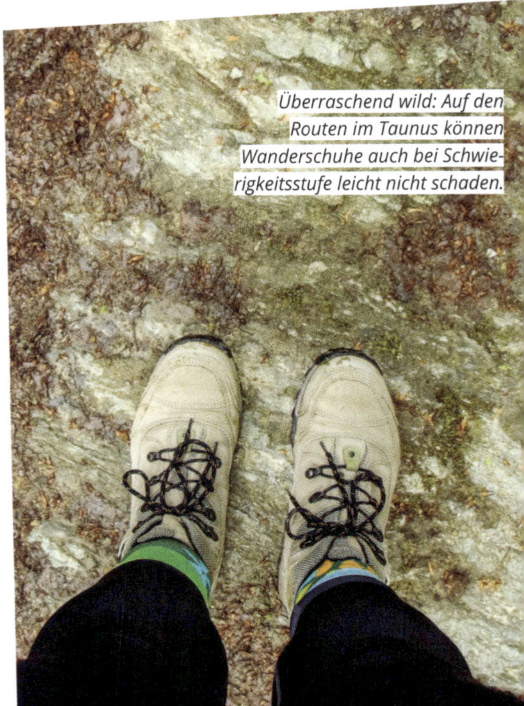

Überraschend wild: Auf den Routen im Taunus können Wanderschuhe auch bei Schwierigkeitsstufe leicht nicht schaden.

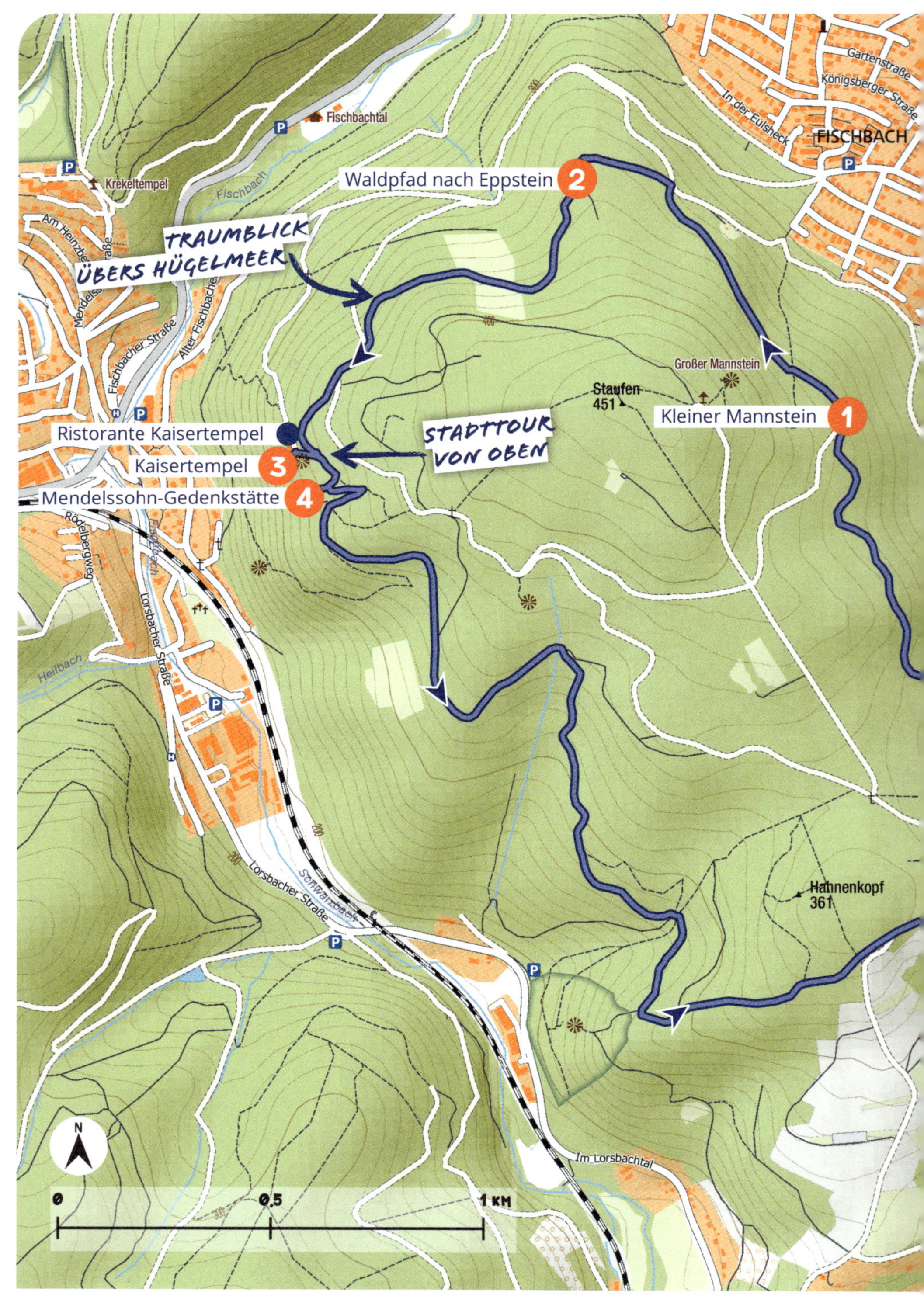

Fischbachtal
Krekeltempel
Fischbach
Waldpfad nach Eppstein
2
TRAUMBLICK
ÜBERS HÜGELMEER
Am Heinzberg
Mendelssohnstraße
Fischbacher Straße
Alter Fischbacher
Gartenstraße
Königsberger Straße
In der Eulsheck
FISCHBACH
Großer Mannstein
Staufen
451
Kleiner Mannstein
1
Ristorante Kaisertempel
STADTTOUR
VON OBEN
Kaisertempel
3
Mendelssohn-Gedenkstätte
4
Rödelbergweg
Lorsbacher Straße
Heilbach
Hahnenkopf
361
Lorsbacher Straße
Schwarzbach
Im Lorsbachtal
N
0
0,5
1 KM

AUF EINEN BLICK

- **Start/Ziel:** Bahnhof Kelkheim
- **Strecke:** 12,1 km (Rundtour)
- **Reine Wanderzeit:** 4 Std.
- **Höhenmeter:** ↗ 368 m ↘ 368 m
- **Wegbeschaffenheit:** Vorrangig Waldwege und Pfade, teils sehr schmal und mitten durch die Natur, es können Baumstämme auf den Wegen liegen.
- **Beste Zeit:** Wenn der Wald ab Juni vor der beginnenden Sommerhitze schützt.
- **Ausrüstung:** Kamera für die Traumausblicke auf Eppstein, Picknick.

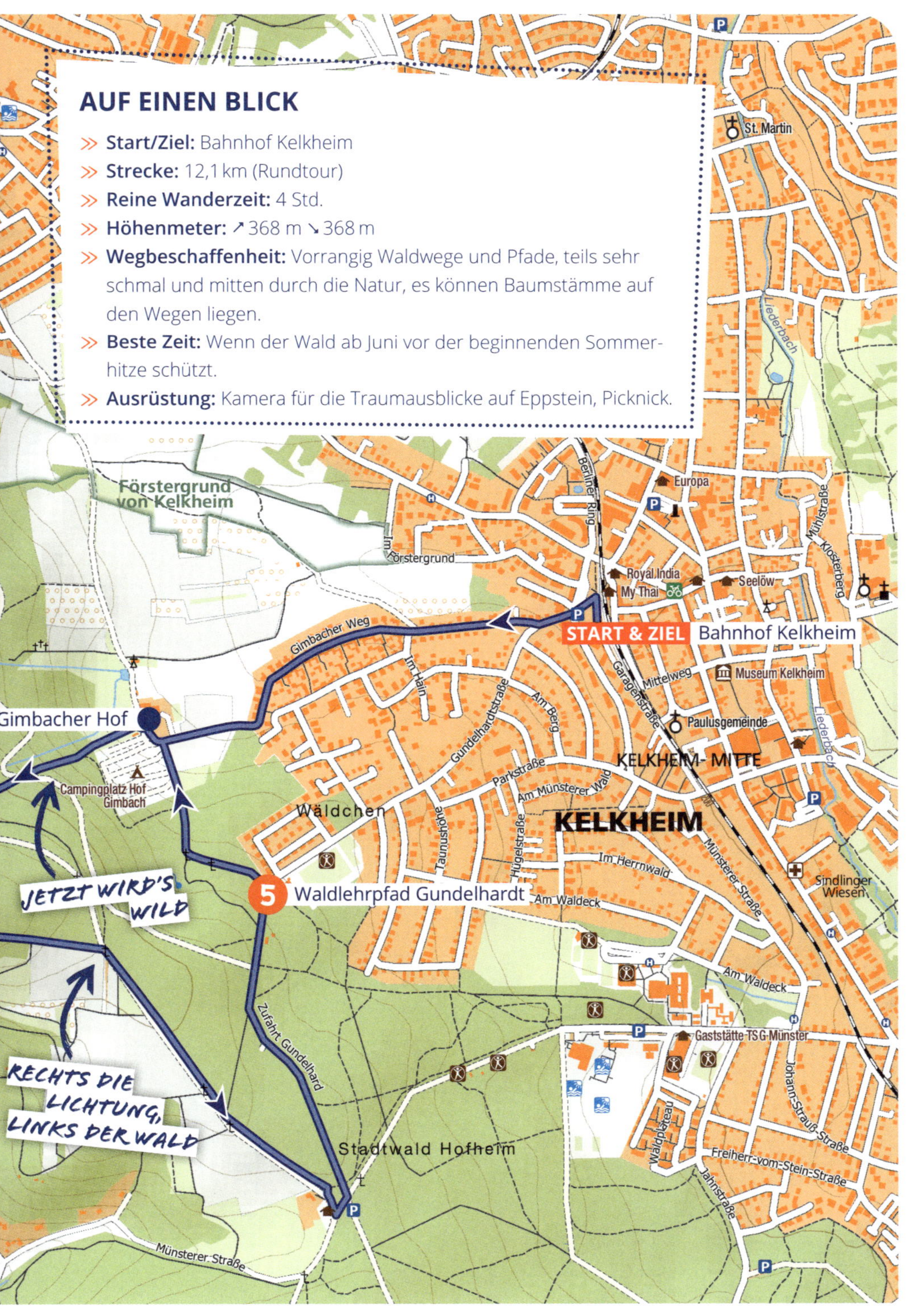

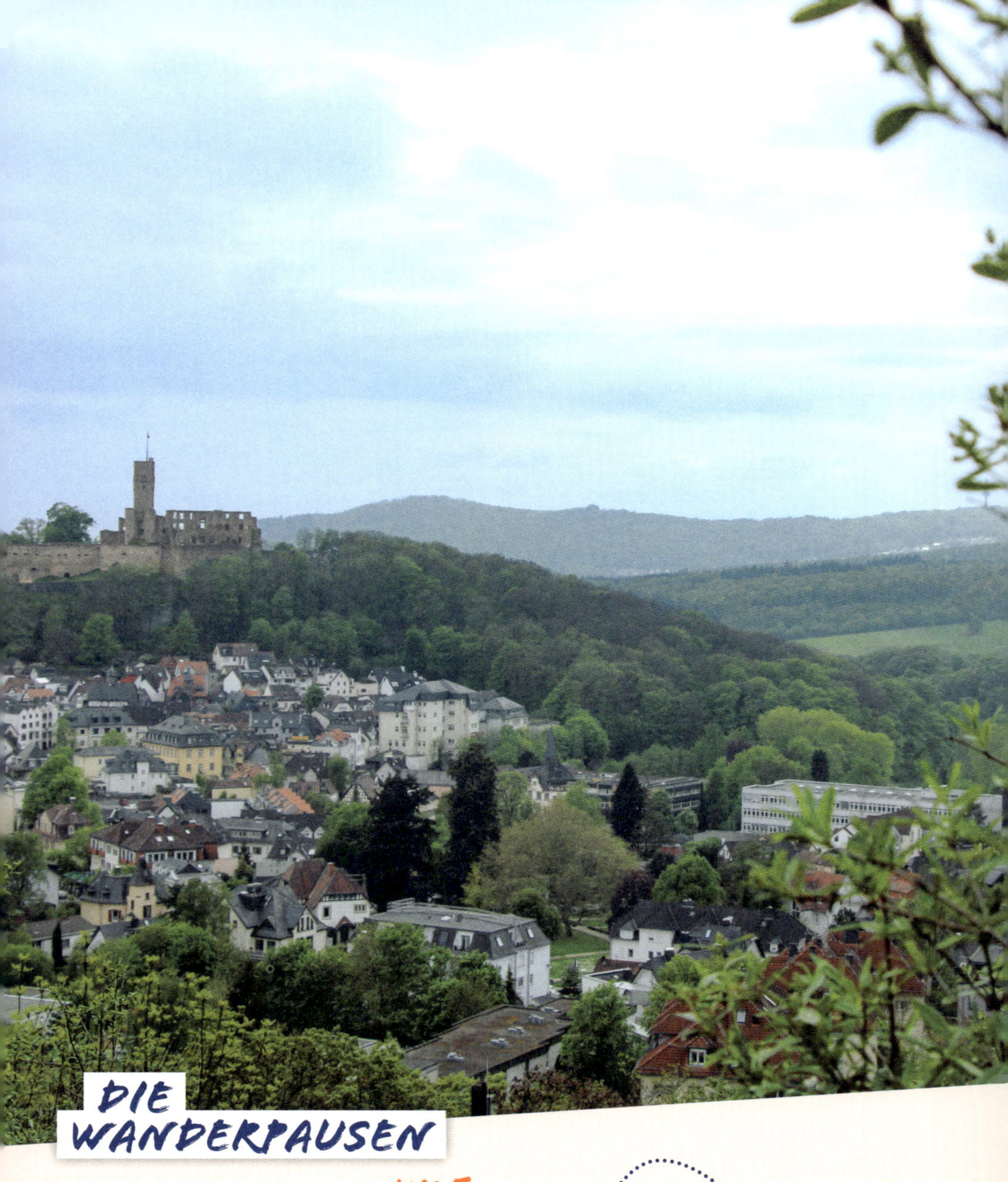

DIE WANDERPAUSEN

» START
Bahnhof Königstein

KM 2
1 Sitzspirale
Willkommene Ausrede

KM 5
2 Billtal-Wasserfall
Immer dem Rauschen nach

KM 8
3 Picknick am Forellenweiher
Wald mal zwei

14

DURCH DIE HINTERTÜR

Rund um Königstein

Deutlich einsamer als der beliebte Wanderweg, der die Burgen Königstein, Falkenstein und Kronberg verbindet, ist eine Runde, die über Falkenstein führt und immerhin auch dafür sorgt, dass man alle drei Burgen spektakulär in Szene gesetzt zu Gesicht bekommt.

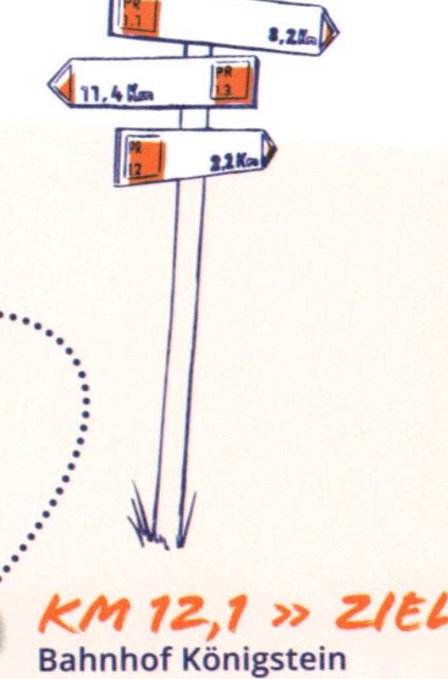

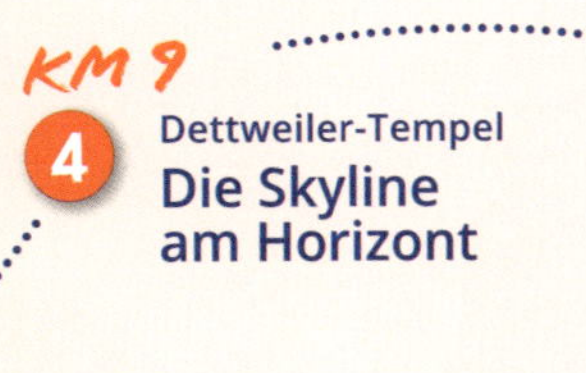

KM 9

4 Dettweiler-Tempel

Die Skyline am Horizont

KM 10

5 Hildablick

Dramatisches Finish

KM 12,1 » ZIEL

Bahnhof Königstein

DER WEG ZU WOW-MOMENTEN HAT SEINEN PREIS

Also meistens. Da wollen Höhenmeter gemacht und Treppen erklommen werden, steile Pfade bezwungen und anstrengende Etappen gemeistert. Und ja, ein bisschen Anstrengung gehört bei der Suche nach perfekten Ausblicken auch irgendwie dazu, sie wollen ja schließlich verdient sein. Aber dann und wann kann es sich einfach lohnen, den leichteren Weg zu wählen.

Eine Runde, die das demonstriert, zeigt sich bereits wenige Hundert Meter nach dem Start am Königsteiner Bahnhof wirklich maximal idyllisch. Hinter einer Biegung kommt eine Wiese zum Vorschein, auf der Schafe gemütlich saftige Grasbüschel zerkauen. Kurz hinter der Schafsweide geht's auf Trampelpfaden querfeldein, über ein schmales Bächlein und schließlich noch ein letztes Mal über die Bahngleise. Dann beginnt der Aufstiegsteil, den man sich in diesen Gefilden des Taunus niemals komplett ersparen wird. Doch dafür, dass es sich lohnt, sorgen neben der Vorfreude auf den höheren Teil der Tour auch hier schon Burgblick, traumhafte Landschaftspanoramen und hübsche Pausenplätzchen wie die **Sitzspirale,** die zum Regionalpark Rhein-Main gehört. Weiter bergauf führt der Weg dann in den Hochwald und schnell auch zum höchsten Punkt der Tour.

BEGLÜCKEND: DEN HÖCHSTEN PUNKT DER TOUR ERREICHEN UND EINFACH NUR NOCH GEMÜTLICH SCHLENDERN

Von hier aus begleitet man nun den Rombach ein Stück weit ins Tal, kommt vorbei am hübschen kleinen **Billtal-Wasserfall** und über den Kaiserin-Friedrich-Weg zu einem etwas abgelegenen Plätzchen an einem glasklaren **Forellenweiher,** der sich ideal als Ort für ein Picknick eignet.

Und dann sind die Wow-Momente auch schon ganz nah: Vorbei an der stolzen Burgruine Falkenstein geht's auf Pfaden, die ein bisschen so tun, als sei man in den Bergen, erst zu den Überresten der Burg Nürings und dann zum Traumausblick vom **Dettweiler-Tempel,** wo die Burg Kronberg und das südliche Rhein-Main-Gebiet einem mal eben so zu Füßen liegen. Ein Stück weiter am **Hildablick** reicht die Fernsicht in die andere Richtung bis zur Burg Königstein und auf den kompletten Rückweg ins Tal.

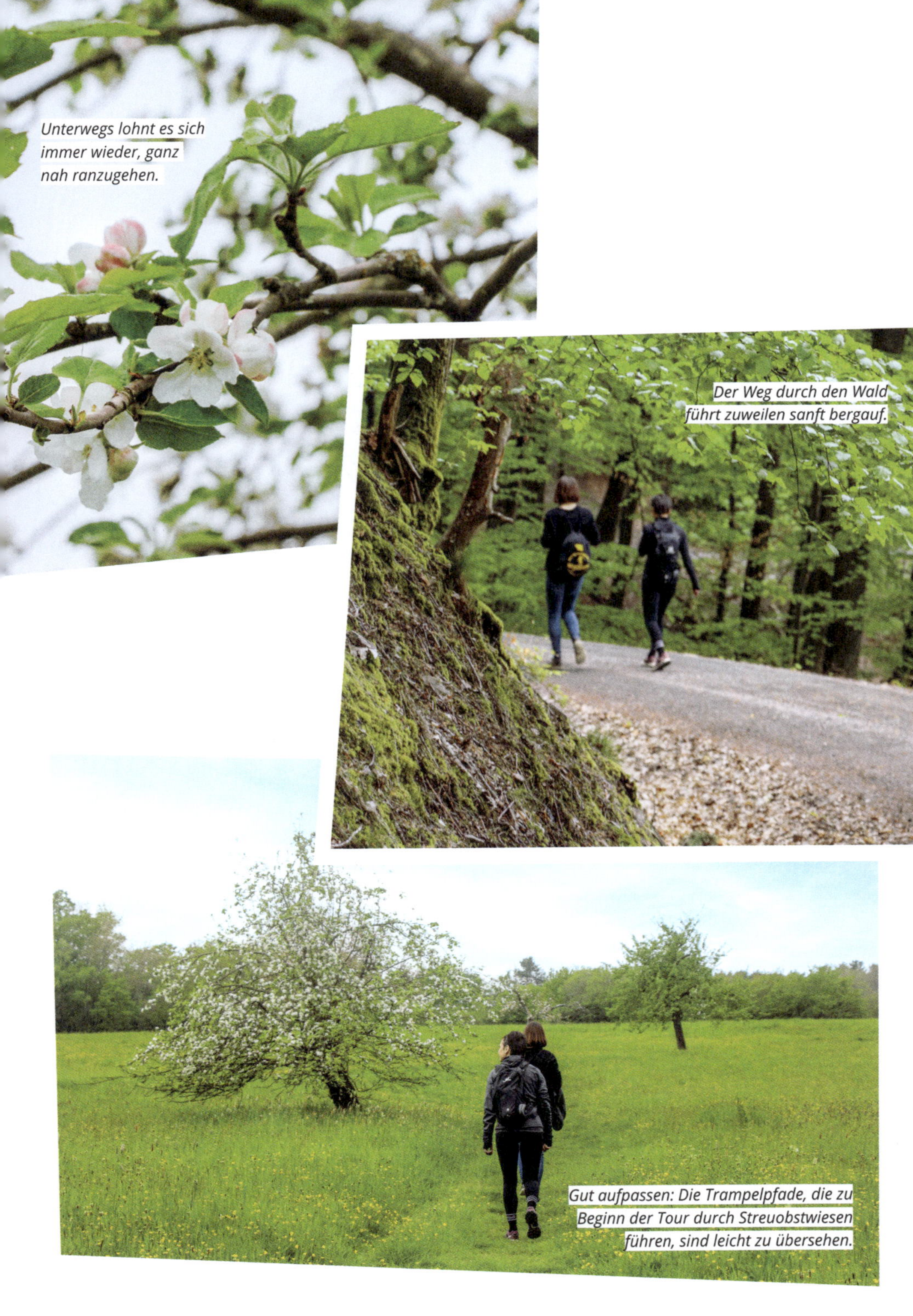

Unterwegs lohnt es sich immer wieder, ganz nah ranzugehen.

Der Weg durch den Wald führt zuweilen sanft bergauf.

Gut aufpassen: Die Trampelpfade, die zu Beginn der Tour durch Streuobstwiesen führen, sind leicht zu übersehen.

WANDERN & GENIESSEN

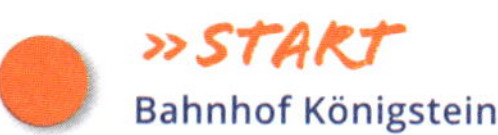

Bahnhof Königstein

Bahnstraße nach links, am Ende links über die Bahngleise und Forellenweg stadtauswärts ins Liederbachtal folgen, bis Trampelpfade ein Stück querfeldein und wieder über die Gleise führen. Vorm Freibad links ab auf einen Pfad, am Ende rechts in den Bangertweg. Sollte der Weg über die Wiese nicht möglich sein: Der Forellenweg quert ebenfalls die Bahnlinie.

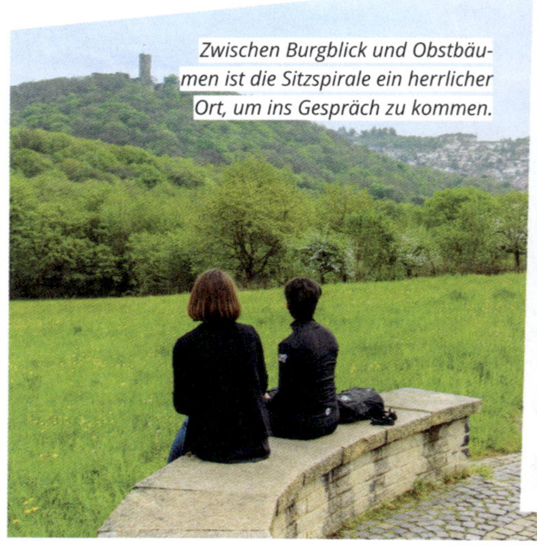

Zwischen Burgblick und Obstbäumen ist die Sitzspirale ein herrlicher Ort, um ins Gespräch zu kommen.

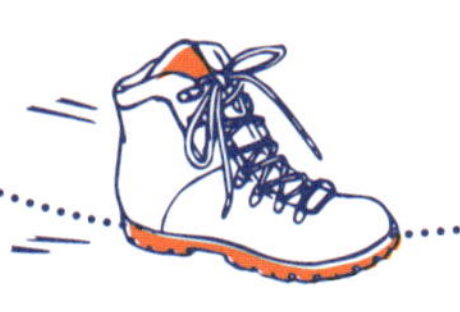

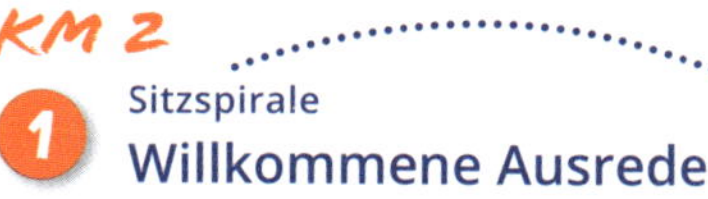

1 Sitzspirale

Willkommene Ausrede

Durchs gesamte Rhein-Main-Gebiet erstreckt sich der Regionalpark Rhein-Main, der sich dem Gedanken verschrieben hat, die Landschaften zu schützen und gleichzeitig für die hier lebenden Menschen aufzuwerten. So sind in den letzten Jarhen etliche Fahrradrouten entstanden, kreative Aussichtstürme gebaut und kleine Alltagsorte geschaffen worden. Wie hier kurz vorm Waldrand der im Spiralmuster gepflasterte Platz mitten in der herrlichen Natur, wo es viele Details zu entdecken gibt: den Königsteiner Burgturm, der über die Baumwipfel emporragt, Vögel, die am Himmel ihre Runden ziehen, Obstbäume, die in voller Blüte stehen und surrende Insekten anlocken. Also, einfach Platz nehmen auf dem niedrigen Mäuerchen für die erste Pause des Tages!

Immer weiter geradeaus bis zum Wanderlokal Billtalhöhe, wo es rechts Richtung Wasserfall geht.

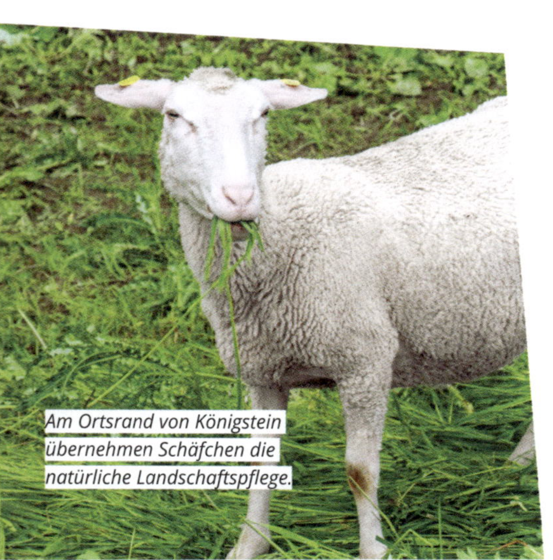

Am Ortsrand von Königstein übernehmen Schäfchen die natürliche Landschaftspflege.

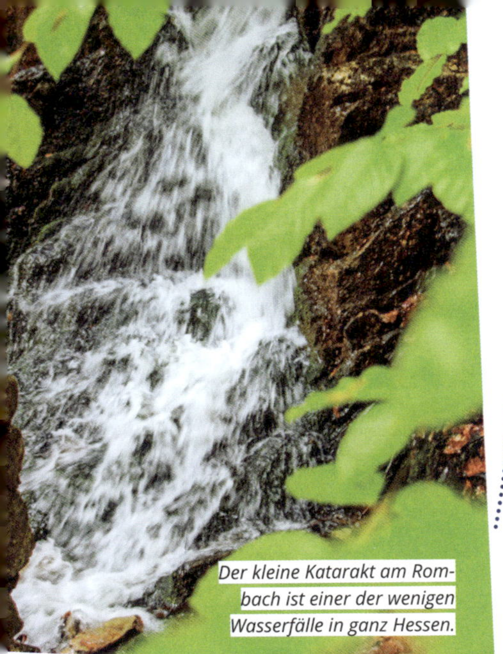

Der kleine Katarakt am Rombach ist einer der wenigen Wasserfälle in ganz Hessen.

KM 5

Billtal-Wasserfall

Immer dem Rauschen nach

Höher, schneller, weiter, größer ... Von Superlativen ist der Billtal-Wasserfall, der direkt am Pionierweg fröhlich ins gleichnamige Tal plätschert, weit entfernt. Doch mit jedem Schritt, den man sich dem kleinen Wasserfall, wohl dem einzigen im gesamten Taunus, nähert, wird das Plätschern hörbarer. Und wenn man direkt davor stehen bleibt, könnte man sogar von einem sanften Rauschen sprechen. Doch nicht nur akustisch hat das Wasser des Rombach, das hier über Kaskaden ins Tal fließt, einiges zu bieten. Es taugt auch als richtig schönes Fotomotiv. Wer allerdings seidiges Wasserschimmern auf dem Foto einfangen will, packt für die Langzeitbelichtung besser ein Stativ ein.

Wegeverlauf über Pionierweg und Breulsweg folgen bis auf den Kaiserin-Friedrich-Weg.

KM 8

Picknick am Forellenweiher

Wald mal zwei

Im klaren Wasser des Forellenweihers, hinter dem so hübsch versteckt Picknicktische und Bänke zur verdienten Rast verleiten, sieht man den Wald gleich doppelt. Einmal in echt, ein anderes Mal auf der spiegelglatten Seeoberfläche. Verwunschen grün und einfach herrlich entspannend! Und auch sonst ist der Ort ein echter Traumspot für eine Pause, um ganz in die Natur einzutauchen. Hier hat jemand aus langen dünnen Ästen ein Waldtipi gebaut, eine kleine Brücke führt über ein plätscherndes Flüsschen und knubbelige Wurzeln sorgen ein bisschen für Märchenwaldgefühle.

Nach der Seeumrundung links weiter auf dem Kaiserin-Friedrich-Weg. Nach einiger Zeit ist der Drei-Burgen-Weg gut ausgeschildert. Hinter der Burg Falkenstein und der Ruine der Burg Nürings geht's links hoch auf die Teufelskanzel.

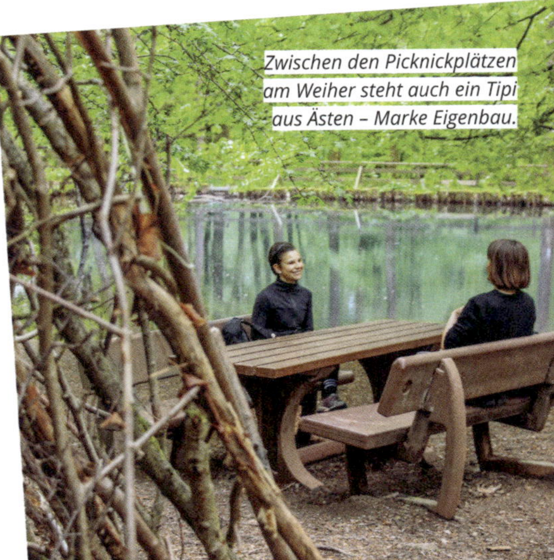

Zwischen den Picknickplätzen am Weiher steht auch ein Tipi aus Ästen – Marke Eigenbau.

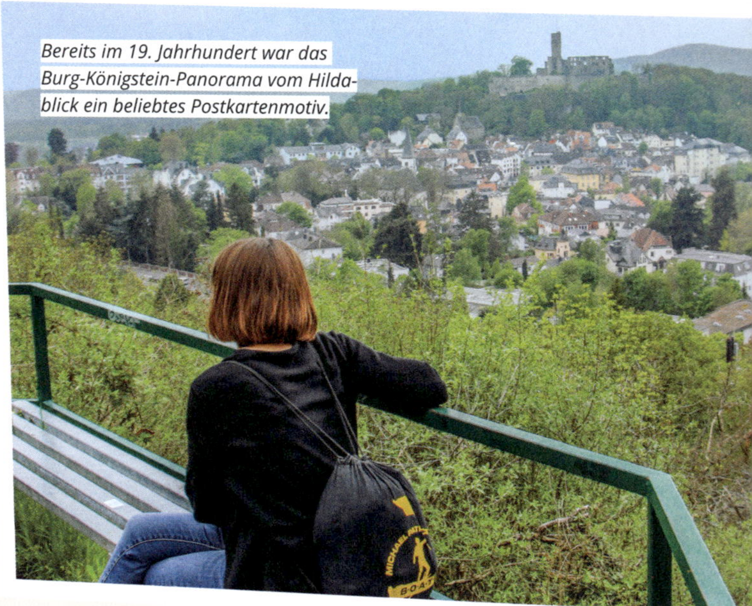
Bereits im 19. Jahrhundert war das Burg-Königstein-Panorama vom Hildablick ein beliebtes Postkartenmotiv.

KM 9

4 Dettweiler-Tempel

Die Skyline am Horizont

Welches ist der schönste Blick übers gesamte Rhein-Main-Gebiet? Na, dieser hier sollte es locker in die Top 10 schaffen. Wer hier oben auf dem Felsvorsprung am spitz zulaufenden Geländer steht, runterschaut ins Tal, wo hinter Wiesen, Wipfeln und Feldern die Burg Kronberg hervorlugt und sich am Horizont die Frankfurter Skyline abzeichnet, kann schon mal »König-der-Welt«-Ambitionen à la Leo und Kate bekommen und einen lauten Freudenschrei ausstoßen. Das Tempelchen, das zur Aussicht dazugehört, hat sicher schon viele Entzückensäußerungen vernommen, es wurde hier nämlich schon 1896 aufgestellt, zu Ehren des für seine Liegekuren berühmten Lungenfacharztes Peter Dettweiler.

Dem Drei-Burgen-Weg weiter folgen.

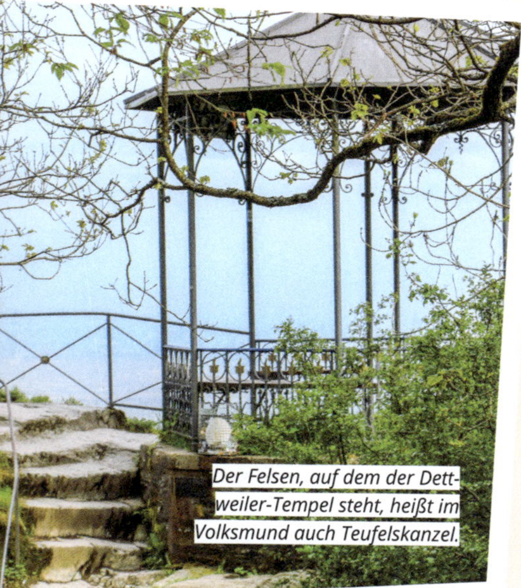
Der Felsen, auf dem der Dettweiler-Tempel steht, heißt im Volksmund auch Teufelskanzel.

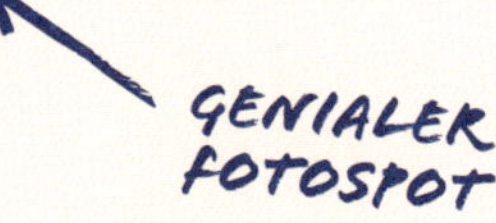

KM 10

Hildablick

Dramatisches Finish

Wenn man schon mal hier oben ist, dann kann man ja direkt bei den Postkartenmotiven bleiben … Nur wenige Hundert Meter hinter dem einen Tempel stand hier früher ein zweiter, der Königsteins Aufstieg zur beliebten Kurstadt markierte und nach Hilda von Nassau benannt war, der zum Zeitpunkt seiner Errichtung 1865 gerade neugeborenen Tochter des damaligen Herzogs von Nassau. Da der Hildablick, die Plattform, auf der der Pavillon einst stand, übrigens nach Westen zeigt, ist hier auch der ideale Platz, um am Ende der Wanderung mit Blick auf Burg Königstein noch einen spektakulären Sonnenuntergang zu genießen. Wenn das Sprichwort mit dem frühen Vogel irgendwo seine Gültigkeit verliert, dann an keinem Ort so schön wie hier.

Dem Drei Burgen-Weg bis ins Tal folgen und in der Königsteiner Innenstadt rechts Richtung Kurpark abbiegen. Durch den Park geht es dann entspannt zurück zum Bahnhof.

EXTRA INFOS:

Ein Absacker nach der kleinen Bergtour gefällig? Die ● **Villa Borgnis,** ein historischer Sommersitz am Rand des Königsteiner Kurparks, hat nicht nur einen gemütlichen Außenbereich, sondern auch einiges an Getränken und Snacks parat. Verdientes Finale!

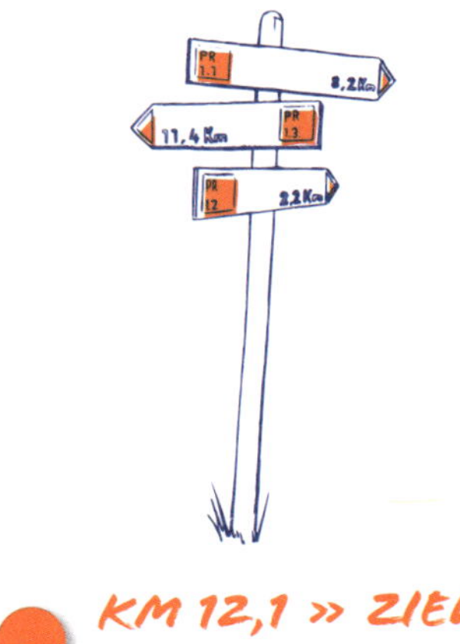

KM 12,1 » ZIEL

Bahnhof Königstein

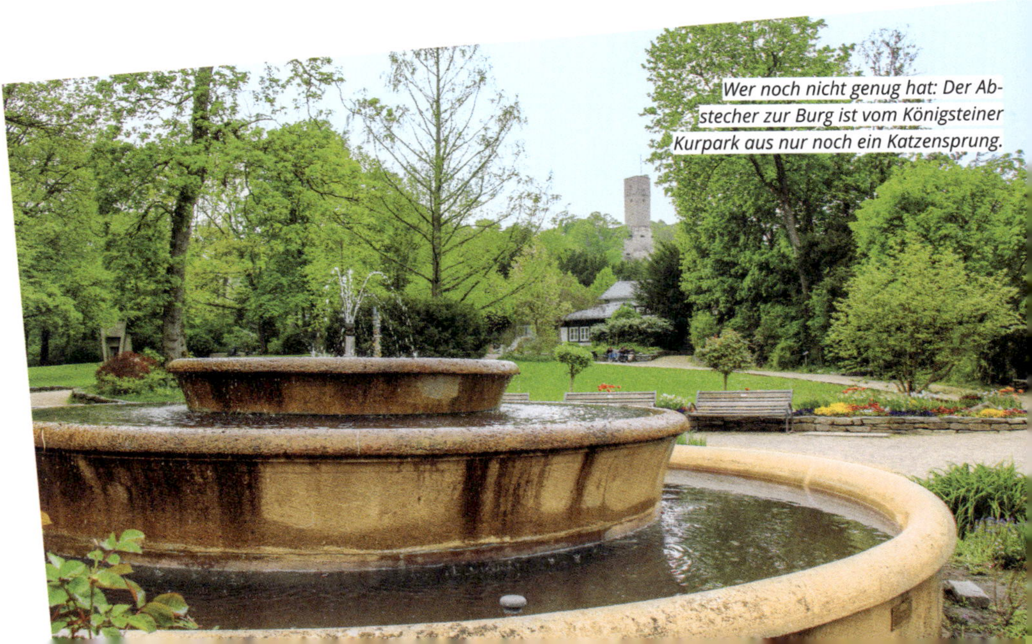

Wer noch nicht genug hat: Der Abstecher zur Burg ist vom Königsteiner Kurpark aus nur noch ein Katzensprung.

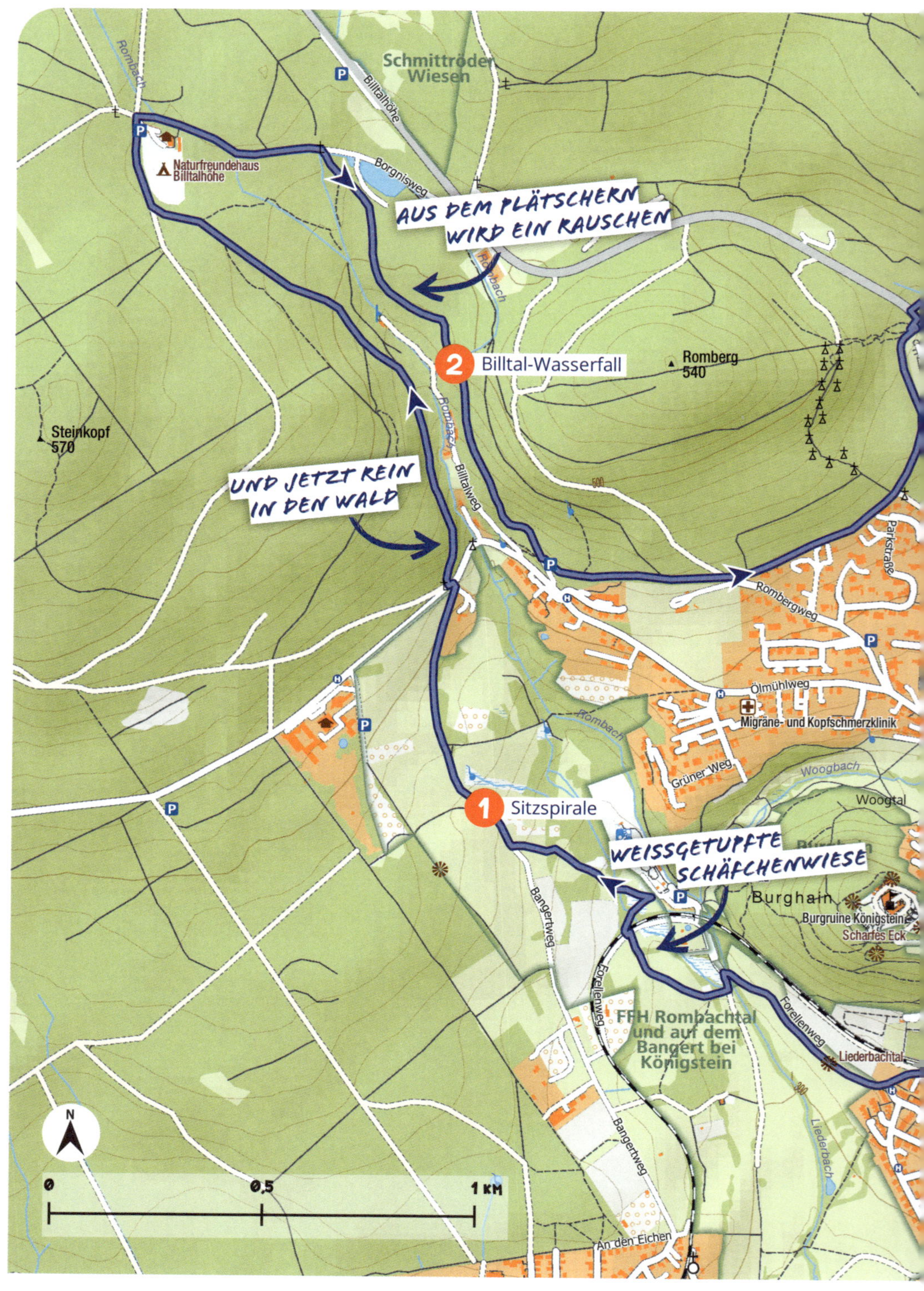

Schmittröder Wiesen
Billtalhöhe
Borgnisweg
Naturfreundehaus Billtalhöhe
Rombach
AUS DEM PLÄTSCHERN WIRD EIN RAUSCHEN
2 Billtal-Wasserfall
Romberg 540
Steinkopf 570
UND JETZT REIN IN DEN WALD
Billtalweg
Rombergweg
Parkstraße
Ölmühlweg
Migräne- und Kopfschmerzklinik
Grüner Weg
Woogbach
Woogtal
1 Sitzspirale
WEISSGETUPFTE SCHÄFCHENWIESE
Burghain
Burgruine Königstein
Scharfes Eck
Bangertweg
Forellenweg
FFH Rombachtal und auf dem Bangert bei Königstein
Liederbachtal
Liederbach
An den Eichen
N
0
0,5
1 KM

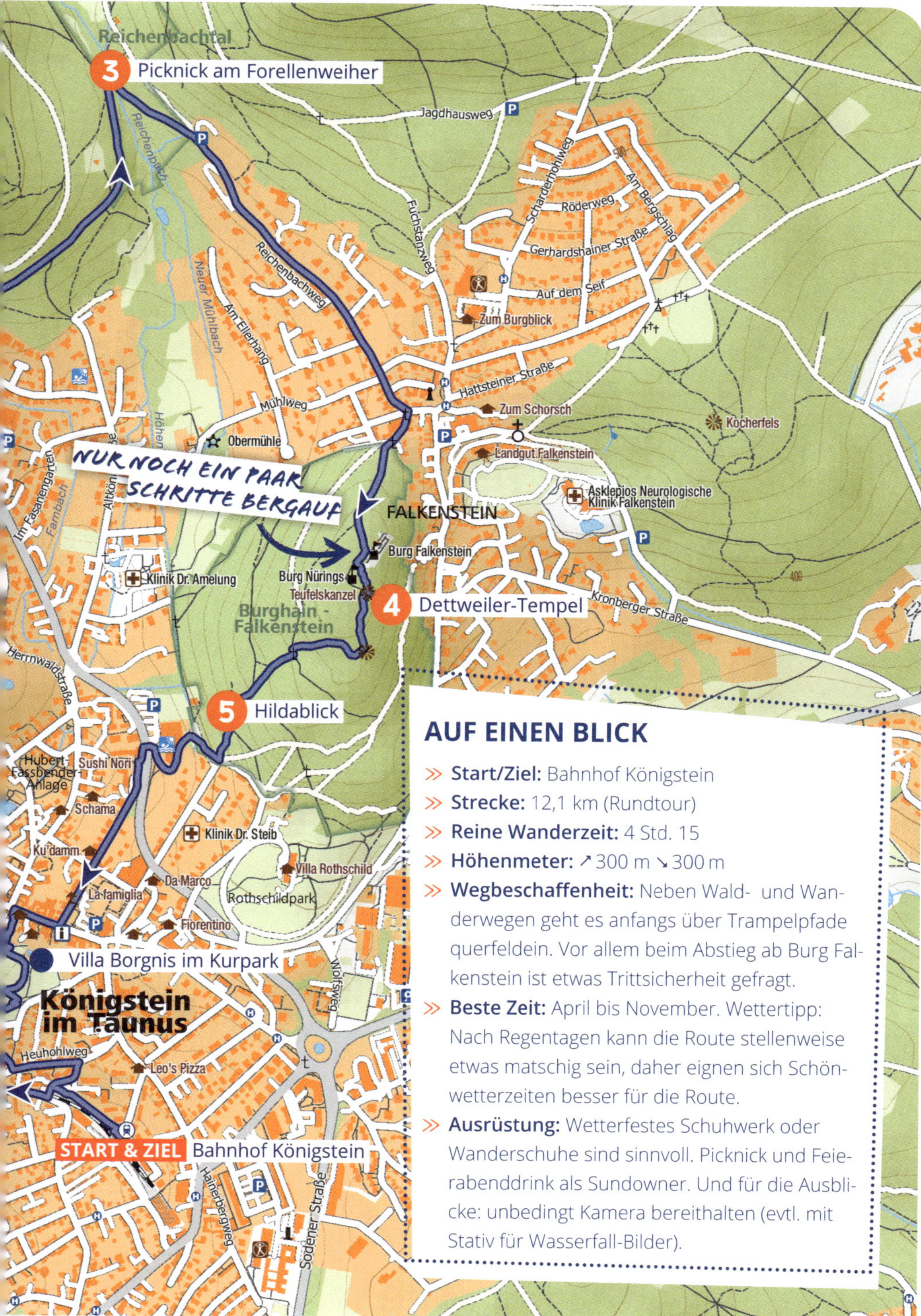

AUF EINEN BLICK

- **Start/Ziel:** Bahnhof Königstein
- **Strecke:** 12,1 km (Rundtour)
- **Reine Wanderzeit:** 4 Std. 15
- **Höhenmeter:** ↗ 300 m ↘ 300 m
- **Wegbeschaffenheit:** Neben Wald- und Wanderwegen geht es anfangs über Trampelpfade querfeldein. Vor allem beim Abstieg ab Burg Falkenstein ist etwas Trittsicherheit gefragt.
- **Beste Zeit:** April bis November. Wettertipp: Nach Regentagen kann die Route stellenweise etwas matschig sein, daher eignen sich Schönwetterzeiten besser für die Route.
- **Ausrüstung:** Wetterfestes Schuhwerk oder Wanderschuhe sind sinnvoll. Picknick und Feierabenddrink als Sundowner. Und für die Ausblicke: unbedingt Kamera bereithalten (evtl. mit Stativ für Wasserfall-Bilder).

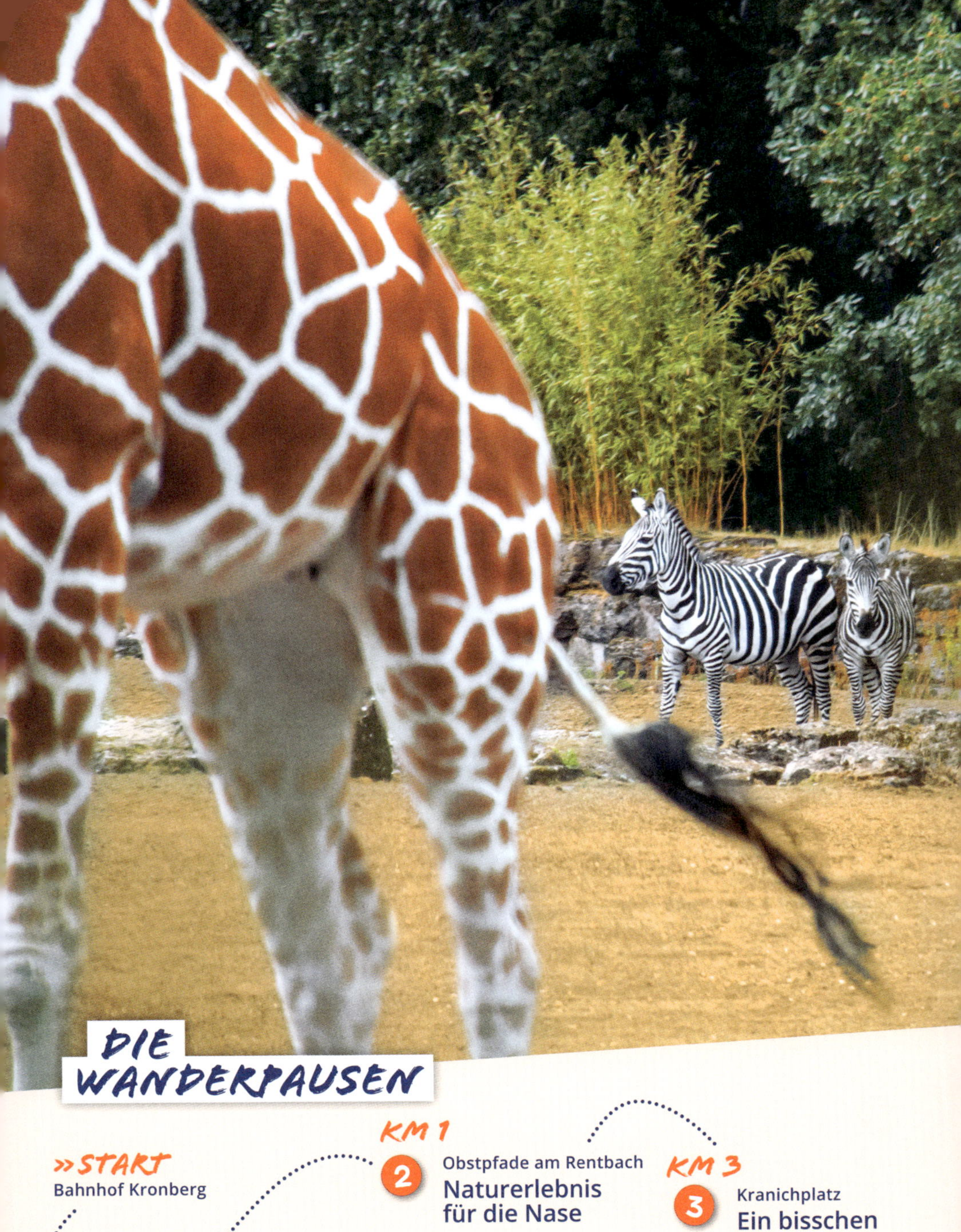

DIE WANDERPAUSEN

» START
Bahnhof Kronberg

KM 0,5
1 Café Merci
Erst mal ein Frühstück

KM 1
2 Obstpfade am Rentbach
Naturerlebnis für die Nase

KM 3
3 Kranichplatz
Ein bisschen Drama

15

SAVANNE & MÄRCHEN-WALD

Gemütliche Runde um Kronberg

Eine solche Vielseitigkeit muss dem Taunusstädtchen Kronberg erst einmal jemand nachmachen. Es geht durch Obstgärten zu exotischen Tieren, durch dichte Wälder zu Traumausblicken und durch jahrhundertealte Geschichten in Altstadtgassen mit bewegter Vergangenheit.

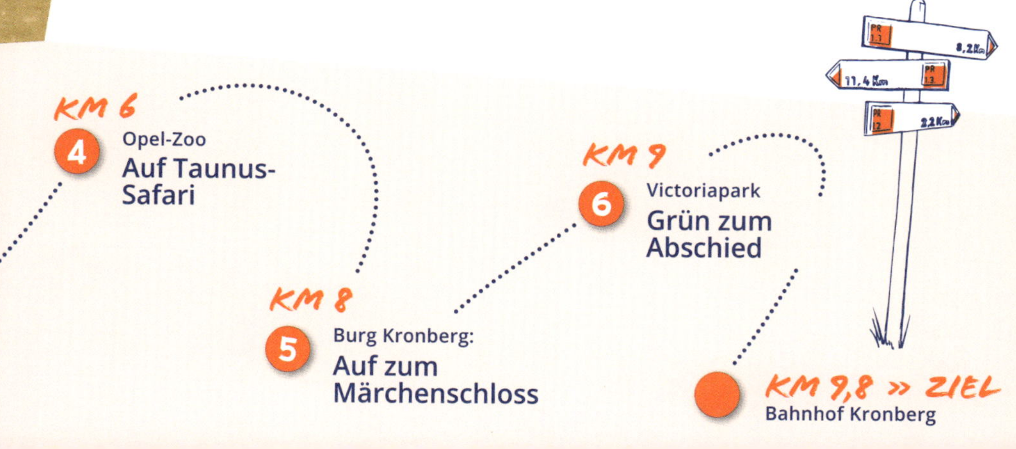

WAS DEN TAUNUS WIRKLICH MAGISCH MACHT?

Der Umstand, dass hier Traumhaftes und schier unglaubliche Realität unmittelbar zusammentreffen: frech vorm Taunuspanorama durch Bäume turnende Affen neben Giraffen, die genüsslich kauend Blätter und Stroh von den Ästen pflücken, auf der einen Seite und Märchenschlösser zwischen Fachwerkgassen wie aus dem Bilderbuch auf der anderen. Ein Spaziergang durch Kronberg, an dessen Stadtgrenze der Opel-Zoo mitten im Wald liegt, bringt alles in nur wenigen Stunden zusammen und zwar so, dass die Wandersleute unterwegs selten aus dem Staunen herauskommen.

Los geht's an der Endhaltestelle der S-Bahn: zunächst ein Stück bergauf in die Stadt, wo der Tag gemütlich bei Kaffee oder einem kleinen Frühstück im freundlichen **Café Merci** beginnt. Unterwegs von hier Richtung Rathaus kommt zum ersten Mal die Burg Kronberg zum Vorschein, als wollte sie sich als Höhepunkt des Tages schon vorab in Stellung bringen. Doch zuerst fällt die Entscheidung, den über allem thronenden Prachtbau links liegen zu lassen – und das ist nicht mal besonders schwer.

VERFÜHRERISCH: IM RENTBACHTAL STEIGT EINEM DER DUFT VON REIFEM OBST IN DIE NASE

Auf dem steilen Teilstück runter ins Tal folgt man zielsicher Schildern mit verschiedenen Obstsymbolen auf **Pfade,** die einen schnell in eine Art Wildnis führen. An einem Bachlauf entlang, zwischen kleinen Gärtchen und unter schwer mit Früchten beladenen Ästen von **Obstbäumen** hindurch geht es langsam wieder aufwärts Richtung Wald. Dass man unterwegs immer wieder zum Durchschnaufen kommt, dafür sorgen diverse Pausenplätzchen wie die Bänke am **Kranichplatz** im Königsteiner Stadtteil Mammolshain.

Von hier geht es durch schnell dichter werdenden Wald zum **Opel-Zoo,** einem der ungewöhnlichsten Tiergärten des Landes, wo tagtäglich mit Artenschutz- und Auswilderungsprojekten gearbeitet wird. Wer dem Zoo einen Besuch abstatten will, folgt vom Ausgang dem Philosophenweg zurück Richtung Stadt, alternativ führt auch ein Weg außenrum. Noch ein letztes kleines Stück bergauf laufen und dann schließlich durch hübsche Altstadtgassen zur **Burg Kronberg,** deren Gelände mit dem Gebäude im Rücken auch herrliche Panoramen bietet. Im weiten Bogen durch den großen **Victoriapark** führt der Weg schließlich zurück zum Bahnhof. «

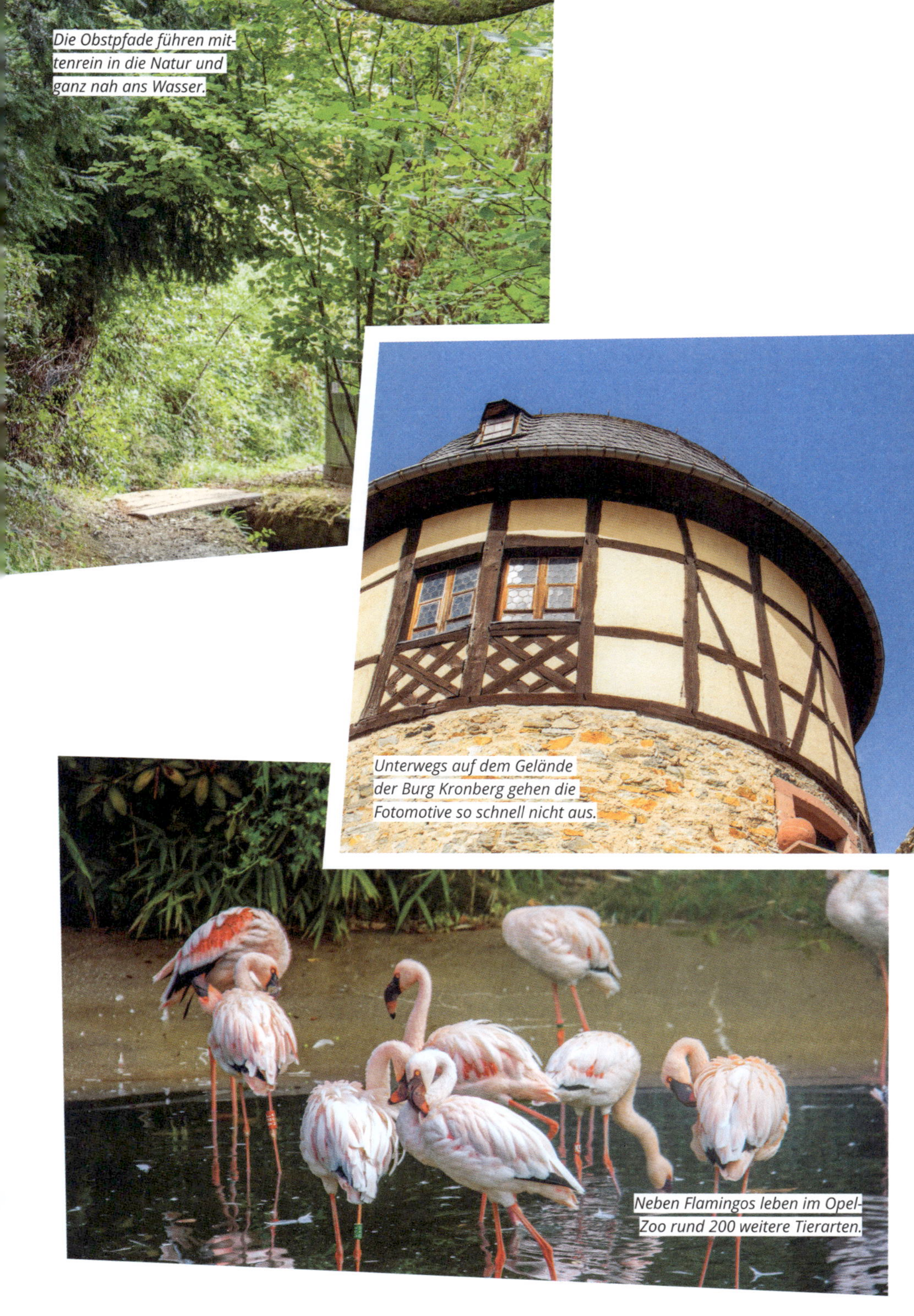

Die Obstpfade führen mittenrein in die Natur und ganz nah ans Wasser.

Unterwegs auf dem Gelände der Burg Kronberg gehen die Fotomotive so schnell nicht aus.

Neben Flamingos leben im Opel-Zoo rund 200 weitere Tierarten.

WANDERN & GENIESSEN

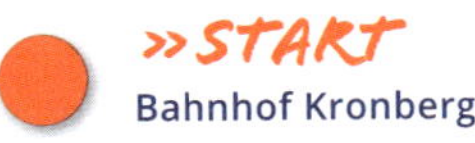

»START

Bahnhof Kronberg

Bahnhofstraße rechts runter Richtung Innenstadt folgen. Links in die Bleichstraße, dann durch den Schulgarten und die Treppe rauf zum Café.

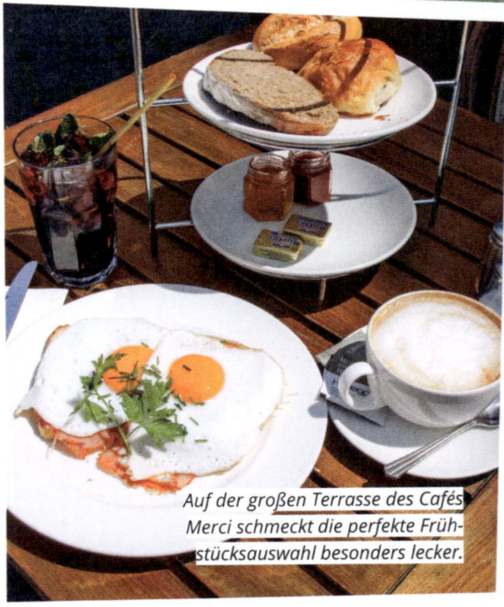

Auf der großen Terrasse des Cafés Merci schmeckt die perfekte Frühstücksauswahl besonders lecker.

KM 0,5

1 **Café Merci**

Erst mal ein Frühstück

Was die oft gut betuchten Taunusstädtchen am Rand des Mittelgebirges irgendwie gemeinsam haben? Sie sorgen mit kleinen Dingen dafür, dass der Alltag sich gleich ein wenig luxuriöser anfühlt. In den Innenstädten herrscht reges Treiben und lebendiges Gewusel, immer mal wieder erinnern vorbeifahrende Luxuskarossen daran, dass der Hochtaunuskreis in den Top 10 der reichsten Landkreise in Deutschland regelmäßig einen der vordersten Plätze belegt. Um im Tag anzukommen, gönnt man sich am besten ein wenig Zeit im Stadtzentrum, setzt sich in die Sonne vors Café Merci und lässt sich vom Kleinstadtalltag unterhalten. Und mit bunter Patisserie und krossen Baguettes stellt sich sogar zu relativ kleinem Preis ein Gefühl von großem Luxus ein. (www.cafe-merci.de)

Hinterm Café rechts auf die Heinrich-Winter-Straße und direkt links auf die Katharinenstraße einschwenken. Hinterm Rathaus beginnt die Beschilderung der Obstpfade.

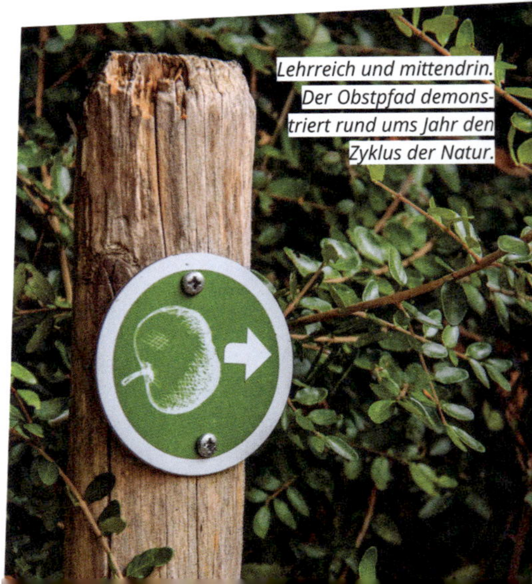

Lehrreich und mittendrin. Der Obstpfad demonstriert rund ums Jahr den Zyklus der Natur.

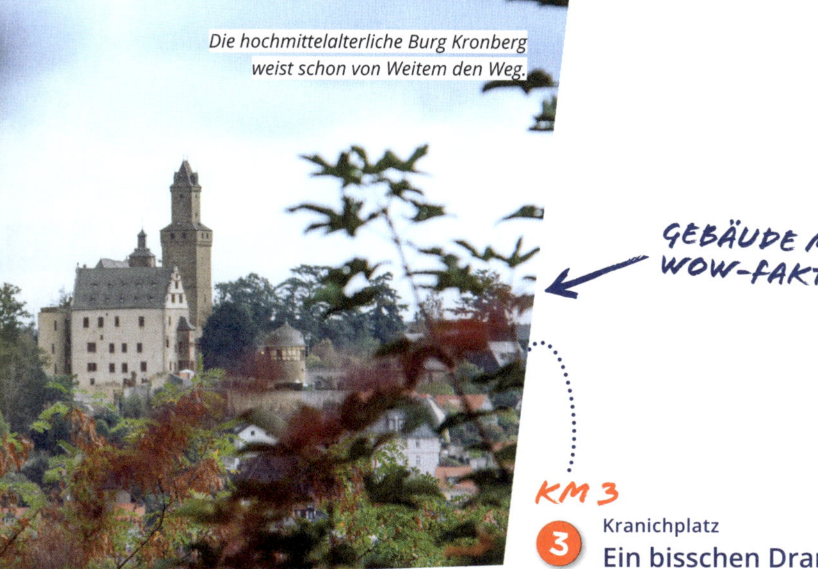

Die hochmittelalterliche Burg Kronberg weist schon von Weitem den Weg.

GEBÄUDE MIT WOW-FAKTOR

KM 1

2 Obstpfade am Rentbach

Naturerlebnis für die Nase

Auch wenn in Kronberg heute nicht mehr ganz so viel Obst angebaut wird wie früher, lässt sich der Tradition hier bestens auf den Zahn fühlen – und das mit Glück unter Einsatz aller Sinne. Wer hinterm Rathaus links in den schmalen, steilen Zwingerweg einbiegt, kann die bunten Obstsymbole, die von nun an die Wegmarkierung übernehmen, kaum übersehen. Ein noch schmalerer Pfad führt in eine Welt am Rentbach, die Wildnis und Obstkultur zusammenbringt. Der Weg geht unmittelbar am Wasser entlang, unter duftenden Zweigen von Pflaumen- und Apfelbäumen, vorbei an Kleingärten und immer tiefer rein in die Natur. Nach einigen Hundert Metern geht's rechts ab in den Eselspfad und bald wieder links dem Bachlauf nach. Für alle Wissbegierigen gibt's jede Menge Informationen an der Erlebnisobstwiese im Kronthal.

Hinter der Erlebniswiese rechts halten, zurück bis zum Eselspfad, dort links ab in Richtung Mammolshain laufen.

KM 3

3 Kranichplatz

Ein bisschen Drama

Ein Königreich für diese Bank - und den Ausblick gleich mit dazu! Der gefühlt steilste Teil der Tour ist geschafft, die Waldetappe steht unmittelbar bevor und der Blick rüber auf Kronberg, auf seine Dächer und die dramatisch über allem thronende Burg ist doch wirklich zu schön, um aus dem Päuschen kein entspanntes Picknick zu machen. Angekündigt wird die Tatsache, dass Spektakuläres bevorsteht, bereits ein Stück weiter vorn um die Ecke, wenn man die nicht weniger dramatische Frankfurter Skyline erspäht.

An der Gabelung hinterm Kranichplatz rechts auf den Waldweg und immer Richtung Opel-Zoo. Am Zoogelände links abbiegen. Nach einigen Hundert Metern kommen rechts Parkplatz und Eingang in Sicht.

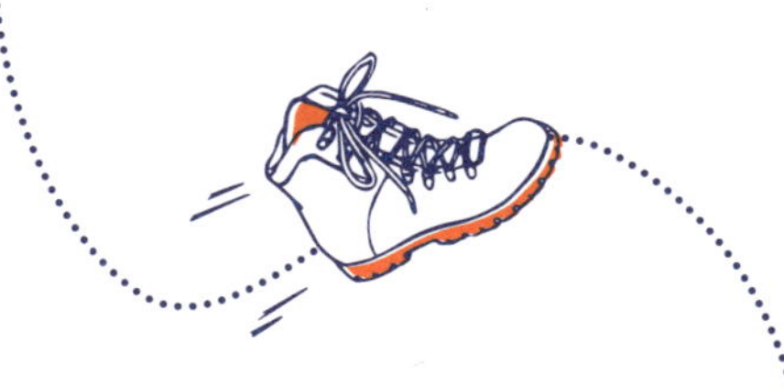

KM 6

4 Opel-Zoo
Auf Taunus-Safari

Man will sich schon die Augen reiben, wenn man den Bewohnern dieses ungewöhnlichen Stückchen Waldes begegnet. Sind das wirklich Kamele, die da ganz gemütlich die Taunussonne genießen und sich von den Schaulustigen demonstrativ nicht stören lassen? Seit 1956 gibt es den Zoo, der nach seinem Gründer Georg von Opel benannt ist und weit mehr leistet, als mit Flamingos, Pelikanen, Giraffen und Zebras für einen Hauch Exotik im Wald zu sorgen. Schon bald nach seiner Gründung gelang ein Zuchtprojekt für den als nahezu ausgestorben geltenden Mesopotamischen Damhirsch, seitdem setzt der Zoo sich immer wieder für Arterhaltung und Auswilderung ein. Viele Tiere gehören auch heimischen Arten an wie die Europäischen Sumpfschildkröten, die von hier wieder zurück in die Wildnis gelangen. (www.opel-zoo.de)

Dem Philosophenweg nach Kronberg folgen, dann hinauf zur von Weitem sichtbaren Burg.

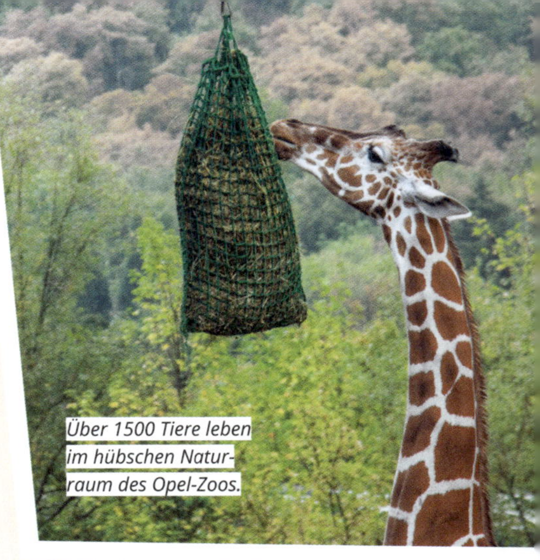

Über 1500 Tiere leben im hübschen Naturraum des Opel-Zoos.

KM 8

5 Burg Kronberg
Auf zum Märchenschloss

Das wohl aufregendste Weihnachtsgeschenk für die Mutter eines deutschen Kaisers? Na, eine Märchenburg natürlich – vor allem wenn sie einen über Jahre schon aus der Nachbarschaft angelacht hat wie die Burg Kronberg die Kaiserin Friedrich. Die Witwe von Friedrich III. und Mutter von Wilhelm II. ließ sich zwar als Witwensitz nur einen Steinwurf entfernt das Schloss Friedrichshof errichten, galt aber als vernarrt in die historische Burg. 1891 schenkte der Kaiser sie seiner Mutter zu Weihnachten. Im Anschluss ließ diese das Gebäude dann aufwendig sanieren, was sicher mit dazu geführt hat, dass es hier auch heute noch eine ganze Menge zu entdecken gibt. Viel märchenhafter als die mittelalterliche Burg mit ihren Fachwerkelementen, bunten Gärten und traumhaften Ausblicken wird's jedenfalls nicht, da kann die Konkurrenz in Nordhessen noch so viele Grimmsche Märchen inspiriert haben. (www.burgkronberg.de)

Über die Schlossstraße zum Victoriapark schlendern.

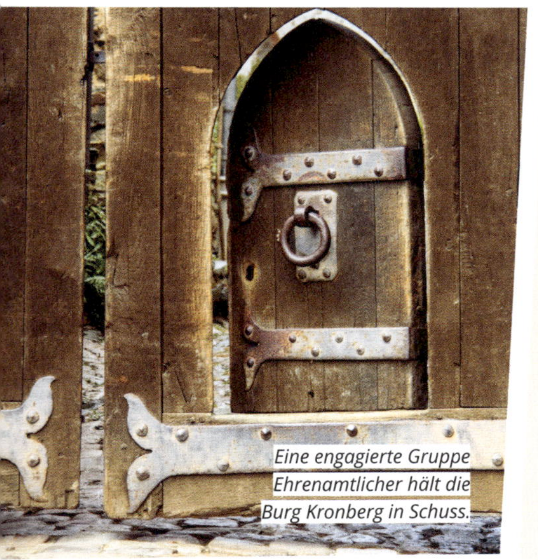

Eine engagierte Gruppe Ehrenamtlicher hält die Burg Kronberg in Schuss.

KM 9

6 Victoriapark
Grün zum Abschied

Ob es einen englischeren Weg gibt für eine englische Königinnentochter, ihrem verstorbenen Gatten ein Denkmal zu setzen als einen Landschaftsgarten? Vermutlich nicht, deshalb kam Kronberg neben einer Burg und einem Schloss auch noch zu einem schnieken Stadtpark. Und der bildet heute das grüne Herz der Stadt. Mit seinen alten Bäumen, einem großen Weiher, überall im Park verteilten Kunstwerken, einer Freiluftbühne und einem Denkmal, das Victoria zu Ehren ihres Ehemanns Kaiser Friedrich III. errichten ließ, zieht sich die Parkfläche über fast einen Kilometer bis zu ihrem Witwensitz Schloss Friedrichshof, in dem heute ein Luxushotel seine Gäste empfängt.

Den Park am südlichen Ende verlassen und über die Bahnhofstraße zurück zur S-Bahn wandern.

EXTRA INFOS:

Knurrender Magen? Im dem Fall sollte man eine Rast im Restaurant ● **Zeus hat Durst** mitten im Victoriapark einplanen: ein schönes Plätzchen, um den Tag ausklingen zu lassen. Neben bunten Küchenkreationen gibt es auch eine nette Auswahl an der Bar. (Facebook: ZeusHatDurst)

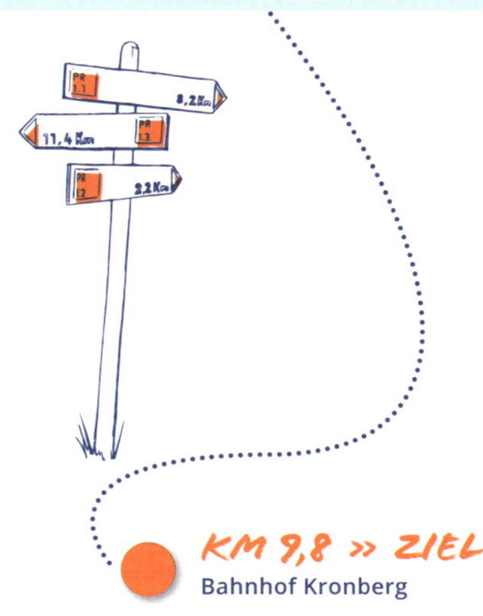

KM 9,8 » ZIEL

Bahnhof Kronberg

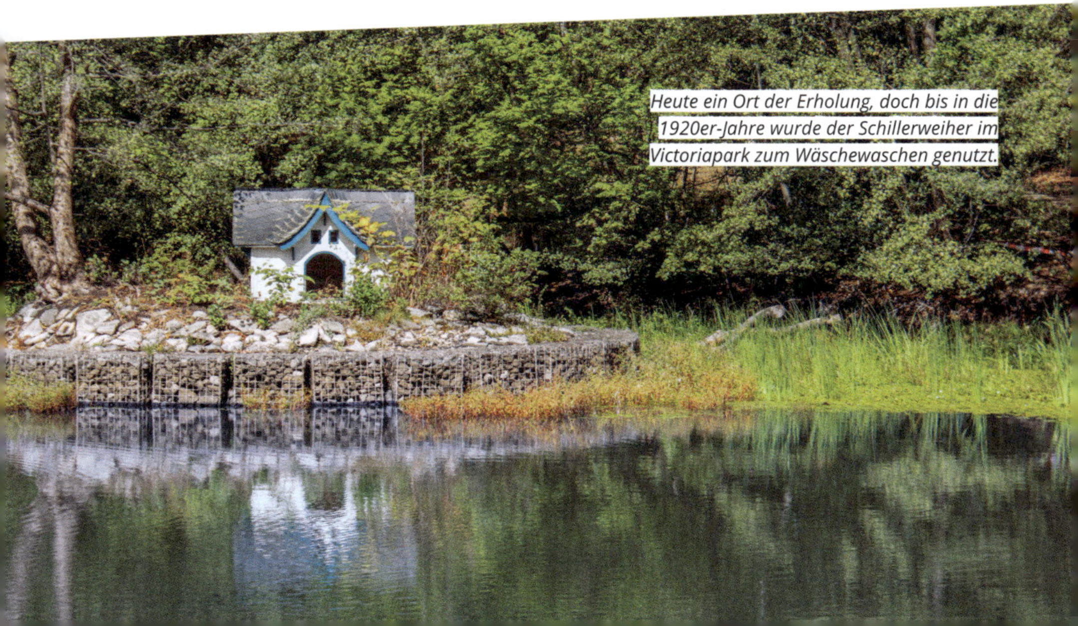

Heute ein Ort der Erholung, doch bis in die 1920er-Jahre wurde der Schillerweiher im Victoriapark zum Wäschewaschen genutzt.

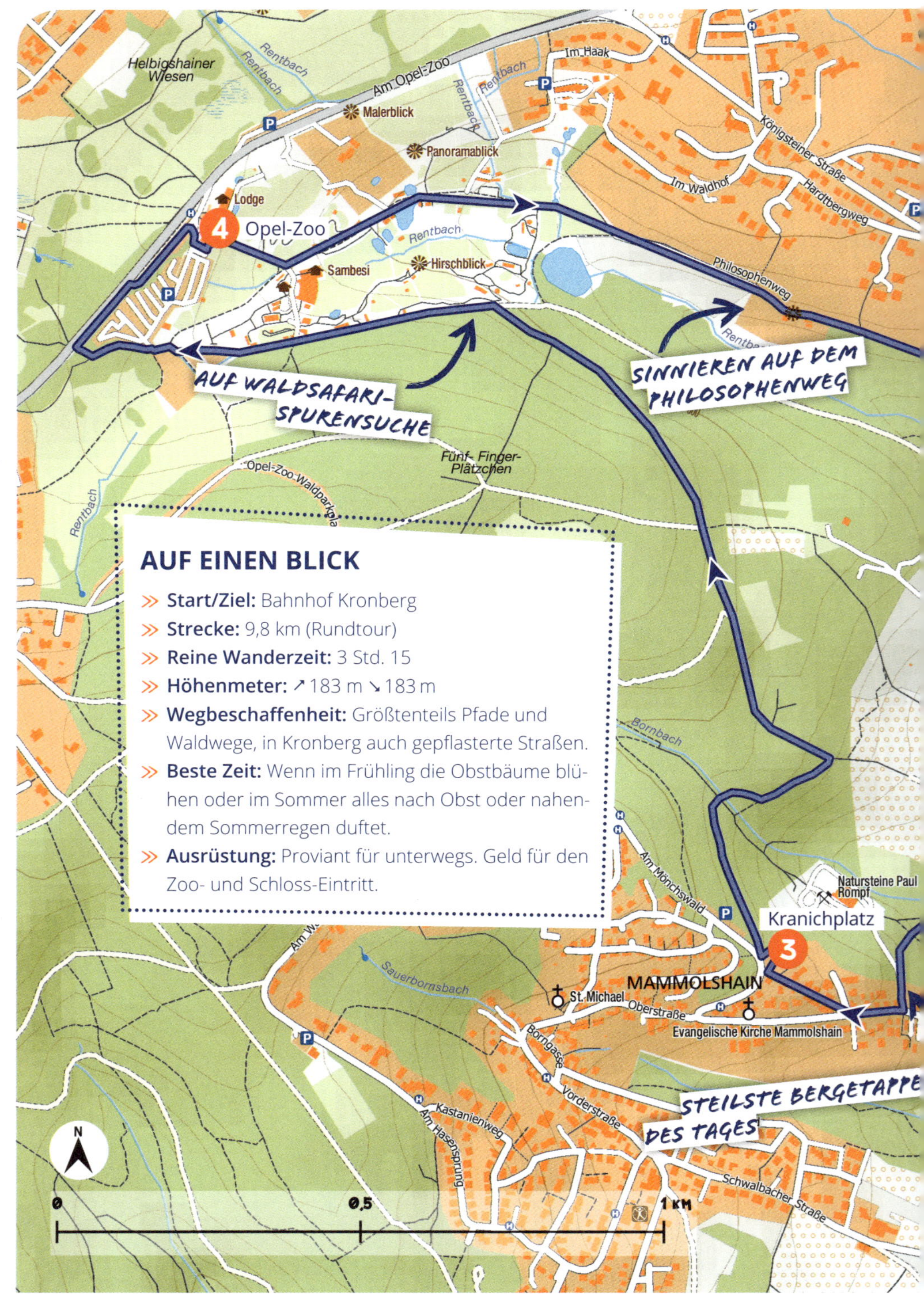

AUF EINEN BLICK

- » **Start/Ziel:** Bahnhof Kronberg
- » **Strecke:** 9,8 km (Rundtour)
- » **Reine Wanderzeit:** 3 Std. 15
- » **Höhenmeter:** ↗ 183 m ↘ 183 m
- » **Wegbeschaffenheit:** Größtenteils Pfade und Waldwege, in Kronberg auch gepflasterte Straßen.
- » **Beste Zeit:** Wenn im Frühling die Obstbäume blühen oder im Sommer alles nach Obst oder nahendem Sommerregen duftet.
- » **Ausrüstung:** Proviant für unterwegs. Geld für den Zoo- und Schloss-Eintritt.

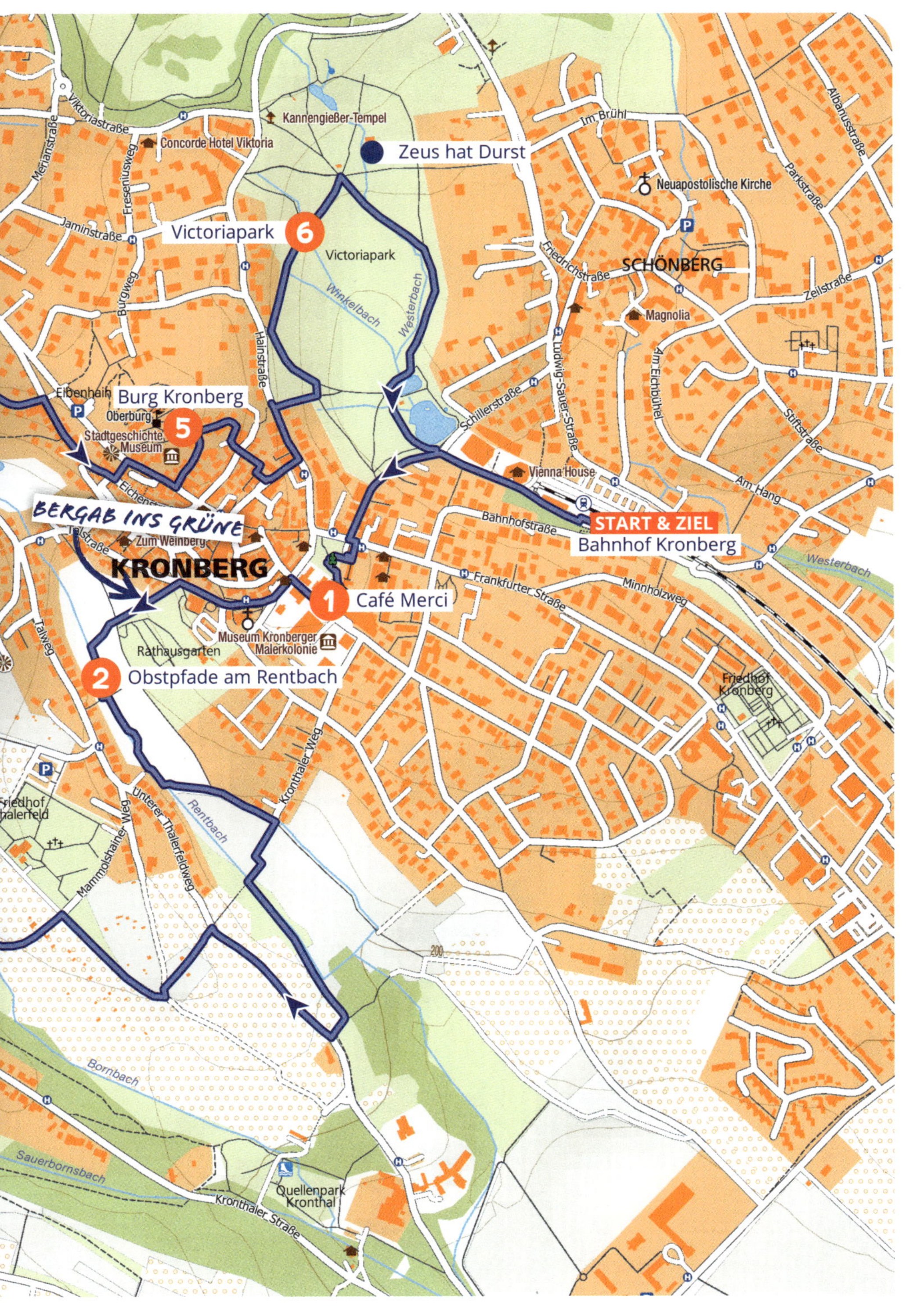
Zeus hat Durst
Kannengießer-Tempel
Concorde Hotel Viktoria
Victoriapark
6
Victoriapark
Winkelbach
Westerbach
Im Brühl
Neuapostolische Kirche
SCHÖNBERG
Friedrichstraße
Magnolia
Zeilstraße
Parkstraße
Albanusstraße
Viktoriastraße
Meriansstraße
Fresenisweg
Jaminstraße
Burgweg
Hainstraße
Burg Kronberg
Eibenhain
Oberburg
Stadtgeschichte Museum
5
Schillerstraße
Ludwig-Sauer-Straße
Am Eichbühl
Stiftstraße
Am Hang
Vienna House
START & ZIEL
Bahnhof Kronberg
Bahnhofstraße
BERGAB INS GRÜNE
Talstraße
Zum Weinberg
KRONBERG
1
Café Merci
Frankfurter Straße
Minnholzweg
Westerbach
Museum Kronberger Malerkolonie
Rathausgarten
2
Obstpfade am Rentbach
Talweg
Friedhof Kronberg
Friedhof Thalerfeld
Mammolshainer Weg
Unterer Thalerfeldweg
Rentbach
Kronthaler Weg
200
Bornbach
Sauerbornsbach
Quellenpark Kronthal
Kronthaler Straße

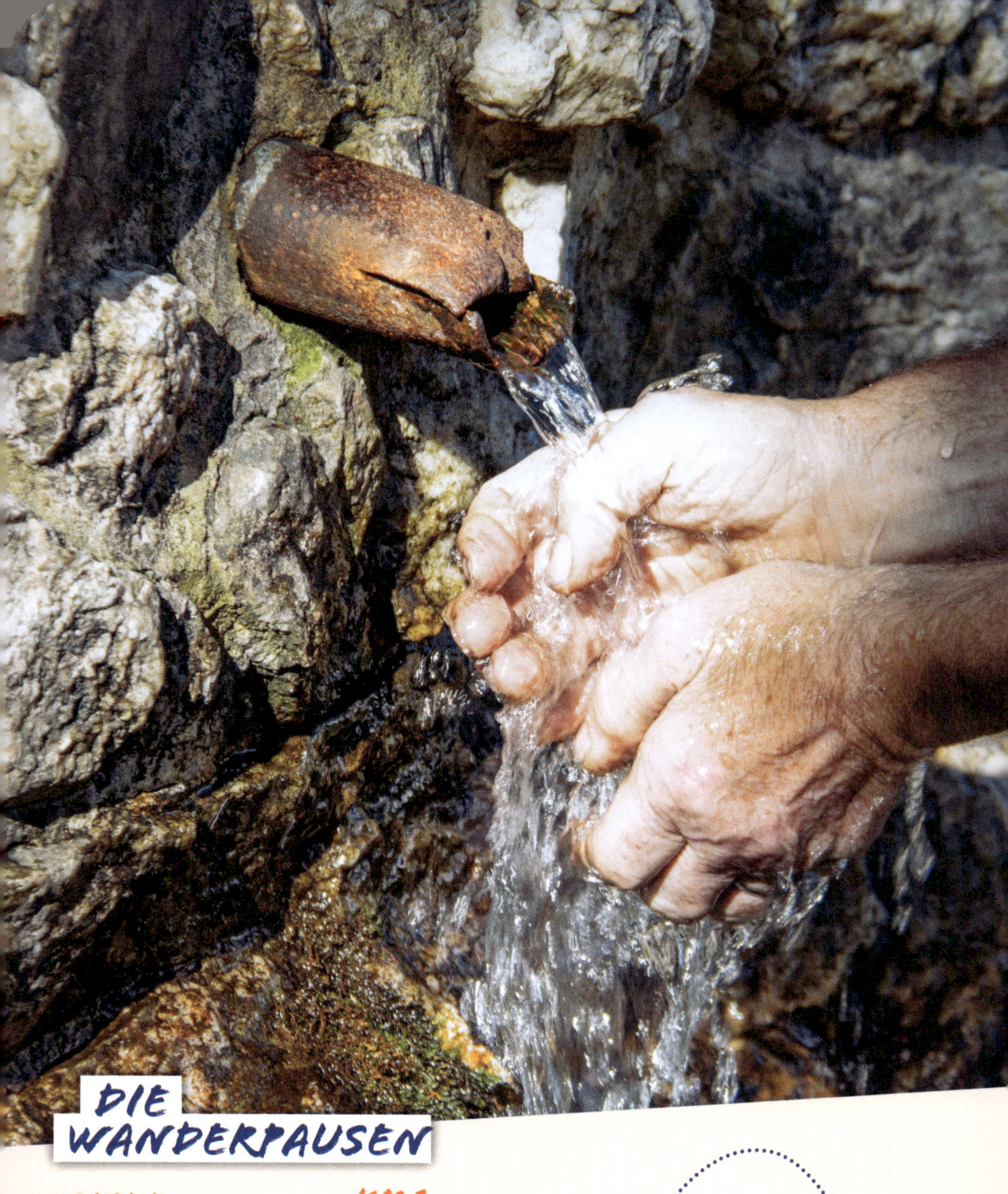

DIE WANDERPAUSEN

»START
Bus- und U-Bahn-Haltestelle Hohemark

KM 0,5
1 Taunus-Informationszentrum
Zeit zum Warmwerden

KM 1
2 Kaiserin-Friedrich-Brücke
Verstecktes Kleinod

KM 3
3 Emminghaushütte
Kontrastprogramm im Stadtwald

16 SINNE SCHÄRFEN

Im Oberurseler Stadtwald

Wenn man von der Hohemark dem Wanderweg am Urselbach entlang folgt, heißen die Hauptdarsteller: Wasser und Wald. Zwischen schattigen Pfaden und ringsum von Grün umgebenen Seen hält die Natur einige Überraschungen bereit – und alles, was man für einen rundum entspannten Tag braucht.

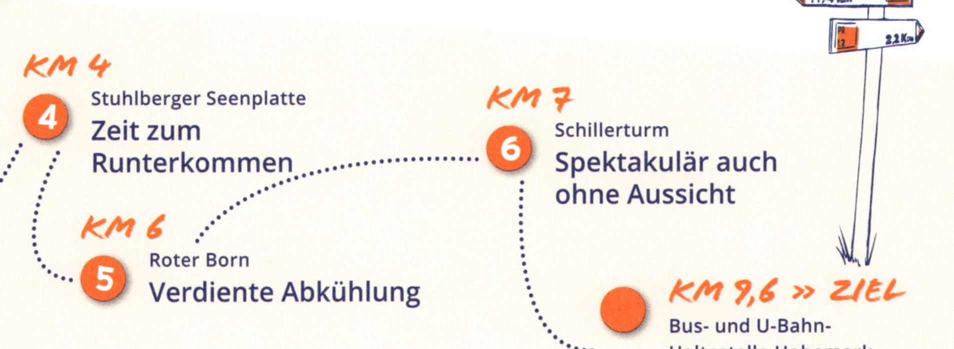

ES GIBT DIESE TAGE, DIE STARTET MAN AM BESTEN …

… direkt im Wald. Wo der Duft von Holz in der Luft liegt, während sich Wege und Schneisen gefühlt kilometerweit durch die Landschaft ziehen und unterwegs einfach nichts anderes zählt, als immer im eigenen Takt einen Schritt vor den anderen zu setzen. Zwischen dem Gluckern von Bächen und Quellen, dem Rascheln von Blättern und dem Zirpen, Summen und Zwitschern von Waldbewohnern passen die Waldwege am Taunusrand von Oberursel herrlich zu Tagen wie diesen – auch weil sie aus vielen Winkeln der Region gut und schnell zu erreichen sind.

Der Ausflug beginnt mit einer Aufwärmübung und dem guten Vorsatz, einfach mal wieder etwas Neues auszuprobieren: Also auf zur Kletterpartie an der futuristisch verwinkelte Boulderwand, die die Fassade des **Taunus-Informationszentrums** mit ihren knallig-bunten Griffen und Schattenspielen im Morgenlicht nicht nur zum optischen Highlight macht.

Von hier folgt man dem plätschernden Urselbach rein in den Wald und überquert zunächst einige Brücken. Der fotogensten des Tages, der **Kaiserin-Friedrich-Brücke,** nähert man sich dann aber am besten auf Augenhöhe. Dafür heißt es, einige vorsichtige Schritte auf dem Trampelpfad durchs Dickicht setzen und nah ran ans Wasser pirschen, um das wildromantische Fotomotiv einzufangen.

MEDITATIVES PLÄTSCHERN: AM MÜHLENWEG WIRD DER WANDERPFAD EIN STÜCK VOM WASSER BEGLEITET

Von hier geht es über Schneisen durch den Stadtwald, vorbei an kreativen Bänken am Wegesrand und gemütlichen Wanderunterständen wie der **Emminghaushütte,** die zu Picknickpausen verleiten. Auch an der **Stuhlberger Seenplatte** gehört eine Rast auf einem Stein oder Baumstamm zum Walderlebnis einfach dazu, bevor man sich auf die Suche nach der Quelle **Roter Born** begibt, an deren Wasser eine nächste Erfrischungspause wartet. Noch ein Stück durch den Wald führt der Weg dann am Oberurseler Stadtrand entlang und am **Schillerturm** vorbei zurück zum Urselbach, der schon den Beginn der Tour begleitete. Hier folgt man dem markierten Mühlenwanderweg, mit dem der Bach und seine lange Mühlentradition besonders schön in Szene gesetzt werden.

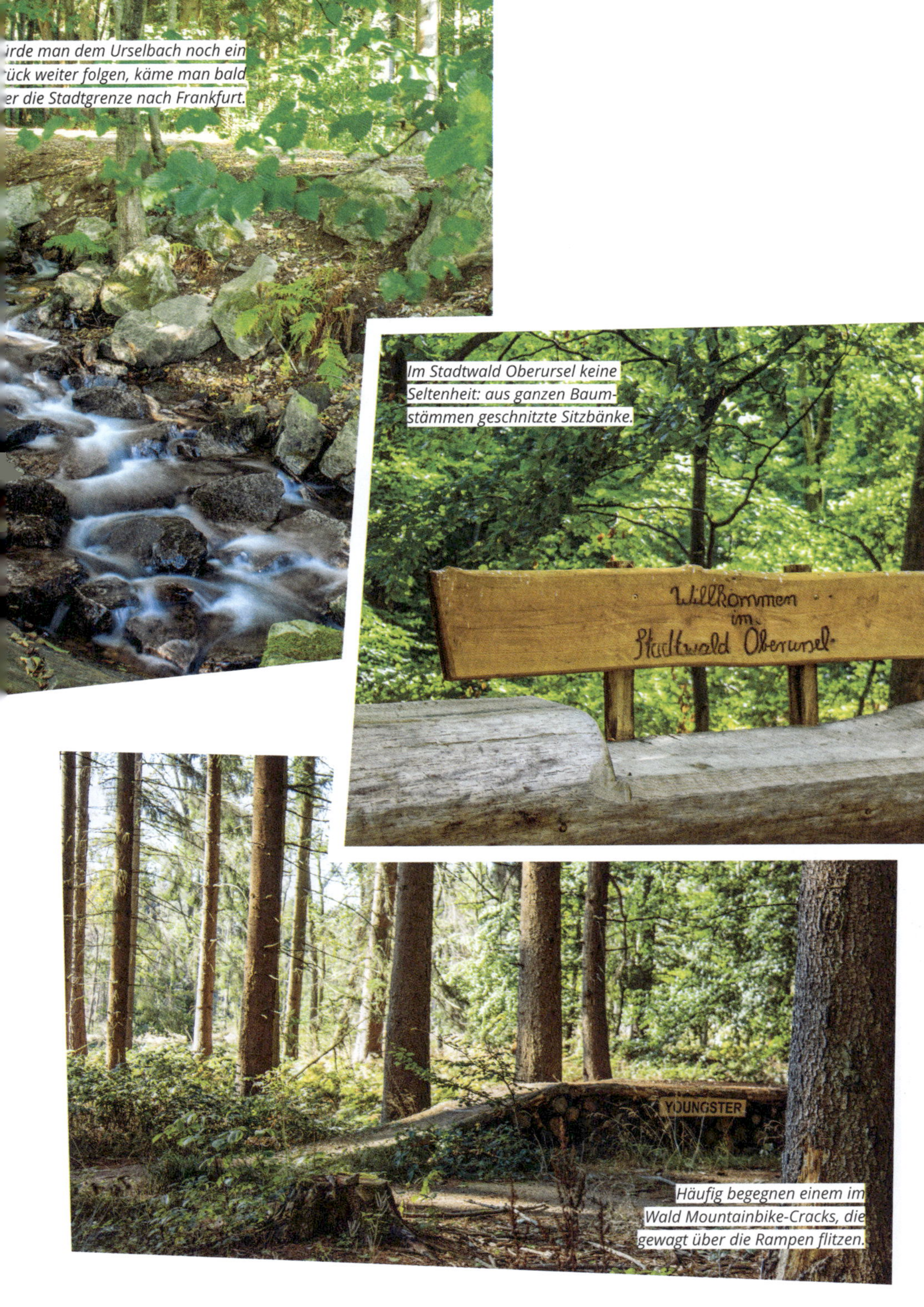

ürde man dem Urselbach noch ein rück weiter folgen, käme man bald er die Stadtgrenze nach Frankfurt.

Im Stadtwald Oberursel keine Seltenheit: aus ganzen Baumstämmen geschnitzte Sitzbänke.

Häufig begegnen einem im Wald Mountainbike-Cracks, die gewagt über die Rampen flitzen.

WANDERN & GENIESSEN

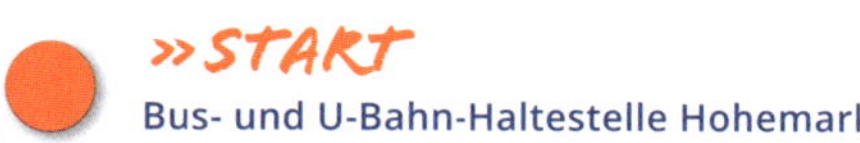

»START

Bus- und U-Bahn-Haltestelle Hohemark

Die Straße zum von Weitem sichtbaren Informationszentrum überqueren und ab an die Kletterwand.

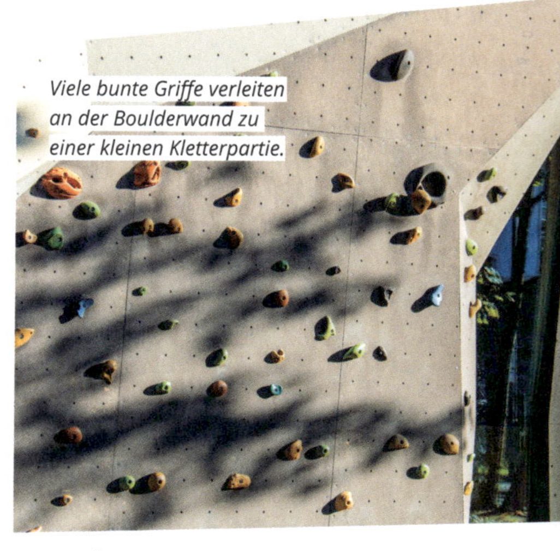

Viele bunte Griffe verleiten an der Boulderwand zu einer kleinen Kletterpartie.

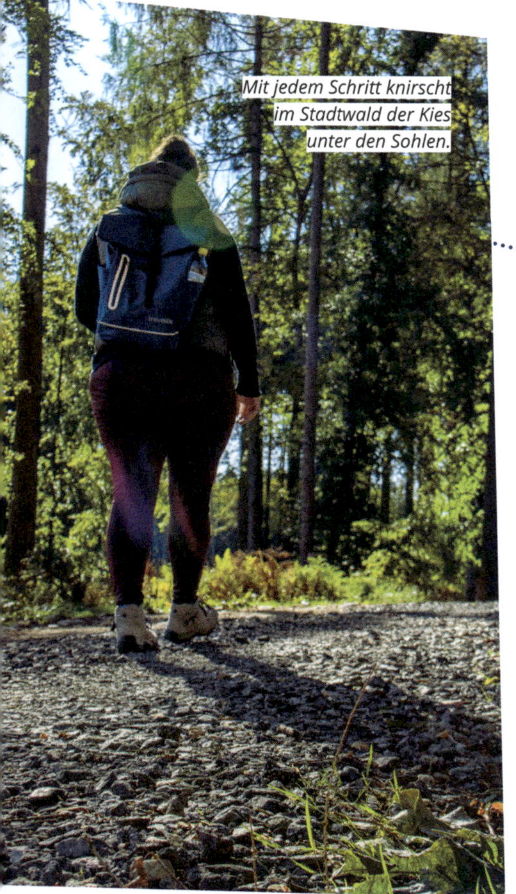

Mit jedem Schritt knirscht im Stadtwald der Kies unter den Sohlen.

KM 0,5

1 Taunus-Informationszentrum

Zeit zum Warmwerden

Von einem bunten Griff zum nächsten gelangen, ohne das Gleichgewicht zu verlieren und aus der Wand zu fallen: Die Mission des ersten Stopps des Tages ist einfacher erklärt als umgesetzt. Denn die Trendsportart Bouldern, in die man hier an der Außenwand des Besucherzentrums kostenlos reinschnuppern kann, verlangt nicht nur gute Standfestigkeit und Kraft in Schultern und Fingern, sondern nicht selten auch ein bisschen Kreativität und Spaß am Knobeln. Durch das Klettern in Absprunghöhe kann man die Sportart hier auch locker ohne Ausrüstung in Form von Spezialschuhen oder Bouldermatte antesten und sich seine Routen und Bewegungen selbst definieren. Oder einfach mal das Partyspiel Twister abwandeln: Na los, rechte Hand auf rot!

Dem Urselbach rechts in den Wald hinein folgen.

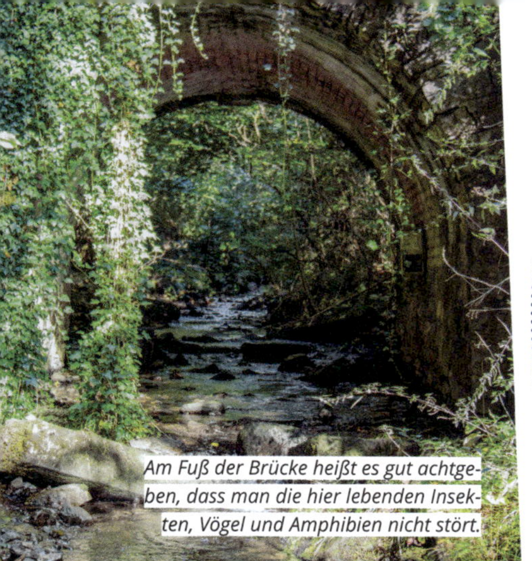

Am Fuß der Brücke heißt es gut achtgeben, dass man die hier lebenden Insekten, Vögel und Amphibien nicht stört.

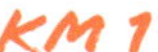

KM 1

2 Kaiserin-Friedrich-Brücke
Verstecktes Kleinod

Bei Wanderungen durch diese Ecke des Taunus kommt man an der englischen Königstochter, die erst preußische Kronprinzessin, dann für 99 Tage Kaiserin und letztlich Kaiserinmutter wurde, kaum vorbei. Vieles erinnert vor Ort an Victoria von Großbritannien und Irland, die später als »Kaiserin Friedrich« bekannt wurde und ihren Witwensitz in Kronberg einrichtete: ein Spazier- und Wanderweg zwischen Oberursel und Kronberg, eine Schule in Bad Homburg und eben die kleine, steinerne Brücke im Wald oberhalb der Hohemark. Auch wenn diese Tour hier nicht den Urselbach quert, soll die Kaiserin-Friedrich-Brücke nun als tolles Fotomotiv dienen. Ein Stück vor der Brücke führt ein kleiner Trampelpfad runter zum Bach, wo die Natur am plätschernden Gewässer für Urwaldfeeling sorgt. Vorsicht ist geboten, dafür sorgen schon die im Unterholz versteckten frechen Frösche.

Links ab in den Kaiserin-Friedrich-Weg, den man an der nächsten Gabelung wieder verlässt, um dem linken Pfad (Dalbigsborn) und der Stadtwaldrunde zu folgen. Hinterm Wasserwerk rechts und wieder rechts auf den Altkönigweg.

KM 3

3 Emminghaushütte
Kontrastprogramm im Stadtwald

Was macht eine einfache Wanderhütte zu einer Art Erlebnislocation? Na, zum Beispiel wenn man ihr eine Mountainbike-Strecke quasi direkt vor die Nase setzt. Dann trifft plötzlich die entspannte, hölzerne Pausenbank auf Tempo und Nervenkitzel und man kann eigentlich gar nicht anders, als das Picknickplätzchen zunächst links liegen zu lassen und auf jedes Geräusch im Wald zu achten, immer in der Hoffnung, dass wieder mal jemand aus dem Wald gerollt kommt und auf eine der hölzernen Rampen flitzt. Faszinierend, was mit einer guten Portion Mut und Können alles möglich ist! Genug gestaunt? Denn eigentlich ist die Wanderhütte ein herrlich ruhiges Örtchen, um alles, was sich außenrum abspielt, für einen Moment zu vergessen.

Auf der anderen Seite des Mountainbike-Trails wenige Hundert Meter parallel zum Hinweg zurücklaufen, dann auf den Wanderweg nach rechts abbiegen.

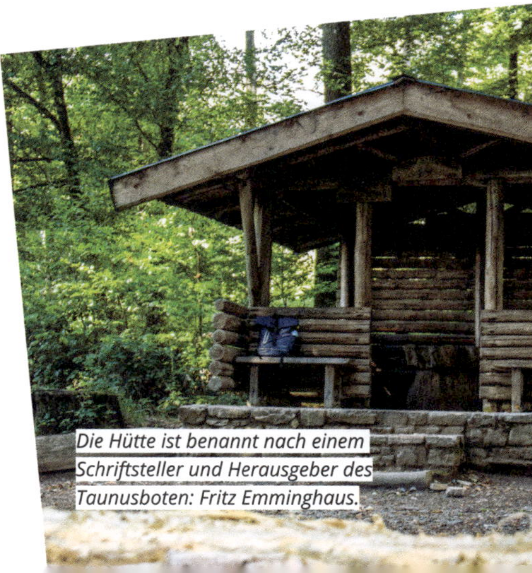

Die Hütte ist benannt nach einem Schriftsteller und Herausgeber des Taunusboten: Fritz Emminghaus.

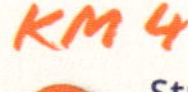

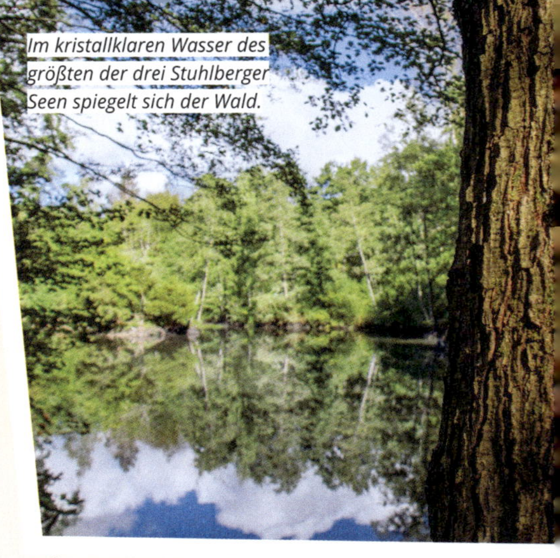

Im kristallklaren Wasser des größten der drei Stuhlberger Seen spiegelt sich der Wald.

4 Stuhlberger Seenplatte

Zeit zum Runterkommen

Vollkommen friedlich und ruhig liegt das Wasser da, so als würde es sich am Rest der Welt einfach nicht stören. Braucht es ja auch nicht so mittendrin im Oberurseler Stadtwald, wo die Stuhlberger Seenplatte hübsch versteckt im sogenannten »Franzoseneck« liegt. Hinter dem stolzen Namen Seenplatte verbergen sich hier zwar keine unendlichen Wasserflächen, sondern gerade einmal drei kleine Tümpel. Ein idealer Ort, um hier im Wald noch mal eine entspannte Pause auf einem dicken Stein oder einer Bank einzulegen, sind die Seen trotzdem.

Weiter auf dem Wanderweg und ein paar Hundert Meter hinter der Straßenüberführung links ab. Der Abzweig zum Roten Born liegt etwa einen Kilometer weiter etwas versteckt rechts vom Weg.

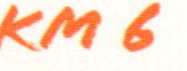

5 Roter Born

Verdiente Abkühlung

Es kann schon mal etwas dauern, bis man durch den dichten Bewuchs rund um die Quelle den richtigen Pfad zum Roten Born ausfindig gemacht hat. Aber wenn man dann auf der richtigen Spur ist, macht sie sich umso lauter durch stetiges Plätschern bemerkbar, mit dem das Quellwasser aus dem Steinmäuerchen gluckert. Tatsächlich kommt eine kleine Erfrischung in Form einer Ladung Wasser im Gesicht oder auf den Handgelenken gar nicht so ungelegen, jetzt wo die kleinen Bergetappen des Tages geschafft sind. Und wunderbar meditativ ist dieses Päuschen hier am Ursprung eines so malerischen Stückchens Natur noch dazu.

Dem Wanderweg weiter folgen. Rechts auf Altkönigstraße abbiegen..

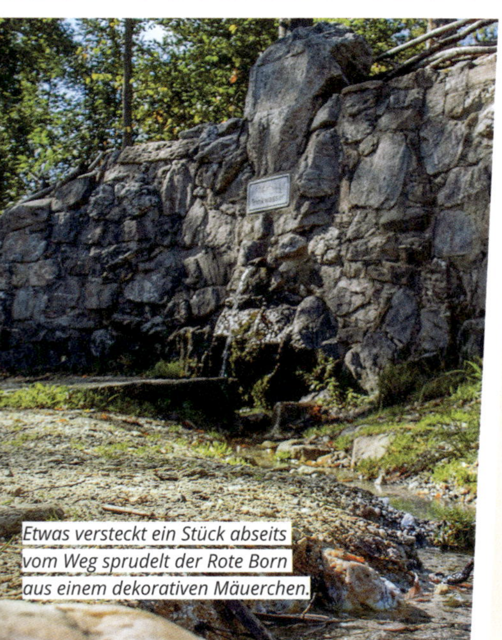

Etwas versteckt ein Stück abseits vom Weg sprudelt der Rote Born aus einem dekorativen Mäuerchen.

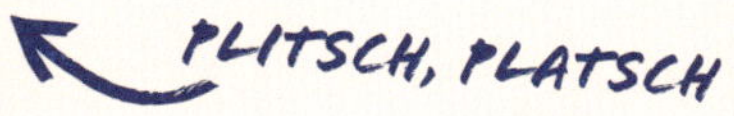

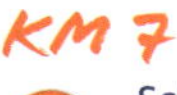

KM 7

6 Schillerturm

Spektakulär auch ohne Aussicht

Es gibt immer wieder Momente unterwegs, in denen erwartet man die eine Sache und bekommt eine ganz andere – was oft in Enttäuschung endet. Der Oberurseler Schillerturm ist ein Beispiel dafür, wie die Dinge auch anders laufen können. Zwar ist hier vom einstigen Aussichtsturm nur noch ein Rest übrig, der ist dafür allerdings so beeindruckend, unerwartet und irgendwie fehl am Platz, dass man auch ohne Treppen, Aufstieg und Fernblick ins Staunen gerät. Spitz zulaufende Bögen im dicken Gemäuer sorgen dafür, dass man sich das beeindruckende Bauwerk von 1905 aus der Froschperspektive anschauen kann. Mit ein bisschen Kreativität lassen sich dabei tolle Fotos von Turm und Umgebung einfangen.

Hinterm Turm links halten, bis der Werkgraben quert. Dann auf dem Mühlenwanderweg zurück zum Taunus-Informationszentrum und zur Haltestelle Hohemark laufen.

EXTRA INFOS:

Wem am Ende der Tour der Magen knurrt, findet im ● **Restaurant Waldtraut** nicht nur ein gemütliches Plätzchen am Waldrand, sondern auch eine Speisekarte, die beweist, dass sich rustikal, traditionell und modern durchaus kombinieren lassen – wenn man denn die richtigen Ideen hat.

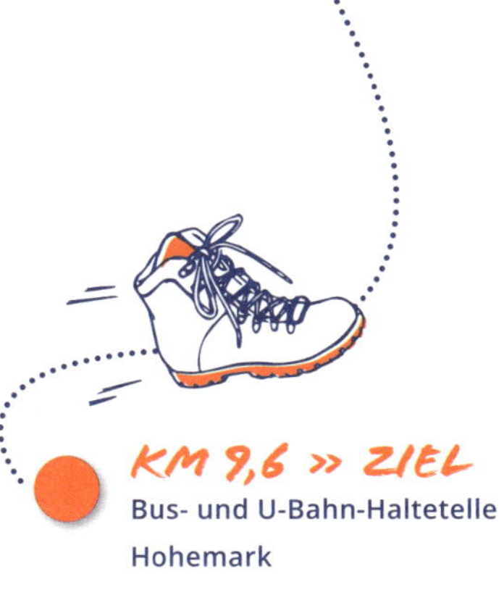

KM 9,6 » ZIEL

Bus- und U-Bahn-Haltetelle Hohemark

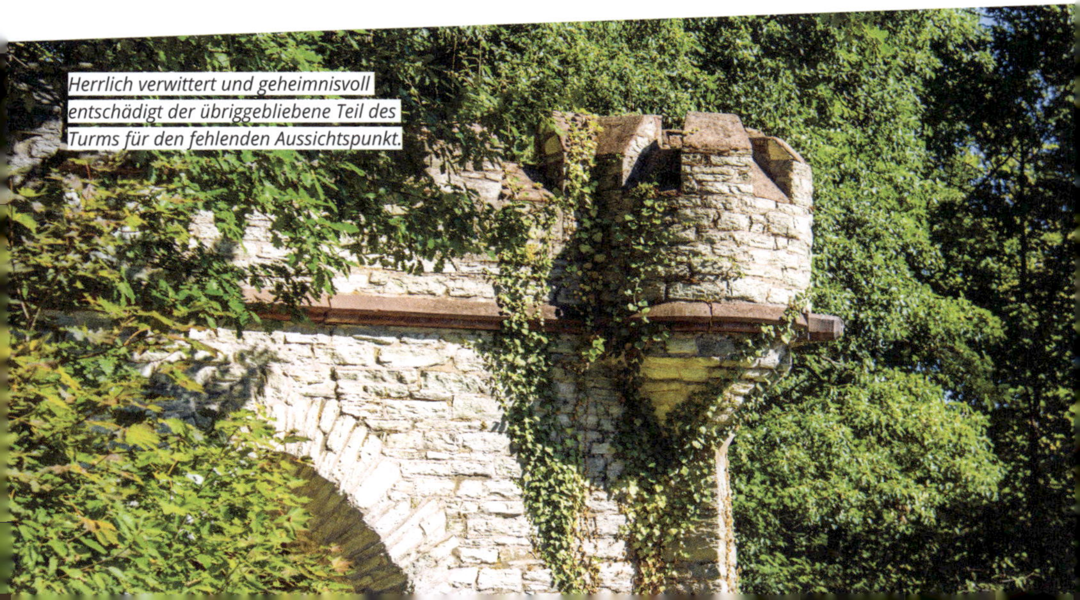

Herrlich verwittert und geheimnisvoll entschädigt der übriggebliebene Teil des Turms für den fehlenden Aussichtspunkt.

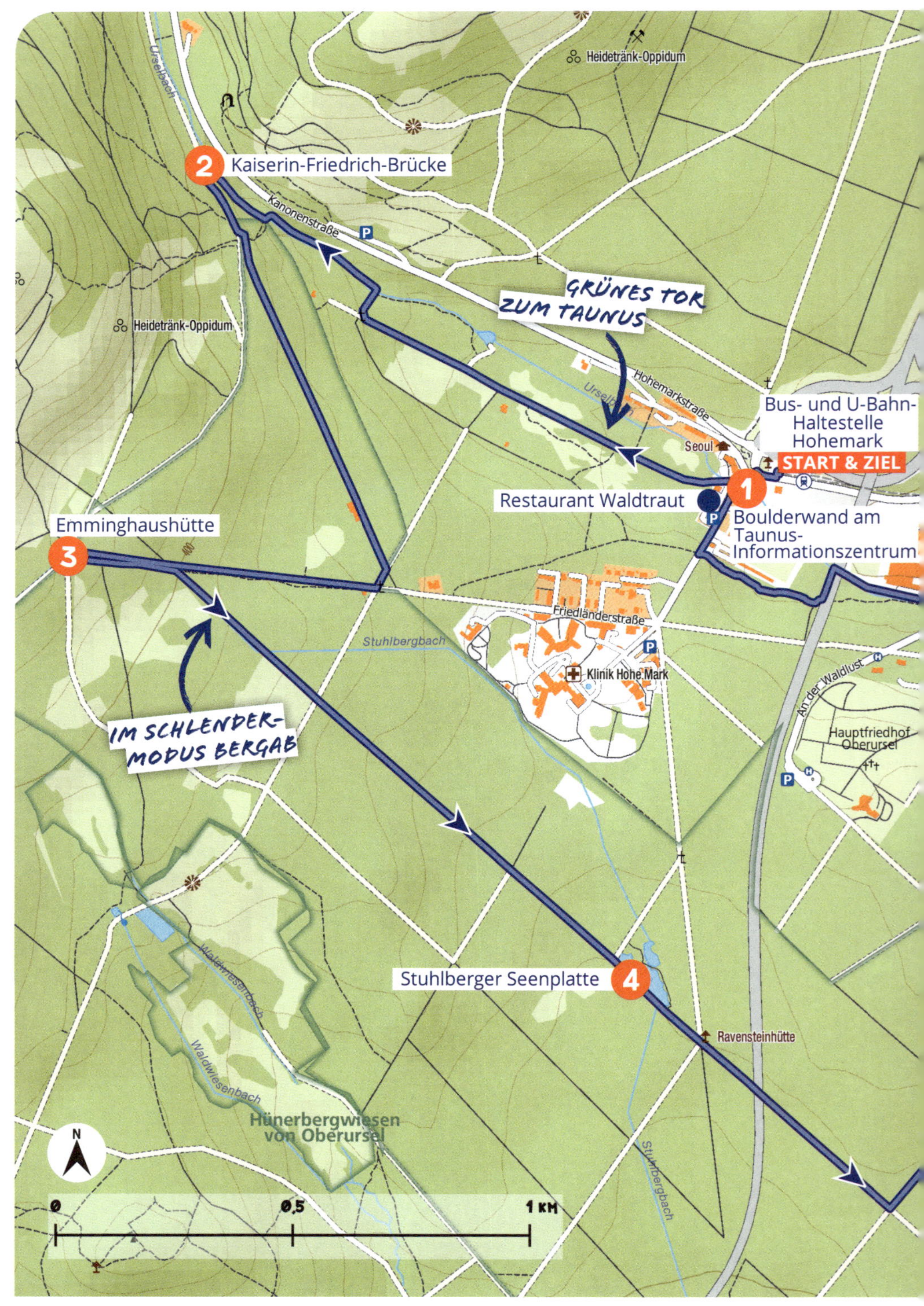

Heidetränk-Oppidum
Urselbach
2 Kaiserin-Friedrich-Brücke
Kanonenstraße
Heidetränk-Oppidum
GRÜNES TOR ZUM TAUNUS
Hohemarkstraße
Urselbach
Bus- und U-Bahn-Haltestelle Hohemark
Seoul
START & ZIEL
1
Restaurant Waldtraut
Boulderwand am Taunus-Informationszentrum
Emminghaushütte
3
Friedländerstraße
Stuhlbergbach
Klinik Hohe Mark
An der Waldlust
Hauptfriedhof Oberursel
IM SCHLENDER-MODUS BERGAB
Waldwiesenbach
Waldwiesenbach
Stuhlberger Seenplatte
4
Ravensteinhütte
Hünerbergwiesen von Oberursel
Stuhlbergbach
N
0
0,5
1 KM

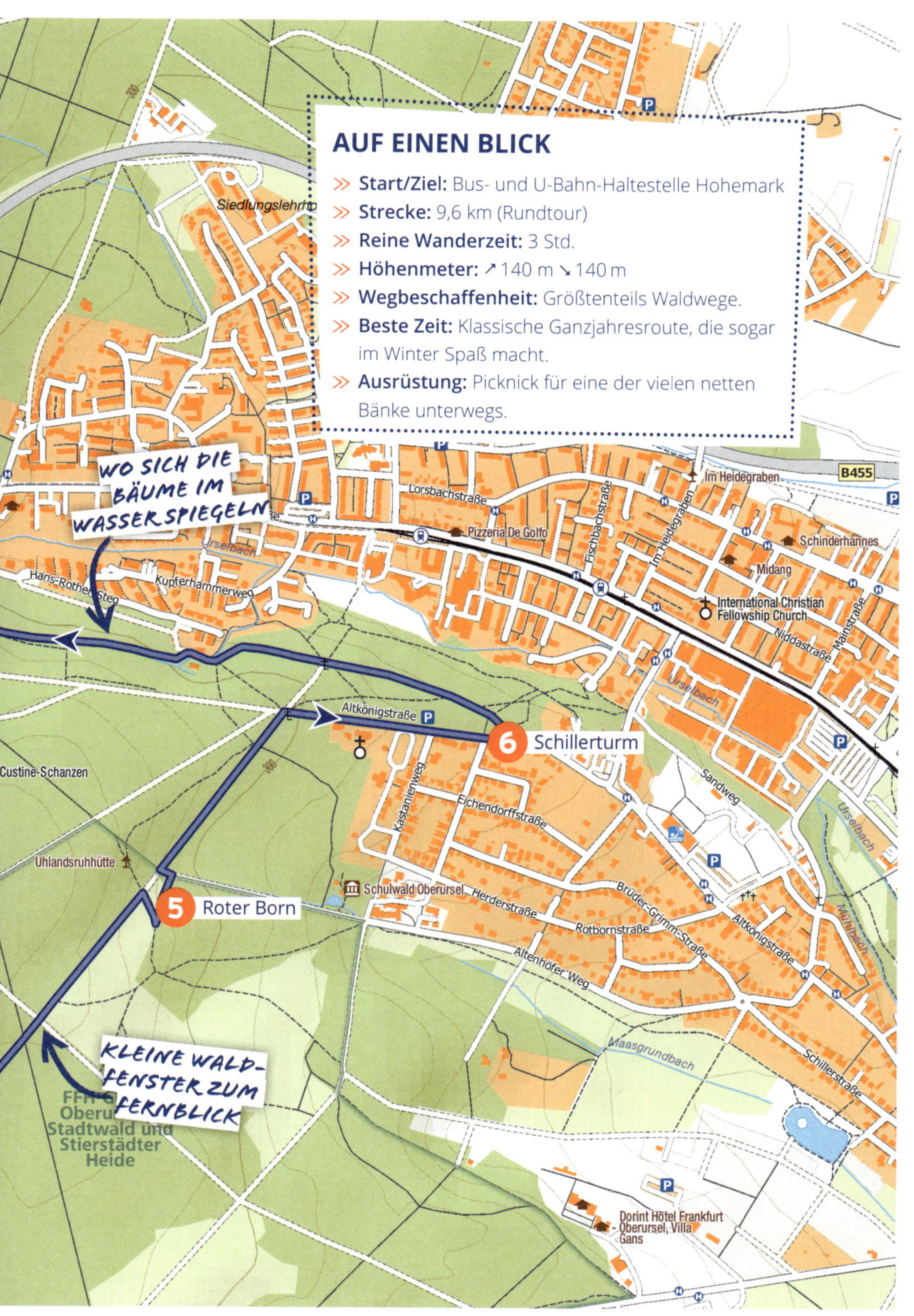

AUF EINEN BLICK

- **Start/Ziel:** Bus- und U-Bahn-Haltestelle Hohemark
- **Strecke:** 9,6 km (Rundtour)
- **Reine Wanderzeit:** 3 Std.
- **Höhenmeter:** ↗ 140 m ↘ 140 m
- **Wegbeschaffenheit:** Größtenteils Waldwege.
- **Beste Zeit:** Klassische Ganzjahresroute, die sogar im Winter Spaß macht.
- **Ausrüstung:** Picknick für eine der vielen netten Bänke unterwegs.

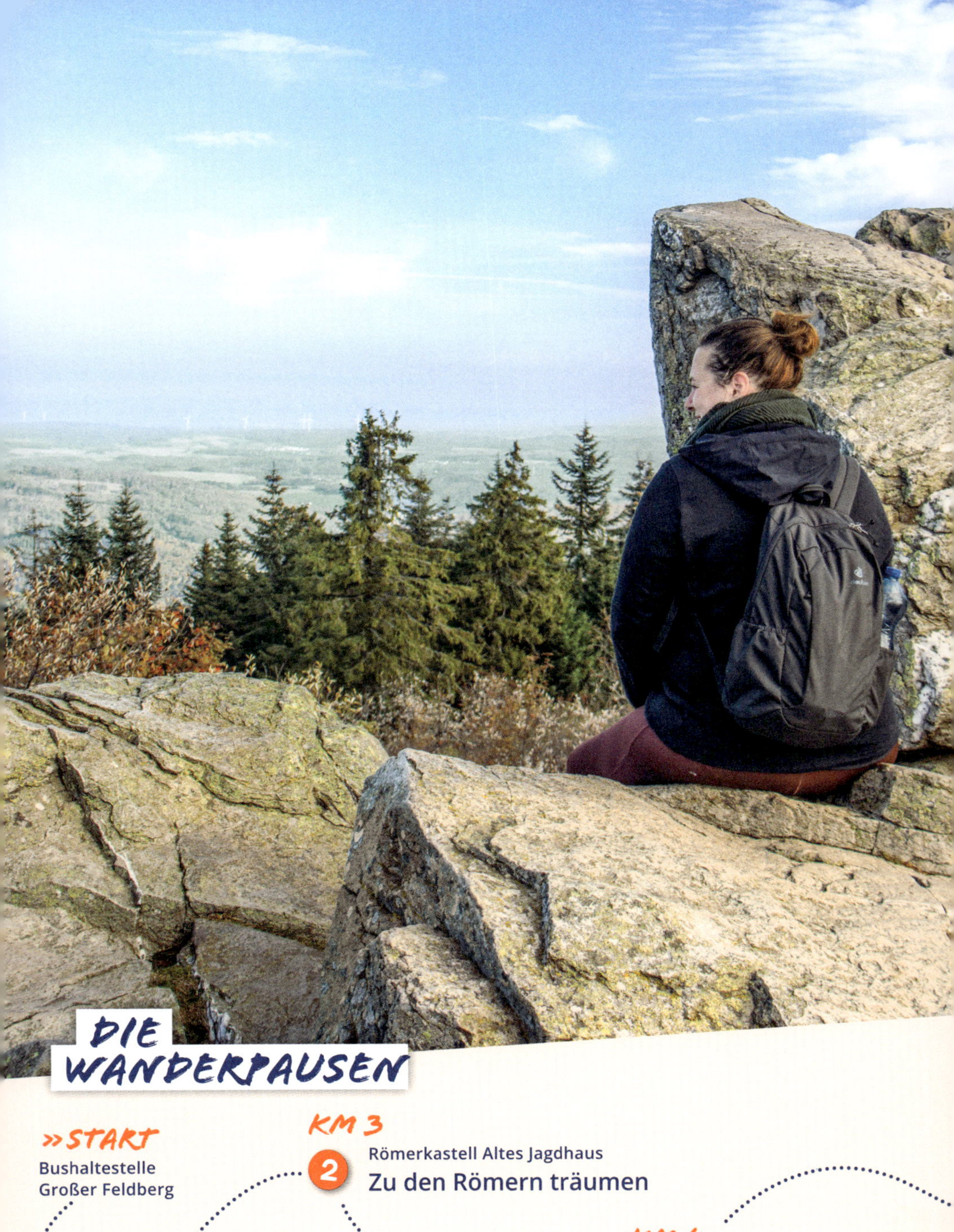

Die Wanderpausen

» Start
Bushaltestelle Großer Feldberg

KM 0,5
1 Brunhildisfelsen
Dem Taunus aufs Dach steigen

KM 3
2 Römerkastell Altes Jagdhaus
Zu den Römern träumen

KM 4
3 Skylineblick
Frankfurt auf dem Silbertablett

17

BERGTOUR RÜCKWÄRTS

Vom Großen Feldberg nach Oberursel

Ein bisschen wie im Märchen von Hase und Igel kann man einem Wandertag im Taunus ganz entspannt ein Schnippchen schlagen, indem man den Bus zu seinem höchsten Berg nimmt und von hier immer der Aussicht entgegen ins Tal spaziert.

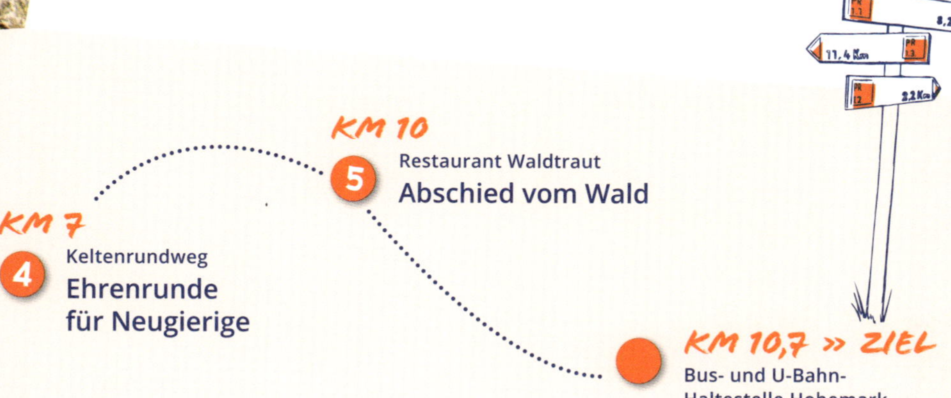

MANCHMAL, DA DARF ES AUCH …

… einfach bergab gehen. Mal flacher, mal steiler – mal durch dichten Wald, mal zu unverstellten Ausblicken. Einfach ganz entspannt einen Fuß vor den anderen setzen, über weiche Waldwege und scharfkantigen Schotter und dabei den Blick ins Tal richten, wo viele andere für den perfekten Taunusblick vom Großen Feldberg jetzt vielleicht erst loslaufen – und fest entschlossen sind, sich das Panorama richtig hart zu verdienen.

Doch dass man den Aufstieg ausgelassen und sich relaxed mit dem Bus hat hochkutschieren lassen, beinhaltet ja kein Verbot, den Höhepunkt der Tour, den man mal so eben an den Anfang gezogen hat, zu genießen: der angenehme Wind, der einen morgens hier oben auf Hessens zweithöchstem Berg besonders frisch begrüßt sowie die Ausblicke in die Täler, die der heraufziehende Herbst mit mystischem Dunst belegt hat. Beim kleinen Spaziergang zum Ankommen am Großen Feldberg, rund ums Gipfelkreuz auf knapp 880 Metern, kann man sich richtig schön Zeit lassen, vor allem wenn man die Bergspitze so früh am Morgen noch fast für sich allein hat.

ERHEBEND: WENN EINEM UNTERWEGS IMMER WIEDER DIE WELT ZU FÜSSEN LIEGT

Einer der besten Plätze, um von hier oben nach da unten zu gucken, bietet sich am kaum übersehbaren **Brunhildisfelsen,** der vielleicht als Frühsport zur kleinen, einfachen Kletterpartie inspiriert. Von hier geht es rein in den Taunuswald, in dem die Natur vielerorts demonstriert, dass nur sie hier den Takt angibt, gleichermaßen für Zerstörung und Regeneration sorgt und so immer wieder ein wenig Urwaldfeeling erzeugt. Nur vereinzelte Plätze wie die Grundmauern eines alten **Römerkastells** erinnern daran, dass hier auch kulturgeschichtlich schon so manches passiert ist.

Was die Strecke des Tages ausmacht, ist der beständige Weg bergab zu immer wieder neuen Ausblicken, etwa auf die **Frankfurter Skyline.** Nur auf dem kurzen Abstecher auf dem **Keltenrundweg** kurz vor Oberursel geht es kurz einige Meter bergauf. Doch die Stärkung auf der gemütlichen Terrasse des **Restaurants Waldtraut** unweit der U-Bahn- und Busstation will schließlich auch verdient sein. «

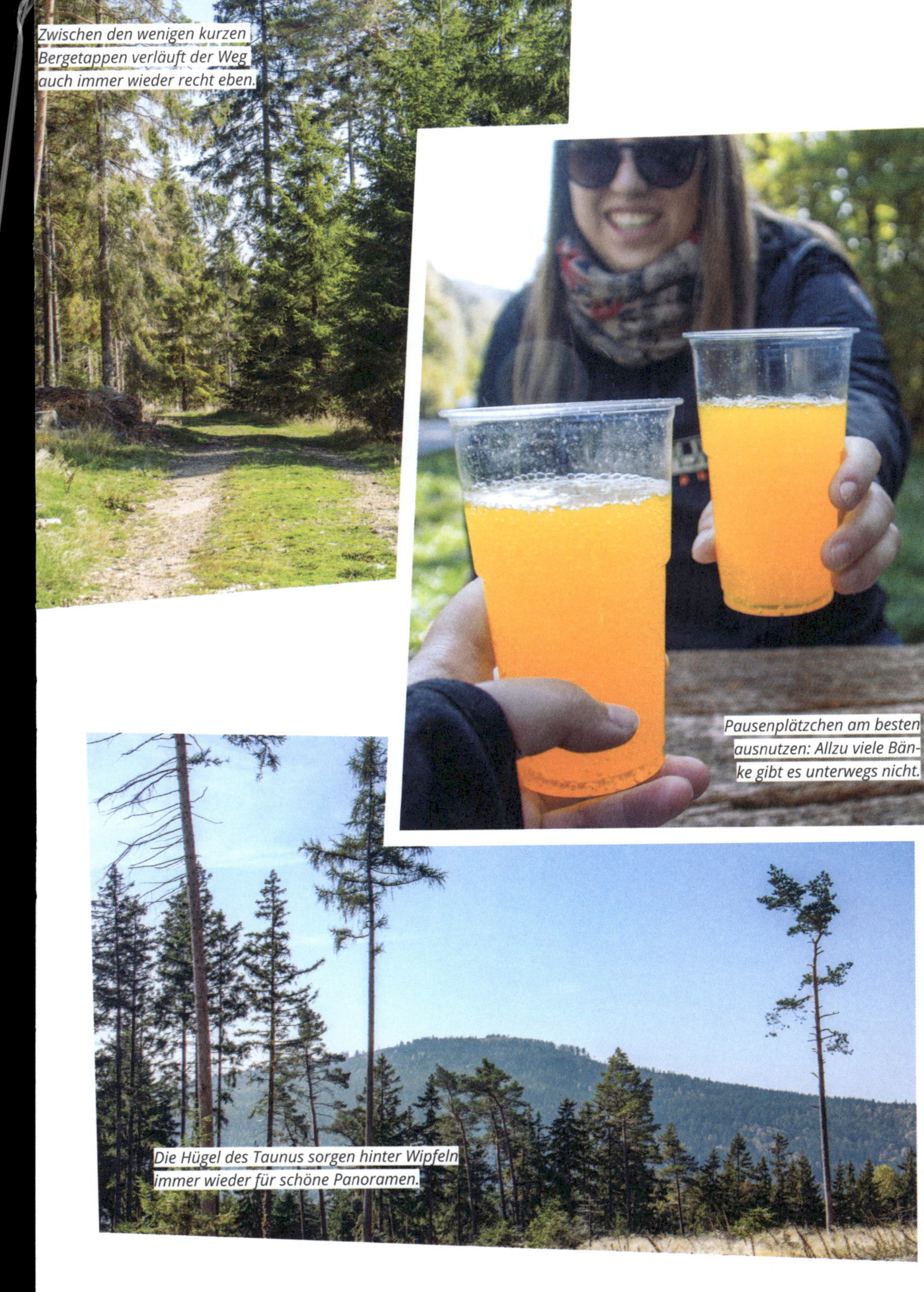

Zwischen den wenigen kurzen Bergetappen verläuft der Weg auch immer wieder recht eben.

Pausenplätzchen am besten ausnutzen: Allzu viele Bänke gibt es unterwegs nicht.

Die Hügel des Taunus sorgen hinter Wipfeln immer wieder für schöne Panoramen.

WANDERN & GENIESSEN

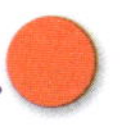

»START

Bushaltestelle Großer Feldberg

Dem Spazierweg einige Meter Richtung Norden folgen, bis der Brunhildisfelsen in Sicht kommt.

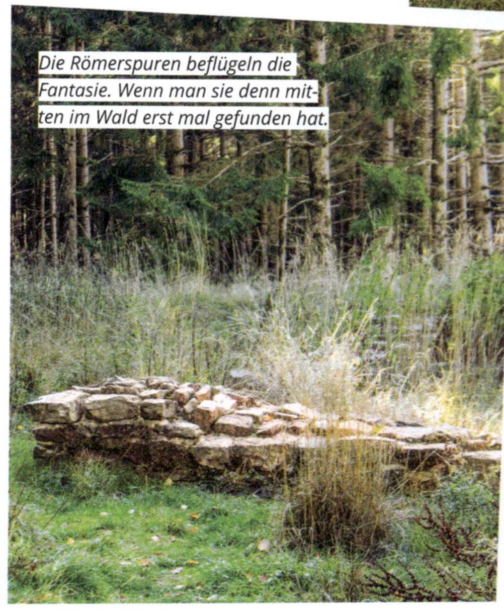
Die Römerspuren beflügeln die Fantasie. Wenn man sie denn mitten im Wald erst mal gefunden hat.

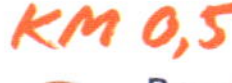

KM 0,5

1

Brunhildisfelsen

Dem Taunus aufs Dach steigen

Genau so fühlt sich Freiheit an. Hier oben sitzen auf dem kühlen Stein, während einem die Welt kilometerweit zu Füßen liegt. Ein gutes Gespräch zum Aufbruch in die Wanderung, der frische Wind um die Nase, ein Rascheln der Blätter und Vogelgeräusche in der Luft. Wer am Großen Feldberg in den Tag startet, hat den wohl spektakulärsten Aussichtspunkt der Tour mit Glück einen Moment noch ganz für sich allein. Hier kann man direkt zum Frühstück ein kleines Picknick oder einfach die Thermoskanne mit dampfendem Kaffee auspacken, sich die Kamera schnappen und Richtung Tal oder Gipfelkreuz fotografieren oder gedankenverloren in die Ferne starren.

Auf dem Wanderweg weiter in Richtung Sandplacken gehen, hinterm Restaurant die Straße überqueren und ab hier dem Limesweg folgen.

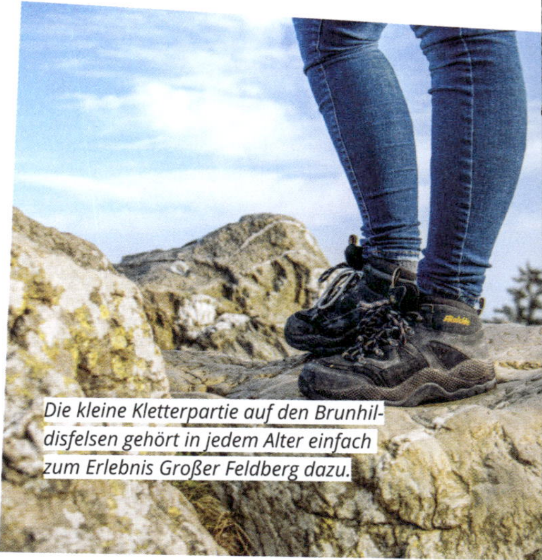
Die kleine Kletterpartie auf den Brunhildisfelsen gehört in jedem Alter einfach zum Erlebnis Großer Feldberg dazu.

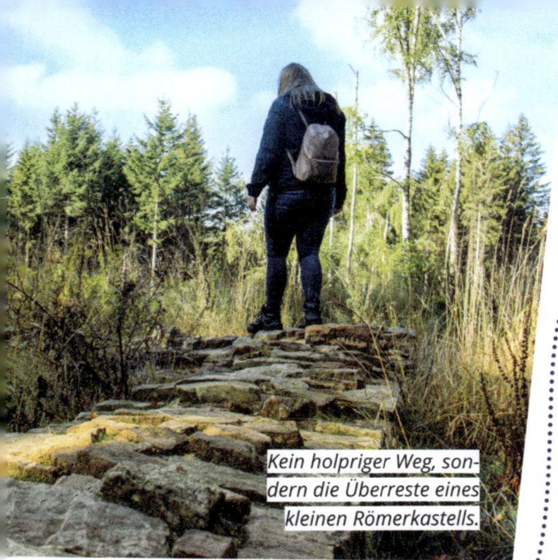

Kein holpriger Weg, sondern die Überreste eines kleinen Römerkastells.

KM 3

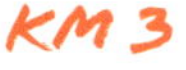

Römerkastell Altes Jagdhaus

2 Zu den Römern träumen

Zugegeben: Im Verlauf des Obergermanischen Limes, der einstigen Außengrenze des Römerreichs, gibt es Orte, die das Leben antiker Kulturen deutlich lebhafter wiedergeben: wiederaufgebaute, begehbare Aussichtstürme oder – wie an der unweit gelegenen Saalburg – ein ganzes Römerlager mit Pforten, Brunnen und Gebäuden. Hier dagegen finden sich auf den ersten Blick nur verfallene Mauerreste und Steinhaufen. Aber weckt nicht gerade das die Fantasie? Im Falle der rechteckigen Grundmauern des Römerkastell Altes Jagdhaus muss man zunächst aber aufpassen, die Römerspur nicht versehentlich zu verpassen. Hat man die Ruinen, die wohl aus dem 2. Jahrhundert stammen, schließlich entdeckt, ist die eigene Vorstellungskraft gefragt, damit der Römeralltag zu Füßen des alten Kleinkastells vor dem inneren Auge lebendig wird.

Limesweg halbrechts verlassen und hinter der Fernmeldeanlage am Kolbenberg rechts auf die Viermärker Schneise abbiegen, die bald steil ins Tal führt.

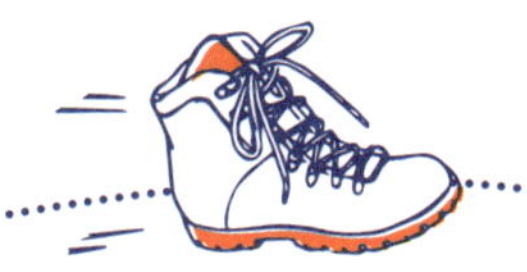

KM 4

Skylineblick

3 Frankfurt auf dem Silbertablett

Würde man die Strecke in entgegengesetzte Richtung zurücklegen – über den unebenen Schotter immer stramm bergauf –, man liefe glatt Gefahr, vor lauter Konzentration und inneren Durchhalteparolen die besten Ausblicke zu verpassen. In Gegenrichtung jedoch liegt einem das Spektakel quasi direkt vor der Nase, zumindest an klaren Tagen. Dann wirkt die rund 20 Kilometer Luftlinie entfernte Frankfurter Skyline ganz nah und die Flugzeuge, die über der Stadt in den Landeanflug auf einen der größten Flughäfen Europas gehen, gleichzeitig ganz weit weg.

Immer weiter geradeaus und hinterm Schellbach rechts ab auf den Felsenweg. Wenn die ersten Schilder des Keltenwegs in Sicht kommen, auf den Rundweg abbiegen.

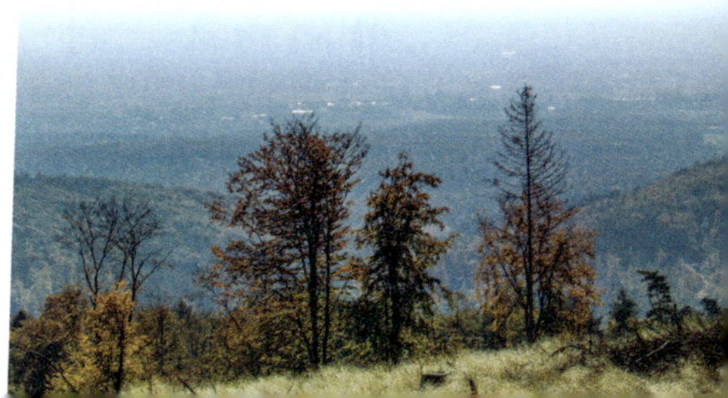

Wenn sich Frankfurt auch mal nicht sehen lässt, so lässt es sich doch immerhin in der Ferne erahnen.

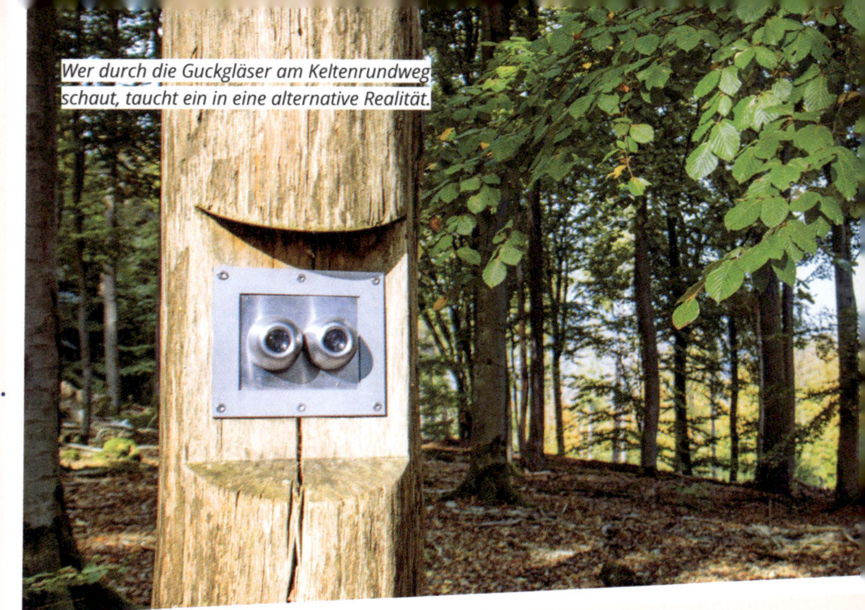

Wer durch die Guckgläser am Keltenrundweg schaut, taucht ein in eine alternative Realität.

KM 7

4

Keltenrundweg

Ehrenrunde für Neugierige

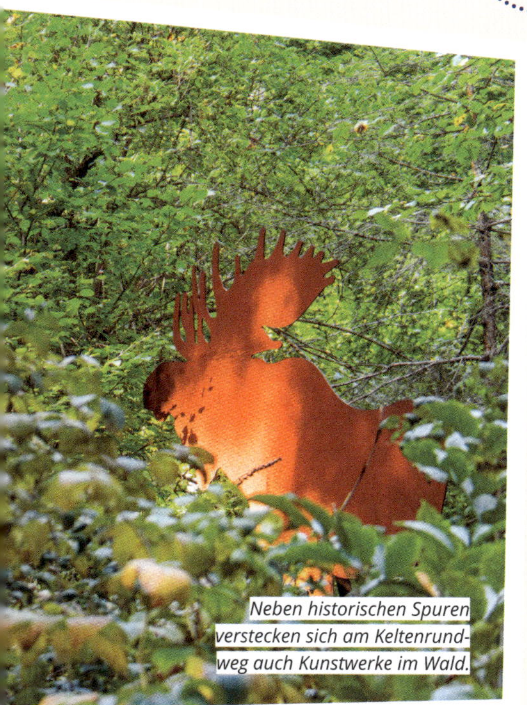

Neben historischen Spuren verstecken sich am Keltenrundweg auch Kunstwerke im Wald.

Es mag eher an der strategischen Lage am Taunushang gelegen haben als an den sicher schon damals großartigen Ausblicken ins Tal, aber neben den Römerspuren des Limes zeigen sich bei Oberursel nicht ohne Grund auch Spuren einer ehemaligen Keltenstadt. Und zwar der laut Fachleuten ersten Großstadt in der Geschichte des Rhein-Main-Gebiets. Der stilisierte Kopf, der als Wanderzeichen dient, stammt übrigens von einer hier geprägten keltischen Münze, dem Nauheimer Quinar. Für lebhafte Vorstellungen vom Alltag in der Eisenzeit sorgen überall am Weg nicht nur Infotafeln, sondern auch Stelen, die zunächst aussehen wie handelsübliche Ferngläser. Beim Blick hinein geht's aber nicht näher ran, sondern mithilfe eingebauter Bilder auf Zeitreise.

Keltenweg nach links im Uhrzeigersinn folgen und kurz vor Abschluss der Runde links halten Richtung Oberursel, bis es rechts zur Hohemark abgeht.

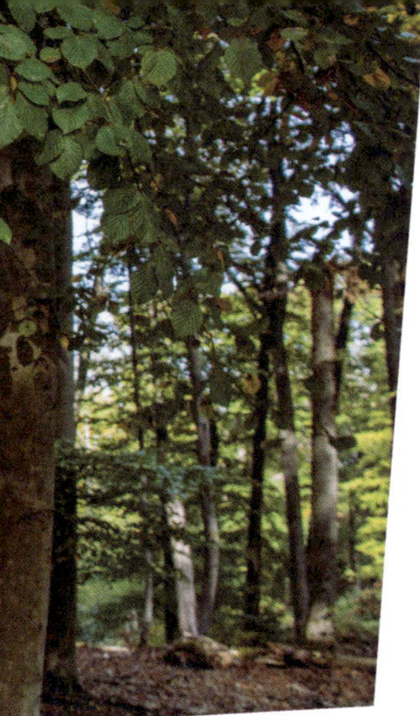

EXTRA INFOS:

Was die Tour zu den Höhepunkten des Taunus noch spektakulärer machen kann? Na, das richtige Licht natürlich. Wer Sonnenunter- und Sonnenaufgang hier erleben mag, kann beim Taunusklub (www.taunusklub-stammklub.de) nach der Belegung des ● **Wanderheims Großer Feldberg** fragen und bekommt mit Glück auch für eine Kleingruppe ein Bett am Berg.

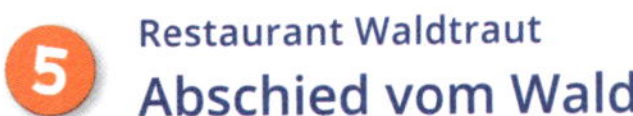

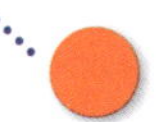

KM 10

5 Restaurant Waldtraut

Abschied vom Wald

Mit Deftigem und Erfrischendem, bunten Salaten und frisch aufgebrühtem Kaffee steht auf der Speisekarte des gemütlichen Restaurants am Waldrand eigentlich alles, was das Wanderherz nach einem Tag wie diesem begehren könnte. Ergibt ja auch Sinn, schließlich hat das Waldtraut direkt neben dem Taunus-Informationszentrum an der Hohemark allen Grund, sich auf Wandersleute einzustellen. Hier beginnen etliche Wanderwege in den Taunus hinein und auch wieder hinaus, die nahen U-Bahn- und Bushaltestellen bringen Natursuchende aus der ganzen Region reativ unproblematisch an ihren Ausgangspunkt. Nebenan im Informationszentrum gibt es zudem viele Inspirationen für neue Wandertage und Antworten auf fast alle touristischen Fragen. (www.das-waldtraut.de)

Bus und U-Bahn sind von hier aus schon in Sichtweite.

KM 10,7 » ZIEL

Bus- und U-Bahn-Haltestelle Hohemark

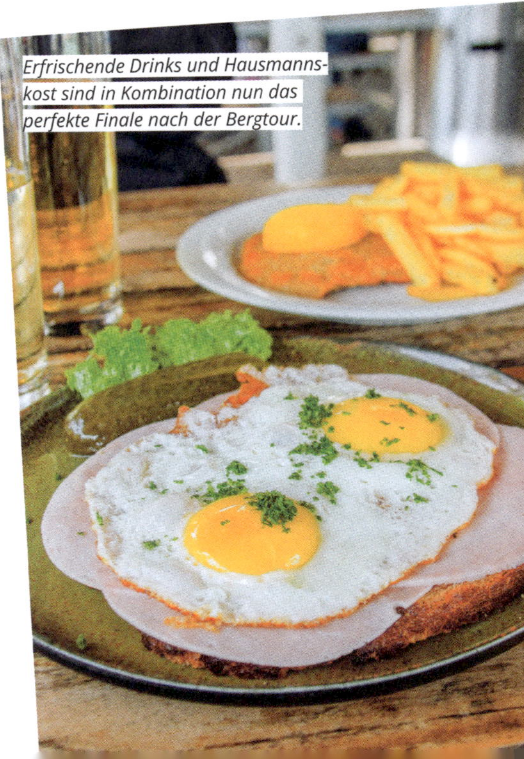

Erfrischende Drinks und Hausmannskost sind in Kombination nun das perfekte Finale nach der Bergtour.

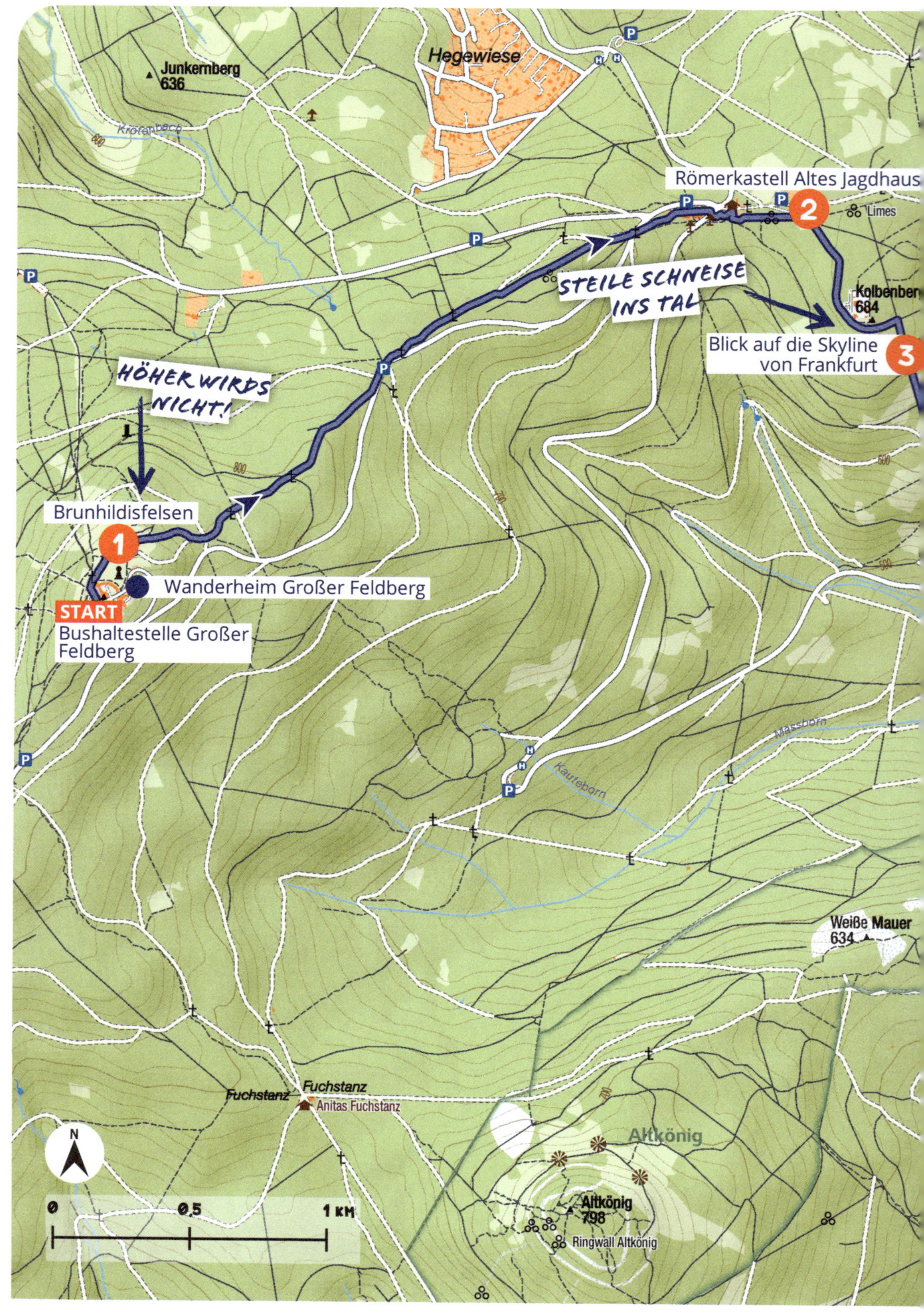

Hegewiese
Junkernberg
636
Krötenbach
Römerkastell Altes Jagdhaus
2
Limes
STEILE SCHNEISE
INS TAL
Kolbenberg
684
Blick auf die Skyline
von Frankfurt
3
HÖHER WIRDS
NICHT!
Brunhildisfelsen
1
Wanderheim Großer Feldberg
START
Bushaltestelle Großer
Feldberg
Massborn
Kauteborn
Weiße Mauer
634
Fuchstanz
Fuchstanz
Anitas Fuchstanz
Altkönig
Altkönig
798
Ringwall Altkönig
N
0
0,5
1 KM

AUF EINEN BLICK

- **Start:** Bushaltestelle Großer Feldberg
- **Ziel:** Bus- und U-Bahn-Haltestelle Hohemark
- **Strecke:** 10,7 km
- **Reine Wanderzeit:** 3 Std. 30 Min.
- **Höhenmeter:** ↗ 105 m ↘ 654 m
- **Wegbeschaffenheit:** Größtenteils gut aufbereitete Wanderwege. Stellenweise etwas Trittsicherheit erforderlich.
- **Beste Zeit:** Rund ums Jahr.
- **Ausrüstung:** Anständige Wanderschuhe sind von Vorteil. Proviant für unterwegs.

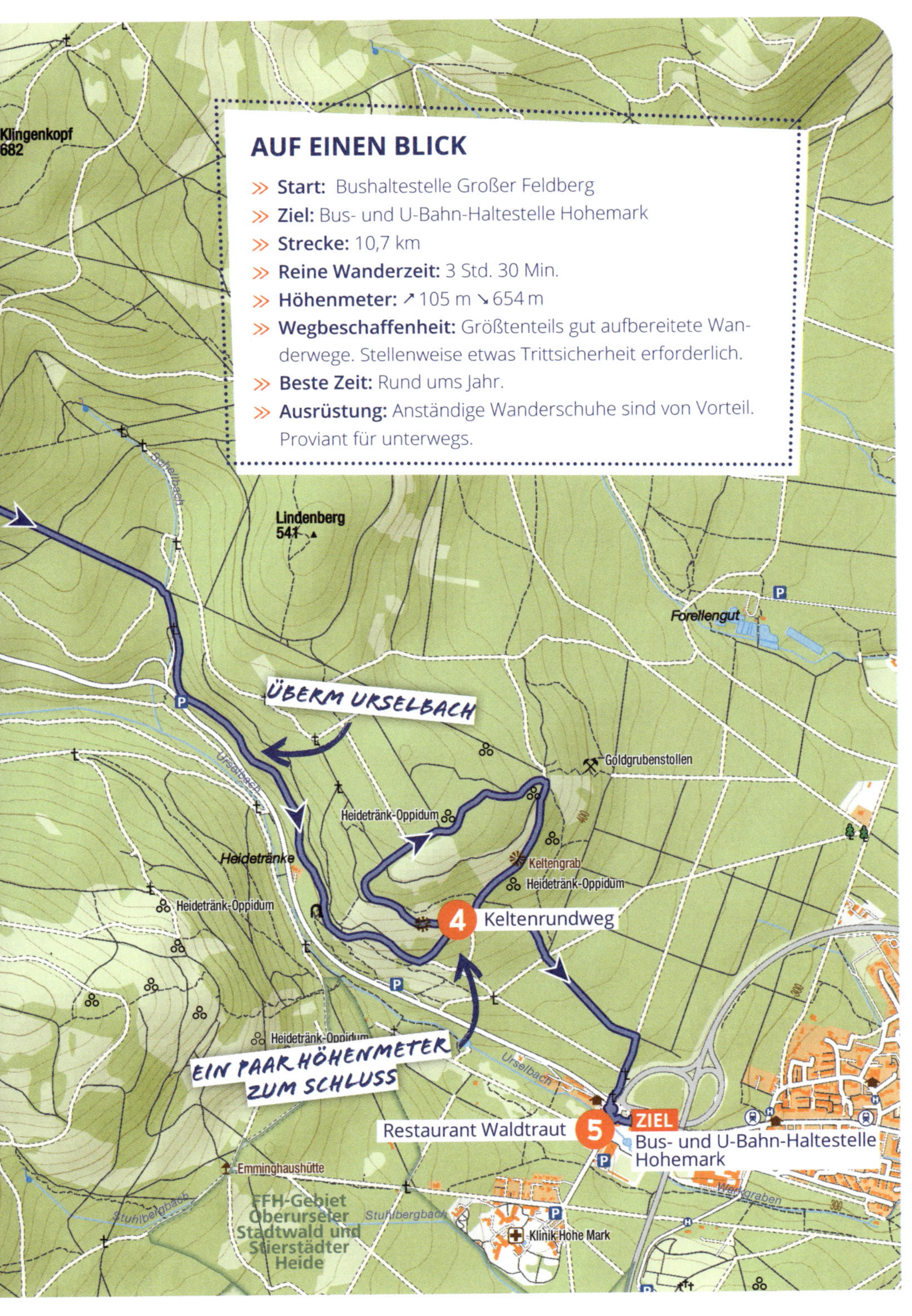

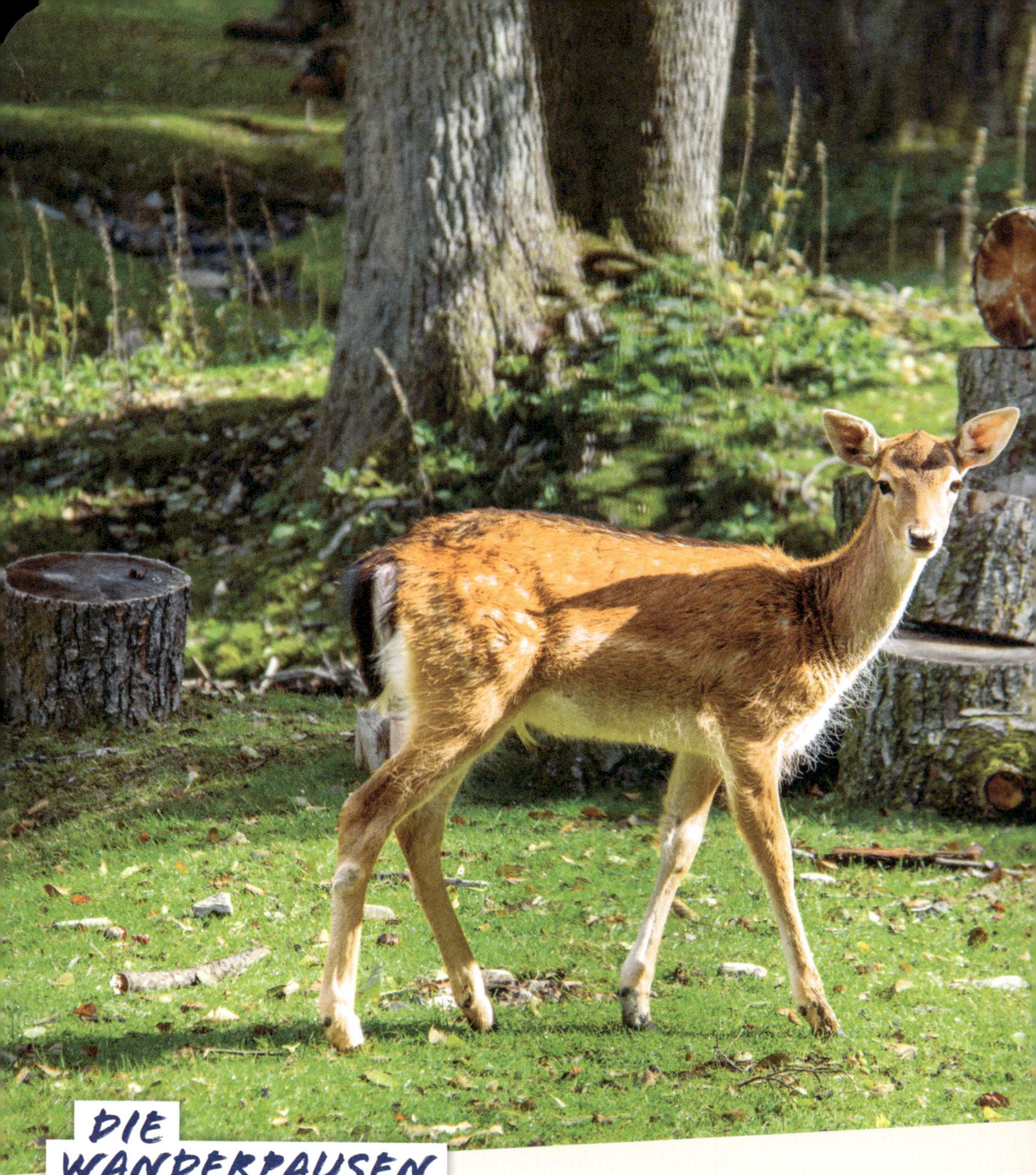

DIE WANDERPAUSEN

»START
Bahnhof Bad Homburg

KM 1
1 Kurpark Bad Homburg
Rundum rekordverdächtig

KM 5
2 Gotisches Haus
Aus neuen Perspektiven

KM 6
3 Hirschgarten
Dem Taunus auf der Spur

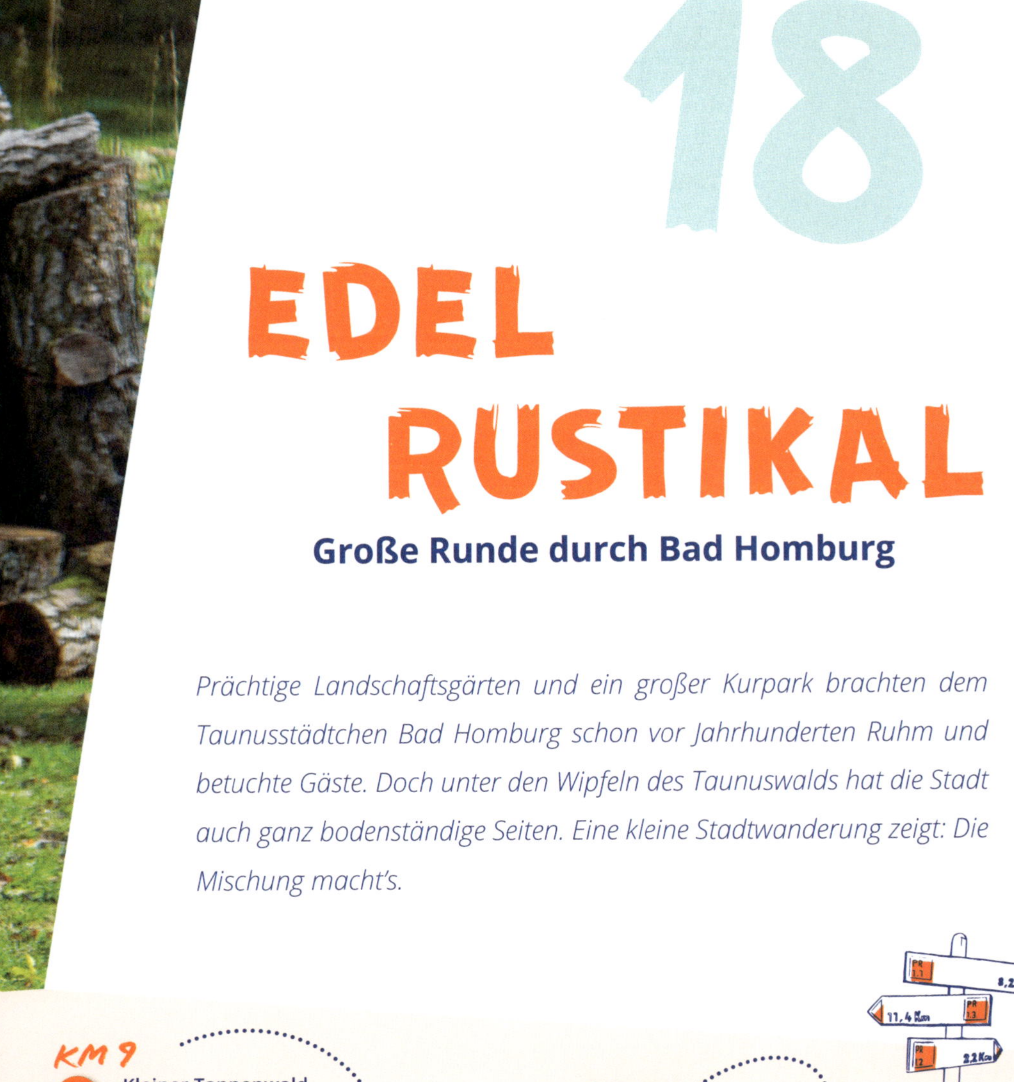

18

EDEL RUSTIKAL

Große Runde durch Bad Homburg

Prächtige Landschaftsgärten und ein großer Kurpark brachten dem Taunusstädtchen Bad Homburg schon vor Jahrhunderten Ruhm und betuchte Gäste. Doch unter den Wipfeln des Taunuswalds hat die Stadt auch ganz bodenständige Seiten. Eine kleine Stadtwanderung zeigt: Die Mischung macht's.

KM 9
4 Kleiner Tannenwald
Atelier für Gartenkunst

KM 11
5 Schlosspark Bad Homburg
Zwischen Türmen und Zedern

KM 12
6 Restaurant Schreinerei Pfeiffer
An der Werkbank speisen

KM 13,8 » ZIEL
Bahnhof Bad Homburg

EIN BISSCHEN CHICHI GIBT'S AUCH, ABER ...

... wer hinter die Kulissen schaut, merkt schnell, dass die Kurstadt, in der 1889 der erste Golfplatz Deutschlands angelegt wurde, jenseits der gängigen Klischees noch einiges mehr zu bieten hat. Denn die Kleinstadt, die häufig unter den Top 3 der teuersten Orte Deutschlands landet, kann nicht nur vornehm, sondern auch ganz bodenständig. Beweis gefällig? Dann nichts wie rein in ihre grünsten Winkel.

Bad Homburg vor der Höhe lautet der offizielle Name der Kreisstadt am Fuße des Taunus und die alte Bezeichnung des Mittelgebirges macht sich auch immer wieder in Form von gemächlichen Steigungen, schönen Ausblicken und ersten Waldgebieten bemerkbar, die einen wilden Kontrast zum hübsch gepflegten **Kurpark** darstellen, der direkt hinter der Innenstadt liegt.

Von hier geht es ein Stück durch die Altstadt, die historische Wachgebäude und alte Fachwerkhäuser prägen, und vorbei am Schlosspark auf einen der schönsten Spazierwege der Stadt: Die kilometerlang kerzengerade verlaufende Tannenwaldallee führt entlang verschiedener Grünanlagen zum Großen Tannenwald. Der wurde wie die gesamte Gartenlandschaft von den einst hier ansässigen Landgrafen initiiert und startet direkt hinter dem **Gotischen Haus.** Die Elisabethenschneise führt als ebenfalls kerzengerade Verlängerung der Allee durch immer dichter werdenden Wald zum höchsten Punkt der Strecke, der kurz vor dem Eingang zum **Hirschgarten** liegt.

FAST WIE UNTER WASSER: IN DER TANNENWALDALLEE MITTEN INS GRÜN ABTAUCHEN

Lust, ein wenig vom Weg abzukommen? Einfach die eigenen Gedanken mal für kurze Zeit in Vergessenheit geraten lassen und die stolzen Rehe und Hirsche beobachten, die ganz in der Nähe genüsslich futtern oder ein Sonnenbad nehmen. Ab hier geht es wieder sanft bergab, erst ein kurzes Stück durch Oberstedten, einen Stadtteil der Bad Homburger Nachbarstadt Oberursel, dann zurück in die Landgräfliche Gartenlandschaft und durch den **Kleinen Tannenwald** zum **Schlossgarten.** Stärkung gefällig? Dann wartet etwas unterhalb, Richtung Innenstadt, als eines der urigsten Restaurants im ganzen Taunus die **Schreinerei Pfeiffer,** bevor es ein paar Hundert Meter durch die Stadt und zurück zum Bahnhof geht.

«

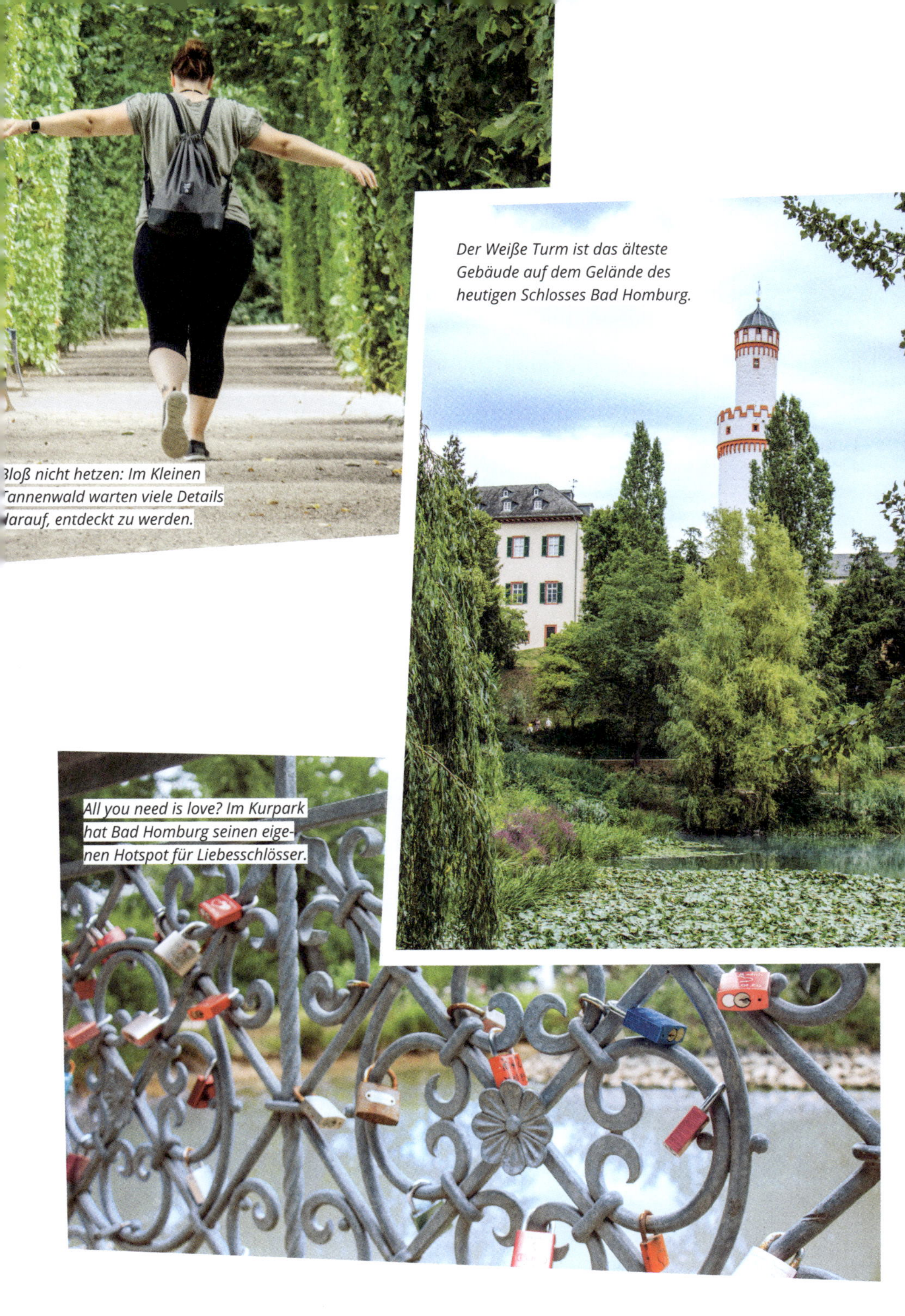

Bloß nicht hetzen: Im Kleinen Tannenwald warten viele Details darauf, entdeckt zu werden.

Der Weiße Turm ist das älteste Gebäude auf dem Gelände des heutigen Schlosses Bad Homburg.

All you need is love? Im Kurpark hat Bad Homburg seinen eigenen Hotspot für Liebesschlösser.

WANDERN & GENIESSEN

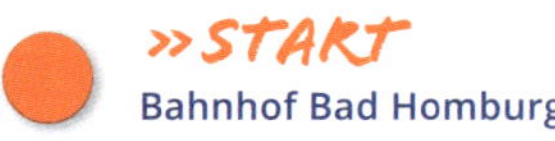

» START

Bahnhof Bad Homburg

Vom Bahnhofsvorplatz immer geradeaus Richtung Kurpark halten.

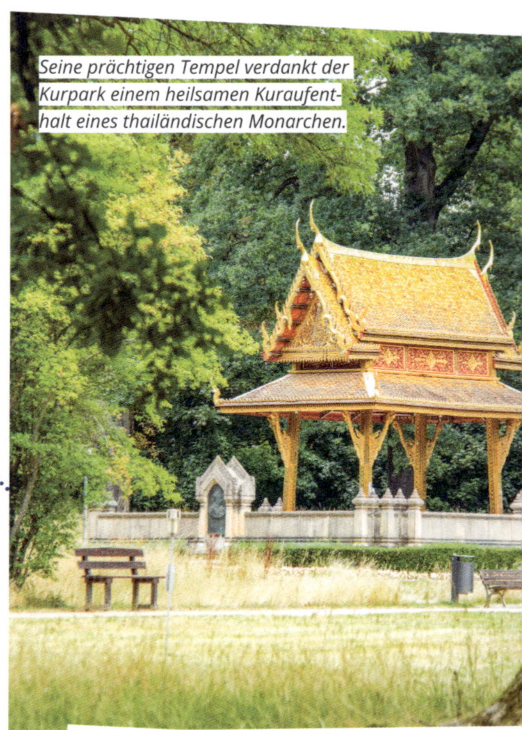

Seine prächtigen Tempel verdankt der Kurpark einem heilsamen Kuraufenthalt eines thailändischen Monarchen.

KM 1

Kurpark Bad Homburg

Rundum rekordverdächtig

Um sich über das verstaubte Image anderer Kurparks Gedanken zu machen, bleibt hier im Herzstück Bad Homburgs vor lauter Vielseitigkeit gar keine Zeit. Gleich zwei originalgetreue Thai-Pavillons (sogenannte Salas), der goldene Zwiebelturm einer russisch-orthodoxen Kirche und antik-griechisch anmutende Brunnentempel lassen den Spaziergang schnell zur kleinen Weltreise im Kopf mutieren. Die verschiedenen Heilquellen der Anlage und ein Duft- und Tastgarten wecken dann wieder die Neugier am Hier und Jetzt. Dazwischen grünen und blühen ausladende Bäume, prächtige Palmen und bunte Blumen, fast überall liegt ein Plätschern oder Rauschen in der Luft. Dazu kommt eins der bekanntesten Spielcasinos des Landes und Deutschlands ältester Golfplatz passt auch noch ins Bild.

Kurpark im Westen Richtung Kurhausgarten verlassen und der Elisabethenstraße Richtung Altstadt folgen. Hinterm Schlosspark rechts auf die Tannenwaldallee einbiegen.

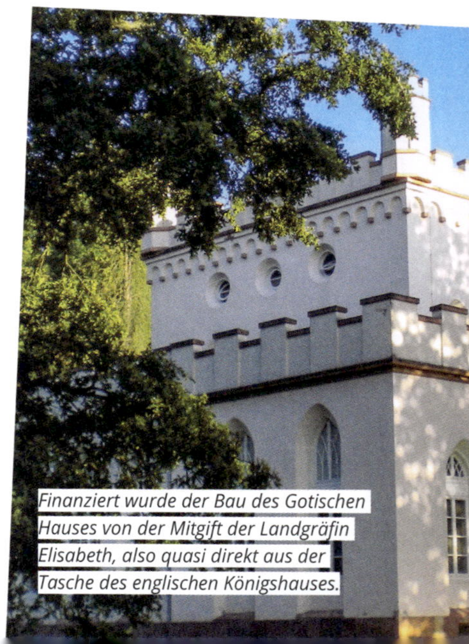

Finanziert wurde der Bau des Gotischen Hauses von der Mitgift der Landgräfin Elisabeth, also quasi direkt aus der Tasche des englischen Königshauses.

KM 5

2 Gotisches Haus
Aus neuen Perspektiven

So ein klassisches Jagdschloss stellt man sich eigentlich ganz anders vor … Irgendwie düster, eingeschlossen von dichtem Wald, über und über mit Jagdtrophäen behängt. Das Gotische Haus dagegen wirkt von außen eher wie moderne Kunst. Ein bisschen Mittelalter trifft Weißes Haus, ein bisschen Tudor-Palast mitten im Landschaftsgarten. Da muss man einfach die Kamera rausholen und auf die Suche nach den schönsten Blickwinkeln und Details gehen. Noch kreativer: Wer Malsachen eingepackt hat, setzt sich ins Gras und das stolze Gebäude auf Papier in Szene. Drinnen im Städtischen historischen Museum finden sich sicher weitere lohnenswerte Motive, wenn es nach der zum 200. Jubiläum spendierten Sanierung – voraussichtlich Ende 2023 – wiedereröffnet. (www.bad-homburg.de)

Weiter geradeaus der Elisabethenschneise folgen und am Parkplatz Hirschgarten rechts abbiegen.

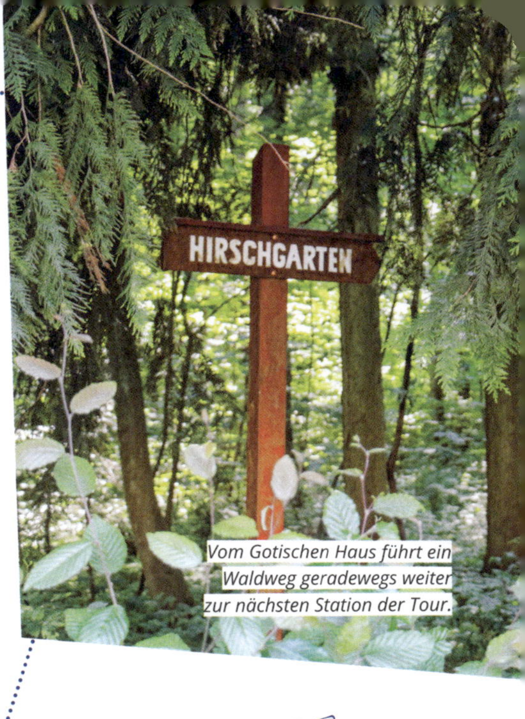

Vom Gotischen Haus führt ein Waldweg geradewegs weiter zur nächsten Station der Tour.

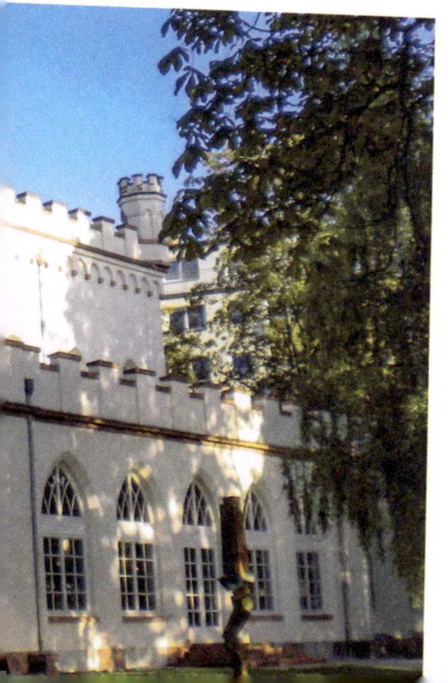

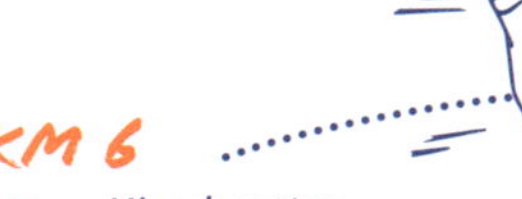

KM 6

3 Hirschgarten
Dem Taunus auf der Spur

So weit weg der Taunus sich in der Kurstadt auch manchmal anfühlen mag: Im Hirschgarten läuft man mitten rein. Auf den Wegen sorgen zwischen dichtem Unterholz stattliche Bäume für Licht- und Schattenspiele und mit Glück lassen einen die Bewohner im Wildgehege an ihrem Alltag teilhaben und ziehen so die Beobachter in ihren Bann. Wer länger bleiben will, nimmt nebenan die Herausforderung an und schwingt den Minigolfschläger oder bleibt zur Pause im Restaurant. (www.bgsv-badhomburg.de, www.hirschgarten-badhomburg.de)

Hirschgarten Richtung Forstgarten verlassen, dann rechts Lindenweg nach Oberstedten folgen und über den Mariannenweg zurück nach Bad Homburg.

KM 9

4

Kleiner Tannenwald: Atelier für Gartenkunst

Mit seinen grünen Bogengängen, symmetrisch gemusterten Gartenanlagen und einem malerischen Kolonnadentempel, dessen Spiegelbild im Wasser tanzt, hat sich der Kleine Tannenwald nach einigen Jahren der Verwilderung wieder zu einem der Lieblingsorte der Bad Homburger und ihrer Besucher gemausert. Zu denen zählten über Generationen berühmte Kurgäste wie Johann Wolfgang von Goethe und natürlich auch die adligen Verwandten der Landgrafenfamilie von Hessen-Homburg, die den Park einst anlegen ließ und immer weiterentwickelte. Heute kümmert sich neben der Stadt auch ein Freundeskreis um die Pflege und Wiederherstellung des Gartens und lädt regelmäßig zu Führungen und Märchenstunden ein. (www.kleiner-tannenwald.de)

Am südlichen Ende des Parks den Leopoldsweg links Richtung Schloss nehmen.

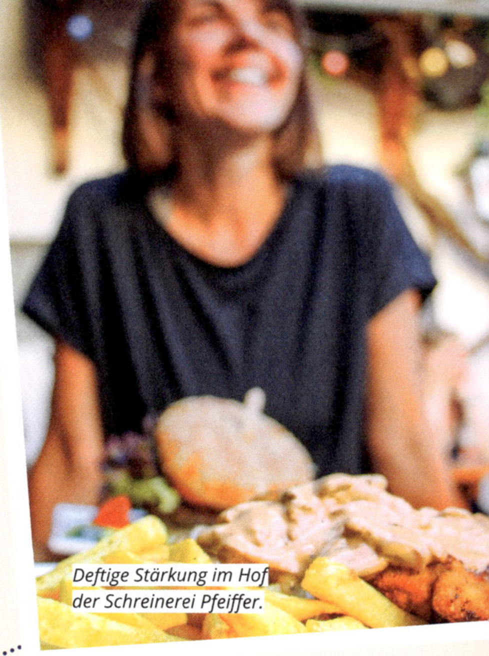

Deftige Stärkung im Hof der Schreinerei Pfeiffer.

KM 11

5

Schlosspark Bad Homburg Zwischen Türmen und Zedern

Wer sich für Historisches begeistert, wird am Bad Homburger Schloss gleichzeitig fündig und enttäuscht. Denn so stattlich das Gebäude sein mag, erinnert es auch daran, dass hier ein Stück Geschichte unwiederbringlich verlorenging: Von der stolzen mittelalterlichen Burg blieb schließlich nur der Weiße Turm erhalten. Andererseits entschieden sich die letzten deutschen Kaiser und Kaiserinnen sicher nicht zufällig, hier regelmäßig ihre Urlaube zu verbringen. Doch nicht nur in den Prunkräumen, auch im Schlosspark werden etliche Geschichten mit einer Prise Fantasie lebendig. Und die Libanonzeder vorm Eingang soll zu den größten und ältesten des Landes gehören. (www.schloesser-hessen.de)

Am Museum Sinclair-Haus der Dorotheenstraße ein Stück folgen, dann links Richtung Innenstadt und über die Luisenstraße zur Audenstraße gehen.

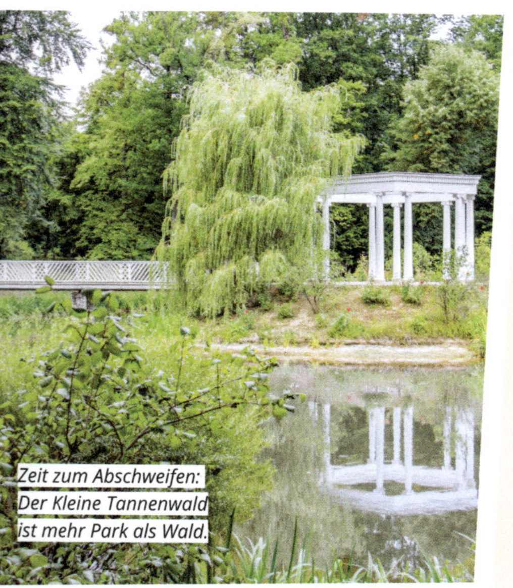

Zeit zum Abschweifen: Der Kleine Tannenwald ist mehr Park als Wald.

KM 12

6

Restaurant Schreinerei Pfeiffer

An der Werkbank speisen

Gute Küche ist ja immer die eine Sache. Aber dafür, dass einem ein Restaurantbesuch dauerhaft im Gedächtnis bleibt, sorgt meist erst das stimmige Gesamtkonzept. Wie die Kombination zwischen lecker und einzigartig meisterhaft gelingt, demonstrieren seit mehreren Jahrzehnten die Menschen, die in der Bad Homburger Innenstadt eine alte Schreinerei übernommen und mit Liebe zu Details in ein Restaurant verwandelt haben. Burger, Steak und deftig belegte Brote isst man hier von der Hobelbank, ringsum sorgen historische Werkzeuge für einen Hauch Museumsflair. (www.schreinerei-badhomburg.de)

Über Louisenstraße, Schöne Aussicht und Bahnhofstraße zurück zum Startpunkt laufen.

EXTRA INFOS:

Dass Traditionsorte auch ganz mit der Zeit gehen können, beweisen in der Altstadt die Betreiber des Veggie-Bistros ● **Apfelkern & Kolibri.** Von bunten Bowls über herzhafte Burger und cremig-vegane Kuchen gibt's hier alles, was das Herz begehrt. (www.apfelkern-und-kolibri.de)

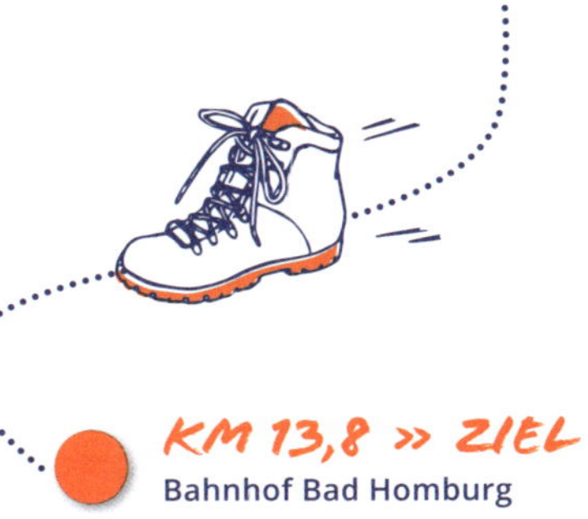

KM 13,8 » ZIEL

Bahnhof Bad Homburg

REKORDVERDÄCHTIGER BAUMGIGANT

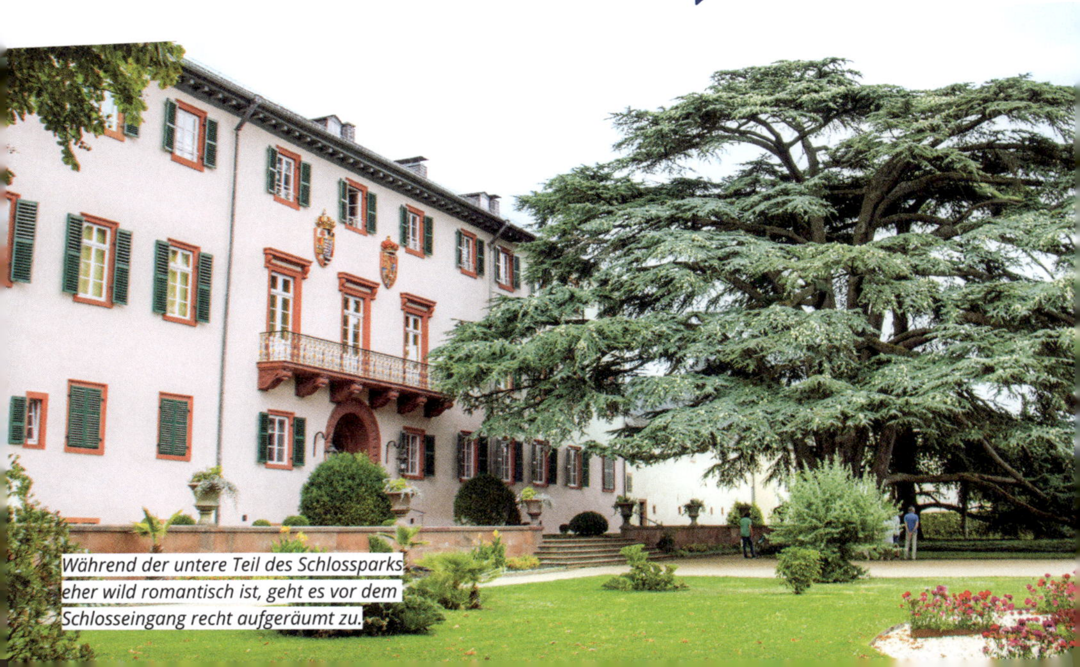

Während der untere Teil des Schlossparks eher wild romantisch ist, geht es vor dem Schlosseingang recht aufgeräumt zu.

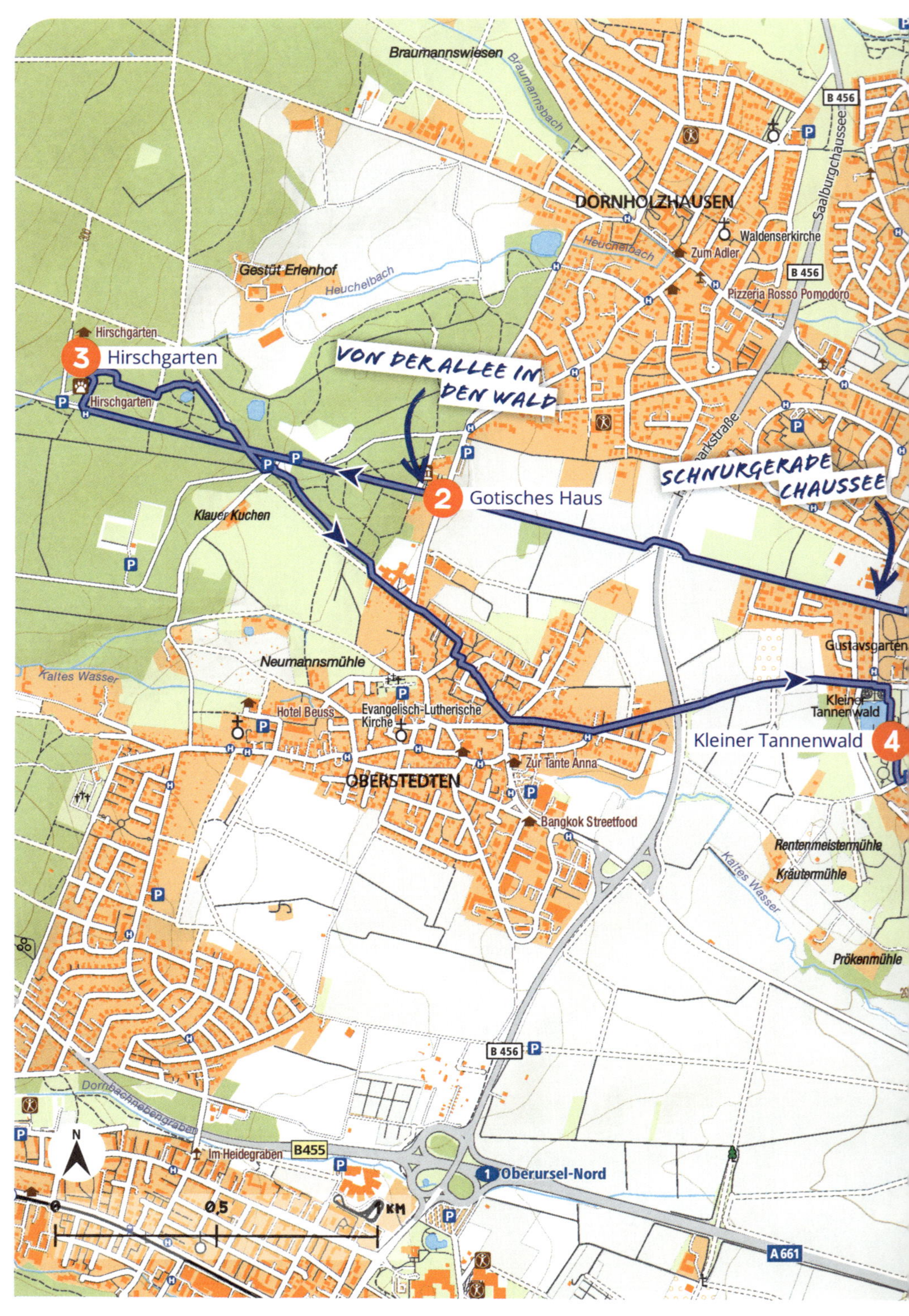

Braumannswiesen
Braumannsbach
DORNHOLZHAUSEN
Waldenserkirche
Zum Adler
Heuchelbach
Pizzeria Rosso Pomodoro
B 456
Saalburgchaussee
Gestüt Erlenhof
Heuchelbach
Hirschgarten
3 Hirschgarten
Hirschgarten
VON DER ALLEE IN DEN WALD
2 Gotisches Haus
SCHNURGERADE CHAUSSEE
Klauer Kuchen
Gustavsgarten
Neumannsmühle
Kaltes Wasser
Hotel Beuss
Evangelisch-Lutherische Kirche
Kleiner Tannenwald
4 Kleiner Tannenwald
OBERSTEDTEN
Zur Tante Anna
Bangkok Streetfood
Rentenmeistermühle
Kräutermühle
Kaltes Wasser
Prökenmühle
B 456
Dornbachnebengraben
Im Heidegraben
B455
1 Oberursel-Nord
A 661
N
0
0,5
1 KM

AUF EINEN BLICK

- **Start/Ziel:** Bahnhof Bad Homburg
- **Strecke:** 13,8 km (Rundtour)
- **Reine Wanderzeit:** 4 Std.
- **Höhenmeter:** ↗118 m ↘118 m
- **Wegbeschaffenheit:** Größtenteils Asphalt und Pflasterstraßen.
- **Beste Zeit:** Wenn im Sommer auf dem See im Schlossgarten unzählige Seerosen für Farbe sorgen.
- **Ausrüstung:** Fotokamera, Zeichen- oder Malsachen, kleines Picknick für unterwegs.

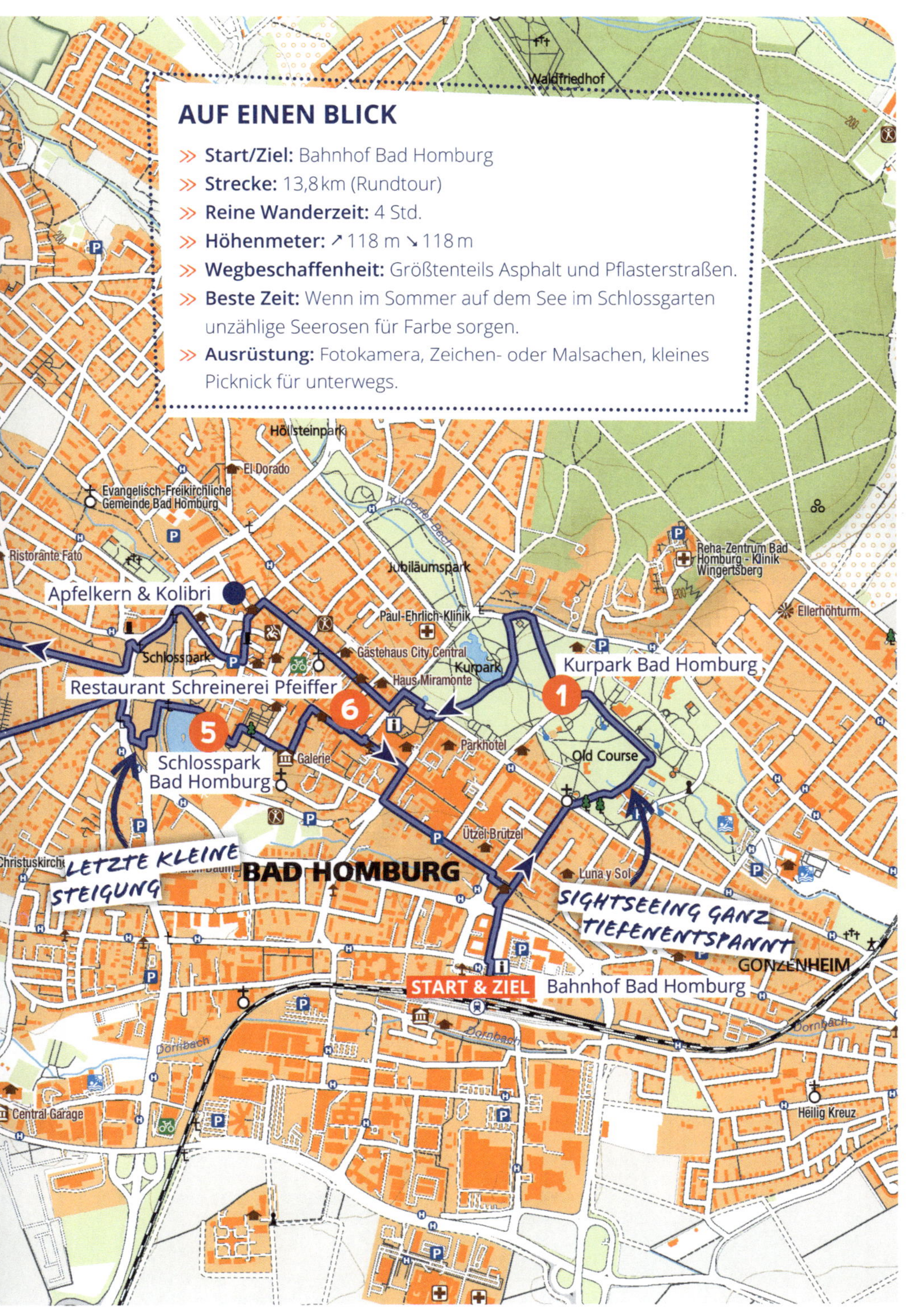

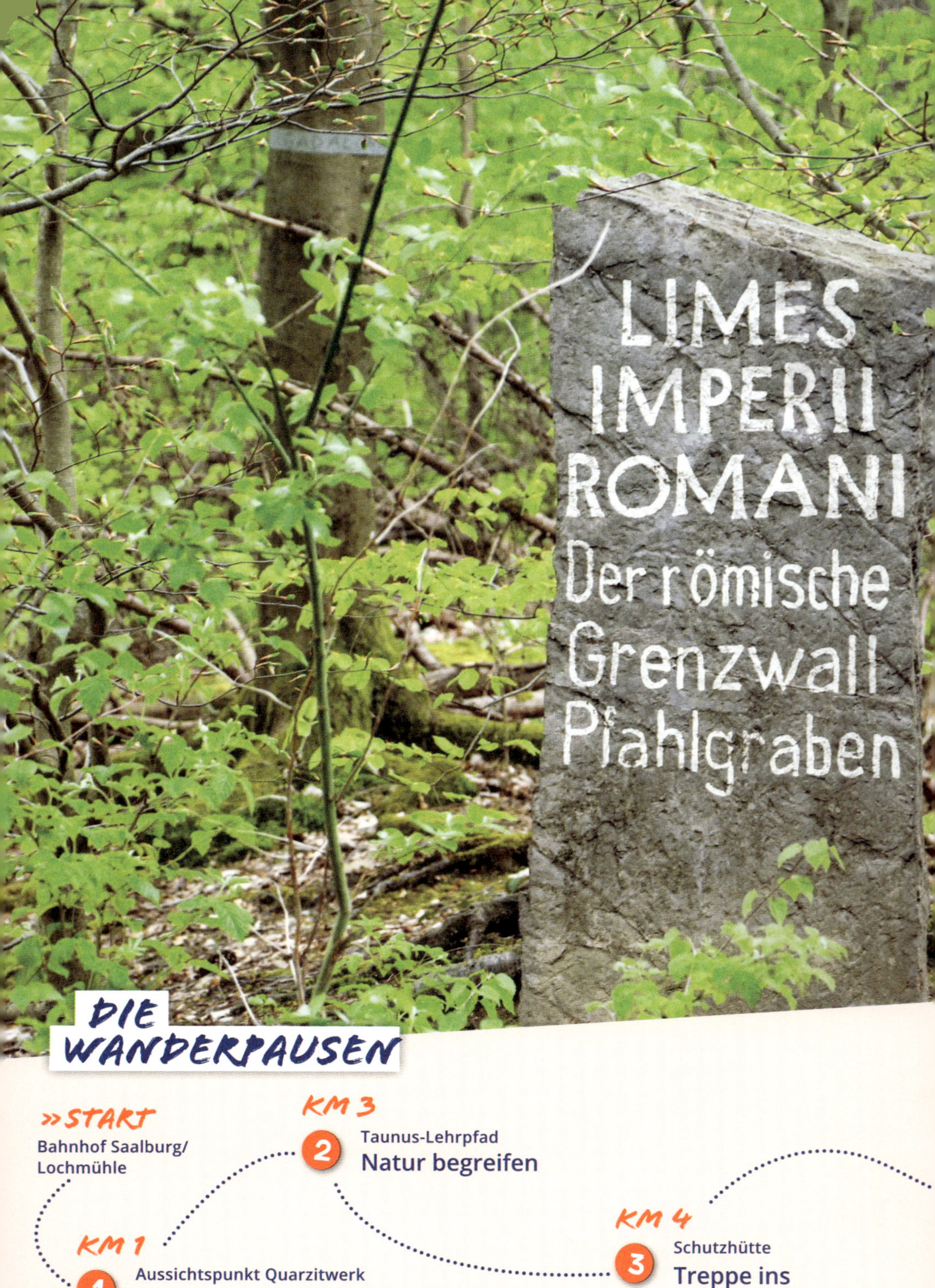

DIE WANDERPAUSEN

» START
Bahnhof Saalburg/
Lochmühle

KM 1
1 Aussichtspunkt Quarzitwerk
Luft holen und Ausblick genießen

KM 3
2 Taunus-Lehrpfad
Natur begreifen

KM 4
3 Schutzhütte
Treppe ins Nirgendwo

19

WILDNIS IM WANDEL

Im Wald bei Wehrheim

Ob sich die rund 2000 Jahre zwischen Römerzeit und Klimawandel anfühlen wie ein überschaubares Kapitel Geschichte oder eine Ewigkeit, liegt ganz im Auge des Betrachters. Auf dem Taunus-Lehrpfad rund ums Römerkastell Saalburg erfährt man auf alle Fälle, wie das Jetzt und Hier durch andere Zeiten und andere Orte geprägt wurde.

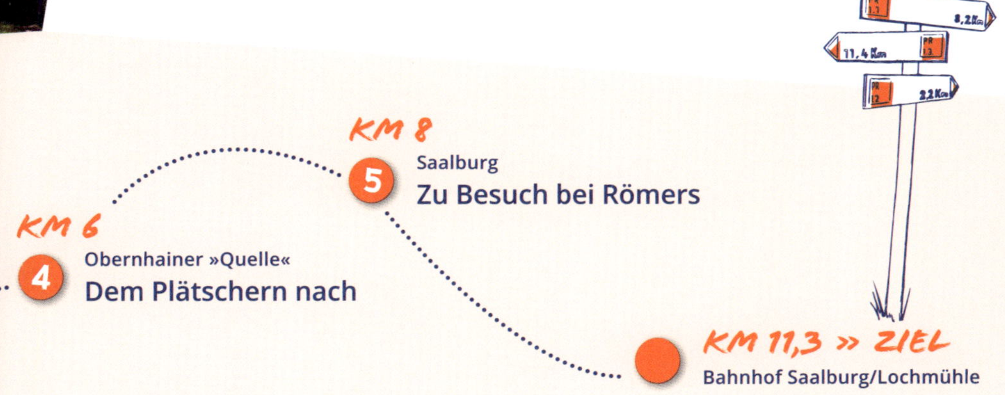

WIE DIE GEGEND WOHL AUSGESEHEN HABEN MAG, ...

... als hier noch die Römer herrschten? Auf Wachtürmen Ausschau hielten, vielleicht – wie man das aus den Asterix-Comics kennt – auf Sandalen durchs Land zogen und mit dem Obergermanisch-Raetischen Limes eine der wichtigsten Grenzwallanlagen der Geschichte befestigten. Die wahrscheinliche Antwort ist: Vermutlich ähnlich beeindruckend wie heute, denn die Tatsache, dass hier eine der wichtigsten Kastellanlagen der Römerzeit wiederaufgebaut wurde, ist längst nicht der einzige Grund, der den Tagesausflug nach Wehrheim zum Erlebnis macht.

Los geht's direkt am Halt der Taunusbahn und man muss nur die nahe Landstraße kreuzen, um einen Eindruck zu bekommen, welche Art von Wildnis einen auf dieser Tour erwartet. Der Hochwald des Taunus zeigt sich hier stellenweise von seiner stolzesten Seite, wenn Sonnenstrahlen wie Lichtkegel durchs Geäst schimmern und sich die Motorengeräusche weiter und weiter entfernen. Später dann ist die Natur auch immer wieder ein stummer Zeuge des Klimawandels, über den man kaum irgendwo in der Region so viel lernen kann wie hier.

ENTSPANNT: NACH DEM ERSTEN GROSSEN AUFSTIEG EINFACH NUR DIE LANDSCHAFTSPANORAMEN BESTAUNEN

Bevor es mit der Entdeckungstour so richtig losgeht, läuft man zunächst einigermaßen steil nach oben auf dem Limeswanderweg, der sich in ausladenden Schleifen heute genau da entlang zieht, wo einst neben dem Grenzwall wichtige römische Handelsrouten verliefen. Eine willkommene Gelegenheit für eine Verschnaufpause ist ein schmaler, ebener Pfad, der einen in wenigen Schritten zu herrlichen **Ausblicken** befördert.

Hinter der Saalburg startet dann mit dem **Taunus-Lehrpfad** ein beeindruckend lehrreicher Ausflug in den Alltag des Waldes, seine Vergangenheit, Gegenwart und Zukunft. Eine **Schutzhütte** oberhalb einer Treppe mitten im Wald ist unterwegs der ideale Ort für ein Picknick. Immer dem Plätschern winziger Naturwasserfälle nach geht's dann an der **Alten Obernhainer Wasserleitung** vorbei wieder Richtung Limeswanderweg, wo man an der **Saalburg** noch mal so richtig schön in die Vergangenheit abtauchen kann. «

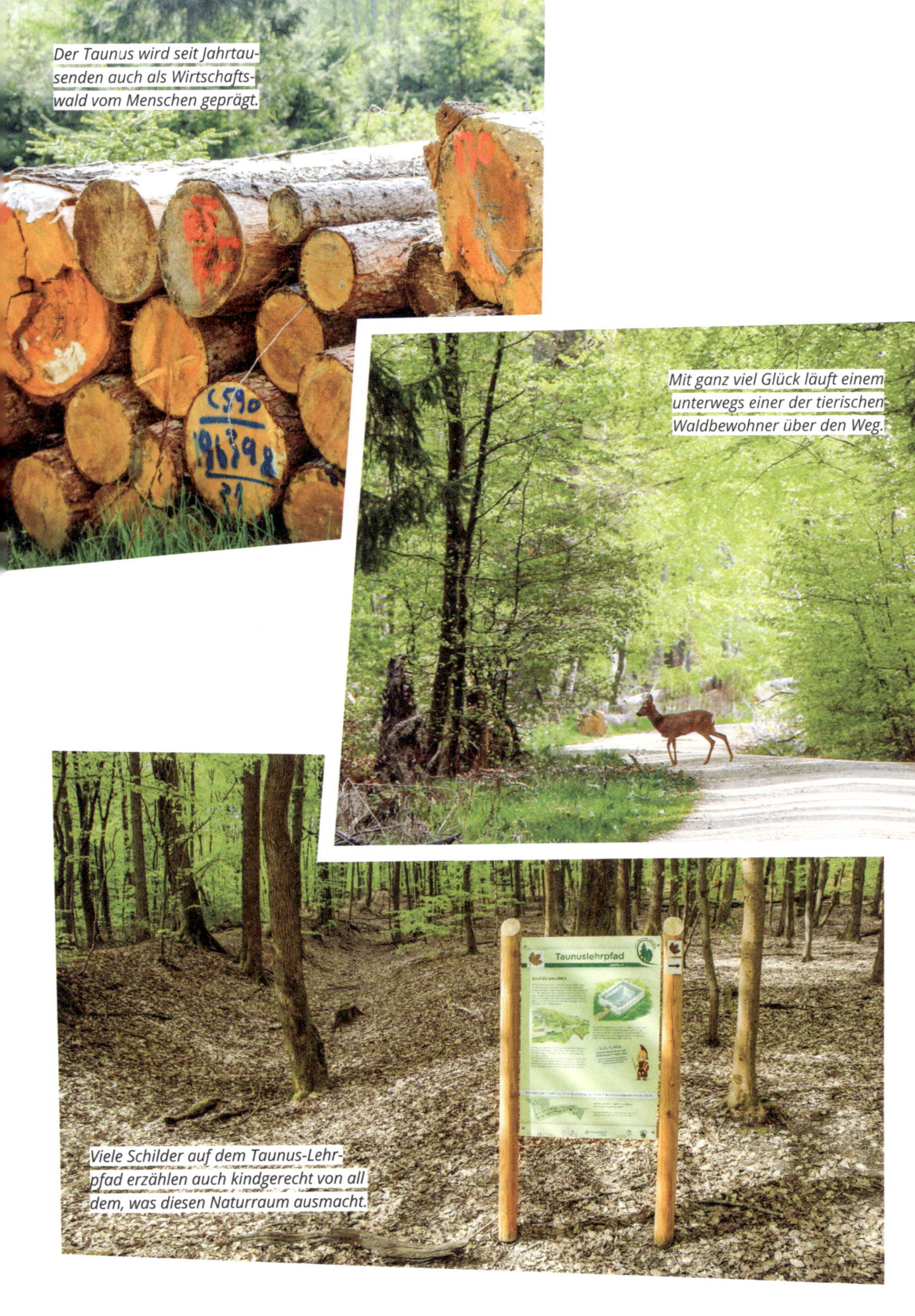

Der Taunus wird seit Jahrtausenden auch als Wirtschaftswald vom Menschen geprägt.

Mit ganz viel Glück läuft einem unterwegs einer der tierischen Waldbewohner über den Weg.

Viele Schilder auf dem Taunus-Lehrpfad erzählen auch kindgerecht von all dem, was diesen Naturraum ausmacht.

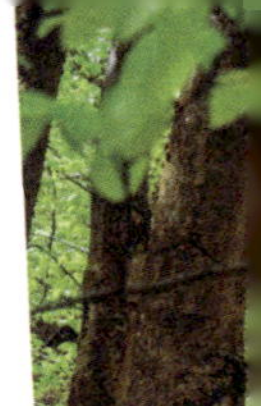

WANDERN & GENIESSEN

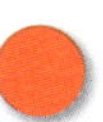

»START

Bahnhof Saalburg/Lochmühle

Der Wanderbeschilderung Richtung Saalburg auf den Limeswanderweg folgen.

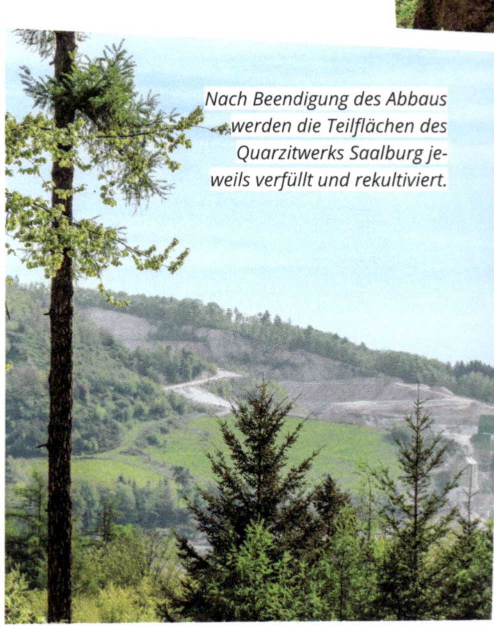

Nach Beendigung des Abbaus werden die Teilflächen des Quarzitwerks Saalburg jeweils verfüllt und rekultiviert.

KM 1

1 Aussichtspunkt Quarzitwerk

Luft holen und Ausblick genießen

Nach den vielen Schritten bergauf freuen sich die Fußgelenke über eine kurze Aufstiegspause – und der freie Ausblick rüber zum größten Quarzitwerk Europas ist doch eigentlich der beste Grund für einen Verschnaufstopp auf halber Strecke nach oben. Der Panoramaspot liegt im Wald, wo die Bäume langsam lichter werden. Ein schmaler Weg führt erfrischend eben nach links; nach ein paar Metern erspäht man durch Lücken im Geäst bereits Teile des Natursteinbruchs Saalburg, in dem seit dem späten 19. Jahrhundert tonnenweise heller Taunus-Quarzit abgebaut wird, der zu den härtesten Naturgesteinen zählt. Ein Stück weiter wird dann das gesamte Ausmaß der Anlage klar, die sich über mehrere Terrassen erstreckt und aus der Ferne einen irgendwie faszinierenden Kontrast zur naturgeprägten Umgebung bildet.

Dem Limeswanderweg noch etwas weiter bergauf folgen, dann an der Saalburg vorbei zum Start des gut beschilderten Taunus-Lehrpfads wandern.

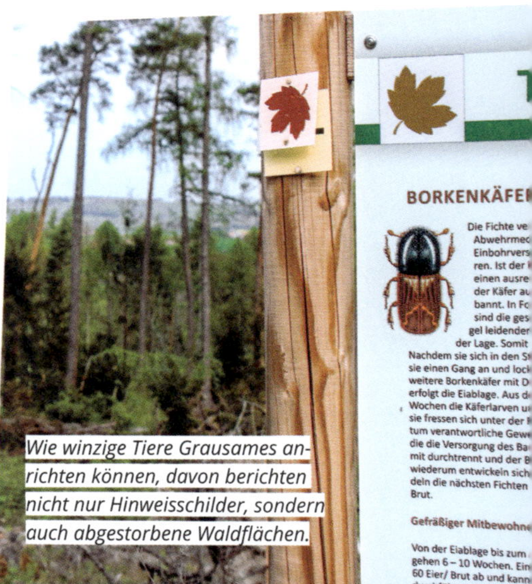

Wie winzige Tiere Grausames anrichten können, davon berichten nicht nur Hinweisschilder, sondern auch abgestorbene Waldflächen.

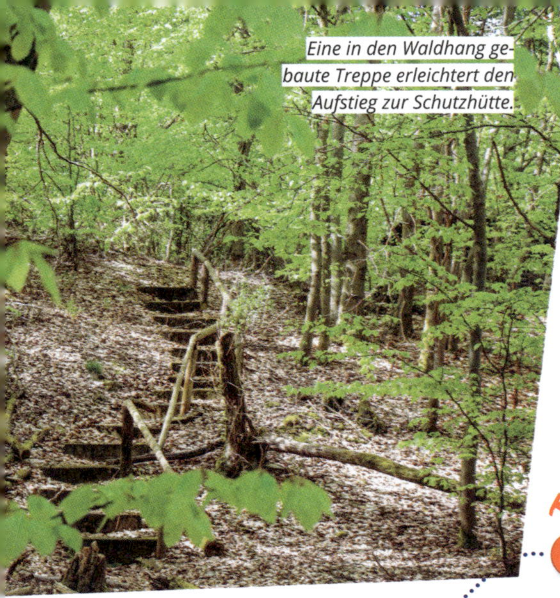

Eine in den Waldhang gebaute Treppe erleichtert den Aufstieg zur Schutzhütte.

DIE NEUGIER SIEGT

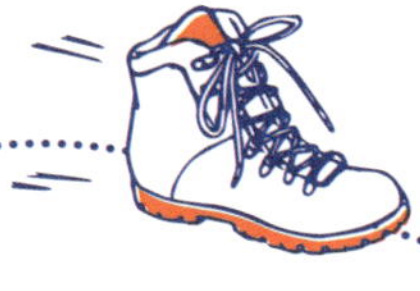

KM 3

2 Taunus-Lehrpfad
Natur begreifen

Manche schreckt so ein Begriff wie »Lehrpfad« ja ab: bierernste Informationstafeln, tiefgehende Erklärungen komplizierter Sachverhalte, die Laien sowieso nur schwer verstehen ... Der 2022 neu gestaltete Taunus-Lehrpfad, der direkt hinter der Saalburg beginnt, demonstriert hingegen, wie es anders gehen kann. Wie komplexe Zusammenhänge in der Natur in wenigen Worten verständlich gemacht werden können, indem sie genau da präsentiert werden, wo sich ihre Relevanz zeigt. Es geht u. a. um römische Siedlungsgeschichte am früheren Grenzverlauf im Taunus und die Folgen von jahrzehntelanger Monokultur und drastischen Borkenkäferbefällen, durch die meterhohe Bäume wie Streichhölzer weggeknickt sind und der Wald heute stellenweise einem Schlachtfeld Konkurrenz macht. Selbst für Kinder sind die Informationen spannend aufbereitet und an jeder Station warten knifflige Quizfragen.

Dem Taunus-Lehrpfad weiter folgen, bis links eine Treppe im Wald auftaucht.

KM 4

3 Schutzhütte
Treppe ins Nirgendwo

Na gut, von dem auf dem Wegweiser versprochenen Aussichtspunkt ist hier oben jetzt nicht wirklich etwas zu sehen, aber für Enttäuschung ist an diesem magischen Ort kein Platz. »Aussichtspunkt Schutzhütte« steht etwas verwittert auf dem hölzernen Schild, das man eigentlich vor allem deswegen wahrnimmt, weil die Treppe, die hinter einem niedrigen Graben über den Waldboden führt, einen so neugierig macht. Schritt für Schritt geht es rauf auf den Hang, wo nach einigen Metern die Hütte hinter den Bäumen auftaucht, als hätte man nicht ohnehin auf den perfekten Ort für ein Picknick gewartet. Statt Fernblick ist man hier mittendrin in einem traumhaft grünen Stück Taunuswald: das beste Versteck des Tages!

Zurück auf den Taunus-Lehrpfad und dessen Verlauf weiter folgen bis zur Kreuzung mit dem Unteren Hangweg. Hier nicht geradeaus Richtung Hessenpark und Obernhain, sondern rechts auf den Unteren Hangweg abbiegen.

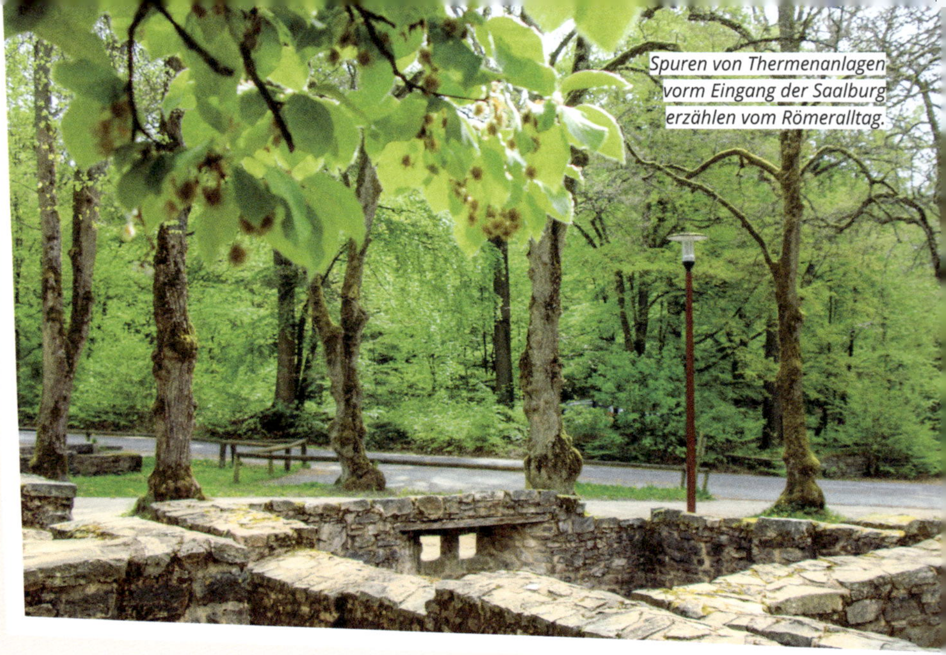

Spuren von Thermenanlagen vorm Eingang der Saalburg erzählen vom Römeralltag.

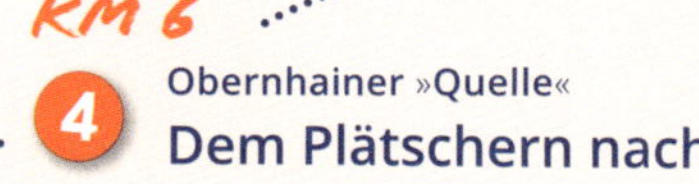

Obernhainer »Quelle«

Dem Plätschern nach

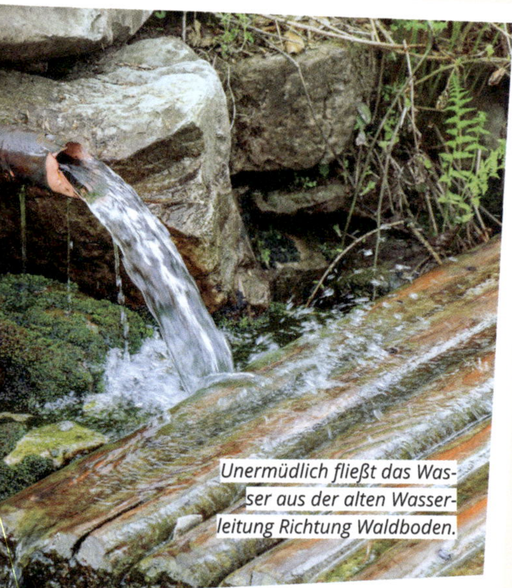
Unermüdlich fließt das Wasser aus der alten Wasserleitung Richtung Waldboden.

Die Akustik verrät schon von Weitem, dass die Quelle nicht weit sein kann. Wobei die Quelle in diesem Fall menschengemacht ist. Seit 1920 diente die Stelle hier oben im Wald als Wasserleitung für die Obernhainer Bevölkerung und kam so der Einfachheit halber zu ihrem Spitznamen. Vor über 20 Jahren wurde sie restauriert und wird seitdem als Rastplatz von engagierten Ehrenamtlichen aus dem Ort gepflegt. Der ideale Spot, um einfach ein bisschen dem Plätschern zuzuhören und die Trinkwasservorräte für das letzte Stück aufzufüllen.

Dem Wegverlauf weiter folgen. Wenn erneut die Festungsmauern der Saalburg auftauchen, rechts halten.

5 Saalburg

Zu Besuch bei Römers

Um eine Zeit lebendig zu machen, die schon um die 2000 Jahre zurückliegt, gehört so einiges dazu. Ein Ort, an dem das ganz meisterhaft gelingt, ist das Römerkastell Saalburg, einer der wichtigsten und bildlich einprägendsten Orte am Limes von heute. Drinnen zeigen sorgfältig rekonstruierte Gebäude, wie Leben und Alltag zu Römerzeiten zumindest in etwa ausgesehen haben. Für Eilige hat aber auch der archäologische Park außerhalb der dicken steinernen Festungsmauern unfassbar viel Interessantes zu bieten. Bereits auf dem Weg zurück zum Kastell liegen viele spannende Stationen des kostenlosen Saalburg-Rundwegs, darunter ein angedeuteter Grenzdurchgang sowie die begehbaren Grundmauern des historischen Kastellbads. (www.saalburgmuseum.de)

Dem Limeswanderweg zurück zum Bahnhof folgen.

EXTRA INFOS:

Heute mal keine Lust auf Picknick? Gleich zweimal – auf dem Hin- wie auf dem Rückweg – bietet der ● **Landgasthof Saalburg** nur wenige Schritte vom Römerkastell die Möglichkeit zum Einkehrstopp. (www.landgasthof-saalburg.de)

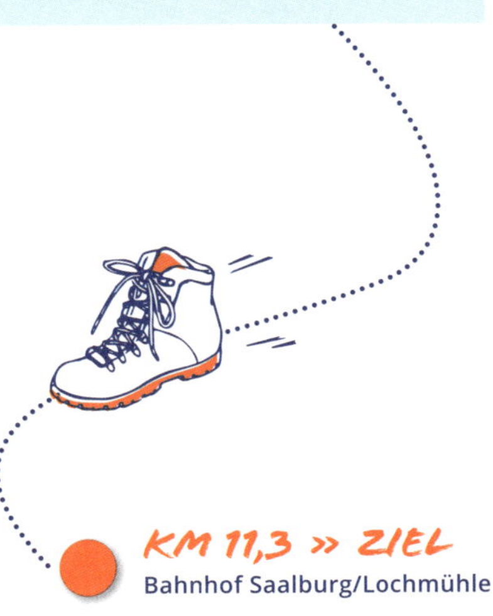

KM 11,3 » ZIEL

Bahnhof Saalburg/Lochmühle

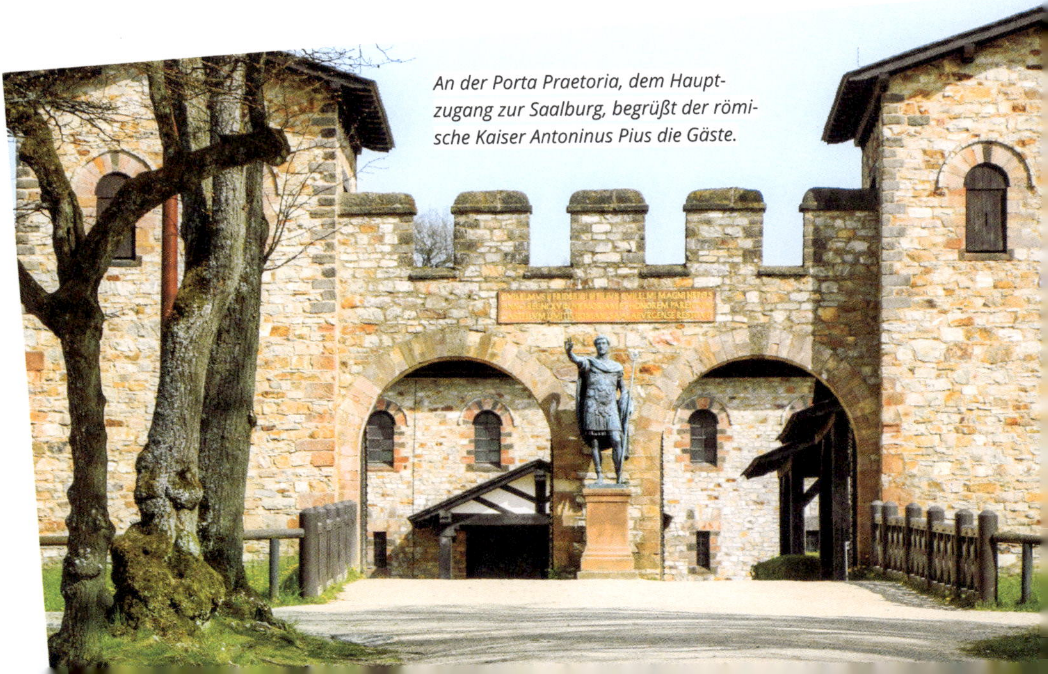

An der Porta Praetoria, dem Hauptzugang zur Saalburg, begrüßt der römische Kaiser Antoninus Pius die Gäste.

AUF EINEN BLICK

- **Start/Ziel:** Bahnhof Saalburg/Lochmühle
- **Strecke:** 11,3 km (Rundtour)
- **Reine Wanderzeit:** 3 Std. 30
- **Höhenmeter:** ↗ 208 m ↘ 208 m
- **Wegbeschaffenheit:** Mäßig steiler Abschnitt zu Beginn, dann meist flache, gut gepflegte Wege und Pfade im Wald und am Waldrand.
- **Beste Zeit:** Ganzjährig, außer vielleicht bei Schnee und Glatteis. Denn der Wandel der Natur im Taunuswald fasziniert zu jeder Jahreszeit.
- **Ausrüstung:** Picknick für unterwegs. Wanderschuhe sind von Vorteil.

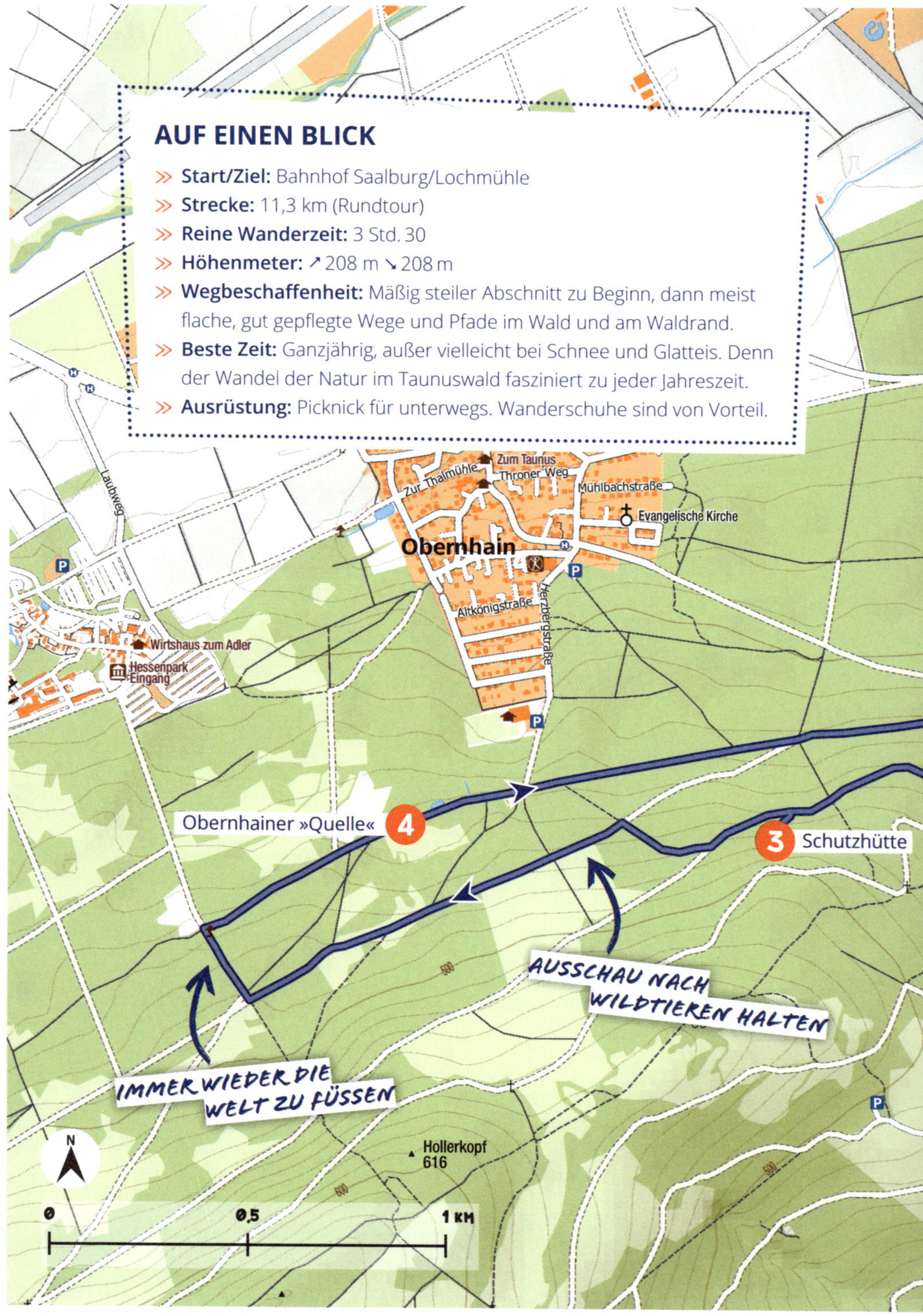

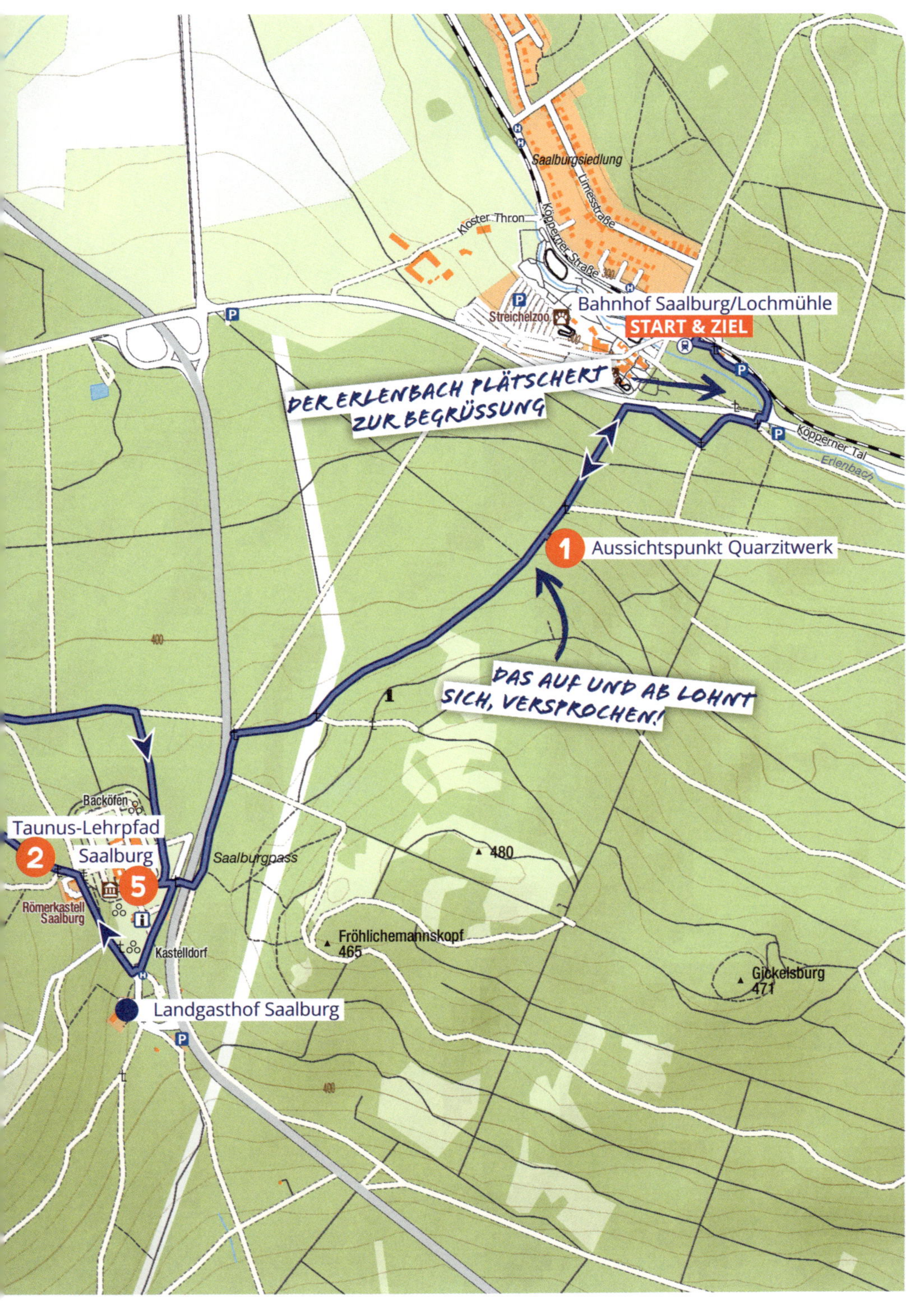

Saalburgsiedlung
Limesstraße
Kloster Thron
Köpperner Straße
Streichelzoo
Bahnhof Saalburg/Lochmühle
START & ZIEL
DER ERLENBACH PLÄTSCHERT ZUR BEGRÜSSUNG
Köpperner Tal
Erlenbach
1 Aussichtspunkt Quarzitwerk
400
DAS AUF UND AB LOHNT SICH, VERSPROCHEN!
Backöfen
Taunus-Lehrpfad
2
Saalburg
5
Saalburgpass
480
Römerkastell Saalburg
Kastelldorf
Fröhlichemannskopf 465
Gickelsburg 471
Landgasthof Saalburg
400

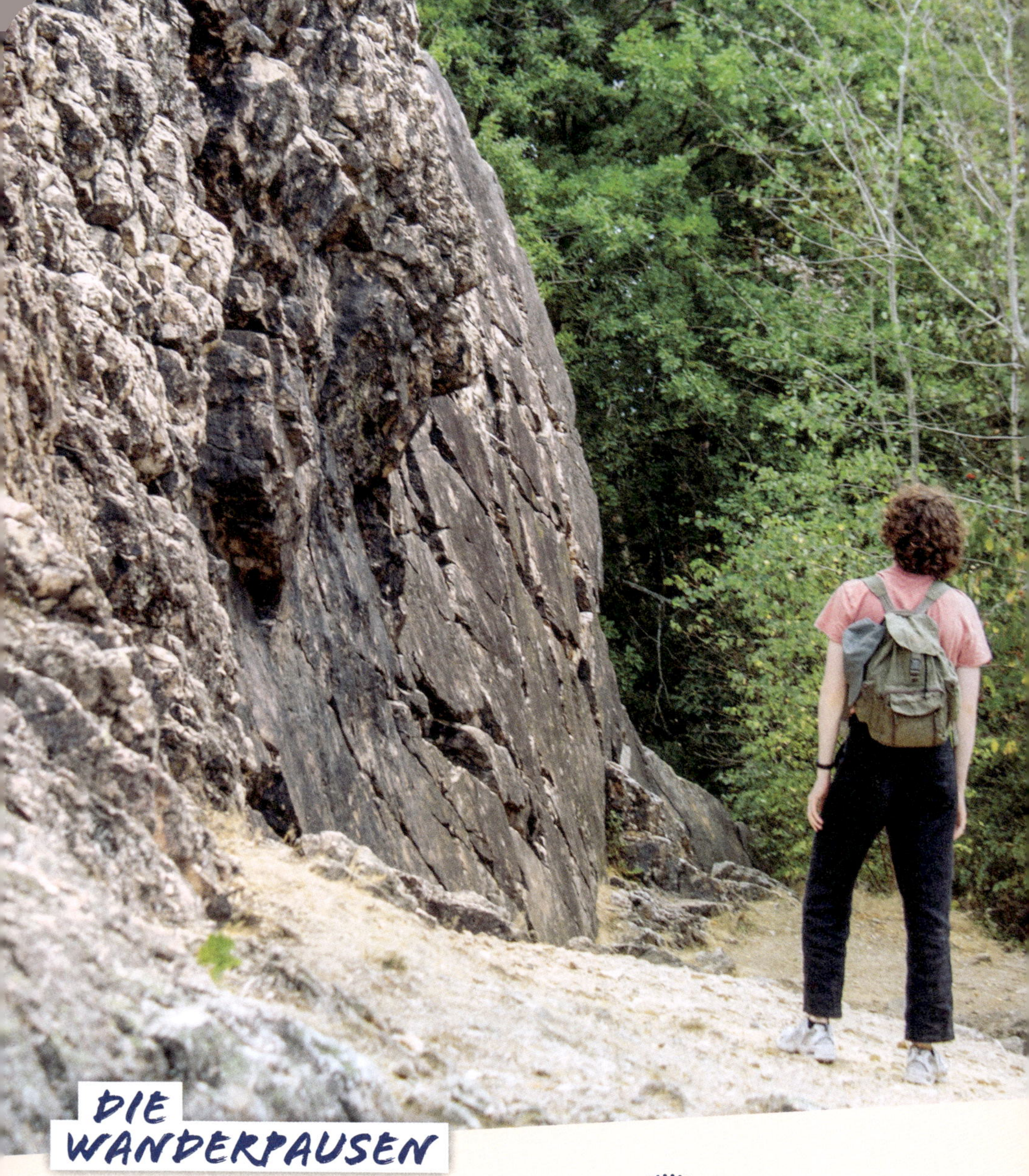

DIE WANDERPAUSEN

» START
Bahnhof Usingen

KM 2
1 Hattsteinweiher
Auftakt am Strand

KM 7
2 Grünes Klassenzimmer
Natur verstehen

KM 8
3 Eschbacher Klippen
Einfach hoch hinaus

DIE 20 BERGE GANZ NAH

Von Usingen zu den Eschbacher Klippen

Für Gipfelglück und Klettertouren muss man gar nicht immer in die Berge fahren. Manchmal liegen Verzückung und Fels nämlich auch fast direkt vor der Nase. Auf dem Weg zur Kombination aus beidem finden sich Wälder und Felder, hügelige Bilderbuchpanoramen, bunte Riesenvögel und eins der schönsten Badeplätzchen im Taunus.

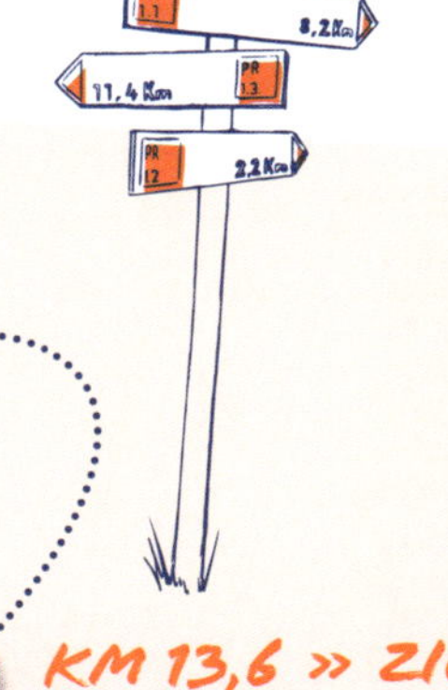

KM 12

4 Usinger Schlossgarten
Sightseeing für die Sinne

KM 12,5

5 Usinger Altstadt
Dem Buchfink auf der Spur

KM 13,6 » ZIEL
Bahnhof Usingen

DER SCHÖNSTE KONTRAST DER NATUR?

Ganz klar: grauer Fels vor Himmelblau. Zwischendurch die grünen Tupfer des Waldes, der sich in den Mittelgebirgslandschaften des Taunus einfach aus Prinzip nicht an Baumgrenzen hält, und die Sache ist perfekt. Das einzige Problem: Die Farbkombination taucht in der Mitte Deutschlands so selten auf, dass man sie schon fast mit der Lupe suchen muss. Aber zum Glück schaffen, wenn man sie erst gefunden hat, auch kleinere Felsen das perfekte Bergidyll.

Auf der Tour zu den Eschbacher Klippen beginnt der Spaß bereits unterwegs, wenn auf den Weiden Schäfchen und Pferde grasen und der Duft reifender Früchte in der Luft liegt. Von Zeit zu Zeit sorgen kleine Abschnitte im Wald für Schatten, in der Ferne schimmern die Dächer von Ortschaften, die immer wieder hinter sanften Hügelkuppen und gelben Feldern auf- und abtauchen und Abwechslung und Farbspiel in die Landschaft rund ums Taunusstädtchen Usingen bringen.

ÜBERRASCHEND: DIE BUNTEN TUPFEN DER GLEITSCHIRMFLIEGER AM STAHLBLAUEN HIMMEL ENTDECKEN

Hier startet auch die Wanderung, die vom Usinger Bahnhof etwas oberhalb der Altstadt erst mal dem schnellsten Weg zum Stadtrand folgt. Ein kurzer Spaziergang zum **Hattsteinweiher** führt einen direkt zum ersten guten Grund, eine längere Pause einzulegen: einfach das Handtuch am Strand ausbreiten und mit ein bisschen Abkühlung in den Sommertag starten. Von hier geht's ein Stück durch den schattigen Wald und weiter durch aussichtsreiche Felder Richtung Eschbach, wo ein **Grünes Klassenzimmer** Neugierige anzieht und ein perfektes Plätzchen für eine Stärkung bietet, bevor die **Eschbacher Klippen** Berggefühle wecken und – mit oder ohne Ausrüstung – zur Kletterpartie animieren. Dann kommt der schönste Moment: wenn man nach dem Erklimmen der Felsen vor lauter Ausblick die Zeit vegisst.

Am Ortsrand von Eschbach geleitet ein Feldweg Wandernde größtenteils bergab Richtung **Usingen** und hier zunächst durch den nach Rosen duftenden **Schlossgarten,** bevor die Tour vor den bunten Fachwerkfassaden der Altstadt endet. «

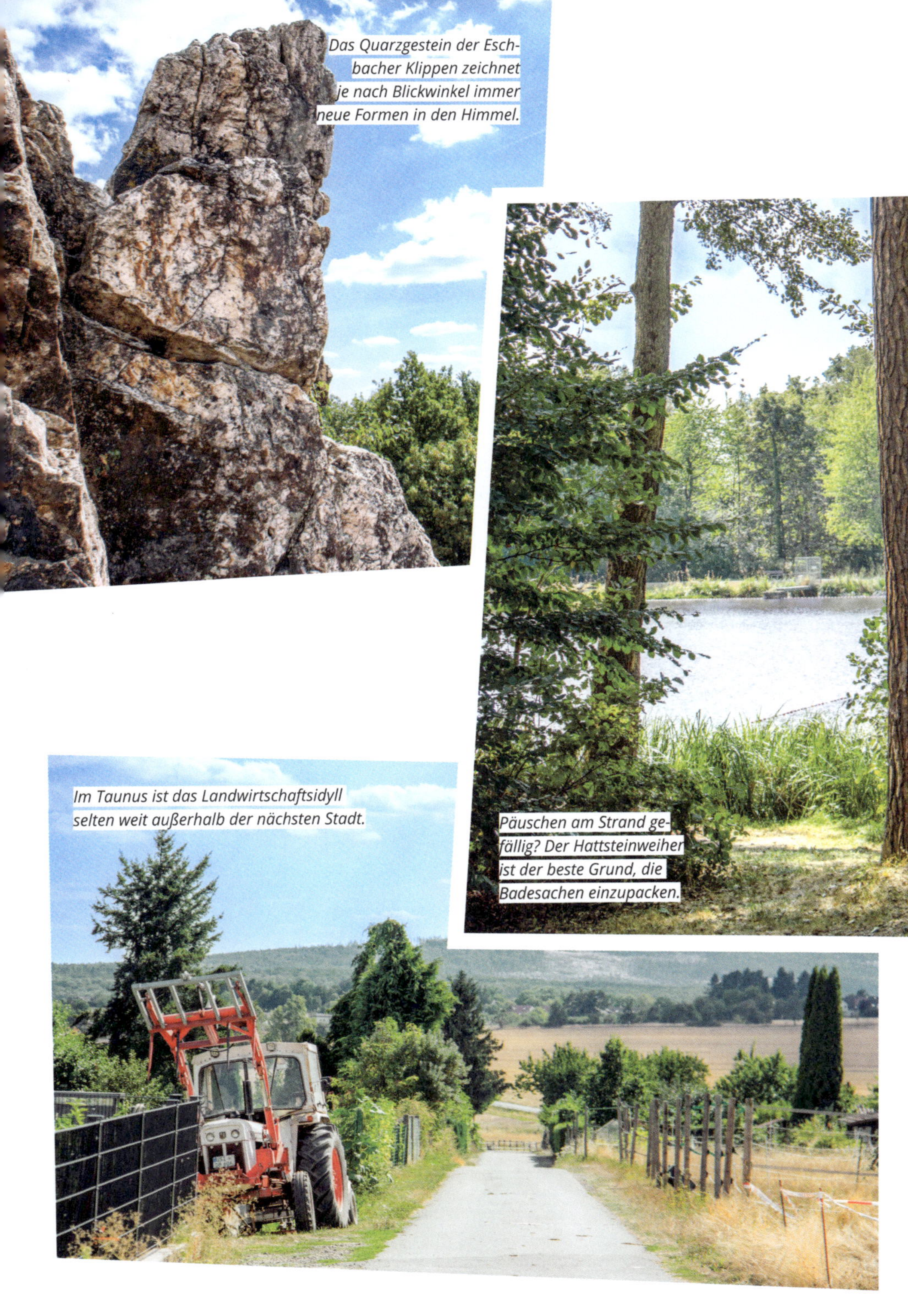

Das Quarzgestein der Eschbacher Klippen zeichnet je nach Blickwinkel immer neue Formen in den Himmel.

Päuschen am Strand gefällig? Der Hattsteinweiher ist der beste Grund, die Badesachen einzupacken.

Im Taunus ist das Landwirtschaftsidyll selten weit außerhalb der nächsten Stadt.

WANDERN & GENIESSEN

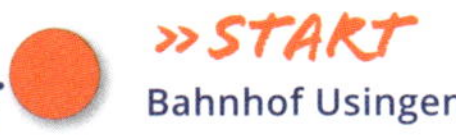

» START

Bahnhof Usingen

Vorm Bahnhof links auf An der Riedwiese abbiegen und dem Straßenverlauf über den Stockheimer Weg bis zur Hattsteiner Allee folgen. Hier links halten Richtung See, später rechts auf Am Hattsteinweiher.

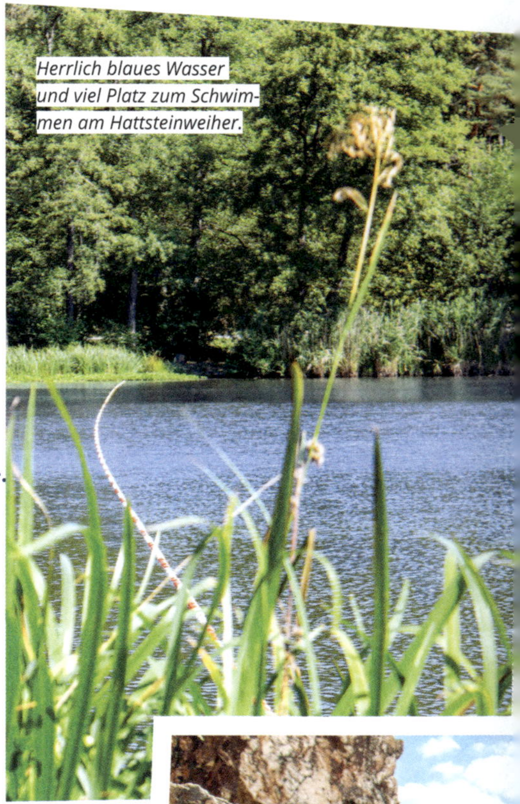

Herrlich blaues Wasser und viel Platz zum Schwimmen am Hattsteinweiher.

KM 2

1 Hattsteinweiher

Auftakt am Strand

Schon seit dem späten 19. Jahrhundert ist der kleine See bei Usingen einer der schönsten Plätze zum Baden im Taunus. Das liegt nicht nur am klaren, herrlich kühlen Wasser und dem hübsch angelegten Sandstrand, sondern sicher auch an den satt grünen Uferbereichen und dem Wald, der direkt dahinter beginnt. Statt Baggersee mit Ausblick auf Industriebetriebe oder Freibadfliesen wie an so vielen Orten im Rhein-Main-Gebiet, gibt's hier also ein Bad mitten in der Natur. Und mit Glück um diese Zeit sogar eins, dass neben plätscherndem Wasser und Vogelgezwitscher auch noch mit ihrer Stille aufwarten kann. Bereit für die Abkühlung?

Dem Rundweg um den See folgen und ein Stück hinter dem Biergarten links abbiegen. Hinterm Wasserwerk rechts ab und nach der Querung der Straße links halten zum Ortsrand von Eschbach. Der Straße Am Müllergarten nach links folgen und über Auf dem Emgdenberg Richtung Campingplatz. Direkt am Campingplatz rechts lang laufen, am Weiher vorbei und wieder rechts Richtung Wald abbiegen. Nach links geht ein Pfad ab zum Grünen Klassenzimmer.

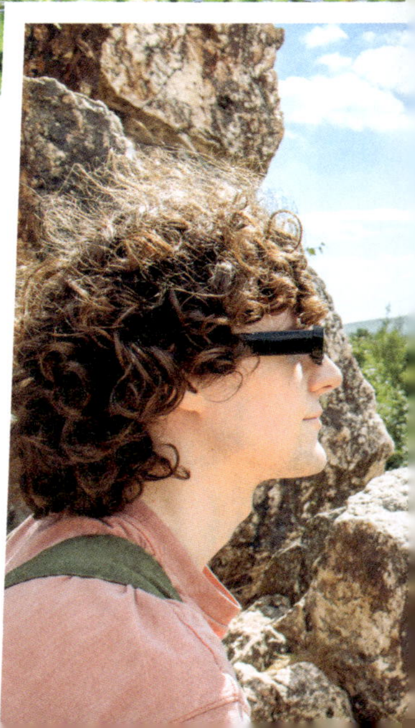

KM 7

2 Grünes Klassenzimmer
Natur verstehen

Mit einem Waldsofa, weiteren Sitzplätzen im Grünen und Informations- sowie Erprobungsstationen wurde nicht nur für die Kinder der örtlichen Kitas und Schulen ein Ort geschaffen, wo der Lernalltag sich einfach nach draußen verlegen lässt. Auch Erwachsene können hier einiges über den Taunus lernen. Das Klassenzimmer, das sich nach dem Studieren der Infotafeln über Natur und Waldbewohner auch als Picknickplätzchen nutzen lässt, ist Teil des Erlebnispfads Usinger Wald. Zu dem gehören hier in der Nähe auch eine Experimentierstation mit Waldgeräuschen und ein Blickfenster, das den Fokus auf besondere Hügel der Mittelgebirgslandschaft und auch Regenerationsflächen mit Totholz richtet. Die Natur erklärt so ihre Zusammenhänge und Hintergründe selbst und wie sie es am besten kann: ganz natürlich.

Dem Trampelpfad weiter geradeaus folgen zum Saienstein, dann rechts halten Richtung Buchstein.

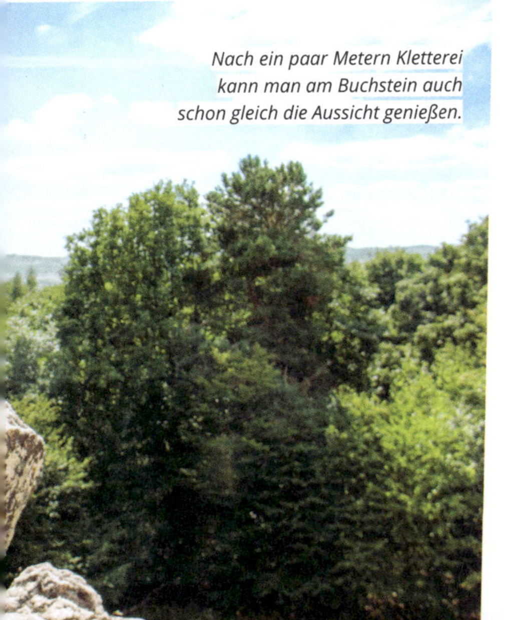

Nach ein paar Metern Kletterei kann man am Buchstein auch schon gleich die Aussicht genießen.

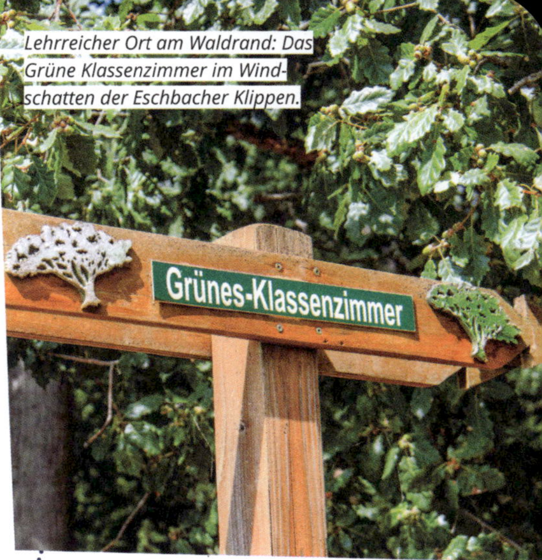

Lehrreicher Ort am Waldrand: Das Grüne Klassenzimmer im Windschatten der Eschbacher Klippen.

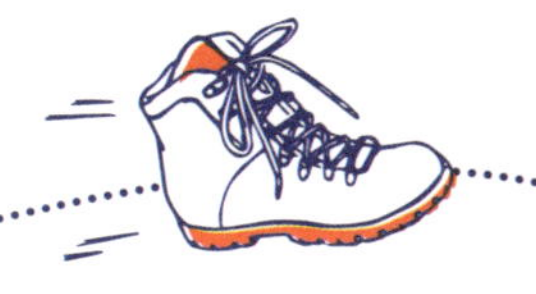

KM 8

3 Eschbacher Klippen
Einfach hoch hinaus

Für die wohl spektakulärste Bergtour im Taunus kann man Kletterausrüstung mitnehmen, man kann es aber auch bleiben lassen. Denn der Buchstein lässt sich eben nicht nur über bis zu 15 Meter hohe, mit Haken gesicherte Routen an seinen Seiten erklimmen, sondern auch über einen stufenartig geformten Bereich an der Westflanke. Letzterer ist mit Wander- oder guten Sportschuhen locker zu meistern. Oben angekommen bietet sich nicht nur ein herrlicher Blick über die grüne Wiese ringsum, die im Sommer zu den beliebtesten Ausflugs- und Picknickplätzen der Gegend gehört, sondern auch auf die Hügel und Wipfel der umliegenden Landschaften, auf Schäfchenwolken und die faszinierenden Felsstrukturen vor der Nase.

Dem Weg am Ortsrand von Eschbach entlang folgen und über Zum Steinkopf, In den Schlinkergärten und Alter Usinger Weg bergab Richtung Usingen wandern.

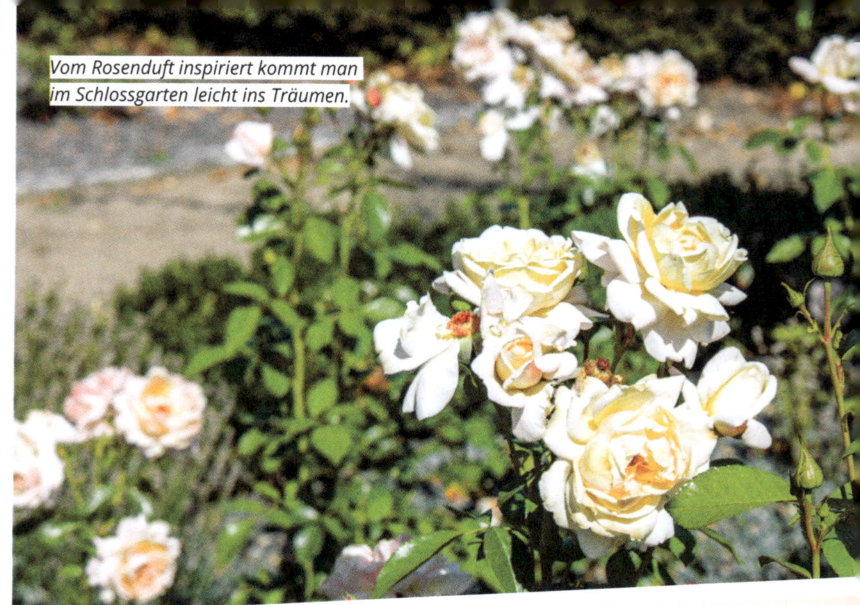

Vom Rosenduft inspiriert kommt man im Schlossgarten leicht ins Träumen.

KM 12

4

Usinger Schlossgarten

Sightseeing für die Sinne

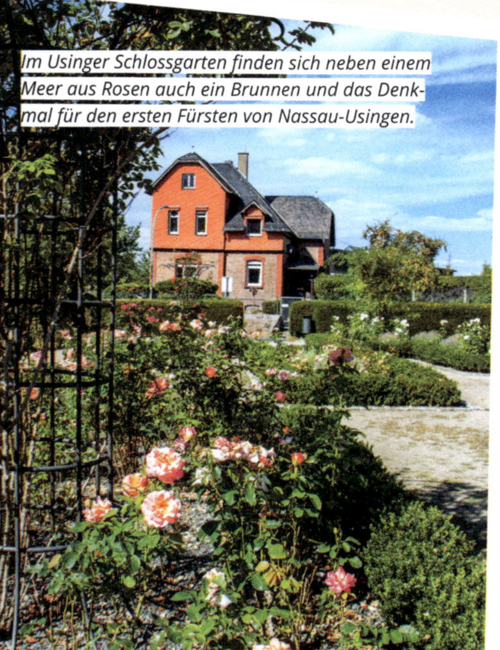

Im Usinger Schlossgarten finden sich neben einem Meer aus Rosen auch ein Brunnen und das Denkmal für den ersten Fürsten von Nassau-Usingen.

Mit plätschernden Springbrunnen, duftenden Rosen und etlichen anderen bunten Blüten, um die Insekten schwirren, ist der Schlossgarten der perfekte Ort, um in der Stadt auf Erlebnistour zu gehen. Vor lauter Eindrücken, die die Sinne hier beschäftigen, vergisst man die kleine Enttäuschung, die mitschwingt beim Gedanken, dass vom ursprünglichen Usinger Schloss so gar nichts mehr übrig ist. In dem Gebäude, hinter dem der einst viel größere, terrassenförmige Schlossgarten angelegt wurde, residierten ehemals die Fürstinnen und Fürsten von Nassau-Usingen, heute steht an seiner Stelle eine Schule.

Den Schlossgarten durchqueren und rechts am Schulgelände vorbei in die Altstadt spazieren.

EXTRA INFOS:

Wer an Wochenenden unterwegs ist, kann statt des Picknicks auch einfach etwas länger am Hattsteinweiher bleiben und sich auf der Seeterrasse im ● **Restaurant Neumann** versorgen. (www.restaurant-neumann.de)

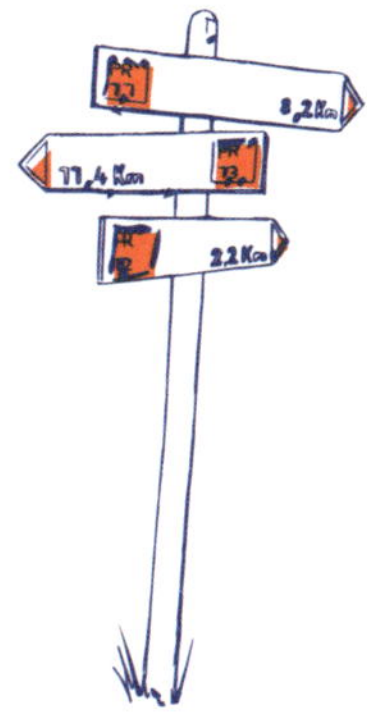

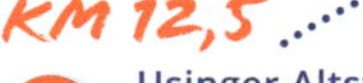

KM 12,5

5 Usinger Altstadt

Dem Buchfink auf der Spur

Warum sich die Stadt Usingen und ihr Umland so überaus sichtbar dem bunt gefiederten Buchfink verschrieben haben? Dazu gibt es ganz unterschiedliche Theorien. So soll etwa der Buchfink mal als abwertendes Bild für die Provinz gestanden haben; die Menschen in Usingen haben es aber über die Jahre verstanden, den Ausdruck vom Buchfinkenland ins Positive zu drehen. So ist der bunte Singvogel, eine der häufigsten Arten in Deutschland, ein liebgewonnenes Maskottchen geworden und macht im Riesenformat heute Vorgärten und Fachwerkbauten noch ein wenig farbenfroher. Beim Rundgang durch die Usinger Altstadt kann man sich um Beispiel vornehmen, überall nach diesen Buchfinken Ausschau zu halten. Wer lieber sitzt und guckt, nimmt in einem der Straßencafés Platz und genießt weiter das sonnige Taunusstädtchen.

Der Bahnhofstraße zurück zum Bahnhof folgen.

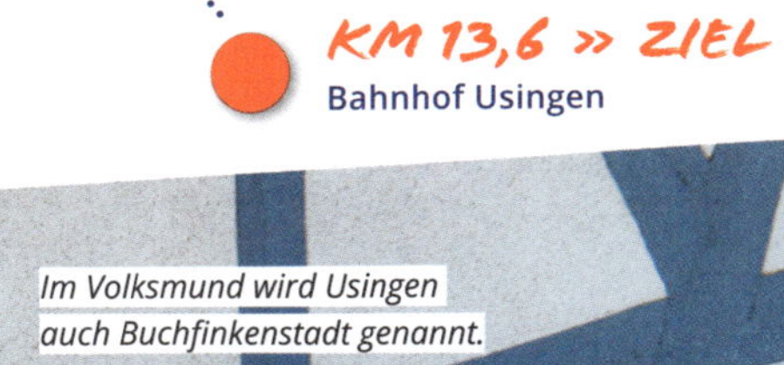

KM 13,6 » ZIEL

Bahnhof Usingen

Im Volksmund wird Usingen auch Buchfinkenstadt genannt.

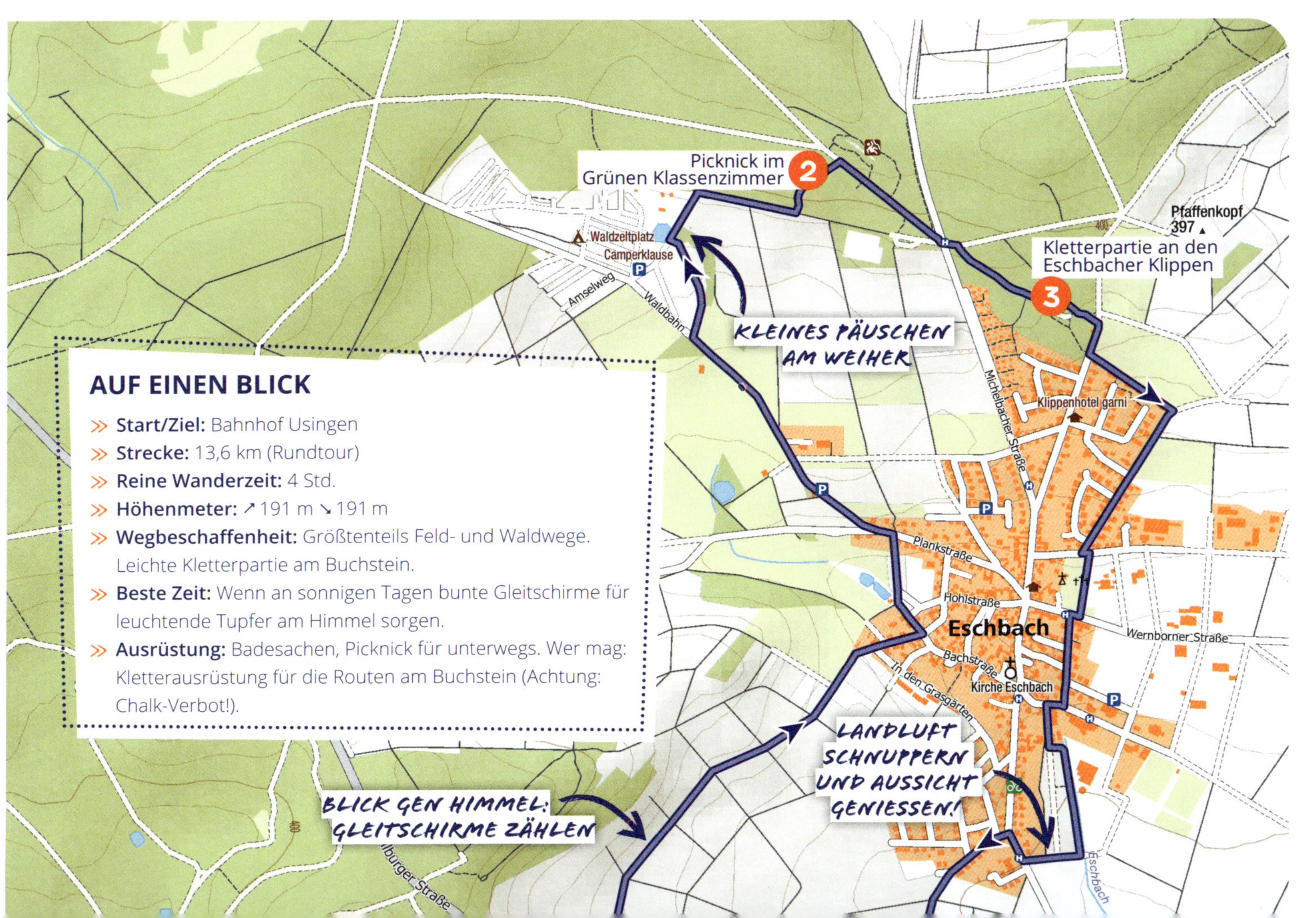

AUF EINEN BLICK

- » **Start/Ziel:** Bahnhof Usingen
- » **Strecke:** 13,6 km (Rundtour)
- » **Reine Wanderzeit:** 4 Std.
- » **Höhenmeter:** ↗ 191 m ↘ 191 m
- » **Wegbeschaffenheit:** Größtenteils Feld- und Waldwege. Leichte Kletterpartie am Buchstein.
- » **Beste Zeit:** Wenn an sonnigen Tagen bunte Gleitschirme für leuchtende Tupfer am Himmel sorgen.
- » **Ausrüstung:** Badesachen, Picknick für unterwegs. Wer mag: Kletterausrüstung für die Routen am Buchstein (Achtung: Chalk-Verbot!).

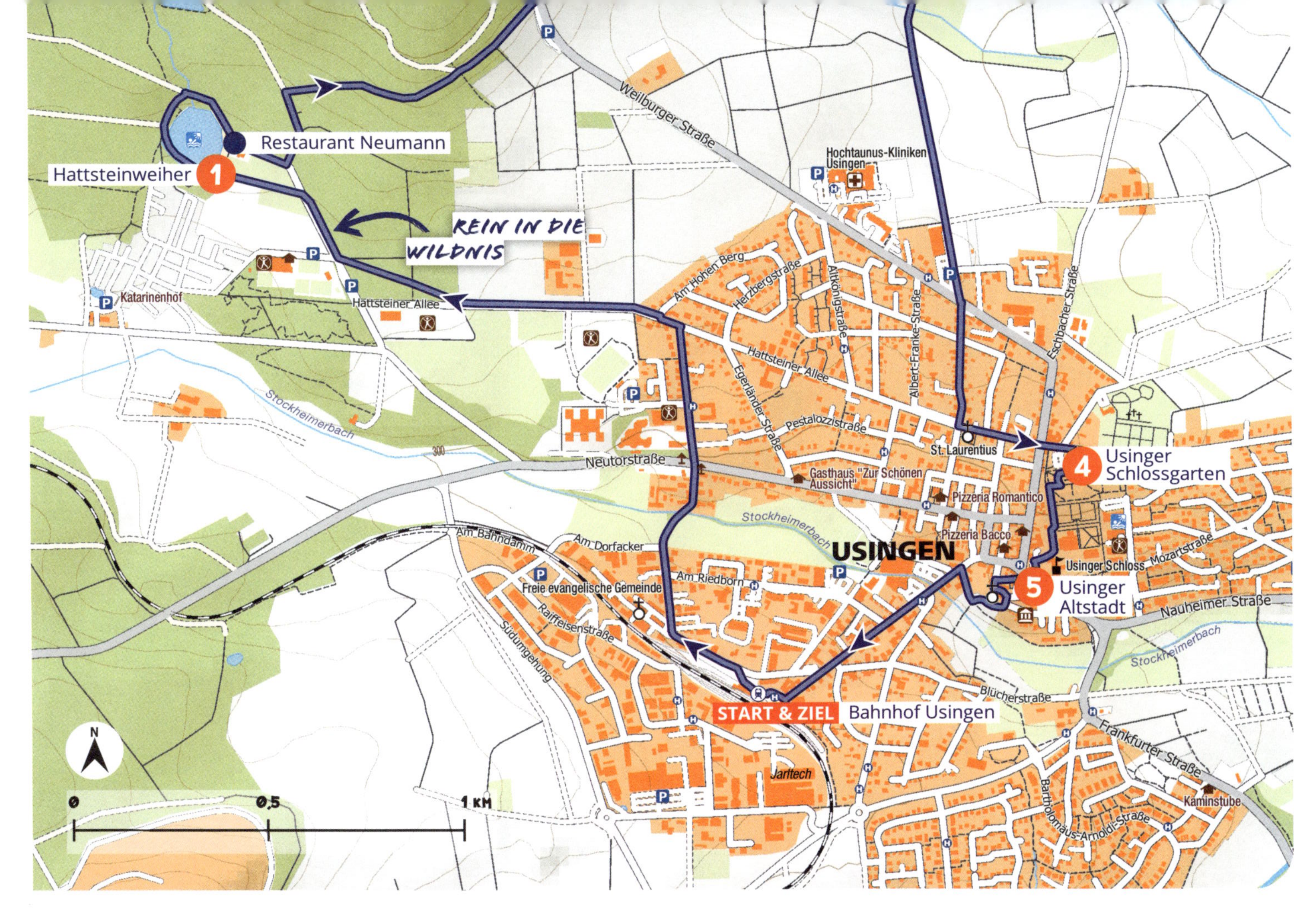
Restaurant Neumann
Hattsteinweiher
1
REIN IN DIE WILDNIS
Weilburger Straße
Hochtaunus-Kliniken Usingen
Katarinenhof
Hattsteiner Allee
Am Hohen Berg
Herzbergstraße
Altkönigstraße
Albert-Franke-Straße
Eschbacher Straße
Egerländer Straße
Pestalozzistraße
Stockheimerbach
300
Neutorstraße
St. Laurentius
4
Usinger Schlossgarten
Gasthaus "Zur Schönen Aussicht"
Pizzeria Romantico
Pizzeria Bacco
USINGEN
Usinger Schloss
Mozartstraße
5
Usinger Altstadt
Nauheimer Straße
Am Bahndamm
Am Dorfacker
Am Riedborn
Freie evangelische Gemeinde
Raiffeisenstraße
Südumgehung
Blücherstraße
START & ZIEL
Bahnhof Usingen
Jarltech
Frankfurter Straße
Bartholomäus-Arnoldi-Straße
Kaminstube
N
0
0,5
1 KM

AUCH NOCH GANZ NÜTZLICH

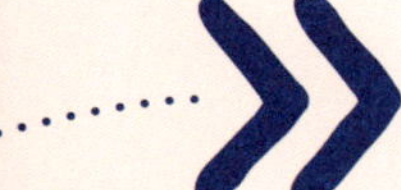

ORTSREGISTER

IMPRESSUM

» **Text:**
Sandra Kathe

» **Cover- und Buchgestaltung:**
Carolin Weidemann, Köln, www.weidemann-design.com

» **Lektorat & Produktion:**
Lucia Rojas, Köln, www.derschoenstesatz.de

» **Projektmanagement:**
Susanne Heimburger, Tamara Siedler

» **Fotos:**
Titelfoto: mauritius images / Westend61 / Pure.Passion.Photography
Fotos Innenteil: Sandra Kathe mit folgenden Ausnahmen: Melanie Gottschalk (S. 2, 138 o., 140 o. l., 178 u.); Felix Hormel (S. 187 o.); Karla Kalich (S. 78 o.); Peter Lingens (S. 188 u.); Doreen Stolle (S. 121)

» **Kartografie:**
©KOMPASS-Karten GmbH, kompass.de unter Verwendung von ©OpenStreetMap Contributors, osm.org/copyright

» **S. 222 / 223:**
Marie Geißler (Illustration), Jens Bey (Text)

Printed in Poland

1. Auflage 2024

ISBN 978-3-616-03231-3

www.dumontreise.de

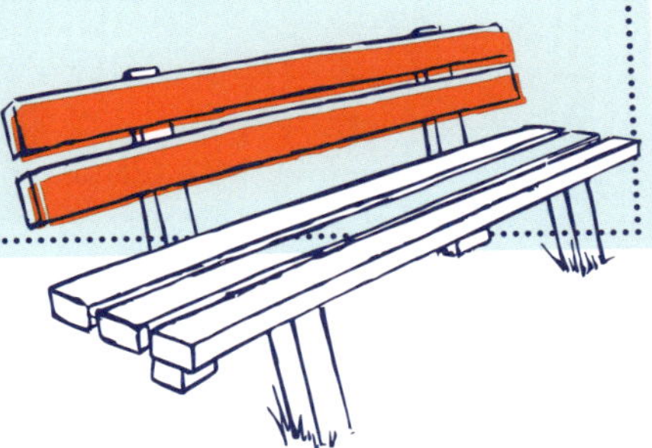

FSC www.fsc.org
MIX
Paper from responsible sources
FSC® C139602

RECHTS ODER LINKS? IMMER WISSEN, WO'S LANGGEHT!

» TOURENVERLAUF

GPX-Daten zum kostenlosen Download
www.dumontreise.de/wanderzeit/rheingau-taunus

GPX-DOWNLOAD AUFS SMARTPHONE – SO GEHT'S

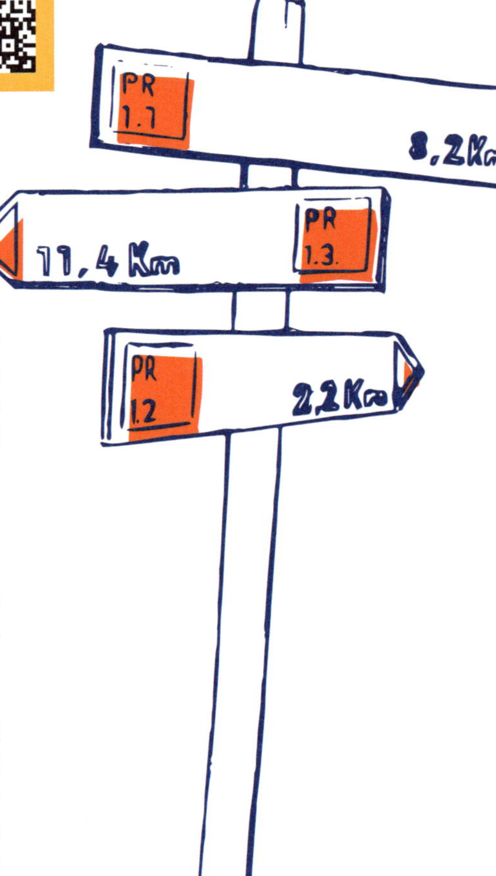

» Voraussetzung:
Eine Outdoor-App muss installiert sein, z. B. KOMPASS, Outdooractive oder Komoot. Zum Einlesen des QR-Codes benötigen ältere Android-Geräte eine QR-Code-App. Bei neueren Android- und iOS-Geräten ist diese Funktion in der Kamera integriert.

» Daten downloaden:

1. Den QR-Code einlesen oder die Webadresse im Browser eingeben, um auf die Wanderzeit-Website zu gelangen.
2. Die gewünschte Tour zum Download anklicken.
3. Bei iOS-Geräten werden die GPX-Daten direkt mit der vorab installierten App verknüpft. Bei Android-Geräten muss ggf. noch ein Weiterleiten-Button geklickt werden (z. B. rechts oben im Display). Manche Apps zeigen den Tourverlauf starr an, andere haben eine Navigationsfunktion dabei.

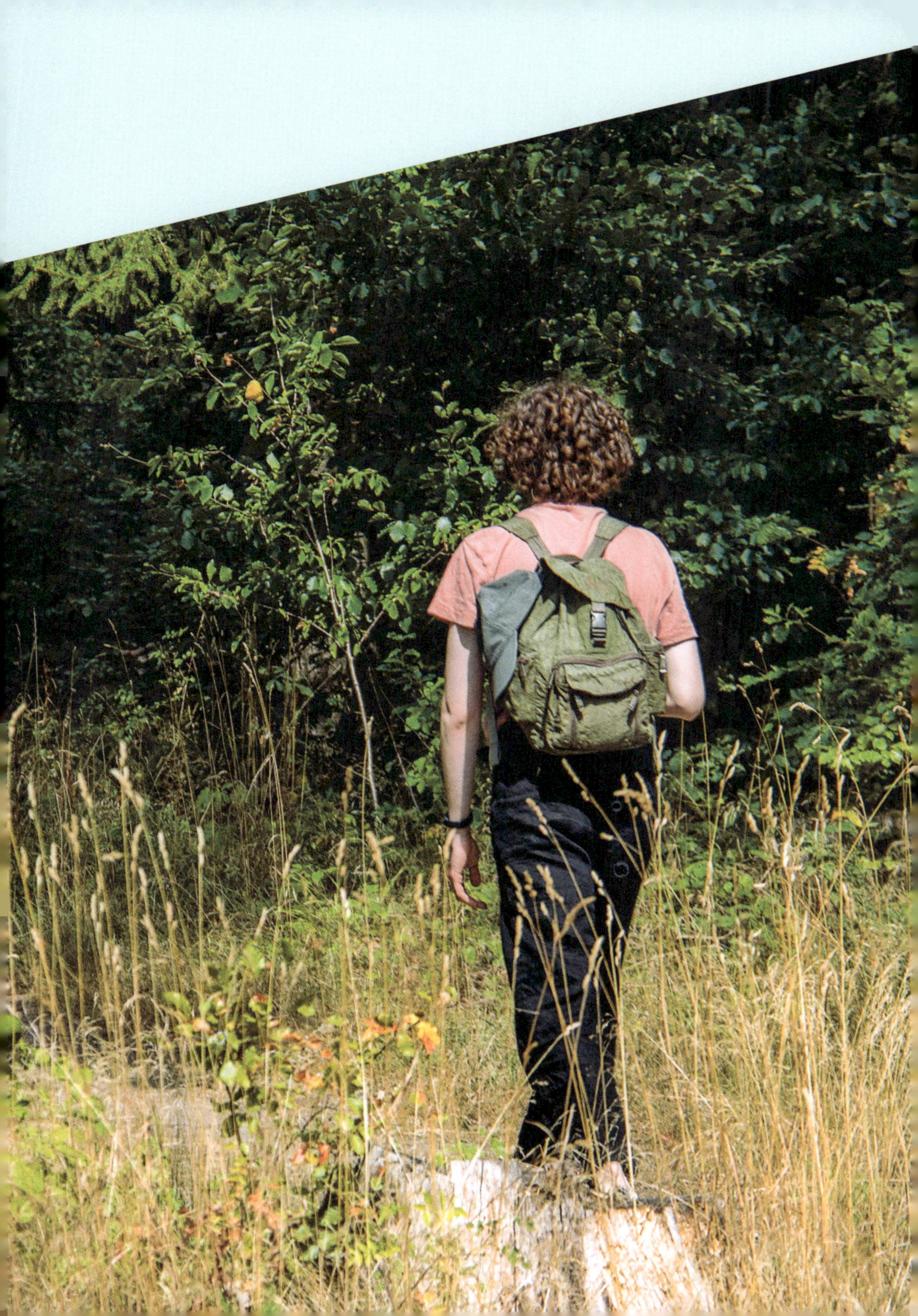

WEITERWANDERN …

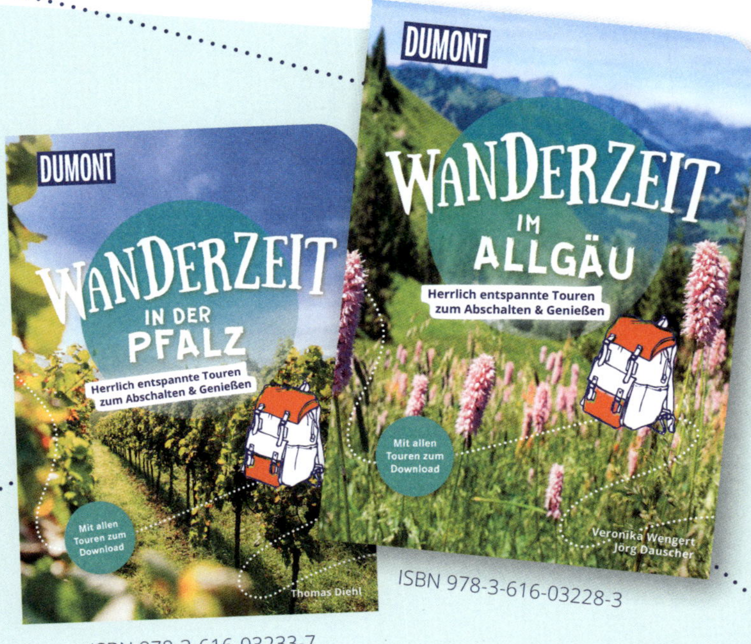

ISBN 978-3-616-03228-3

ISBN 978-3-616-03233-7

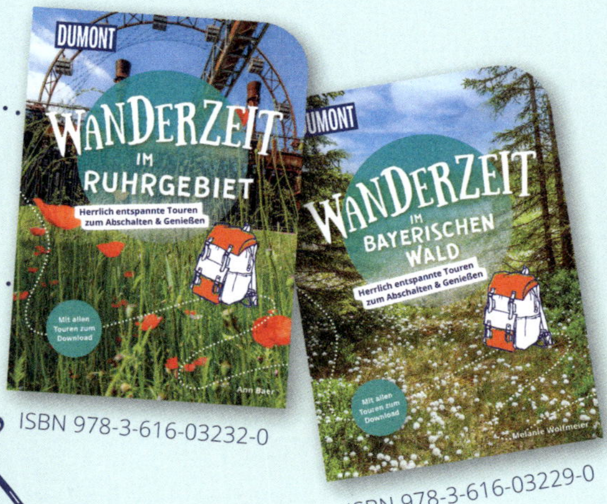

ISBN 978-3-616-03232-0

ISBN 978-3-616-03229-0

… ODER LIEBER MAL RADELN?

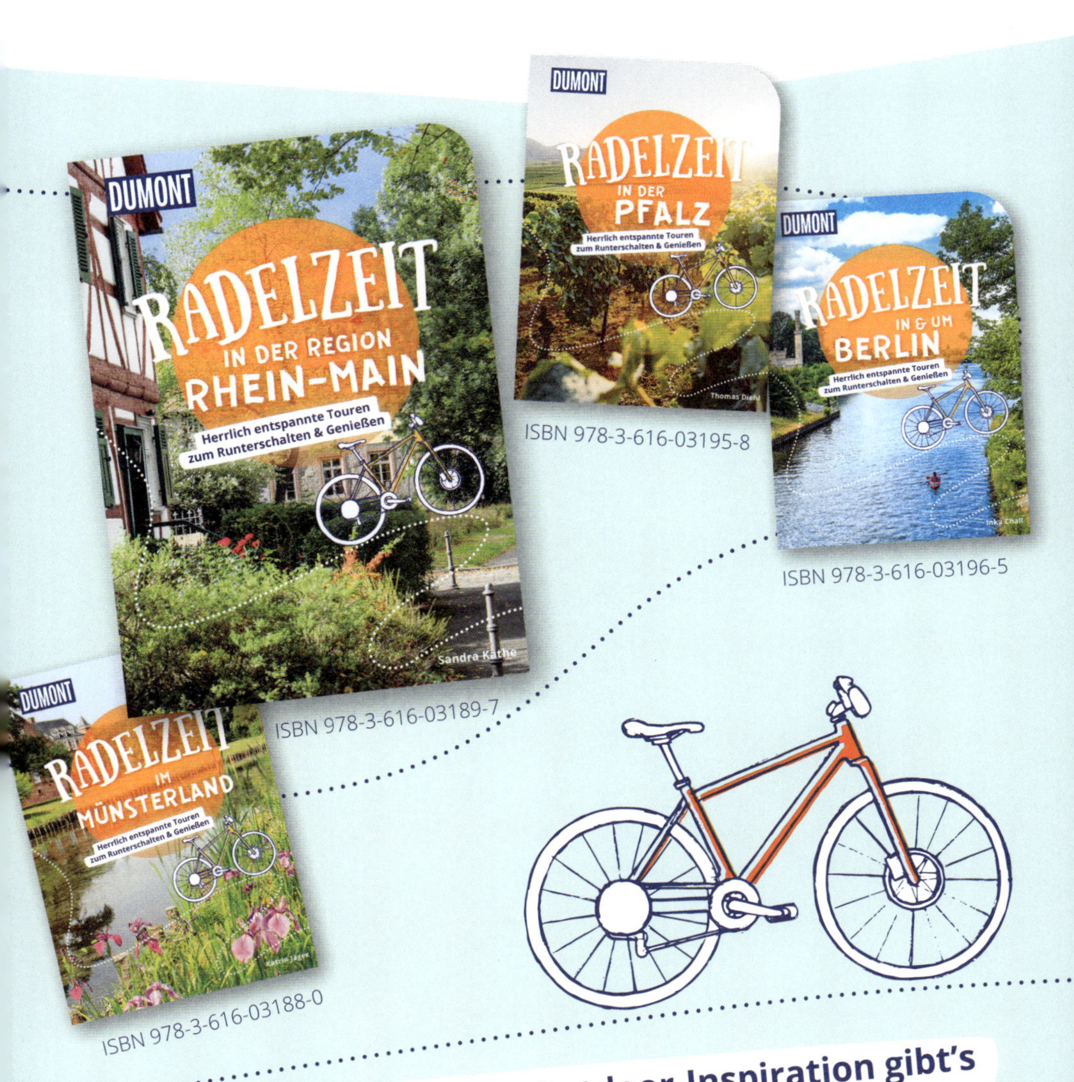

ISBN 978-3-616-03195-8

ISBN 978-3-616-03196-5

ISBN 978-3-616-03189-7

ISBN 978-3-616-03188-0

Noch mehr Outdoor-Inspiration gibt's im gut sortierten Buchhandel und unter www.dumontreise.de

ANTI-RUCKSACK-AUTSCH-ÜBUNGEN

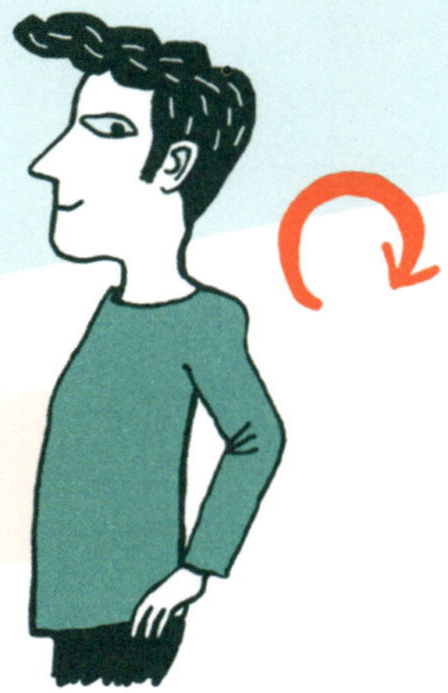

1. Kreise 30 Sekunden mit den Schultern nach hinten und unten.

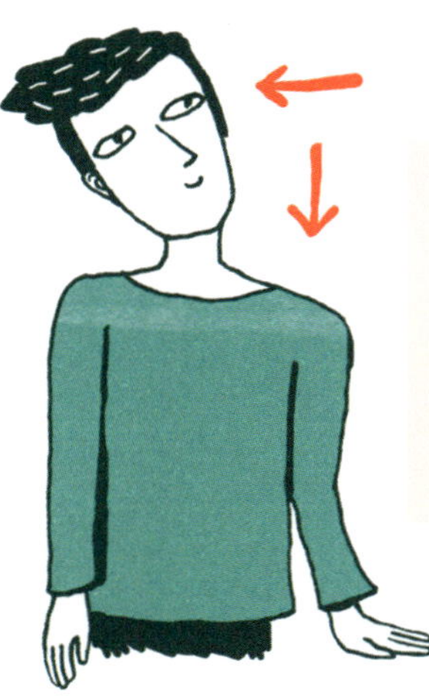

2. Den Nacken ziehst du in Form, indem du den Kopf langsam, ohne ihn zu verdrehen, zur rechten Schulter neigst. Den linken Arm schiebst du dabei langsam nach unten, die Handfläche zeigt zum Boden. Ruhig atmen, 15 Sekunden halten, dann wechselst du die Seite.

3. Die Brust entspannt sich, wenn du deine Arme seitlich nach hinten bewegst, mit den Handflächen zur Decke. 15 bis 20 Sekunden lang in der Dehnung bleiben und dabei kein Hohlkreuz machen.

4. Die Schulterbrücke stärkt den Rücken. Lege dich auf einer Matte auf den Rücken, stelle die Beine hüftbreit auf, die Arme liegen gerade am Boden. Dann hebst du das Becken an, sodass der Körper eine gerade Linie bildet. Absenken und wieder anheben.

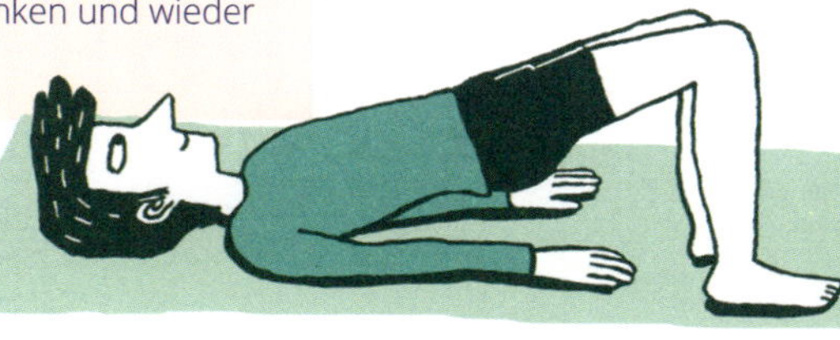

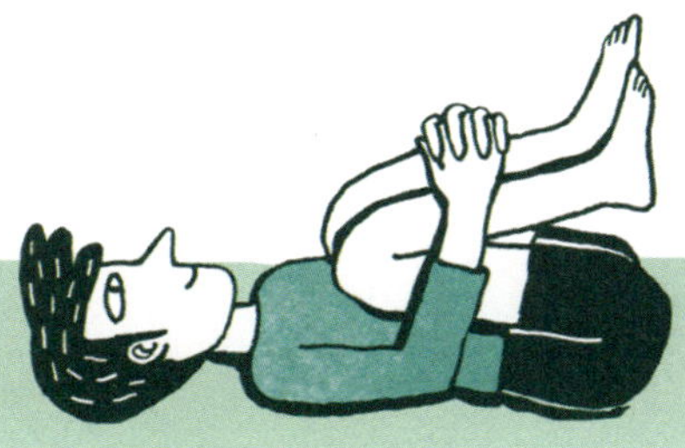

5. Prima Päckchen: Ziehe die Knie zur Brust heran, umfasse sie mit den Händen und atme aus. Lockere die Knie etwas und ziehe sie wieder heran. Das dehnt die Muskulatur an der Wirbelsäule und macht dich wieder beweglicher.

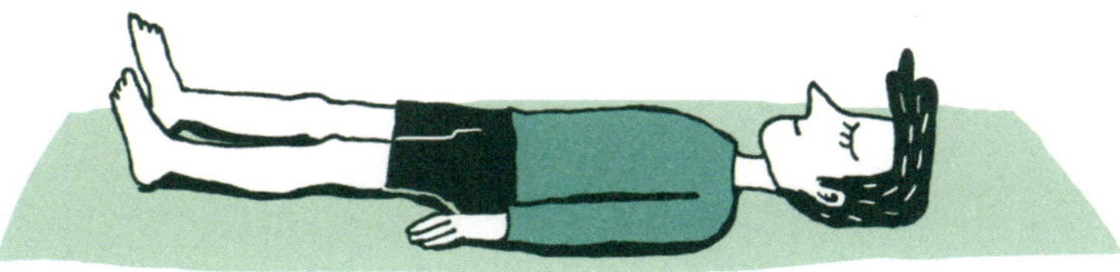

6. Zum Schluss entspannst du ein paar Atemzüge auf dem Rücken, Arme und Beine locker von dir gestreckt.

DIE PERFEKTE TOUR ...

#FÜR SONNENHUNGRIGE

In den Weinbergen und Feldern, die zwischen Hochheim und Flörsheim die Schwelle zum Rheingau bilden, ist guter Sonnenschutz das A und O.

» TOUR 10, S. 104

#FÜR NEUGIERIGE

Rund um das rekonstruierte Römerkastell Saalburg wird der Taunuswald zum riesigen Klassenzimmer für Natur und Geschichtswissen.

» TOUR 19, S. 194

#FÜR WASSERRATTEN

Als wohl schönster Badesee im gesamten Rhein-Main-Gebiet liegt der Hattsteinweiher zwischen Wald und Felsen – mitten in der Natur etwas außerhalb von Usingen.

» TOUR 20, S. 204

#FÜR LECKERMÄULER

In Kronberg werden nicht nur beim Frühstück im Café Merci Glückshormone ausgeschüttet, sondern oft fällt auf den Obstpfaden auch noch genügend süße Wegzehrung ab.

» TOUR 15, S. 154

#FÜR FAULE

Wer sagt denn, dass man sich Ausblicke immer mit Höhenmetern verdienen muss? Im Südwesten von Wiesbaden gibt's auf flacher Strecke Wow-Momente auf Augenhöhe.

» TOUR 8, S. 84

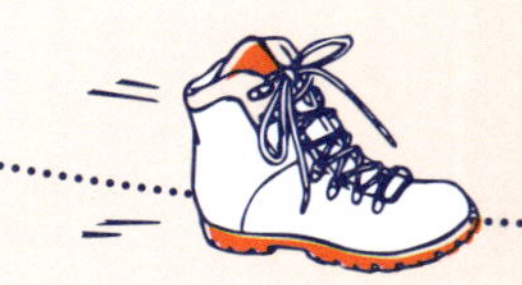